자비
비

결과주의

찰스 굿맨
Charles Goodman
지음

담준(김근배)
김진선
허남결
옮김

자비
결과주의

불교윤리의 해석과 옹호

Consequences of Compassion

An Interpretation &
Defense of Buddhist Ethics

씨아이알

닉 굿맨Nick Goodman, 수잔 조셉슨Susan Josephson, 앨런 깁버드Allan Gibbard,

루이스 O. 고메즈Luis O. Gómez 및

나에게 다르마Dharma의 한 음절이라도 가르쳐 준 모든 분께

존경의 마음을 담은 인사를 전한다!

서 문

많은 서구인에게, 불교전통 가운데 가장 호소력 있는 가르침은 윤리 (학)와 관련되는 것이다. 많은 사람은 불교가 자비, 비폭력, 관용, 동물에 대한 관심 그리고 덕과 자기수행에 대한 불교적 모델을 강조하는 것으로부터 영감을 얻고 있다. 지난 수십 년 동안, 불교윤리학에 대한 우리의 이해에 커다란 진전이 있었고, 수많은 저자는 상이한 형태의 불교전통들이 여러 가지 형태의 특정한 윤리적 쟁점들에 대해 대답했는가를 연구해왔다. 그러나 불교전통의 통찰력을 끌어와서 현대 윤리의 관심사들과 효과적으로 관계시키기 위해서는 불교윤리 사상의 이론적 구조에 대한 어떤 종류의 이해가 필요하다. 그런데 불교적 이해가 서구의 어떤 윤리이론과 그리고 어떤 점에서 닮았는지에 대해 상당한 논쟁과 많은 혼란이 있었다.

이 책은 불교윤리의 본성에 대한 체계적이며 철학적인 설명을 하고 있는데, 남아시아와 티베트 원전에 토대를 두고 있다. 나는 불교의 세 가지 중요한 갈래에 속하는 경전을 검토하고 있다. 즉 테라바다Theravāda, 대승Mahāyāna 그리고 금강승Vajrayāna 전통이 그것이다. 나는 중국에서 나온 문헌을 주된 것으로 이용하지 않았으며, 중국의 영향을 받은 다른 문화들, 예컨대 일본, 한국 그리고 베트남과 같은 나라들에 대해서도 그다지 관심을 기울이지 않았다. 동아시아의 이런 지역에서, 불교윤리는 도교, 유교 그리고 다른 토착 전통들의 도덕적, 정치적 가르침으로부터 대단히 많은 영향을 받고 있었다. 그러므로 내가 남아시아와 티베트 불교윤리에 대해 도달한 결론은 동아시아 양식의 불교전통에는 적용되지 않거나 (적용되더라도) 오직 부분적이며 어떤 조건하에서만 적용될 수 있을 것이다.

나는 이 책이 문헌학, 종교 연구 혹은 지성사에 대한 저술이 아니라 철학사에 대한 하나의 기여가 되기를 바란다. 나는 앵글로 – 아메리칸 전통의 윤리학에서 최근 논의되고 있는 개념과 범주를 사용하여 해석하고자 한다. 내가 이렇게 하는 주된 이유는 불교 경전들이 현대 윤리학의 대화에 많은 기여를 하고 있다는 믿음 때문이다. 그러나 불교 경전들은 그것들이 보여주는 도덕적 추론의 가치와 양식이 어느 정도 철학자들이 오늘날 윤리학을 논의하는 방식과 관계가 있을 때에만 기여할 수 있다.

이 연관성을 분명히 하기 위해 나는 유럽 지성사를 연구하는 철학자들이 공통적으로 채택하지만, 역량 있는 역사학자들이 회피하는 방법론을 사용하고 있다. 즉 리처드 로티Richard Rorty에 의해 반은 농담조로, "재교육"[1]이라고 묘사된 방법론이다. 역사적 인물인 붓다 자신과 붓다고사Buddhagosa, 아상가Asaṅga, 산티데바Śāntideva와 같은 불교전통의 위대한 사상가들이 자유의지, 윤리이론, 정의, 덕, 도덕성의 요구

---

1   Rorty(1984), pp.51-54.

나 처벌의 정당화 등에 대한 서양 철학의 논쟁에 대해 어느 정도 알고 또 이해하고 있었다고 가정해보자. 그들은 이런 논쟁들에 대해 어떻게 반응했는가? 그들은 어떤 입장을 내세웠는가? 그들은 언제 어떤 특정한 서양 사상가들의 견해를 지지하고 또 언제 그들은 서양 전통에서 익숙한 모든 선택들을 거부했는가? 때때로 이런 문제들은 자신 있게 대답할 수 있는 것도 아니며 그것들은 결코 확실하게 대답될 수 있는 것도 아니다. 그러나 불교 사상가들이 아시아 언어와 아시아 언어의 전문적 용어로 표현된 불교 경전에서 명확하게 취하고 있는 입장들로부터, 우리는 종종 사변적 재교육의 연습이 야기하는 종류와 같은 문제들에 대한 답변으로 이어지는 추론을 정당화할 수 있다. 우리가 이런 대답에서 자신감을 가질 때마다 우리는 또한 경전 자체의 범주들을 단순히 재진술함으로써 얻을 수 있는 것보다 불교 사상에 대해 더 깊은 이해를 얻게 된다. 그리고 이런 문제들이 철학적으로 흥미로울 때 그것들은 서양 사상가들이 수천 년 동안 우리의 철학전통을 당황스럽게 했던 쟁점들에서 앞으로 나아가는 것을 도울 수 있을 것이다.

나는 철학사의 관점에서 불교 경전에 접근하고 있기 때문에 분석적 전통에서 훈련받은 윤리학자들이 이 책을 읽음으로써 도움을 얻을 수 있기를 바란다. 이를 위해 나는 1장에서 불교의 주요 교의들을 간략하게 논의하고 있다. 내가 이 책의 나머지 부분에서 논의하는 윤리이론의 배경을 이해하기 위해서 독자들은 적어도 이런 불교 교의에 대해서 어느 정도 익숙해질 필요가 있을 것이다. 그러나 나는 또한 내 독자들의 일부가 아시아 사상, 문화 그리고 종교 분야의 전문가들이자 또한 불교의 세계관에 이미 익숙해져 있기를 바란다. 이런 독자들은 1장을 읽지 않고 건너뛰어도 좋을 것이다.

이 책의 기본 전략은 불교윤리적 관점과 서양 윤리적 관점 사이의 비교연구를 포함하고 있기 때문에 나는 서양 철학자들이 제안한 여러 가지 윤리적 이론에 대한 상당한 지식이 없으면 이해할 수 없는 많은 주장들을 하고자 한다. 2장에서는 서양 윤리이론의 중요한 세 가지 이론인 결과주의, 의무론 및 덕론의 중요한 공통 특징과 가장 중요한 차이점을 기술하고자 한다. 분석적 윤리학에서 훈련을 받은 철학자들은 2장의 내용에 이미 익숙할 것이다. 따라서 나는 그들이 다음 장으로 넘어가기를 권유한다.

나는 불교 개념과 서양 윤리학 이론 사이의 관계를 밝히는 데 재교육이라는 방법론을 광범위하게 사용해왔다. 만일 우리가 불교를 해석하는 데 최근의 서양 윤리학 이론을 활용한다면, 우리는 불교윤리사상의 전 영역에 대한 통합된 시각을 얻을 수 있다. 남아시아 및 티베트 불교의 다양한 형식들의 윤리적 입장들은 그것들이 모두 동일한 이론을 구체화하고 있다는 의미에서 보면 통합되어 있지 않다. 오히려 그것들은 동일한 공통적 토대를 가지고 있다. 다시 말해 내가 다룰 모든 버전의 불교윤리는 유정적 존재의 복지를 어떤 방식으로든 도덕규범의 유일한 원천으로 삼고 있다. 우리는 불교윤리가 자비에 토대를 두고 있다고 말함으로써 이런 버전의 주장을 할 수 있다 ― 왜냐하면 어떤 사람들은 자비를 단순히 다른 존재의 복지를 증진시키기 위한 동기로만 정의하려고 하기 때문이다.[2] 이 해석에 따르면 여러 형태의 불교윤리의 기본적인 토대는 분석적 철학자들이 "결과 주의"라고 부르는 윤리이론 계통에 속하는 복지주의자들의 그것과 동일하다.

불교윤리가 자비에 토대를 두고 있다는 주장에 놀랄 독자들은 별로 없을 것이다. 그러나 이런 주장의 함의를 밝히는 데 있어서 우리는 "자비산.karuṇā"란 단어를 보통 사람들이 최선의 순간에서조차 할 수 있는 것과는 상당히 다른 사고와 감정의 형식에 적용한다는 것을 명심하지 않으면 안 된다. 예를 들면, 『유마힐소설경Holy Teaching of Vimalaïrti, Vimalakīrti-nirdeśa-sūtra』은 보살이 갖추어야 할 자비의 종류를 설명하고 있는데, 보살은 열반에 들고자 서원을 하는 것이 아니라 생과 사의 순환에 빠져 있는 다른 모든 존재들을 구원하기 위해 그곳에 남아 있고자 서원하는 대승불교의 수행자이다. 이 경전은 보살을 탈진시키며 따라서 초월되어야만 하는 "감성적 자비"와 탈진으로 이어지지는 않지만 "살아 있는 존재의 어떤 특정한 생명을 염두에 두지 않는" "대자비"를 구분한다.[3] 후자는 이상한 종류의 자비인 것처럼 들릴지 모르지만 왜 그것이 필요한 것인가를 아는 것은 어렵지 않다. 현대 서구 사회의 전문치료사들, 의사들, 사회복지사들 그리고 그 외의 다른 요양 사들은 종종 자신들이 돌봐야 할 사람들의 고통에 몇 년만 시달리고 나면, 어떤 종류의 탈진을 경험하고, 냉소와 무감각 상태에 이르게 된

---

2   예컨대, Jay Garfield, in Keown, Prebish, and Husted(1998), p.123.
3   Thurman(2000), p.46.

다.[4] 반면, 보살은 현세뿐만 아니라 내세에서조차 다른 존재의 복지를 위해 일하지만 결코 지치지 않는 존재로 여겨진다. 그와 같은 삶의 방식을 가능하게 만드는 품성들이 무엇이든 그런 품성들은 일반적으로 "자비"라고 말해지는 감정을 훨씬 뛰어넘어야 한다.

그 외의 다른 인도 불교 경전들에서 우리는 뚜렷한 세 가지 유형의 자비를 발견할 수 있다. 에드워드 콘제Edward Conze는 이 분류를 다음과 같이 설명한다. "우선 보살은 살아 있는 존재에게 자비롭다. 다음으로 보살은 그들이 존재하지 않는 것을 깨닫고, 자신의 자비를 세상을 채우고 있는 비인격적인 사건들로 향하게 한다. 마지막으로 이 자비는 하나의 거대한 공의 세계 내에서 작동하고 있다."[5] 이것은 어려운 가르침이며, 따라서 모든 학자들이 이 세 가지 분류가 무엇을 의미하는가에 대해서 동일하게 해석하지는 않는다. 그러나 상이한 양식의 불교윤리의 본성에 대해 내가 제안하고자 하는 설명은 이 분류가 제공하고자 하는 틀에 매우 잘 부합한다.

불교에서 수행되는 세 가지 유형의 자비 중 가장 낮은, 살아 있는 존재에 대한 자비는 다른 존재의 복지를 증진시키기 위해 동기를 발생시키는 감정 혹은 정서지만, 그것의 타당성의 토대는 그 동기를 서

---

4   "공감피로(compassion fatigue)"라고 불리는 이런 현상들에 대한 많은 자료들은 www.vaonline.org/doc_compassion.html 그리고 http://home.earthlink.net/~hopefull/ TC_compassion_fatigue.htm에서 찾아볼 수 있다.

5   Conze(1959), p.304. 그는 이 가르침을 <금강경(Dimond Sutra, Vajracchedikā-prajñā-pāramitā)>에서 발견한다. Luis Gomez는 이를 <무진의경(Akṣayamati Sutra)>과 <입보리행론(Bodhicaryāvatāra)>에 대한 쁘라즈냐까라마티(prajñakaramati)의 주석에서 밝혀냈다. Gomez(1973), p.366.

로 다른 인격 사이의 구분에 두고 있는 것으로 규정한다. 그것의 윤리적 표현은 규칙 결과주의의 한 형태이다. 내가 3장에서 설명하고 있듯이 이런 종류의 자비는 테라바다 윤리에서 발견된다. 또한 그것은 아상가의 체계에서 표현되고 있는데, 그의 견해는 테라바다의 입장보다 세련되어 있고, 어떤 면에서는 더 설득력이 있다. 그러나 내가 보여주겠지만, 아상가 견해의 구조는 복잡하고 이해하기 힘들다. 아상가의 견해는 대승의 보다 일반적인 윤리적 가르침과 더불어 4장에서 논의되고 있다.

비인격적인 사건들산.dharma로 지향되고 있는 두 번째 형식의 자비는 불교 형이상학의 기본적인 인식, 즉 유정적 존재들의 생명 사이의 경계는 관습적인 것이며, 어떤 개별적인 생명, 즉 서로 다른 생명의 단독성을 반영하고 있지 않다는 인식에 토대를 두고 있다. 이런 형식의 자비는 인격의 구분됨을 믿는 것으로부터 나오는 제안을 초월한 것이기 때문에 그것은 어떤 형식의 행위 결과주의를 낳는다. 이런 종류의 자비는 산티데바의 윤리 체계 속에 포함되어 있으며, 탄트라 윤리의 규정들 속에서도 나타난다. 이런 형식의 불교윤리는 5장과 6장에서 논의된다.

세 번째 형식의 자비는 공의 실현에 의존하고 있다. 그것을 가진 사람은 어떤 윤리이론을 전혀 믿지 않는다. 실제로 그들은 무언가에 대한 어떤 이론에 관심이 없다. 자연스럽게 그리고 숙고나 실천적 추론을 할 필요도 없이 그들은 마치 행위 결과주의자들인 것처럼 행동한다. 불교 경전들에서는 이런 형식의 자비는 깨달은 존재들, 다시 말해 붓다, 탄트라의 성취siddhas 그리고 다른 뛰어난 보살들의 마음속에 표현되어 있다고 주장한다. 찬드라고민Candragomin의 게송 중에 다음과 같은 구절이 있다.

> 태양빛은 모든 곳에서 빛난다. 마치 말이 이끄는 전차가 여행하듯이.
> 대지는 힘들다는 것을 계산하지 않고 세상을 떠받치고 있다. ―
> 그와 같은 것이야말로 위대한 능력을 가진 사람들의 본성인데, 그들에게는 조금도 이기심이 없다.
> 이들은 이 세상에 행복과 이익을 가져다주는 것이라면 무엇이든지 그것에 자신을 내던진다.[6]

대승불교의 핵심은 그러한 인격체가 존재한다는 믿음이며, 그들의 상상할 수 없을 만큼 높은 지혜와 이타적 행동을 본받으려고 하는 결심이다. 나는 그와 같은 존재들이 어떤 것인지, 그리고 그와 같은 가능한 존재들의 윤리적 함의를 6장에서 다루고 있다.

우리가 찬드라고민의 게송에서 볼 수 있듯이, 불교윤리는 지나치게 많은 것을 요구하는 것으로 비칠 수 있다. 그것은 우리에게 자신의 인격적 계획이 모든 존재를 이롭게 하겠다는 결심으로 완전히 뒤덮혀 있는 존재들을 본받기를 요구한다. 일부 서양적 양식의 결과주의는 이와 유사한 모든 것을 희생하는 요구사항을 가지고 있으며, 또

---

6   Tsong kha pa(2004), pp.14-15에서 인용.

한 많은 철학자들은 이런 요구를 그다지 설득력이 없는 것으로 보고 있다. 7장에서 나는 지나치게 많은 것을 요구하는 그들의 윤리적 견해의 본성이 야기한 문제들에 대한 불교적 답변을 검토한다.

윤리의 핵심적인 쟁점은 도덕적 책임의 본성과 지위이다. 우리가 우주의 인과적 질서의 일부라는 것을 전제한다면 인간 행위자들은 어느 정도나 그들 자신의 행위에 대해 합당한 책임을 질 수 있는가? 인과와 자아에 관한 불교적 견해는 자비, 비폭력 그리고 용서에 대한 불교규범적 헌신을 지지하는 것임이 — 놀라운 방식으로 — 밝혀진다. 이런 쟁점은 8장에서 다루어진다.

이 책의 많은 부분은 주로 서양적 개념으로 불교적 견해를 해석하는 데 할애되어 있는데, 이는 서로 다른 문화와 전통 속에서 살고 있는 사람들 사이의 대화를 촉진시키기 위한 것이다. 그러나 나는 또한 불교윤리적 주장의 목소리를 옹호함으로써 그와 같은 대화에 참여하고자 한다. 6, 7, 8장의 대부분은 이런 목적에 기여하기 위한 것이다. 10장에서 나는 내가 제안한 견해들에 대해서 — 해석상 및 실질적인 두 가지 측면에서 제기된 많은 반대들을 다루고 있다. 이런 반대들에도 불구하고 나는 불교적 견해에 대한 나의 설명이 내가 인용한 경전들의 취지에 충실하고 또한 윤리에 관한 현대적 논의들에 대한 옹호할 만한 기여라고 주장한다. 11장에서는 칸트의 견해를 다루고 있는데, 그는 많은 점에서 불교윤리와는 다른 세련되고 엄청난 영향을 미친 윤리이론을 발전시켰다. 그의 견해는 통찰력 있는 현대의 해석자들에 의해 한층 더 발전되고 또한 강화되었다. 그러나 나는 불교전통은 칸트에 의해 제기된 도전에 답변할 근거와 그의 의무론적 윤리를 뒷받침하는 가장 강력한 논증을 감당할 만한 근거를 가지고 있다고 주장한다.

나는 또한 응용윤리학상의 중요한 문제들에 대한 불교적 영감을 받은 대답들을 논의하겠지만, 여기에서는 선별적으로 다루겠다. 이전의 많은 저술들과 특히 피터 하비의 뛰어난 『불교윤리학 입문 Introduction to Buddhist Ethics』[7]은 낙태, 동물권, 환경 및 안락사와 같은 쟁점들에 관한 불교전통의 견해들을 상세하게 다루었다. 나는 현재 잘 알려진 이와 같은 문제들을 다루기보다는 응용윤리의 한 가지 분야, 즉 불교윤리의 논의에서 지금까지 결코 충분한 관심을 끌지 못했던 처벌의 정당성에 대해서만 관심을 집중하고 있다. 9장에서 이 쟁점을 이론적인 수준에서 다룬 뒤 미국 형사법 체계의 온건하고도 자비로운 개혁을 위한 몇 가지 제안을 하고 있다. 결론 장에서 나는 불교윤리 분야가 직면하고 있는 몇 가지 대답되지 않은 문제들을 지적하고자 하며, 불교철학자들이 그와 같은 문제들을 어떻게 언급하기 시작할 것인가에 대한 몇 가지 예비적 진술을 하고자 한다.

이 책은 헤아릴 수 없는 다른 사람들의 무수한 도움과 조언 그리고 지지가 없었다면 쓸 수 없었을 것이다. 8장의 토대가 되었던 논문에 관해 소중한 논평을 해준 P. J. 아이반호P. J. Ivanhoe, 데이비드 벨레만 David Velleman, 루이스 로엡Louis Loeb, 글렌 쉐드볼트Glen Shadbolt, 존 테이버

---

7   Harvey(2000), ch.4, 7, 8.

John Taber, 가레스 스파햄Gareth Sparham, 앨런 깁바드Allan Gibbard, 에드윈 컬리Edwin Curley 그리고 베일러 존슨Baylor Johnson에게 감사를 전한다. 나는 내 동료인 스티븐 스칼렛Steven Scalet, 리사 테스먼Lisa Tessman 그리고 특히 3장과 4장에서 나타나는 간접 결과주의적 해석의 전개에 결정적이었던 대화를 나눈 크리스토퍼 냅Christopher Knapp에게 매우 큰 도움을 받아 왔다. 크리스토퍼는 또한 10장에 반영된 몇 가지 요점들을 제안했고, 11장에 대해서도 유용한 논평을 제공했다. 로버트 그레시스Robert Gressis는 몇몇 장들에서 표현의 명확성에 있어 중요한 개선으로 이어진 세밀한 논평들을 해주었다. 크리스토퍼와 로버트는 모두 6장의 의미 있는 수정으로 이어진 실질적인 비판들을 제안했다. 니콜라스 굿맨Nicolas Goodman과 수전 조지프슨Susan Josephson은 전체 원고를 읽고 수많은 유익한 논평들을 제공했다. 나는 책의 많은 부분에 대해 나의 가장 중요한 주장들의 일부를 어떻게 옹호할 수 있을지에 관해 나로 하여금 신중하게 생각하게 한 그의 강력한 철학적 비판들 때문에 특히 제이 가필드Jay Garfield에게 감사한다. 11장을 포함한, 이 책의 어떤 부분의 서술은 미국철학회Amerian Philosophical Society의 프랭클린 연구 보조금을 부분적으로 지원받았다. 익명의 비평가들 또한 값지고 세밀한 제안들과 비판들을 제공했다. 어떻게 보답해야 할지를 고민하다 보니 더욱 좋은 책이 되었다. 그리고 나는 저술 과정 내내 이어진 내 아내의 애정 어린 지지와 조력에 항상 감사한다.

옮긴이의 말

그동안 불교윤리(학)는 영국의 데미언 키온과 한국의 안옥선 등에 의해 일종의 품성론, 즉 덕론으로 성격규정되어 왔다. 전자는 『불교 윤리학의 본질The Nature of Buddhist Ethics』에서 그리고 후자는 『불교윤리의 현대적 이해』라는 저서를 통해 그와 같은 입장을 피력한 바 있다. 나 또한 한때 이들의 입장에 원칙적으로 동의한 적이 있었다. 그러나 시간이 갈수록 이러한 해석은 교학적으로는 무난할지 모르나 실천적으로는 뭔가 밋밋하다는 느낌을 지울 수 없었다. 우리가 볼 때 불교의 윤리적 관점은 기본적으로 목적론이자 현실적으로는 결과론의 성격을 띠고 있는 것이 분명했기 때문이다. 다만 선뜻 그렇게 주장하고 나설 정도의 학문적 용기가 없었다. 아직은 교학적 연구가 부족하다는 생각이 앞섰던 것이다. 그래도 우리는 불교윤리가 의무론이나 덕론의 측면보다는 목적론과 결과론의 시각에서 접근할 때 훨씬 더 이해하기 쉽다는 기본적 관점을 결코 포기하지 않았다.

그러던 차에 우연히 Charles A. Goodman의 *Consequences of Compassion-An Interpretation & Defense of Buddhist Ethics-(Oxford University Press, 2009)* 을 만나게 되었다. 이 책은 제목 그대로 불교의 '자비' 개념을 서양 윤리학의 결과주의적 관점에서 과감하게 재해석하고 있다. 그에 따르

면 불교도는 자비를 동기 삼아 행위하고 그 결과도 자비로운 행위로 귀결될 때 비로소 윤리적 행위를 실천한 것이 된다. 말하자면 저자는 불교의 윤리적 입장을 자비가 수단임과 동시에 목적 그 자체인 성품 결과주의라고 보는 것이다. 여기서 우리는 다소 혼란스럽고 정리가 되지 않은 것처럼 보였던 불교윤리가 논리적으로 일목요연하게 재구성되고 있다는 느낌을 받는다. 그런 점에서 이 책은 불교윤리에 관심 있는 전공자들에게 많은 시사점을 줄 수 있을 것으로 본다. 책은 저자의 노력이 고스란히 드러나 있는 말 그대로 역작力作이다. 서양 철학과 불교 사상에 대한 해박한 지식과 통찰력은 처음부터 읽는 사람들을 압도한다. 우리가 이 책을 읽게 된 것은 어쩌면 행운이었지만 세상 어딘가에 우리와 같은 문제의식을 가지고 있는 사람이 있었다는 것만으로도 저절로 힘이 났다. 이는 곧장 번역에 착수하고 싶다는 결심으로 이어졌다.

저자인 굿맨은 미국 뉴욕주립 빙햄턴 대학교의 철학과 및 아시아-미국학과 교수다. 그는 하버드대학에서 물리학을 전공했고 미시간대학에서 철학박사 학위를 받은 다소 특이한 이력의 소유자다. 대승불교의 위대한 철학자들인 산티데바, 바바비베카, 나가르주나, 다르마키르티 및 바수반두 등에 대해 많은 연구논문을 썼다. 무엇보다도 그의 연구는 불교 사상이 오늘날의 철학에도 깊은 영감을 제공할 수 있다는 점을 환기시키고 있다는 점에서 세계 불교학계의 큰 주목을 받고 있다. 굿맨은 응용윤리학과 정치철학에도 깊은 관심을 보인다. 그는 불교철학을 기반으로 윤리이론과 복지개념 및 자유의지 그리고 개인의 정체성에 이르기까지 그야말로 다방면에서 종횡무진으로 활약하고 있어 우리나라의 불교학 연구 경향에도 시사하는 바가 많다.

도대체 언제까지 불교의 문제를 불교로 해석하고 이를 다시 불교의 틀 안에서만 결론을 내리는 동어반복을 되풀이할 것인가. 2,500년 역사의 불교가 함축하고 있는 전통성과 살아 있는 현재성 및 미래의 무한한 잠재성은 우리가 학문적인 도전과 실패를 두려워하지 않을 때 비로소 아름다운 꽃과 먹음직스러운 열매로 우리 곁에 성큼 다가올 수 있을 것이다. 그런 가능성을 우리에게 보여준 저자에게 감사를 표하고 싶다. 이 책은 저자의 첫 단행본 저술이기도 하다.

지난해 2월 말 우리 세 사람이 뜻을 모아 함께 책을 읽기로 결사結社한 순간부터 시간의 화살은 순식간에 허공을 가르며 날랐다. 만 10개월. 모두 주말을 반납했으나 같은 길을 걷는 도반의 우정은 무르익어만 갔다. 출가자로서 여러 가지 바쁜 일정에도 시간을 쪼개주신 담준 스님과 모임이 있을 때마다 간식거리를 준비하고 말로 주고 받았던 내용을 컴퓨터로 옮기는 귀찮은 일을 마다하지 않았던 김진선 박사에게도 거듭 고맙다는 인사를 전한다. 번역은 먼저 허남결이 읽고 우리말로 옮기면 담준 스님과 김진선 박사가 추가의견을 제시하거나 수정하는 과정을 거쳐 한 문장씩 완성하는 형식을 빌렸다.

마침내 번역 초고가 마무리되었고 불교학술전문 출판사인 씨아이알에서도 흔쾌히 출판을 허락해주셨다. 이 모든 것은 불교와 윤리학이라는 공통의 분모가 없었다면 처음부터 불가능한 일이었을 것이다. 중생인 우리들의 눈에는 감히 보이지 않으나 엄연히 존재하고 있는 유무형의 모든 불보살님들께 머리 숙여 진심으로 하심下心의 옷깃을 여민다. 그 외에도 감사하다는 말씀을 올려야 할 인연 있는 분들이 많으나 일일이 소개드릴 수 없음을 너그러운 마음으로 혜량해 주시길 당부드린다.

끝으로 불교윤리에 대한 역자들의 재발심이 부처님의 가피 속에서 의미 있는 회향들로 계속 이어지길 바라면서 이만 줄인다.

2021년 2월
옮긴이들을 대신하여 허남결이 적다.

_ 이 책의 목차 _____

1

불교의
근본 가르침

1
불교의
근본 가르침

불교는 고타마 싯다르타Gotama Siddhattha가 창시했는데, 전해지는 바에 따르면, 기원전 563년부터 483년까지 살았다. 종종 단순히 붓다Buddha 라고 불리기도 하지만, 좀 더 정확하게 말하면 그는 역사상 존재했던 붓다로 기술되고 있다. "붓다"라는 명칭은 고대 인도언어인 산스크리트어와 빨리어에서는 "깨어 있음"을 의미한다. 따라서 고타마 싯다르타는 깨우친 사람이며 미혹의 꿈으로부터 벗어나 세상을 있는 그대로 본 분이다. 그는 전통에 의하면, 그 이전에도 많은 다른 붓다들이 존재했고 또한 미래에도 많이 있을 것이기 때문에 역사상의 붓다로 불린다.

불교가 제시한 존재에 관한 관점은 얼핏 보면 매우 염세적인 것처럼 여겨진다. 현재 당신의 삶은 즐겁고 안정적인 것처럼 보일지도 모르겠다. 그러나 곧 당신은 늙고, 병들고, 고통받다가 죽는다. 그런 다음 당신은 어쩌면 우주 속의 훨씬 덜 즐거운 곳에서 다시 태어나게 될 것이다. 당신이 어디에 태어나는가는 현생 혹은 전생에 지었던 당신의 행동에 달려 있을 것이다. 친절하고, 자비롭고, 관대한 행동은 좋은 재생을 낳지만, 탐욕스럽고, 잔인하고, 유해한 행동들은 당신의 괴로움을 증장시키게 될 뿐이다. 그러나 당신이 어디에 태어나든 당신의 내생 또한 영원히 존속되지는 않을 것이다. 어쩔 수 없이 당신은 다시 늙고, 병들고, 고통받다가 죽을 것이다. 당신과 당신 외의 모든 다른 유정적 존재들은 자신의 육신을 끊임없이 갈고 찢어대는 거대한 우주적 불행의 수레바퀴를 벗어날 수 없다.

당신은 이와 같은 윤회하는 존재산.saṃsāra로부터 해방되기 위해 전능한 신에 기댈 수 없다. 역사상의 붓다 자신을 포함한 불교의 스승들은 창조주 신의 존재를 일관되게 부정한다. 실제로 어떤 창조행위도 존재하지 않았다. 비록 역사상의 붓다는 우주의 나이에 대해 말하는 것을 거부했지만, 불교의 성숙한 철학적 체계는 윤회하는 존재란 시작이 없는 것이라고 주장한다. 다시 말해 세상은 언제나 존재해왔다. 비록 창조주 신은 존재하지 않지만 천상에 살고 있는, 강력한 힘과 지식을 가진 신들은 존재한다. 그러나 그들은 당신을 윤회하는 존재로부터 벗어나게 해줄 수 없다. 실제로 그들은 당신과 꼭 마찬가지로 윤회하는 자들이다. 그들이 현재 누리고 있는 쾌락은 이전에 지은 긍정적인 행위들의 힘에 의해 창출된 것이다. 하지만 그들의 좋은 업이 소진되고 나면 그들은 죽을 것이며, 이 우주 속 어디에선가 다시 태어날 것이다. 불교 문헌에서 이 신들은 역사상 붓다를 존경하지만 그 역은 아니다.

붓다들은 존경할 만한 가치가 있는 자들인데, 왜냐하면 그들 각자는 윤회하는 존재로부터 벗어나는 방법과 그리고 다른 사람들에게 가르치는 방법을 발견했기 때문이다. 이 방법을 따르기를 열망하는 사람들은 미래의 괴로움의 원인이 되는 부정적인 행동을 중단해야만 한다. 그들은 마음을 가라앉히는 명상을 실천함으로써, 갈애의 불을 끌 수 있고 일탈의 유혹을 가라앉힐 수 있다. 그들은 불교 철학을 연구하고 성찰함으로써, 해탈에 장애물이 되는 그릇된 믿음을 제거할 수 있다. 그들은 수승한 정신집중 상태에 도달함으로써, 자신들의 마음이 사물이 실제로 존재하는 모습 그대로 볼 수 있도록 해준다. 실제의 참된 본성을 인식하는 것은 깨달음에 도달하는 것이며, 따라서 죽음과 재생의 순환에 대한 구속을 벗어나는 것이다.

붓다는 우리에게 이 모든 것을 어떻게 성취하는가를 가르칠 수 있기 때문에, 그는 윤회하는 존재의 위험들로부터 벗어나는 귀의처라고 기술된다. 다르마산.Dharma, 빨.Dhamma로 알려진 그의 가르침은 두 번째 귀의처이다. 불자들에게 세 번째 귀의처는 승가Sangha, 즉 부처님의 가르침을 따르는 비구, 비구니, 우바새, 우바이의 공동체이다. 이른바 이러한 삼보에 "귀의하는" 의식은 불교의 가장 중요한 의식 가운데 하나이며, 이 의식을 거행하는 것은 대부분의 불교전통에서 어떤 사람을 불자라고 정의하는 것의 일부이다.

모든 불자들이 붓다의 세부적인 자질에 동의하지는 않지만 이런 자질들은 전형적으로 매우 야심적인 개념으로 인식되고 있다. 고대의 불교 경전들은 역사상의 붓다를 기적을 행할 힘을 가진 자로 기술하고 있지만, 이러한 경전들은 그가 기적이라는 것은 진실한 가르침과 비교해봤을 때 그다지 중요하거나 정신적으로 도움이 되지 않는다는 주장을 한다고 묘사하고 있다. 붓다들은 모든 갈애와 괴로움 및 심리적 문제로부터 자유롭다. 그들은 또한 어떤 의미에서는 전지全知한 존재로 표현되고도 있다. 그가 가진 고상한 지위의 관점에서 보면 붓다는 수많은 다른 이름들, 예컨대 수가타선서善逝, Sugata, Well-gone, 타타가타如來, Tathāgata(그렇게 간 혹은 그렇게 온 자)로 불릴 수 있다.

　힌두교와 자이나교 같은 그 외의 다른 인도 전통들도 불교가 죽음과 재생의 순환이 존재한다는 주장에 동의하는데, 업의 극복과 짝을 이룬 올바른 통찰력은 우리로 하여금 그 순환으로부터 벗어나게 해 줄 것이다. 인도의 맥락에서 볼 때 불교의 가장 두드러진 점은 무아산.anātman; 빨.anattā론이다. 어쩌면 모든 불교 사상 가운데 철학적으로 가장 흥미로운 무아론은 사람, 동물, 의자, 바위, 나무 및 모든 구성물 등의 실제적이고 궁극적인 존재를 거부한다. 무아론의 관점에 따르면 어떤 사물과 그것의 요소들 간의 관계인 구성물은 마음이 그것을 어떻게 인식하는 것과 별개인, 실제 존재하는 그대로의 세상의 모습이 아니다. 따라서 구성물은 궁극적인 진리산.paramārthasatya, 승의제勝義諦의 관점에서 보면 존재하지 않는다. 그러나 구성물에 관한 논의는 인간의 중요한 사회적 실천의 특징이며, 이러한 실천들은 여러 가지 목적상 유용하다. 이런 이유로 우리는 구성물이란 관습적인 진리산.saṃvṛtisatya,

세속제世俗諦의 관점에서 보면 존재한다고 말할 수 있을 것이다. 서로 다른 불교철학 학파가 주장하는 여러 가지 형태의 무아론 사이에는 미묘한 차이가 있지만 나는 모든 학파가 수용할 만한 버전의 무아론을 진술하고자 노력했다.[1]

만약 사람들이 실제로 존재하지 않는다면 도대체 어떤 것이 실재하는가? 많은 불교 경전들은 진실로 존재하는 것은 다르마라고 말할 것이다. 다르마는 인과적 법칙에 따라 끊임없이 나타나고 사라지고 있는 덧없는 실재이다. 이러한 실재는 인격성에 대해서도 그대로 통용된다. 그것들은 다양한 범주 체계에 따라 분류될 수 있는데, 그 가운데 가장 중요한 것은 오온의 목록이다. 색色, 산.rūpa, 수受, 산.vedanā, 상想, 산.samjñā, 행行, 산.samskāra, 식識, 산.vijñāna이 그것이다. 일차적으로 색은 인간의 몸을 구성하는 물질을 말한다. 더 정확하게 말하면 색은 서양의 분석적인 형이상학자들이 "트로프tropes"[2]라고 부르는 미세하고 순간적인 물질적 실체들로 이루어져 있다. 수는 우리의 많은 경험들에 수반되는 고통스럽거나 쾌락적이거나 혹은 중립적인 감정들이다. 상은 우리가 인식하거나 그것에 대해 생각하는 사물들을 조직하고, 분류하고, 규명하기 위해 사용하는 생각의 범주이다. 행은 영어 사용자들이 습관과 감정이라고 부르는 모든 것을 포함한다. 다시 말해 우리가 발달시켜온 여러 가지 성향인데, 이는 우리가 세상을 인식하고 세

---

1 자신들을 불교도들이라고 부르지만 무아론에 대해 이의를 제기했던 독자부 (Vātsiputrīyas)는 예외이다.
2 이 주장의 정당화에 대해서는 Goodman(2004)을 보라.

7

상에 대답하는 방식에 영향을 주는 것이다. 마지막으로 식은 우리가 감각을 통해 색깔, 소리 및 맛과 같은 실재들에 대해 갖는 인식이다.[3] 이 오온의 구조는 서양의 분류 체계와는 상당히 다른 영역을 도출한다. 그러나 우리가 일단 이 용어들의 의미를 이해하고 나면 그것은 완전히 낯설지도 않고 전혀 설득력이 없는 것도 아니다.

그러나 불교도들이 어떠한 자아도 존재하지 않는다고 주장한다면, 그들은 어떻게 윤회에 대한 믿음을 계속 유지할 수 있는가? 그렇다면 다시 태어나는 것은 도대체 무엇인가? 이 질문은 중요한 초기 불교 경전인 『밀린다 팡하Milinda-pañha』에서 언급되어 있는데, 이는 불교 승려인 나가세나Nāgasena와 그리스어를 사용하는 박트리아Bactria(오늘날의 아프가니스탄과 북부 파키스탄에 해당함) 왕 밀린다 사이의 대화집이다. 이 문제를 다루는 나가세나의 주요 전략은 윤회를 그 속에서 우리가 몸을 바꾸는빨.saṅkamati 사건으로 기술하는 것은 엄격하게 말해 정확하지 않다고 주장하는 것이다. 하나의 생에서 다른 생으로 움직이는 데에는 어떠한 실체도 존재하지 않는다. 오히려 생은 어떤 의미에서는 재구성빨.patisandahati되는 것이다. 자연스럽게 밀린다 왕은 이 점을 명확하게 할 것을 요구한다.

---

3 독자들은 내가 이 단락에서 제시한 영어 번역어 가운데 어느 하나도 해당하는 산스크리트와 완전히 부합하지 않는다는 것을 쉽게 알 수 있을 것이다. 이 용어들은 번역하기가 매우 까다롭다. 나는 나에게 가장 적당한 것으로 생각되는 번역어를 제안했지만, 다른 학자들은 여기에 동의하지 않을 수도 있을 것이다.

"나가세나 존자여, 어떻게 하여 누군가가 윤회하는 것이 아니라 [내생에서] 재구성되는 것입니까. 예를 들어 주십시오."

"오 대왕이시여, 그것은 [불꽃을 가지고 하나의 램프에서 또 다른 램프를 밝히는 사람의 경우와 매우 비슷합니다.

그 불꽃은 첫 번째 램프로부터 두 번째 램프로 이동했던 것일까요, 대왕이시여?"

"분명히, 그렇지 않습니다, 존자여."

"대왕이시여, 누군가가 윤회하는 것이 아니라, [내생에서] 재구성되는 것은 그것과 정확히 일치합니다."

"또 다른 예를 들어 주십시오."

"오 대왕이시여, 소년 시절 당신의 시 스승으로부터 배운 시를 암송했던 때를 기억하십니까?"

"물론입니다, 존자여."

"그렇다면 대왕이시여, 그것은 그 시들이 당신의 스승으로부터 [당신에게로] 옮겨간 경우였을까요?"

"아니오, 존자여, 결코 그렇지 않습니다."

"오 대왕이시여, 누군가가 윤회하는 것이 아니라, [더 후의 생에서] 재구성되는 것은 그것과 정확히 일치합니다."[4]

위의 두 가지 비유는 우리에게 나가세나 존자가 윤회의 과정에 대해 어떻게 생각했는가와 그가 인간 생의 계속성을 어떻게 이해했는가에 대한 많은 정보를 제공하고 있다. 첫 번째 비유는 우리에게 윤

---

4   Gómez n. d., pp.19-20.

회를 어떤 실체의 움직임이 아니라 어떤 과정의 연속이라고 생각해야 한다는 것을 말해주고 있다. 첫 번째 램프에서 다른 램프로 움직인 "불꽃"이라고 불릴 만한 것은 어떤 것도 존재하지 않는다. 대신 첫 번째 램프에서 계속 되고 있는 연소의 과정은 인과적으로 두 번째 램프에서 일어나는 또 다른 연소의 과정을 낳는다. 이러한 인과적 관계는 느슨하지만 이 두 개의 과정을 하나의 과정으로 통합한다. 다시 말해 그것은 비록 실제적이고 궁극적인 통일성을 갖지 않지만, 그 인과적 구조는 우리가 어떤 맥락에서 볼 때 그 과정들을 하나의 지속되고 있는 불꽃으로 기술하는 것이 옳다는 것을 보여준다.

시 스승의 사례도 우리에게 인과의 방향을 통합하는 요소라고 가리켜주지만, 또한 그것은 하나의 생에서 다른 생으로 통과하는 것은 기본적으로 정보라는 점을 말해준다. 업의 정보는 생에서 생으로 여행하며, 그것은 인과적 역할을 담당한다. 오늘 나에게 일어난 모든 것은 인과적으로 현재의 나를 그와 같은 과거 존재의 생 이야기의 연속으로 기술하는 것이 옳다고 여기는 방식으로, 과거 존재의 행동으로 설명될 수 있다. 불교전통에 따르면 기억들은 생과 생 사이를 오고 가지만, 이런 기억들은 자물쇠로 닫힌 상자 속에 보관된다. 보통 사람들은 이 상자를 열 수 없다. 그러나 수승한 수행자만이 과거 생의 기억에 접근할 수 있다.

우리가 만일 이런 비유들을 하나로 결합한다면, 우리는 윤회가 자아의 부재와 어떻게 양립가능한가를 이해하게 돕는 SF 이야기를 창작할 수 있다. 어느 광산회사가 멀리 떨어진 행성에서 많은 로봇들을 운용하고 있다고 상상해보자. 이 로봇들은 환경을 잘 극복하기 위해서 그들 자신의 구조를 바꿀 수 있는 인공지능 컴퓨터를 작동시키고 있다. 이 로봇들을 수년 동안 작동해보고 난 뒤 그 회사는 이러한 프로그램들이 그것이 작동하고 있는 로봇 본체보다 회사에 더 많은 도움이 된다고 결정한다. 회사 직원들은 작동을 멈춘 로봇들로 꽉찬 창고를 건설한다. 그들은 로봇들을 바닥에 늘어놓고 로봇들 중 하나가 자기 본체가 곧 수명을 다하게 될 것이라는 사실을 알아차릴 때마다 그것은 자신의 컴퓨터 프로그램 소스 코드를 가지고 있는 창고로 다시 무선 신호를 보낸다. 그런 다음 소스 코드는 작동을 멈춘 로봇들 중 하나로 다운로드되고 그것은 창고에서 빠져나와서 채굴하는 일을 재개한다. 이 경우 이 인공지능 프로그램은 어떤 의미에서는 심지어 아무도 그들이 영혼을 가지고 있다고 생각하지는 않지만 자기 본체가 죽고 난 이후에도 살아남을 수 있다는 점이 분명한 것처럼 보인다. 불교에 의하면 우리들은 이런 프로그램과 매우 비슷하다. 우리들의 모음 덩어리 <온>의 인과적 연속성은 관습적 진리의 수준에서 보면, 현재의 나는 10년 전의 나와 똑같은 사람이라고 말할 수 있을 정도로 우리의 생명에 느슨한 종류의 통일성을 부여한다. 이 동일한 종류의 느슨한 통일성은 네 가지 비물리적 모음 덩어리를 포함하고 있는데, 그것은 나의 현재의 삶을 과거와 미래의 많은 삶과 연결시켜준다. 그러므로 불교도에 따르면, 내가 윤회할 것이라는 말은 내가 또 다른 시간을 살 것이라고 말하는 것과 똑같이 진리로 여겨진다.

불교도들이 믿고 있는 것처럼, 업이 우리들을 거듭 재생되도록 인도한다면, 지금 현재의 이번 생에서 그 진리를 이해하지 못하는 사람들도 다음에 그것을 깨달을 추가적인 기회를 얻게 될 것이다. 만일 당신이 시험을 통과하지 못하더라도, 그것을 다시 치를 수 있다. 그러므로 다른 사람들로 하여금 이 진리를 받아들이도록 강제하기 위해 폭력에 호소할 필요는 없다. 어쩌면 바로 이런 이유 때문에, 불교는 인내심 있는 종교인지도 모르겠다. 즉 그것의 탄생지인 인도에서 불교는 승려들에게 교조주의적 정통성을 따르도록 고안된 제도들을 결코 만들지 않았다. 통일성을 강제하기 위한 종교재판소가 없었기 때문에 수십 개의 종파와 철학 학파가 불교전통에 대한 자기 자신들의 해석을 주장하기 위해 나타났다. 이들 중 많은 것들이 사라졌지만 상당수가 살아남아서 오늘날의 불교가 엄청난 다양성을 띠게 만들었다. 비록 그것들은 매우 다르지만 이 전통이 살아남은 형태들은 모두 세 개의 큰 범주로 분류될 수 있다.

이러한 전통들 가운데 테라바다, 즉 장로들의 가르침은 현대의 스리랑카와 태국 그리고 미얀마에서 지배적인 형태의 불교이다. 라오스와 캄보디아에서 야만적인 공산주의자들의 박해를 극복하고 살아남은 불교도들도 이 테라바다 전통에 속한다. 대승, 즉 위대한 길은 가장 많은 신자들을 가지고 있는데, 일본, 한국 그리고 대만에서 압도적이다. 대승불교 신앙은 또한 많은 장애물이 있음에도 불구하고, 베트남과 중국 본토에서도 지속되고 있다. 금강승, 즉 "금강석의 길"은 티베트와 네팔, 부탄 그리고 몽골에서 실천되고 있다.

대부분의 테라바다 수행자들의 최고의 정신적 열망은 성인산.Arhat;

^{빨.Arahant}이 되는 것이다. 성인은 해탈을 가로막는 부정적인 감정들과 고통스러운 무지를 제거하고 난 어떤 사람, 남성 혹은 여성이다. 어떤 사람이 성인의 경지에 이른 생은 그 사람의 마지막 생이다. 육신의 죽음 이후에 그 사람은 열반^{산.Nirvana, 빨.Nibbāna}의 세계로 들어간다.

열반은 정확하게 무엇인가? 이 개념을 이해하려는 과정에서 우리는 그것이 영원한 행복의 상태라고 주장하고 싶은 유혹을 느낄지 모르는데, 이런 해석은 열반을 가리키기 위해 "행복한"이라는 개념을 사용하는 수많은 경전 구절에 근거를 두고 있다.[5] 그러나 거의 모든 불교 철학자들은, 특히 테라바다 불교 철학자들은 이런 해석을 거부하려고 할 것이다. 그들의 견해에 따르면 행복과 같은 정신 상태는 필연적으로 무상한 것이다. 이들은 행복에 대한 경전 구절을 남김 없는 종식, 즉 최종적인 선정 경험을 한 어떤 사람, 다시 말해 붓다 혹은 성인의 상태를 언급하고 있는 것이라고 간주하려 한다. 그와 같은 사람들의 삶은 안정적이고 흔들림이 없으며 무한한 행복으로 규정된다. 테라바다에서 이러한 사람은 죽음에 이르러 남김이 없는 종식의 세계로 들어가기로 예정되어 있다.

남김 없는 종식을 어떻게 기술할 것인가에 대해 불교도들 사이에 상당한 의견 차이가 존재한다. 어떤 사람들은 남김 없는 종식은 인간적 개념으로는 성격 규정될 수 없는, 말로 형용할 수 없는 상태, 즉 존

---

5   예를 들어 담마빠다(Dhammapada)에서는 열반을 고요함, 무조건적이고 형성된 것의 소멸, 완전한 축복의 경지(padaṃ santaṃ saṅkhārūpasamam), 즉 까비라뜨나(Kaviratna)의 해석에 따르면, "조건 지어진 존재의 소멸을 뜻하는 고양된 평화와 행복 상태"로 기술하고 있다. Kaviratna(1980), pp.144-45.

재의 순환을 벗어나 모든 문제와 고통을 극복한 상태라고 주장할 것이다. 그들은『악기왓차고따경Aggivacchatotta-sutta: To Vacchagotta on Fire』의 대화를 언급하고 싶어 한다. 여기서 붓다는 해탈에 도달한 그 자신이나 다른 사람은 사후에 존재 혹은 비존재의 관점에서 있게 될 상태를 성격 규정할 수 없다고 말하고 있으며, 또한 "그가 다시 나타날 것"이라거나 "그가 다시 나타나지 않을 것"이라는 형식의 표현은 열반에 이른 사람에게는 적용되지 않을 것이라고 말하고 있는 것처럼 보인다.[6]

그러나『악기왓차고따경』의 대화에 대해 또 다른 해석이 가능하다. 여기에서 붓다는 열반으로 들어가는 것과 사라지는 불을 비교하고 있다. 이 비유가 경전의 제목이 되었다. 이 비유에 토대를 둔다면 우리는 열반이란 단순히 우리가 관습적으로 어떤 사람의 존재라고 부르는 정신적 및 육체적인 사건의 인과적 고리의 종식에 불과하다고 주장할 수 있을 것이다. 이 해석에 따르면, 열반은 단순히 비존재로서 기술되지 않아야 할 두 가지 이유가 있다. 첫째, 그와 같은 기술은 깨닫지 못한 사람들에게 두려움을 불러일으켜서 그들이 불교의 길을 회피하게 만들 것이다. 둘째, 열반을 비존재로 기술하는 것은 그것이 어떤 존재하는 사람의 소멸을 표현한다고 오해하도록 만들 수 있다. 실제로 애초에 소멸될 수 있는 사람은 아무도 없다. 불교의 목적에 대한 이러한 해석은 윤회적 존재의 고통이라는 무서운 본성으로부터 설득력을 얻는다. 성인이 된 사람들에게 이러한 해석은 의식적인 모든 존재의 완전한 종식을 수반하는 단 한 번의 무한한 행복

6   Ñāṇamoli and Bodhi(1995), pp.590-94.

의 삶을 약속한다.

아라한과Sainthood는 많은 사람에게 호소력 있는 정신적 이상이 되고 있다. 그러나 또한 그것은 상당히 이기적인 것으로 보일 수도 있다. 탐, 진, 치에 대한 해결책을 발견하고 난 성인은 다른 모든 사람을 윤회적 존재 속에서 헤매도록 내버려 둔 채 열반의 세계로 들어간다. 확실히 다른 사람들(의 열반)을 기다려주고 도와주는 것이 훨씬 더 자비로운 일인 것처럼 보일 것이다.

이러한 성찰은 대승불교를 향한 가장 중요한 윤리적 동기부여를 제공한다. 모든 신실한 대승불교도들과 소수의 테라바다 불교도들은 성인들의 길보다 훨씬 더 많은 것을 요구하는 길을 따르기로 선택했다. 즉 이 길은 깨달음에 이르는 길이다. 붓다가 되고자 애쓰는 사람은 보살산.bodhisattva, 빨.bodhisatta로 불린다. 대승에서 보살은 사는 동안 모든 존재들에게 이익을 주기 위해 윤회적 존재 속에 머물 것을 서원한다. 산티데바가 쓰고 있듯이, "이 공간space이 지속되는 한 그리고 이 세상이 지속되는 한 나는 이 세상의 고통을 타파하면서 오랫동안 이 세상에 머물 것이다."[7] 후기 대승에서는 보살이 마침내 깨달음에 이른 이후에도 그는 다른 모든 사람들도 깨달음에 이르는 것을 돕기 위해 윤회적 존재 속에 계속 모습을 드러낼 것이다.

대승 경전들은 종종 제자로서의 성인성문, Saints as Disciple, 산.śrāvakas이 되기를 열망하거나 실제로 성문이 된 사람들을 언급하고 있다. 성문

---

7   Śāntideva(1995), p.143. 이것은 chap.10, v.55.

과 보살의 길 외에 인도와 티베트 경전들은 제3의 길을 인식하고 있다. 그것은 고독한 실현자독각, 연각, Solitary Realizer, 산.Pratyeka-buddha이다. 전통적인 불교 신앙에 따르면 현재 존재하고 있는 불교는 영원히 존속하지는 않을 것이다. 궁극적으로 불교는 타락하고, 그리고 그 가르침은 점점 더 소멸될 것이다. 마침내 불교는 완전히 잊히게 될 것이다. 오랜 시간이 흐른 뒤 또 다른 붓다가 이 세상에 나타나 불법을 재발견하고, 불교를 소생시킬 것이다. 불교가 알려져 있지 않은 동안 성문이나 보살이 되는 것은 가능하지 않을 것이다. 그러나 이 기간 동안 소수의 개인들이 개인적으로 자기 자신을 위한 불교의 진리를 실현하는 것은 가능할 것이다. 그러나 이런 독각들은 이러한 진리를 다른 사람들에게 전달할 수 없거나 전달하는 것을 원하지도 않을 것이다.

수행자들이 붓다가 되기를 열망해야 한다는 요구는 후기 형태의 대승불교를 다른 유형의 불교와 구분하는 유일한 가르침은 아니다. 많은 대승 경전들은 공성emptiness, 산.śūnyatā으로 알려진 심오하고 난해한 가르침을 제시한다. 아시아와 서구에서 모두 공성의 정확한 해석에 대해서 학자들 간의 끊임없는 논쟁이 있어 왔다. 대승불교 철학의 유가행파The Spiritual Practice School, 산.Yogācāra는 어떤 이상주의 교의를 제시하는데, 여기에서는 공성을 주체와 객체 사이에 이원성이 존재하지 않는 것으로 해석한다.[8] 그러나 이들의 교의는 중관학파the Middle Way School, 산.Madhyamaka의 교의보다 나의 윤리 연구에 더 중요한 것은 아니

---

8 예컨대 Garfiel(2002), p.120를 보라. 이 저서의 6장과 9장은 유가행파에 관한 매우 가치 있는 정보를 담고 있다.

다. 마드야미카Madhyamaka로 알려진 중관학파의 추종자들은 공성을 무아의 교의 속에 표현된 통찰력의 일반화로 간주했다. 실제로 모든 불교도들에게 자아는 개념을 구성하는 활동과 별도로 어떤 객관적이고 실질적인 존재의 결여이듯이, 중관학파에서는 어떤 것도 — 초기 불교의 존재론을 형성했던 단순하고도 일시적인 실체조차도 — 이런 종류의 객관적이고 실제적인 존재를 전혀 가지고 있지 않은 것으로 여긴다. 이것을 깨닫는 것은 실재에 관한 이론들에 대한 집착으로부터 해방되는 것이며, 이 모든 것들은 사물을 있는 그대로 보는 우리들의 능력을 방해한다. 루이스 고메즈Luis Gómez가 쓰고 있듯이, 중관학파는 "불교적 길의 중심에 대한 근본적 초탈이라는 심리적 개념을 회복하고자 하는데, 그들은 자아의 부정을 파악 가능한 모든 것과 마음을 붙들고 있는 모든 것에 대한 근본적인 부정의 토대로 해석하고 있다."[9]

이러한 종류의 신비주의적 교의가 윤리학에 즉각적인 위협이 된다는 것은 매우 분명해 보인다. 만약 모든 이론들이 거짓이고 나아가 심지어 정신적 진보에 대한 장애물이라면, 그렇다면 윤리이론들은 어떻게 될 것인가? 그리고 만일 우리가 윤리에 대한 신념들을 버린다면, 우리는 괴물로 변할 것인가? 인도 불교전통은 이 위험성을 잘 알고 있었지만 중관학파는 공성에 대한 잘못된 해석만이 윤리에 대한 실질적 위협이 된다고 주장한다. 진정으로 공성을 깨닫는 것은 우리

---

9   Gómez(1973), p.368.

를 고통으로부터 벗어나게 할 뿐만 아니라 우리를 도덕적으로 완벽하게 만든다. 공성과 윤리 사이의 정확한 관계는 대승불교의 핵심 쟁점이며, 나는 6장에서 이것을 자세하게 다루고 있다.

공성과 보살도와 더불어 인도의 여러 중요한 대승 경전들도 본래의 깨달음의 교의로 무엇이 언급되고 있는가를 가르치고 있다. 중국과 티베트에 엄청난 영향을 미친 이 교의는 모든 유정물들은 자기 내부에 실질적이고 완전히 실현된 상태의 불성을 지니고 있다고 말한다. 그러나 우리 안의 붓다는 외부로 나타나지 않는다. 왜냐하면 그것은 우연한 고통으로 덮혀 있고 또 흐려져 있기 때문이다. 이 가르침은 수많은 비유들로 설명될 수 있다. 우리 안의 붓다는 더러운 누더기로 덮여 있는 황금조각상이거나 오물더미 속에 숨겨진 금덩어리이다.[10] 그러나 그것은 이미 완전한 형태로 존재한다. 우리는 그것을 어떤 방식으로 창조하거나 만들 필요가 없다. 우리가 해야 하는 모든 일은 그것을 가리고 있는 이러한 고통들을 제거하는 것이다. 그러면 그것은 환희심 속에 빛날 것이다. 그러나 테라바다 불교도들은 동의하지 않을 것이다. 그들의 관점에서 보면 최대한 말하더라도 모든 존재는 깨달음에 대한 잠재력을 가지고 있다는 것이다. 만일 그들이 불교의 길을 따르기로 선택한다면 깨달음은 궁극적으로 그들 속에서, 그리고 그것과 함께 아직도 고통 속에 빠져 있는 다른 모든 존재들을 위한 자비심을 발전시킬 것이다.

---

10 더 폭넓은 논의를 위해서는 Fuchs(2000)를 보라.

본래적 깨달음의 교의는 또한 금강승, 즉 주요한 세 번째 형태의 불교전통에서도 강조되고 있다. 여기에서 그것은 대열반the Great Perfection, El.rDzogs chen으로 알려진 명상 체계와 같은 많은 정신적 수행을 위한 이론적 토대의 중심이다. 실제로 금강승의 철학적 토대는 대승의 그것과 매우 유사한데, 결과적으로 금강승은 흔히 대승의 한 형태로 간주되고 있다. 특히 금강승의 스승들은 공의 가르침과 보살의 서원, 그리고 모든 존재들에게 이익을 주기 위해 윤회적 존재 속에 머물겠다는 열망을 받아들인다.

금강승을 별개의 불교 형태로 간주하는 것을 정당화해주는 차이점은 수행의 수준에 있다. 금강승의 성스러운 경전들인 탄트라the Tantras는 기원후 1세기 후반부에 인도에서 편집되었다. 이런 경전들은 비유와 암호화된 언어로 가득 차 있다. 서구 학자들은 이 가운데 많은 것들을 여전히 제대로 이해하지 못하고 있다. 정교한 의식과 복잡한 시각화를 포함하는 탄트라 수행은 다른 대승 수행과 동일한 목적, 즉 모든 존재들에게 이익을 주고자 하는 깨달음의 성취에 도달하기 위해 의도된 것이다. 그러나 탄트라의 길은 탄트라가 아닌 대승의 길보다 더 빠르지만 더 위험하기도 한 것으로 기술되고 있다. 대부분의 불교 양식에서 인간의 심리 속에 들어 있는 성적이고 폭력적인 충동은 정신적인 진보의 길을 가로막는 장애물이며, 선정을 통해 진정되어야 하고 또 정화되어야만 하는 것이다. 탄트라 수행은 이러한 극단적으로 강력한 심리적 힘을 조작하고 바꾸려고 시도하는데, 이는 그것을 깨달음을 빨리 성취하기 위한 힘의 원천으로 사용하기 위한 것이다. 금강승 수행자들은 모든 금지사항과 심리적 장벽을 타파하고, 모든 이기적 충동을 순수하고 깨끗한 에너지로 바꿈으로써, 이미 우리 내면에 들어 있는 지혜와 자비심을 드러내려고 애쓴다.

대자비심은 모든 사람에게 최소한 잠재적으로, 들어 있다는 생각은 모든 중요한 불교 형태에 기본적인 관념이다. 그러나 불교도들은 현재 우리가 알고 있듯이, 자비심은 인간의 행동을 불러일으키는 유일하게 중요한 요인과는 거리가 멀다는 점을 분명히 하고 있다. 불행하게도 보통 사람들을 포함한 대부분의 유정적 존재들은 고통산.kleśa; 빨.kilesa에 의해 훨씬 더 강력한 동기부여가 된다. 일부 경전들은 많은 고통들의 목록을 담고 있지만 많은 불교 경전에 따르면, 가장 중요한 세 가지는 흔히 탐greed, 진hatred, 치delusion로 번역되고 있는 라가rāga, 드베샤dveṣa 그리고 모하moha라는 점은 분명하다. 내 생각에는 비록 이런 영어 단어들이 상응하는 산스크리트 용어에 가장 가까운 것이긴 하지만, 이들 중 어떤 것도 완전한 번역어는 아니다. 라가rāga는 우리가 탐이라고 부르는 것에 한정되지 않고, 우리로 하여금 감각적 대상으로 이끌고 또한 이러한 대상들에 대한 집착을 형성하게 하는 광범위한 종류의 욕망과 감정들을 포함하고 있다. 드베샤dveṣa는 이러한 맥락에서 보면, 우리로 하여금 사람들뿐 아니라 감각적 대상들을 거부하게 하고 피하게 하는 모든 영역의 혐오와 부정적 태도를 가리킨다. 반면, 모하moha는 그릇된 믿음뿐만 아니라 무지와 여러 종류의 혼란을 포함한다.

이러한 고통들 사이의 복잡한 관계는 불교윤리의 많은 측면의 토대를 형성한다. 세 가지 가운데 어리석음은 가장 근본적인 것이고, 다른 두 개의 원천이다. 그러나 많은 경전들은 우리들에게 생생한 표현 속에서 증오가 훨씬 더 심각하고 손해를 끼치는 것이라고 가르친다. 어리석음과 가장 가까운 개념인 정신적인 무지avidyā는 모든 윤회적 존재의 근본 원인으로 간주된다. 이것의 중요성은 12연기pratītyasamutpāda의 첫 번째로서 그 역할이 표현되어 있다. 연기설은 불교 사상의 출발로까지 거슬러 올라가는데, 이는 윤회적 존재를 계속하게 만드는 인과적 과정에 대한 하나의 분석이다. 이러한 분석에 따르면 무명은 업보를 형성하는 행동의 조건을 만듦으로써, 죽음과 재생의 비참한 전 과정을 있게 만든다. 우리는 깨달음을 성취하고 윤회적 존재의 뿌리를 자르기 위해 어리석음을 근절해야 한다. 이렇게 함으로써 우리는 미래에 일어날 증오와 탐욕을 막게 된다.

어리석음은 많은 점에서 이 세 가지 고통들 중에서 가장 중요한 것이다. 다른 두 가지 가운데 증오는 부정적인 업을 만들어서 미래의 고통을 낳는 힘 때문에 탐욕보다 더 위험하다. 테라바다에서 증오는 탐욕보다 더 나쁜 것으로 간주된다. 그러나 대승에서는 훨씬 더 나쁜 것으로 여겨진다. 위대한 불교 학자인 산티데바는 증오가 가진 파괴성을 다음의 게송에서 강력한 어조로 말한다.

1. 수가타Sugatas(선서)에 대한 숭배, 너그러움 그리고 억만 겁 동안 이루어진 선한 행동들 — 증오는 이 모든 것들을 파괴하고 만다.
2. 증오만 한 악은 없고, 인욕만 한 정신적 수행은 없다. 그러므로 우리는 온갖 수단과 모든 노력을 다해 인욕을 발전시켜야 한다.

3. 증오의 화살이 가슴 속에 박혀 있는 한 우리의 마음은 결코 평화를 찾을 수도, 즐거움이나 기쁨을 향유할 수도, 잠을 잘 수도, 안전을 느낄 수도 없다.
4. 부유하고 존경받아 명예를 가진 사람이라도 그들의 하인들은 증오로 일그러진 자신의 주인을 해치고 싶어 한다.
5. 친구들조차 그로부터 멀어진다. 그는 베풀지만 명예를 얻지 못한다. 즉, 화를 자주 내는 사람이 풍요롭게 잘 살 수는 없는 법이다.[11]

증오의 부정적인 영향은 모든 존재들에게 적용되지만, 대승 경전에 따르면 보살들에게는 특히 증오를 피해야 할 강력한 이유가 있다. 보살도의 핵심은 대자비심을 베푸는 것인데, 증오는 이러한 자비심과 정반대이다. 『대보적경the Great Heap of Jewels Sūtra』의 한 절인 《결정비니경the Definitive Vinaya》은 특히 증오가 탐욕보다 더 나쁘다는 강한 어조의 규정을 담고 있다. "대승을 따르는 사람이 욕망 때문에 계율을 어긴다면 나는 그가 계율의 위반자는 아니라고 말하겠다. 그러나 만일 그가 증오로부터 계율을 어겼다면 그것은 심각한 위반이고, 커다란 잘못이며, 매우 타락한 행동이다. 이것은 불법Buddha-Dharma에 엄청난 장애를 불러온다."[12]

대부분의 경우 증오는 세 가지 고통 가운데 가장 나쁜 업보로 이어진다. 예를 들면, 붓다의 길의 단계를 묘사하고 있는 티베트의 책 『위

---

11   Śāntideva(1995), p.50.
12   Chang(1983), p.270.

대한 스승의 가르침the Words of My Perfect Teacher』은 우리에게 다음과 같이
말하고 있다.

> 증오에 의해 동기부여된 십악(10악) 가운데 하나를 범하는 것은
> 지옥에서 태어나도록 이끈다. 그 가운데 하나를 탐욕에서 범하는
> 것은 아귀로 태어나게 하고, 무지로부터 한 행동은 축생으로 이끈
> 다. 이와 같은 낮은 영역에 다시 태어나면 우리는 그것에 특유한 고
> 통을 겪어야만 한다.[13]

지옥은 축생의 영역이나 배고픈 귀신산.pretas의 세계보다 훨씬 더
나쁘기 때문에 증오는 탐욕이나 미혹보다 더 나쁜 업보를 갖는다. 그
러나 미혹은 다른 고통들과의 인과관계에서 차지하는 역할 때문에
여전히 더 근본적인 것으로 여겨진다.

통상적으로 불교의 가르침에 따르면, 증오에 의해 동기부여된 행
동은 미혹에 의해 동기부여된 행동보다 더 심각하다. 불교 사상가들
은 만일 어떤 사람이 자신의 행동에 관한 중요한 사실을 몰라서 그
행동의 부정적인 결과가 대부분 우연한 사고나 나쁜 운의 결과라면,
그 사람의 행동은 자기가 무엇을 하는지를 알고 있는 어떤 사람이 한
상응하는 행동만큼 도덕적으로 나쁘지는 않다는 상식에 동의한다.
그러나 그 역도 종종 사실일 수 있다. 미혹은 종종 증오보다 더 나쁘
다.[14] 이런 일이 일어나는 사례는 그 행위자가 자신의 행동의 도덕적

---

13 Patrul Rinpoche(1994), p.112.
14 Harvey(2000), pp.52-58.

위상에 관해 잘못된 견해를 가지고 있는 경우이다. 불교도에 의하면 객관적으로 그른 행동 — 행위자가 그 기술적 환경을 알고 있지만 바로 이 행동이 도덕적으로 칭찬할 만한 것이라고 믿는 것 — 은 그것이 그르다고 알고 있는 행위자의 유사한 행위보다 더 부정적인 업을 낳는다. 이 말은 처음에는 이상하게 들릴지 모르지만 이런 견해는 최소한 심각한 잘못을 포함하는 경우에는, 많은 사람의 직관과 일치한다. 자기 조직의 임무를 한 치의 의심도 없이 믿고 있는 게슈타포나 종교재판소의 일원은 그릇된 행동을 한 후에 후회할 수 있는 감정을 느낄 수 있는 외톨이 살인자보다 훨씬 더 심각한 도덕적 괴물이다.

이와 같은 복잡한 가르침의 결과 많은 대승 경전들에서는 미혹을 근절하려는 노력에 지대한 관심을 쏟고 있다. 그것은 미혹이 그 외의 고통들의 본래 원천이며, 때로는 가장 나쁜 행위의 원인이기 때문이다. 그 경전들은 증오가 탐욕보다 훨씬 더 해로운 업보를 가져온다는 점을 강조하면서 매우 강력한 어조로 증오에 대해 경고한다. 경전들은 종종 이러한 개념상의 관계가 너무 강력해서 보살은 탐욕에 대해 거의 걱정하지 않아도 된다는 것을 암시하고 있는 것처럼 표현한다. 이러한 구절을 인용한 후에 산티데바는 하나의 유용한 해결책을 덧붙인다. 그는 탐욕에 사로잡힌 사람들이 자신들이 원하는 것을 얻지 못할 때, 그들은 종종 화를 내고 다른 사람에게 해를 끼친다는 점에 주목한다.[15] 따라서 탐욕의 가장 큰 결점은 대승의 관점에서 보면, 그

---

15 Śāntideva(1971), p.162; Śāntideva(1961), p.92를 보라.

것 자체의 성격이 아니라 증오를 불러일으키는 경향성과 관계된다. 그러나 이런 경향성은 결코 간과되어서는 안 된다.

때때로 우리 자신의 실패를 마치 살아 있는 어떤 방해자가 우리의 길에 놓은 장애물인 것처럼 생각하는 것은 그것을 극복하기 위한 더 큰 동기부여를 불러일으키게 할 수 있다. 아마도 이것은 그처럼 많은 불교 경전들이 마라Māra라고 알려진 어떤 인물에 관해 언급하고 있는 이유일 텐데, 마라는 깨달음에 이르는 길을 저해하고 가로막는다. 종종 마라는— 비록 불교의 서로 다른 전통들이 그와 같은 구절을 어떻게 글자 그대로 해석할 것인가에 대해 의견이 일치하고 있지는 않지만— 수행자들을 유혹해서 그 길에서 일탈하도록 하는 악의를 가진 초자연적 존재로 제시되고 있다. 다른 곳에서 인도 불교 경전들은 마라라는 인물을 오온이나 세 가지 주요한 고통 혹은 죽음 자체의 화신으로 표현한다.

그 세 가지 고통의 업보에 대한 앞서의 논의로부터 다음과 같은 사실, 즉 만일 업의 법칙과 같은 무언가가 실제로 존재한다면, 업에 대해 우리가 알 수 있는 거의 모든 것은 윤리와 관련되리라는 점이 분명해질 것이다. 몇몇 저자들은 불교윤리에서 어떤 행동의 까르마적 지위와 그 행동의 평가 사이의 매우 밀접한 관계를 주장해왔다.[16]

---

16 예를 들면, Kewon(2001), p.19를 보라. "나는 또한 도덕적 응보, 즉 까르마를 계(sila)의 한 측면으로 간주하고자 한다." 언어학적으로 보면, 이것은 문제를 다루는 매우 낯선 방식이다. 고전적 불교 경전들은 자신의 범주를 이런 방식으로 배열하고 있지 않다. 3장에서 상세하게 살펴보겠지만, 계라는 용어는 영어 단어 "ethics"보다 더 좁은 의미를 갖는다. 키온은 다른 곳에서 까르마란

그와 같은 관계는 다음과 같은 하나의 원칙으로 표현될 수도 있을 것이다.

> (K) 선택 가능한 행위들 중에서, 언제나 당신에게 까르마적으로 가장 긍정적인 것이 될 행동을 하라.

이 원칙은 불교윤리의 명령 가운데 하나로 강력한 것으로 여겨질 수도 있을 것이다. 실제로 그것은 만일 우리가 그 원칙의 범위를 제한해서 성인에게 적용하지 않는다면, 테라바다 윤리의 올바른 원칙이 될 수도 있을 것이다. 테라바다의 성인은 "선과 악을 넘어선puñña-pāpa-pahīm" 존재로 여겨지고 있다.[17] 이 표현을 어떻게 해석할 것인가에 대해서는 약간의 논쟁이 있었지만, 가장 설득력 있는 해석에 의하면 그것은 더 이상의 미래의 삶을 갖지 않을 성인은 더 이상 선한 업이나 나쁜 업을 쌓지도 않는다는 것을 의미한다.[18] 집착 없는 자비에 의해 동기부여된 성인들의 행동 가운데 그 어떤 것도 미래의 삶 속으로 행복이나 고통을 투사하지 않을 것이다. 그러므로 K의 원칙은 그들에게 적용되지 않는다.

성인 이외의 사람들에게 적용된다면, 테라바다 윤리는 K 원칙에 대한 반대 사례를 인정하지 않는다. 그러나 우리가 대승 윤리를 고려

하나의 규범적 개념은 아니라는 점을 인정하고 있다. Kewon(2001), p.127을 보라.

17 Dhammapada 3장 39번 게송, Kaviratna(1980), pp.18-19를 보라.
18 Premasiri(1976), p.73.

할 때는 그와 같은 반대 사례들이 종종 발생한다. 나는 다음 장들에서 그와 같은 몇 가지 사례를 다룰 것이다. 그러나 여기서는 하나의 사례로 충분할 것이다. 에드워드 콘제Edward Conze는 몽골에서 온 라마승과 점심을 먹으면서 나눈 대화를 소개하고 있다. 콘제는 채식으로 된 점심을 준비하려고 했다. 그러나 라마승이 고기를 먹고 싶어 한다는 것을 알고 나서 고기를 먹는 것은 라마승이 했던 율장Vinaya의 서원을 위반한다는 점을 지적했다. 이에 대한 대답으로 라마승은 유목민 국가인 몽골에서 고기는 거의 유일하게 이용 가능한 음식이라는 점을 지적했다. 그러나 이런 환경은 육식이 낳을 업의 부정적 지위를 바꾸지 못한다. 이 라마승은 콘제에게 자신은 그가 선택한 육식 때문에 지옥에 태어날 가능성을 인정한다고 말했다. 그러나 불교의 가르침을 몽골 사람들에게 전해야 할 그의 임무의 도덕적 중요성을 고려해서 그는 기꺼이 자기 자신에게 미칠 부정적 결과의 위험을 감수하려고 했다.[19]

이 예는 자신의 까르마적 손을 깨끗하게 유지하고자 하는 바람이 대자비와 긴장 관계에 있을 수 있다는 점을 보여주기에 충분하다. 이 두 가지가 갈등하는 경우 대승불교도들은 자비에 따라서 행동하는 것에 우선성을 부여한다. 틀림없이 대부분의 사람들은 만일 이 라마승이 몽골 사람들이 불교에 대해 배우는 것으로부터 발생할 이익에 대해 확신했다면, 그는 도덕적으로 올바른 선택을 한 것이라는 점에

---

19 Conze(1959), pp.307-8.

동의할 것이다. 나는 결론적으로 대승불교도들은 K 원칙을 거부할 것이라고 생각한다. 그들에게 있어서 비록 까르마는 그것에 비추어 우리가 도덕적 선택을 해야 할 기술적 배경에 매우 중요한 일부이기는 하지만, 그것은 그와 같은 선택을 명령하지는 않는다. 나는 이 문제를 다음 장들에서 더 논의하겠다.

이 장을 읽는 다양한 독자들은 자신들의 신념에 따라 불교의 어떤 가르침들은 강렬하며, 다른 것은 흥미롭긴 하지만 입증되지 않고, 또 다른 것은 의심스러우며, 나아가 다른 것은 설득력이 없거나 혹은 심지어 낡은 것 같다는 점을 알게 될 것이다. 그럼에도 불구하고 우리는 이러한 가르침들을 이해하지 않으면 안 된다. 왜냐하면 이 가르침들은 이 책의 주제인 윤리적 개념과 논의의 배경을 구성하고 있기 때문이다. 이어질 대부분의 장들에서, 나는 이런 교의들 가운데 어떤 것의 진리가 그 시대와 관련되는가를 주장하려고 할 따름이다. 내가 다룰 불교윤리적 견해들 가운데에서 어떤 것이 그것과 결합된 비규범적 주장으로부터 보다 강한 설득력을 이끌어낼 수 있는가를 판단하는 것은 독자들의 몫이다. 어떤 것은 지금 적절하지 않은 것으로 폐기되어야만 한다. 왜냐하면 그 주장들 중 일부가 잘못되었기 때문이다. 그리고 어떤 것은 불교 세계관의 또 다른 측면들이 갖는 참 혹은 거짓과는 별개로 불교 자체의 세계관 위에서 확고히 서 있을 수 있다.

2

서양 윤리이론의
주요 특징들

2
서양 윤리이론의
주요 특징들

지난 30년 동안 서양 윤리학자들은 불교윤리를 진지한 방식으로 연구하기 시작했다. 이러한 상황은 조만간 윤리적 성찰에 관한 불교전통과 서양전통 사이에 의미 있는 대화를 가능하게 만들어줄 것이다. 여기에서 각각의 전통은 상대방의 생각에 의해 보다 풍부해질 것이다. 그러나 그와 같은 대화는 우리 서양 사람들이 불교가 포함하고 있을지도 모를 어떤 종류의 윤리적 이론을, 우리의 용어로 이해하는 방식을 발견하지 못한다면 매우 어려운 일이 될 것이다. 하지만 우리가 불교윤리와 서양 윤리 간의 유사성을 분석하기에 앞서 우리는 비교 가능한 모델로 간주하고 있는 서양 윤리이론들 사이의 차이점을 확실하게 파악하지 않으면 안 된다. 이 장에서는 서양 철학자들이 제안한 가장 중요한 세 가지 종류의 윤리이론을 제시할 것이다. 결과주의와 의무론 그리고 덕윤리가 그것이다. 나는 이 세 가지 이론 각각의 특징들을 설명하려고 하는데, 결과주의로부터 시작할 것이다. 그러고 나서 나는 다음의 일부 장들에서 특히 중요한 것이 될 어려운 쟁점에 대해서 약간의 언급을 하고자 한다. 덕윤리와 결과주의 둘 다 서로 매우 밀접해 보이는 많은 버전이 있다는 점을 전제해볼 때, 우리는 결과주의 일반을 덕윤리 일반과 구분하는 어떤 특징을 명료하게 밝힐 수 있을까? 일단 이 문제가 규명되고 난 다음, 이어지는 장들에서, 나는 이 이론들 가운데 어떤 것이 다양한 형태의 불교윤리와 가장 유사한가를 검토할 수 있을 것이다.

결과주의는 폭넓고 다양한 가계를 가진 윤리이론 가운데 하나이다. 윤리이론이 공통적으로 가지고 있는 것이 무엇인가를 설명하는 하나의 방식은 결과주의는 옳음을 좋음의 관점에서 정의한다고 말하는 것이다. 그와 같이 정의하는 가장 간단한 방법은 어떤 주어진 상황에서 행위자에게 선택 가능한 모든 행위들 가운데, 옳은 행위란 최선의 결과를 가져오는 것이라고 말하는 것이다. 옳은 행위를 이런 방식으로 정의하는 모든 이론은 행위 결과주의의 한 버전이다.

결과주의 일반을 성격 규정하는 또 다른 방식은 결과주의자들은 객관적이면서 본질적으로도 좋은 것이 존재한다는 것을 믿는다고 말하는 데에서 시작된다. 이러한 맥락에서 보면, 내가 어떤 것 — 가령, 나의 이웃이나 나의 개의 행복 — 은 객관적으로 좋은 것이라고 인정할 때, 나는 그것의 좋음이 내가 우연히 그것에 대한 욕구를 가졌다는 사실에 달려 있지 않다고 인식한다. 설사 내가 내 이웃을 좋아하지 않고, 그래서 현재 나는 그가 행복해지기를 원하지 않는다고 하더라도, 그럼에도 불구하고 도덕성은 내가 의사결정을 할 때 그의 행복을 고려하도록 요구한다. 더 나아가서 무엇을 본질적으로 좋은 것이라고 간주하는 것은 이를 좋은 것 자체로 보는 것이며, 단순히 어떤 다른 것을 얻기 위한 수단으로 여기는 것이 아니다. 그러므로 종종 이용 가능한 삽을 갖는 것이 좋은 일일 수 있다. 그러나 실제로 는 아무도 삽을 좋은 것 자체로 보지는 않을 것이다. 그 삽은 오직 우 리가 그것을 가치 있는 어떤 목적을 달성하기 위해 사용할 때에만 좋 은 것이다. 우리는 그 삽이 단지 수단적으로만 좋은 것이라고 말할 수 있다. 그러나 나의 이웃의 행복은 좋은 것 자체이다. 그것의 좋음 은 이것이 다른 어떤 것의 수단이 된다는 점에 의존할 필요가 없다. 이제 결과주의자들은 객관적이고 본질적인 좋음에 대한 적절한 반 응은 그것을 증진시키는 것이라고 믿는다. 만일 나의 이웃의 행복이 실제로 객관적이며 본질적으로 좋은 것이라면, 나는 나의 이웃의 행 복을 증진시킬 행동을 해야만 하며 그 행복을 파괴할 행동을 피해야 한다는 결론에 이른다.

물론 내 이웃은 이 세상에서 유일한 사람이 아니며, 그의 행복은 내가 의사결정을 할 때 고려해야만 할 유일하게 좋은 것도 아니다. 내가 불교윤리의 모델로 제시하고자 하는 결과주의 이론들은 보편 주의적 결과주의이다. 그들은 이 우주의 미래 역사 전체에 걸쳐 존재 할 모든 유정적인 존재의 생명을 고려함으로써 결과를 평가한다. 나 는 복지주의적인 것이 아닌 결과주의 이론들은 무시할 것이다. 비복지주의적 이론들은 유정적 존재의 생명의 좋음과 아무런 관계가 없는 상황에 본질적 가치를 부여한다. 나는 예를 들면, 암석층의 아름다움과 생태계의 균형은 ─ 이런 문제들이 유정적 존재들에게 영향을 미치는 경우를 제외하고는 ─ 불교윤리 사상가들의 우선적인 관심사가 아니라는 점을 분명히 할 것이다. 따라서 나는 좋음을 모든 유정적 존재의 복지의 관점에서 설명하고, 그리고 더 나아가 옳음을 좋음의 관점에서 정의하는 결과주의 이론에 초점을 맞출 것이다. 일부 철학자들은 "공리주의"를 복지주의적 결과주의나 보편주의적 결과주의를 의미하는 것으로 폭넓게 정의한다. 이들의 정의는 내가 다룰 모든 결과주의 이론들이 공리주의의 버전으로 기술될 수도 있다는 것을 함축한다.

보편주의적 결과주의자들은 이기심, 인종차별주의, 종교적 편견, 국수주의적 민족주의 및 많은 다른 심각한 도덕적 결함들을 하나의 근원적인 문제, 즉 편파성의 경향을 표출한 것으로 본다. 인간들은 세상을 "우리"와 "그들"로 나누고, "우리"의 복지와 이해관계를 증진하고 향상시키려 하며, 그리고 "그들"을 신뢰할 수 없고, 도덕적 관심을 가질 만한 가치가 없으며, 따라서 잠재적으로 위험한 것으로 간주하려는 경향이 매우 강하다. 이런 형태의 모든 태도는 어떤 사람의 번영이 하나의 선이며, 그리고 어떤 사람의 비참함은 하나의 비극이라는 사실을 제대로 평가하지 못하고 있음을 보여준다. 각각의 삶과 더욱이 다른 집단에 속하는 사람들의 가치와 중요성을 외면함으로써, 편파성을 가진 사람들은 의식을 가진 모든 생명의 근본적인 평등성을 보지 못한다. 보편주의적 결과주의자들에게 있어 윤리적 명제를 정당화하는 관점은 결코 편파성을 띠고 있지 않으며, 대신 그것은 모든 존재의 복지를 평등하게 고려하는 것을 특징으로 삼는다.

모든 유정적 존재의 복지를 증진하는 것에 바탕을 둔 윤리적 견해라는 관념은 많은 학생들에게 좋은 첫인상을 만들어준다. 그러나 그것을 한 번 더 생각해보면 그다지 선호할 수 있는 것은 아니다. 수많은 상황 속에서 결과주의는 적어도 매우 반직관적인 함의를 띠고 있는 것처럼 보일 수 있다. 우리가 불친절한 병원the Inhospitable Hospital이라고 부르는 사례를 고려해보자.1 병원의 의사들은 좀 더 많은 장기가 이식을 위해 사용될 수 있다면 생명을 구할 수 있는 많은 사람이 죽어가고 있다는 사실에 우려를 표하고 있다. 이런 장기를 확보하는 전통적인 방법으로는 그 부족분을 메우는 데 모두 실패한다. 마침내 한 의사가 이와 같은 불필요한 죽음을 줄일 수 있는 방법을 고안해 낸다. 그는 경미한 부상이나 질병 때문에 병원에 왔지만, 건강한 장기를 가진 사람들을 선별한다. 의사는 그 환자들의 불편한 점을 치료하는 것처럼 가장하고, 그들을 마취시킨 다음 몸을 해부하여 다양한 환자들에게 이식하는 데 사용할 수 있는 장기들을 떼어낸다. 예상치 못한 희생자 한 명의 생명을 빼앗는 댓가로 의사는 다섯 명에서 열 명 사이의 이식 수요자들의 생명을 구할 수 있다.

---

1 나는 이 사례와 다음 사례의 명칭을, 미시간대학의 루이스 로엡(Louis Loep) 교수의 미출판 강연 원고에서 가져왔다. 이런 종류의 사례들은 최근 분석 윤리학 문헌에서 많이 발견된다.

의사의 이런 행동은 도덕적으로 받아들여질 수 있는가? 결과주의자들은 그렇다고 말할 수 있을 것이다. 실제로 모든 결과주의자들은 평범하고, 전형적인 사람들의 생명을 구하는 것은 하나의 좋은 결과를 함축하고 있다는 선에 관한 관점을 유지하고 있다. 결과주의자들은 그들의 이론 구조상 이런 결과들을 어떻게 달성할 것인가라는 문제에는 관심이 없고, 오직 결과 그 자체에만 관심이 있다. 결과주의자들은 그가 생명을 앗아간 각자의 희생을 대가로 더 많은 생명을 구한 이 의사를 하나의 도덕적 모범으로 간주해야 하는가?

아니다. 그들은 의사가 한 행동의 모든 결과를 고려한다면, 결코 그렇게 간주하지 않을 것이다. 그 의사는 모든 수술의 비밀을 계속 유지할 수는 없을 것 같다. 베인 상처와 타박상 같은 것으로 그 병원을 찾은 사람들이 그곳에서 죽는 일이 빈번하다는 것을 알고 나면, 지역 사람들은 이 병원에 내원하기를 멈출 것이다. 결과적으로 이 불친절한 병원은 지역사회에 공헌할 능력을 상실하고 만다. 이 지역의 공공보건 상황은 악화될 것이다. 더욱이 상대적으로 건강한 환자들이 이 병원에 더 이상 내원하지 않는다는 사실은 그 의사가 계속해서 이식용 장기를 확보하는 것을 불가능하게 만들 것이다. 마침내 그 병원은 문을 닫아야만 할 것이다. 따라서 그 의사의 결정에 대한 전체적이고 장기적인 결과는 나쁜 것이 될 것이며, 그러므로 결과주의자들은 그 결정들을 비난하는 입장에 서게 된다.

겉으로 보기에 문제가 있는 결론을 피하기 위한 이러한 전략은 황야의료전초기지the Wilderness Medical Outpost로 알려진 하나의 관련 사례에서는 결과주의자들이 이용할 수 없다. 이 사례에서 한 의사는 광범위하고 인구가 드문 북알래스카 지역을 담당하는 조그마한 의료 클리닉을 운영하고 있다. 어느 날 한 젊은이가 심각한 부상을 입은 다섯 사람을 겹쳐 실은 개썰매를 끌고 비틀거리며 병원 마당으로 들어섰다. 지쳐서 쓰러지기 직전에 이 남자는 그와 친구들이 썰매를 타고 황야를 이동하는 중에 심각한 사고를 당했다고 의사에게 설명했다. 그의 친구들 중 한 사람은 양쪽 신장에 심각한 부상을 입었고, 다른 한 사람은 간 기능을 상실했으며, 또 다른 한 사람은 폐에 큰 손상을 입었다, 등등. 이 의사는 만일 그가 부상을 당하지 않은 한 사람의 몸을 해부하여 이식용 장기를 확보하면, 그 남자의 친구들 모두의 생명을 구할 수 있다는 사실을 깨달았다. 어떤 다른 방법으로도 결코 부상 당한 사람들을 불가피한 죽음으로부터 구할 수 없었다. 그 의사는 어떻게 해야만 하는가?

이 사례에서 그 의사 자신을 제외하고는 어떤 누구도 그가 무슨 일을 했는지를 전혀 알 수 없을 것이다. 그가 다섯 사람 생명을 구한다면, 그는 회복 중인 그들에게 당신들의 친구는 당신들을 데리고 오는 동안 부상을 입었고, 그 친구 혼자만 살아남지 못했다고 말할 수 있다. 행위 결과주의자라면 이 경우에 건강한 사람을 해부하는 것은 도덕적으로 옳은 선택이라는 결론을 피하기는 어려울 것처럼 보인다.

또 다른, 심지어 감정적으로 더욱 압박적인 사례들에서는 행위 결과주의가 문제 있는 함축을 가지고 있는 것처럼 보인다. 예를 들면, 린치 집단the Lynch Mob 사례에서 주인공은 1920년대 미국 남부의 작은 마을의 보안관이다. 한 백인 여성이 자기가 흑인 남성에게 강간을 당했다고 주장한다. 경찰이 피의자를 연행한다. 그러나 그날 낮 동안 축적된 증거에 의하면 그는 무고하다는 사실이 밝혀진다. 당일 저녁이 되자 백인 남성들 무리가 마을 구치소로 모여든다. 이들은 보안관이 그 피의자를 자신들 손에 넘겨주기를 요구하는데, 그를 죽일 의도가 다분하다. 이 백인 남성들은 만일 보안관이 그 피의자를 자기들에게 넘기지 않으면, 마을의 빈민지역을 돌아다니면서 그들과 마주치는 모든 흑인들을 죽이고 말겠다고 위협한다. 이 무리를 설득해서 마음을 바꾸는 것은 불가능하며, 그리고 보안관은 이 무리를 강제로 멈추게 할 충직한 부하직원들도 충분하지 않다. 그 보안관은 어떻게 해야 하는가?

이 사례에서 그 피의자를 넘겨주지 않은 결과는 그를 넘겨준 결과보다 훨씬 더 나쁠 것이 분명하다. 더 많은 사람이 살해당할 것이며, 인종 관계가 더욱 격화될 것이다, 등등. 여기에서 보안관의 행위가 널리 알려질 가능성은 그 백인 남성 무리의 요구를 거부하기 위한 논거가 되지 못한다. 실제로 만일 그가 그 피의자를 풀어주고 나서 나중에 모든 사람들이 그 피의자가 무고하다는 것을 확신하게 된다면, 이는 그 지역 사람들의 인종주의적 편견을 약화시키는 좋은 이유가 될 수도 있을 것이다. 행위 결과주의자라면 그 보안관이 피의자를 풀어줘서 린치 집단에게 넘겨야 한다는 결론을 승인하는 것을 피하기 어려울 것처럼 보인다. 그러나 많은 사람은 이러한 결정은 도덕적으로 옳지 않다는 직관을 갖고 있다.

많은 사람이 행위 결과주의를 받아들이기 어려울 것이라는 점을 함축하는 또 다른 하나의 이야기를 고려해보자. 즉 버나드 윌리엄스 Bernard Williams의 화학자 조지George the Chemist라는 중요한 사례가 그것이다.[2] 최근에 화학박사 학위를 취득한 조지는 부인과 아이들을 부양하기 위해 일자리가 필요하지만, 그것을 찾기가 매우 어려운 상황이다. 조지의 동료 가운데 한 사람인 선배 화학자는 그에게 생화학무기를 개발하는 보수가 많은 자리를 제안한다. 조지는 이런 무기들에 대해 도덕적으로 반대한다며 거부감을 표시한다. 그러자 그의 동료는 그에게 그 자리에 온갖 대량파괴무기에 대한 강력하고 불온한 열정을 가진 똑똑하고 젊은 화학자인 다른 지원자가 있다는 사실을 알려준다. 만일 조지가 그 일자리를 거부한다면, 그것은 이 사악한 천재에게 돌아갈 텐데, 그는 조지가 할 수 있는 것보다 훨씬 더 파괴적인 무기를 개발할 사람이다.

물론 결과주의적 관점에서 보면 조지는 이 일자리를 받아들여야만 한다. 그의 가족이 혜택을 입을 것이다. 그리고 조지의 경쟁자가 개발할지도 모를 매우 강력한 화학 무기에 목숨을 잃지 않게 된 모든 다른 나라의 국민들은, 설사 그들이 이런 사실을 전혀 알 수 없다고 하더라도 조지에게 자신들의 생명을 구해준 데 대해 감사를 표해야 할 것이다. 일부 사람들에게 조지는 이 일자리를 받아들여야 할 도덕적 의무를 가지고 있다는 것이 분명해 보인다 ─ 다시 말해, 그가 훨

---

2 이 예는 Smart and Williams(1973), pp.97-98에서 발견된다. 나는 이 사례에 관한 본질적인 것을 바꾸지 않은 채 그 내용을 약간 과장하는 방식으로 설명했다.

씬 더 좋은 결과를 가져올 다른 선택을 찾을 수 없다면 말이다. 그러나 윌리엄스가 지적하고 있듯이, 이 사례는 조지에게 많은 사람이 도덕의 합법적 요구라고 생각하는 것을 훨씬 뛰어넘는 요구를 하고 있다.

> 중요한 것은 그가 어떤 경우에는 자신의 삶은 무엇에 관한 것인가에 대해 가장 심오한 수준에서 진지하게 취하는 계획과 태도로부터 나오는 자신의 행동과 동일시된다는 점이다. … 그러한 사람에게 — 그 총합은 다른 사람들의 계획이 부분적으로 결정한 공리성 네트워크로부터 나올 때 — 그 자신의 계획과 결정으로부터 한발 물러나 단지 공리주의 계산법이 요청하는 결정을 받아들여야만 한다고 요구하는 것은 불합리해 보인다. 그것은 실제적인 의미에서 그의 행동과 그 자신의 확신에 찬 행동의 원천으로부터 그를 소외시키는 것이다. … 하지만 이는 그의 행동과 결정이 자신과 가장 밀접하게 동일시되는 계획과 태도로부터 나오는 행동과 결정으로 간주 되어야 하는 정도를 간과하는 것이다. 따라서 그것은 문자 그대로의 의미에서 보면, 그의 진실성에 대한 공격이다.[3]

개인적으로 생화학전에 대해서 강하게 반대하는 조지는 이런 종류의 전쟁에 필요한 무기를 설계하는 시간을 보내도록 요구받고 있다. 이러한 사례를 성찰해온 많은 철학자들은 도덕이 그에게 자신의 가장 깊은 확신과 이처럼 기괴한grotesque 모습으로 반대되는 삶을 영

---

3   Smart and Williams(1973), pp.116-17.

위하도록 요구할 수 있다고 생각하기를 거부한다. 더욱이 생화학무기의 부도덕성에 대한 조지의 신념이 도덕적으로 정당화된다는 점을 감안하면, 도덕이 그에게 이런 신념과 그처럼 갈등하는 방식으로 살라고 말할 수 있다는 것은 모순인 것처럼 보인다. 실제로 도덕에 대한 참된 설명은 이런 방식으로 작동할 수 있는가?

우리가 황야의료전초기지와 린치 집단 및 화학자 조지와 같은 사례에서 행위 결과주의의 함축을 수용하기를 꺼리고 있다고 가정해보자. 그럼에도 불구하고 우리는 여전히 도덕 규범의 원천은 모든 유정적 존재의 복지인 객관적 가치라는 점을 중요한 통찰력으로 간주할 수 있을 것이다. 좋음으로부터 옳음을 도출하는 다른 방법을 채택함으로써 이와 같은 문제 있는 일부 사례들에 대한 답변을 제공하는 가운데 도덕의 원천에 관한 이러한 견해를 유지하는 것은 가능한 일이다. 그러한 움직임은 간접적 형태의 결과주의를 낳는다.

따라서 예를 들면, 무엇을 할 것인가를 결정하는 방법은 — 만일 우리가 그것을 따른다면 — 전체적으로 최선의 결과를 산출할 규범집을 확인하는 것을 포함한다고 말할 수 있을 것이다. 이런 규범들은 — 만일 그것이 준수된다면 — 모든 사람의 최대 행복을 달성할 것이기 때문에 이는 진정한 도덕 원리이다. 그렇다면 행위의 옳음을 결정하는 기준은 이런 규칙에 호소해야만 할 것이며, 따라서 결과에는 간접적으로 의존해야 할 것이라고 주장할 수 있을 것이다. 만일 우리가 이런 주장을 채택한다면 우리는 규칙 결과주의자가 된다.

그리고 어떤 환경하에서는 결코 화학 무기를 생산해서는 안 된다고 하는 규칙을 고려해보자. 화학 무기의 끔찍하게 해로운 영향을 고려해보면, 그것을 금지하는 규칙은— 만약 보편적으로 따른다면— 그것의 사용을 허용하는 규칙보다 더 좋은 결과를 가져올 것이다. 만일 조지가 규칙 결과주의자라면, 그는 그 책임으로부터 자유로울 것이다. 그는 아마도 그가 제안받은 이 끔찍한 일자리를 자신이 떠맡을 의무가 없다고 생각할 수 있다. 마찬가지로 이식 수술을 위해 건강한 환자를 해부하는 일반적 정책을 보여주는 불친절한 병원의 사례는— 만일 의사들이 보편적으로 따른다면— 아마도 더 좋은 결과를 가져오지는 못할 것이다. 그것은 상대적으로 건강한 대부분의 사람들이 병원을 기피하게 만들고, 따라서 재앙을 초래할 것이다. 건강한 사람들로부터 장기를 적출하는 것을 금지하는 일반적 규칙이 더 좋은 결과를 낳을 것이라는 점을 전제한다면, 황야의료전초기지의 의사는 이 후자의 규칙을 따를 수 있으며, 그렇게 함으로써 많은 사람이 도덕적으로 옹호할 만한 절차를 고려하는 것을 채택하게 되는 셈이다.

규칙 결과주의는 행위 결과주의가 함축하는 것보다 어떤 문제적 사례에 대해, 최소한 일부 사람들이 더 받아들일 만한 대답을 제공할 수 있는 것처럼 보인다. 그러나 우리가 이런 대답을 제안할 때 심각한 반대가 일어날 수 있다. 만일 우리가 이 규칙들이 좀 더 복잡해지는 것을 허용한다면, 우리는 동일한 대답을 얻을 수 없을지도 모른다. "다른 사람의 목숨을 구하기 위해 건강한 사람들을 해부하라, 그러나 일반 사람들이 이 사실을 결코 모를 경우에만. 일반 사람들이 당신이 무슨 일을 했는가를 알 위험이 있을 때는, 건강한 사람으로부터 장기를 적출하지 말라."라는 규칙을 상정해보자. 만일 이러한 규칙이 보편적으로 준수된다면, 어떤 조건하에서도 건강한 사람을 해부하는 것을 금지하는 규칙보다 훨씬 더 좋은 결과를 가져올 수 있을 것이다. 이 문제는 몇몇 철학자들로 하여금 규칙 결과주의가 실제로는 행위 결과주의와 다르지 않다고 우려하도록 만든다. 왜냐하면 우리가 이 규칙을 지나치게 복잡하게 만들어버리면, 이 두 가지 버전의 결과주의는 언제나 똑같은 대답을 내놓게 될 것이기 때문이다.

게다가 우리가 린치 집단의 사례에서 피의자를 넘겨주기를 거부해야 한다는 결론에 이르기 위해 규칙 결과주의를 이용하려는 것과 관련해서는 하나의 난점이 존재한다. 모든 사람이 매우 유익하고 동일한 도덕 규범집을 따른다고 가정해보자. 그와 같은 규칙은 린치 집단의 요구에 어떻게 반응해야 하는지에 대해 무엇을 말할 것인가? 사실 린치 집단은 최소한 그 순간에는, 자신들의 도덕적 의무를 무시하고 있는 사람들로 이루어져 있기 때문에 그 규칙은 이런 요구에 어떻게 대답하고 있는가에 대해 아무것도 말할 필요가 없다. 도덕을 완벽하게 준수하는 세상에는 다루어야 할 필요가 있는 린치 집단은 어디에도 존재하지 않는다.

그러므로 우리가 지금 고려하고 있는 규칙 결과주의 버전은 우리에게 현실 세계에 대한 지침을 충분히 제공하고 있지 못하다는 사실—즉 그것이 안내하는 것은, 매우, 어쩌면 지나치게 이상적인 것일 수 있다는 사실에 우려하는 마음이 들 수 있을 것이다. 예컨대, 우리는 모든 사람이 자신들의 도덕적 의무를 따르는 세상에서 전쟁이나 범죄는 결코 존재하지 않을 것이라는 점에 주목할 수 있을 것이다. 따라서 군대와 경찰 및 법원은 필요하지 않을 것이며, 개인 혹은 집단적인 자기방어에 관한 규칙들도 필요하지 않을 것이다. 그러나 "다른 어떤 사람에 대해서는 결코 폭력을 사용하지 말라."라고 말하는 규칙은 모든 사람이 그것을 채택한다면 매우 좋은 결과를 가져온다고 하더라도 일부 사람 예컨대, 민주주의 시민이 그것을 채택하고 어떤 다른 사람들 가령, 폭압적인 정부의 군대가 그것을 채택하지 않은 결과는 훨씬 더 바람직하지 않은 일이 될 것이다.

규칙 결과주의는 불완전한 준수 상황을 해결하기 위해 수정될 수 있다. 예를 들면, 우리는 만일 대부분의 사람들이 그것을 따른다면 최선의 결과를 가져올 규범집을 추구하고 있다고 말할 수 있을 것이다. 이런 정식화는 우리가 범죄, 전쟁, 광기 및 일부 사람들에 의한 도덕적 원칙으로부터의 다른 일탈 행위를 다루는 규범을 만드는 것을 허용할 것이다. 더욱이 우리는 어떤 규칙은 다른 규칙보다 따르기가 더 쉽다는 점을 알게 될 것이다. 만일 내가―그것이 너무 많은 것을 요구하기 때문이거나 혹은 내가 그것을 이해하기 어렵기 때문이거나―따르는 것이 힘들다는 사실을 알게 된 규범집을 받아들인다면, 나는 이러한 규범집에 따라 살지 못할 것이므로, 실제로 그 결과는 내가 따르기 더 쉽다는 것을 알게 된 어떤 다른 규범집을 채택하는 것보다 더 좋지 않을 것이다. 비록 첫 번째 규범집이 만일 내가 그것을 어떻게든 완벽하게 따른다면, 더 좋은 결과를 가져온다고 하더라도 말이다. 따라서 우리는 각자가 만일 모든 사람이 성공적으로 그것을 따른다면 최선의 결과를 산출할 규범집보다, 만일 대부분의 사람들이 그것을 따르려고 시도한다면 최선의 결과를 가져올 규범집을 준수해야 한다고 말하기 위해 규칙 결과주의를 더 많이 수정할 수 있을 것이다. 이와 같은 종류의 이론을 개발하는 데에는 한 가지 이상의 방법이 있을 것이라는 점은 분명해진다. 더욱이 "대부분의"라는 단어는 불가피하게 애매모호하기 때문에 그와 같은 이론을 완벽하게 정확한 방식으로 진술하는 것은 어려운 일일 것이다.

불완전한 준수에 바탕을 둔 규칙 결과주의 버전은 위에서 고려된 바 있는 반대, 즉 규칙 결과주의는 우리가 그 규칙들이 복잡해지는 것을 허용한다면 행위 결과주의와 항상 똑같은 대답을 제공할 것이라는 반대를 해결해줄 수 있을 것이라는 점에 주목하자. 일단 우리가 사람들은 규칙을 따르는 데 실패할 수도 있다는 점을 분명히 고려한다면, 규칙들을 단순하게 유지해야 할 이유를 제공할 수 있다. 복잡해진 규칙은 이해하기가 더 어렵다. 사람들은 그것을 따르려고 애쓰는 가운데 더 많은 실수를 할 수 있다. 더욱이 만일 그 규칙이 복잡해진다면, 사람들은 더 많은 허점과 실제로는 단지 자기 자신들의 이익을 추구하면서도 그 규칙을 따른다고 보이게 만드는 더 많은 방법들을 찾을 것이다. 이런 이유들 때문에 만일 규칙을 단순하게 유지한다면, 규칙 결과주의는 행위 결과주의에 대한 진정한 대안이 될 것이다.

결과주의자들은 좋음을 증진시키려고 하기 때문에, 그리고 복지 결과주의자들은 좋음을 유정적 존재의 복지에 본질이 있는 것으로 생각하기 때문에, 그들이 유정적 존재의 복지 혹은 좋은 삶이 실제로 무엇을 포함하고 있는가를 구체화하는 것이 중요하다는 사실이 분명해진다. 윤리의 역사에서 좋은 삶에 대한 가장 중요한 이론은 쾌락주의였는데, 이는 어떤 존재의 복지는 오직 그것이 얼마나 많은 행복이나 얼마나 많은 고통을 경험하는가에만 달려 있다는 명제이다. 쾌락주의와 보편적 행위 결과주의가 결합된 것을 "고전적 공리주의"라고 부른다. 그러므로 모든 도덕적 선택 상황에서, 고전적 공리주의는 우리에게 고통 대비 전체적으로 가장 큰 정도의 행복을 낳을 행동을 선택하라고 말한다.

쾌락주의를 정식화하려고 할 때, 우리는 용어학상 어려운 쟁점에 직면해야만 한다. 행복과 쾌락 사이에 차이가 있는가? 또한 괴로움과 고통 사이에 차이가 있는가? 이런 물음에 대한 가능한 대답의 숫자는 끝도 없을 정도의 혼란을 낳을 만큼 엄청나게 많다. 어떤 사람에게는 행복과 쾌락은 같은 것이다. 마찬가지로 괴로움과 고통도 같은 것이다. 이런 관점에 따르면 쾌락주의는 어떤 한 쌍의 개념이라는 관점에서 진술될 수 있을 것이다. 또 다른 철학자들은 "행복"을 "복지"나 "좋은 삶"과 동의어로 사용한다. 만일 이 용어가 이런 방식으로 정의된다면, 논쟁의 여지가 매우 많은 쾌락주의적 입장은 행복은 쾌락이며, 고통의 부재라는 진술로 충분히 표현될 수 있다. 쾌락과 고통을 일시적이고 순간적인 현상으로 간주하는 또 다른 철학자들은 행복을 상대적으로 장기간 혹은 전 생애에 걸쳐 적은 양의 고통과 결합된 상당한 양의 쾌락으로 정의할 수도 있을 것이다. 이 경우 쾌락주의는 쾌락과 행복 양자 모두에 관심을 갖는다. 쾌락은 이론적으로 더 근본적인 개념이지만, 행복은 더 중요한 장기간의 목적이 될 것이다.

쾌락과 행복을 구분하는 또 다른 방식은 "행복"을 경험과는 다른 어떤 것이라는 관점에서 정의하는 것이다. 예컨대, 이 장의 뒷부분에서 보게 되는 것처럼, 아리스토텔레스Aristoteles는 종종 영어 "해피니스happiness"로 번역되는 그리스어 에우다이모니아eudaimonia를 일생 동안에 덕이 있는 행동을 가리키는 것으로 사용한다. 만일 행복이 그와 같은 방식으로 정의된다면, 쾌락주의자들은 그것이 본질적인 중요성을 가진다는 점을 부정할 것이다. 좋은 삶에 대한 이론인 쾌락주의는 삶에서 중요한 것은 당신의 의식 속에 있는 주관적 성질이 전부라는 사실을 강하게 주장한다. 객관적이고 외적인 현상은 당신이 얼마나 잘 살고 있는가와는 아무런 관계가 없다. 만일 이것이 쾌락과 행복 사이의 구분이라면, 쾌락주의자들이 본질적으로 가치 있다고 여기는 것은 쾌락이다.

그리고 이런 개념들 사이를 구분하는 것이자 이 책의 주제와 매우 밀접한 관련이 있는 또 다른 방식은 행복과 괴로움은 수용과 거부에 대한 정신적 태도인 반면, 쾌락과 고통은 구체적인 생리적 감각이라고 여기는 것이다. 따라서 불교도들은 성인과 붓다는 질병이나 신체적 손상에 대한 생리적 반응이라는 관점에서, 계속 고통을 경험한다고 주장할 것이다. 그러나 이러한 생리적 반응은 그들을 괴롭히지 못한다. 왜냐하면 그들은 그것을 직접적으로 받아들이지 않기 때문이다. 만일 이런 명제가 참이라면, 이와 같은 개인들은 약간의 고통들을 지닐 수도 있겠으나 어떠한 괴로움도 갖지 않을 것이다. 그 용어가 이렇게 정의된다면, 쾌락주의자들은 자신들의 명제를 행복과 괴로움의 관점에서 정식화해야 할 것이다. 중요한 것은 당신이 경험하는 감각이 아니라 상황에 대한 당신의 태도이다. 좋은 삶은 만족감과 어쩌면 즐거움을 동반한 있는 그대로의 상황을 우선적으로 받아들이는 경험을 포함하는 것이다. 그러나 거부, 불만족, 좌절 및 충족되지 않은 갈망의 경험에 지배를 받는 삶은 나쁜 삶이다.

　이와 같은 가능한 모든 정의를 전제한다면, 완벽한 용어 선택은 존재하지 않는다. 그러나 나는 현대의 구어체 미국 영어에서 "쾌락"이라는 단어는 고전 공리주의의 위대한 옹호자들의 본고장인 19세기 영국의 사례보다 덜 빈번하게 그리고 보다 제한된 맥락 속에서 사용된다고 주장한 바 있다. "인생은 즐거움fun을 가져다주는 것이 전부다."라고 단정하고 싶어 하는 미국의 많은 젊은이들은 "인생의 목적은 쾌락pleasure을 극대화하는 것이다."라는 명제를 천하고 대단히 혐오스러운 사고를 표현하는 것이라고 간주한다. 그러므로 이제부터 나는 쾌락주의를 "행복"과 그것의 상대어인 "괴로움"을 사용하는 것으로 정의하려고 한다. 독자들은 "행복"을 마지막 절에 나오는 논의의 관점, 즉 현재 상황을 수용하고 기뻐하는 하나의 정신 상태로 이해해야 할 것이다. 나아가 나는 빨리어 sukkha, 산스크리트어 sukha 및 티베트어 bde ba는 모두 영어 "happiness"로 가장 잘 번역된다고 가정하고자 한다. 대부분의 학자들은 이러한 번역어를 채택한 바 있는데, 나에게는 이러한 불교 용어로 표현된 이 개념은 방금 검토한 "행복"의 의미와 낯설지 않은 범위의 의미를 가지고 있는 것처럼 보인다.

이러한 용어상의 쟁점을 피한다면, 우리는 쾌락주의가 좋은 삶에 대한 만족스러운 이론인가라는 실질적인 문제를 고려할 수 있다. 비록 쾌락주의는 상당한 지지자들을 갖고 있지만, 많은 사람은 그것을 있는 그대로 받아들이기가 어렵다는 것을 발견했다. 행복하다는 것이 당신에게 당신의 삶을 좋게 만들 수 있는 유일한 것이라는 사실은 진정으로 참인가? 많은 철학자들은 예컨대 진리를 아는 것, 사랑에 빠지는 것과 아름다움의 대상을 평가하는 것은 좋은 일이지만, 이런 상태의 좋음은 그것이 낳는 행복에만 전적으로 의존하지 않는다고 생각했다. 예를 들어 그 사람의 삶이 행복한 감정으로 꽉 차 있지만, 그 사람의 행복은 일련의 잘못된 신념에 의존하고 있다고 상상해보자. 그의 아내가 비밀리에 그를 증오한다고 상상해보자. 그의 직장 동료들이 몰래 그를 경멸한다고 상상해보자. 그가 매우 만족하는 성공은 그 자신의 망상이라고 상상해보자, 기타 등등. 그는 행복할지 모르지만 최선의 삶을 살고 있는가?

어떤 결과주의자는 쾌락주의를 어떤 다른 복지나 이해관계 이론으로 바꿈으로써 이런 우려 사항들을 불식시킬 수 있다. 한 가지 선택지는 만일 당신이 원하는 것을 얻는다면 당신의 삶은 좋을 것이라는 데 바탕을 둔 선호-만족 이론이 될 것이다. 이러한 견해의 한 가지 난점은 사람들은 종종 우리가 판단하기에 중요하지 않거나, 피상적이며, 역겹거나, 타락한 것을 원한다는 사실이다. 만일 그들이 자신들이 원하는 것을 얻는다면, 그들의 삶은 실제로 더 좋아지는가? 또 다른 난점은, 사람들은 때때로 자기가 생각하기에 원하는 것을 얻은 후에도 실망스럽거나 불만족스럽게 느낀다는 것이다. 만일 당신이 무언가를 오랫동안 원했고, 그것을 얻었지만, 그것이 당신을 행복하게 만들지 않았다면, 당신은 진정으로 좋은 삶을 성취했는가?

또 다른 중요한 선택지는 객관적인 목록 이론the objective list theory이다. 이 견해에 따르면 당신의 삶에서 본질적으로 좋거나 본질적으로 나쁜 특징의 목록이 있다. 당신의 삶이 좋은 특징을 많이 가지면 가질수록 당신의 삶은 더 좋아진다. 당신의 삶이 나쁜 특징을 많이 가지면 가질수록 당신의 삶은 더 나빠진다. 우리가 좋은 삶에 있어서 순수하면서도 파생적인 것과 무관한 중요성을 갖는다고 간주하는 모든 것이 이 목록에 올라갈 수 있다.

이 객관적인 목록 이론은 우리가 지닐 수 있는 직관은 무엇이든 다룰 수 있을 만큼 충분히 유연하다. 그것의 주요 난점은 이론적인 것이다. 이와 같은 이론을 제시하는 데 있어서 우리는 그 목록에서 그것을 매우 좋은 것으로 만드는 것들이 무엇인가를 설명할 필요가 있을 것이다. 이러한 모든 특징들이 공통적으로 가지고 있는 것, 그래서 결과적으로 이러한 모든 특징을 좋은 것이라고 간주하도록 만드는 것은 무엇인가? 만일 우리가 이러한 물음에 대답할 수 없다면, 우리가 말하는 소위 "객관적인" 목록은 실제로는 정당화할 수 없는 편견들의 모음, 어쩌면 합리적으로 옹호할 수 있는 견해를 반영한 것이 아니라 우리의 이전 교육이나 사회화 조건에 의해 형성되었을지도 모른다는 의구심이 일어날 수도 있을 것이다.

그런데 이러한 좋은 삶에 관한 모든 이론들은 적지 않은 장점을 가지고 있지만, 또한 중요한 반대들에 노출되어 있기도 하다. 결과주의 이론에서 차지하는 좋은 삶의 중요한 위치 때문에, 그것의 본성의 문제는 계속해서 상당한 관심을 받고 있다. 그러나 윤리를 이해하는 그 외의 방식들이 있는데, 이것들은 매우 다른 접근법을 취한다. 특히 의무론적 도덕 이론은 옳음을 좋음의 관점에서 정의하지 않는다.

의무론적 윤리의 관점에서 보면, 그 규칙을 위반하는 것이 이를 지켰을 때보다 더 좋은 결과를 가져온다고 하더라도 위반하는 것이 허용되어서는 안 될 어떤 도덕 규칙들이 존재한다. 이런 규칙들 자체는 그것을 따랐을 때의 결과라는 관점에서 정당화되는 것이 아니라 다른 방식으로 정당화된다. 그러므로 의무론은 좋음을 증진한다는 관념으로부터 도출되지 않는 옳음의 기준을 요구한다.

의무론적 견해를 따르도록 동기부여하는 한 가지 방법은 일상적인 도덕적 사고는 결과주의 이론이 하지 못하거나 할 수 없는 차이를 만들어낸다고 주장하는 것이다. 그와 같은 차이점을 이해하기 위해서 우리는 두 가지 사례를 검토할 수 있는데, 이 두 가지는 철학자들이 농담으로 "공공운송의 윤리the ethics of public transportation"라고 부르는 것을 포함하고 있다.

첫째, 기본형 트롤리 딜레마the Basic Trolley를 고려해보자. 트롤리가 트랙을 따라 굴러 내려가고 있다. 지금 트롤리가 놓여 있는 앞쪽으로 약간의 거리가 남아 있고, 이 트랙은 두 개의 다른 선로로 갈라진다. 만약 트롤리가 계속해서 현재의 방향으로 진행한다면, 선로를 따라 왼쪽으로 내려가게 될 것이다. 이 선로의 트랙에는 다섯 사람이 묶여 있다. 만일 이 트롤리가 선로를 따라 내려간다면 그 사람들은 트롤리 바퀴에 깔려 치명상을 입을 것이다. 당신은 이들 가운데 어떤 사람의 몸도 풀 수 없을 만큼 너무 멀리 떨어져 있다. 그러나 당신에게는 마음대로 잡아당길 수 있는 레버가 있다. 만일 당신이 그 레버를 잡아당긴다면, 트롤리는 선로를 따라 왼쪽 대신 오른쪽으로 내려가게 될 것이다. 이 선로의 트랙에는 한 사람만 묶여 있다. 만일 트롤리가 선로를 따라 내려가게 된다면, 오직 이 한 사람만 죽게 될 것이다. 당신은 어떻게 해야 할 것인가? 대부분의 사람들은 이런 경우에 직면하면, 레버를 당기는 선택을 한다.

그리고 두 번째 사례, 즉 트롤리와 다리 딜레마the Trolley and Bridge를 고려해보자. 여기에서도 트롤리는 트랙에 묶여 있는 다섯 사람을 향해 굴러가고 있다. 그러나 이 사례에서는 별도의 선로가 없고, 그리고 당신은 레버도 가지고 있지 않다. 대신 당신은 트랙 위와 트롤리의 현재 위치 앞쪽에 있는 다리 위에 서 있다. 다리 위에 있는 당신 옆에는 비대한 남성 한 명이 서 있다. 만약 당신이 그를 다리에서 밀어뜨린다면, 그는 이 트랙 위로 떨어질 것이다. 그 트롤리가 다리에 접근했을 때, 그것은 그를 부딪히고 나서 멈출 것이다. 이 경우에는 그 비대한 남성만 죽을 것이다. 이 남성은 그 트롤리를 멈추도록 하기 위해 충분한 몸무게를 가진 이용할 수 있는 유일한 대상이다. 특히 당신은 키가 작고 홀쭉하기 때문에, 만약 당신이 다리에서 트랙 위로 뛰어내린다면, 그 트롤리는 당신 위를 지나 계속 굴러가 그 다섯 사람을 죽이게 될 것이다. 만일 당신이 이 비대한 남성을 밀지 않는다면, 그 다섯 사람은 틀림없이 죽고 말 것이다. 당신은 어떻게 해야 할 것인가? 내 경험에 의하면 이런 경우에 직면했을 때, 대부분의 사람들은 그 남성을 밀어서 떨어뜨리는 것은 잘못된 일이라고 말한다. 이것은 기본형 트롤리 딜레마에서 레버를 당기는 것이 허용가능하다고 믿는 많은 사람을 포함하고 있다.

많은 사람은 이 두 가지 사례를 아주 다른 것으로 간주하는 직관에 이끌려 움직인다. 그 둘 사이의 차이는 무엇인가? 결과주의 관점에서 보면, 그 둘은 똑같다. 각각의 경우에 다섯 사람의 생명을 구하기 위해 한 사람의 생명을 희생시킬 수 있다. 직접적인 형태의 결과주의와 간접적인 형태의 결과주의 사이의 차이는 여기에서 그다지 관련이 없는 것처럼 보인다.[4] 따라서 지금까지 우리가 논의해온 결과주의 이론들에 따르면 이 두 가지 사례의 차이를 구조적으로 구분할 수 없게 된다. 그러나 의무론자들은 각각의 경우에 당신과 당신의 행위의 결과로 죽을지도 모를 그 한 사람과의 관계가 가진 본질에 초점을 맞출 수 있다. 트롤리와 다리 딜레마에서는, 당신은 그 남성의 죽음을 다섯 사람의 목숨을 구하기 위한 수단으로 이용한다. 이와는 대조적으로 기본형 트롤리 딜레마에서는, 그 한 사람은 수단으로 이용되고 있는 것이 아니다. 그 사람은 단지 당신이 그 레버를 잡아당길

---

4 규칙 결과주의자들은 최선의 도덕 규범집에 의하면 어쨌든 기본형 트롤리 딜레마에서 한 사람을 희생하는 것은 어느 정도 허용하지만 트롤리와 다리 딜레마에서는 이를 금지한다고 주장할 수 있을 것이다. 비록 그와 같은 규범집을 구성하는 것이 가능하다고 하더라도, 나는 이런 움직임은 설득력이 떨어진다고 생각한다.

때 예상되는 결과로 죽는다. 기본형 트롤리 딜레마에서 그 남성이 수단으로 이용되지 않는다는 것을 알기 위한 한 가지 방법은, 만일 그 사람이 그곳에 있지 않고, 또한 그 오른쪽 트랙에 사람이 없더라도 그 레버를 잡아당기는 것은 여전히 다섯 사람의 목숨을 구하기 위한 하나의 방법으로 작동할 것이라는 것이다. 다른 한편, 트롤리와 다리 딜레마에서는, 만일 그 비대한 남성이 당신과 함께 다리 위에 있지 않다면, 당신은 그 다섯 사람의 목숨을 구할 수 없을 것이다. 그런데 트롤리와 다리 딜레마에서는 당신은 덩치가 큰 사람을 그의 동의를 구하지 않은 채, 다섯 사람의 목숨을 구하기 위한 목적의 수단으로 이용하고 있다. 반면에 기본형 트롤리 딜레마에서는, 당신이 그 레버를 잡아당긴다고 하더라도, 아무도 수단으로 이용되고 있는 것은 아니다.

이러한 종류의 고려는 대부분의 결과주의 형식에서 아무런 역할도 하지 못한다. 그러나 그와 같은 고려는 임마누엘 칸트Immanuel Kant의 윤리적 견해에서는 핵심적인 것이다. 칸트는 서구 전통을 통틀어 가장 위대한 철학자 중의 한 사람으로 간주된다. 지금까지 그는 확실히 의무론적 윤리의 가장 중요한 대변자이다. 칸트에게 있어서 도덕의 기본적인 원리는 몇 가지 다른 버전으로 표현될 수 있는데, 그중에 하나가 인간성 정식이다. "따라서 당신은, 당신 자신이든 다른 사람이든, 인격을 결코 수단이 아니라 언제나 동시에 하나의 목적으로 대우하는 행동을 하라." 사람들을 오직 수단으로만 대우하는 것은 그들을 자신들이 동의하지 않거나 혹은 동의할 수 없는 방식으로 당신의 목적을 증진하기 위해 이용하는 것이다. 칸트의 견해에 따르면, 어떤 사람을 이런 방식으로 단지 수단으로만 이용하는 것은 상황이 어떻든 간에, 언제나 그릇된 것이다. 이 정식에서 보면 "인격"은 하나의 전문 용어라는 사실에 주목하는 것이 중요하다. 알렌 우드Allen Wood는 이 용어를 다음과 같이 설명하고 있다.

> 가장 일반적으로 말하면, 인격성은 이성을 통해 목적을 설정하는 능력이다. … 그것은 우리로 하여금 목적을 설정하게 할 수 있을 뿐만 아니라 우리가 설정한 목적들을 비교하고 그것을 하나의 시스템으로 조직할 수 있게 한다. … 그러므로 인격성은 또한 전체로서의 우리의 행복이나 좋은 삶의 관념을 형성할 능력을 포함하고 있다.5

지금까지 우리가 알고 있듯이, 인간은 이런 능력을 가진 지구상의 유일한 피조물이다. 그러나 이성적인 존재인 외계인이 있다면, 그들도 또한 칸트의 의미에서 인격을 가지고 있으며, 그리고 칸트의 윤리 체계 안에서 인간 존재와 동일한 지위를 가지게 될 것이다.

칸트는 인격성을 목적 그 자체, 즉 절대적인 가치를 지닌 유일한 것으로 기술하고 있다. 따라서 그의 체계에서 인격성은 어떤 사람이 우연히 욕구하게 되는 것으로부터 도출되는 모든 고려들을 능가할 수 있는 일종의 객관적인 가치를 갖는다. 그러나 칸트의 체계에서 말하는 인격성에 객관적인 가치를 부여한 결과는 어떤 결과주의자가

---

5   Wood(1999), pp.118-19.

그와 같은 주장으로부터 도출하는 것과 똑같은 것은 아니다. 인격성이 객관적인 가치를 지닌다고 믿는 결과주의자는, 이 세상에 이성적 존재의 숫자를 극대화시키려고 함으로써 인격성을 증진시키려고 노력할 것이다. 하지만 칸트에게 있어서 객관적 가치에 대한 올바른 태도는 그것을 증진하는 것이 아니라 그것을 존중하는 것이다. 도덕은 우리에게 행위를 통해 인간성을 존중하는 태도를 표현하라고 요구한다. 그것은 다른 사람들을 동의 없이 이용함으로써 단지 수단으로만 다루는 것을 배제하는 것이다. 인간성은 그것의 절대적 가치를 통해 이와 같은 종류의 존중을 명령한다.

또한 칸트의 견해는 권리에 대한 요구로도 표현될 수 있다. 사람들은 인간성으로 인해, 결코 침해될 수 없는 권리를 소유하고 있는 것으로 여겨진다. 그러므로 칸트의 체계는, 오늘날 국제법과 정치 이론 및 사회 행동주의의 중요한 일부가 된 인권을 이야기할 때 이론적 토대로 기여할 수 있다.

칸트의 입장에서 보면 우리는 그것을 따르는 결과가 아무리 심각하더라도, 인간성의 정식을 결코 위반해서는 안 될 것이다. 그래서 어떤 살인자가 우리집 문 앞에 와서 찾으면 죽이려는 의도를 가지고, 내 친구의 행방을 묻는다면, 내가 거짓말로 대답하는 것은 옳지 않은 일이 될 것이라는 칸트의 주장은 악명 높기로 유명하다. 이 때문에 칸트는 "강한" 혹은 "절대적" 의무론자로 분류될 수 있다. 그는 언제나 결과주의적 고려들보다 우선하는 도덕 원리, 즉 인간성의 정식이 존재한다고 생각한다. 강한 의무론은 "하늘이 무너져도 정의는 세워라^{Fiat iustitia, ruat coelum}"라는 슬로건으로 선명하게 표현되고 있다.

우리는 하늘이 무너진다는 것이 하나의 적절한 비유가 되는 사례를 고려함으로써 강한 의무론에 대한 우리의 직관을 시험할 수 있다. 외계인의 거대한 우주선이 워싱턴 D.C.를 포함한 세계의 많은 도시들 상공에 나타났다고 상상해보자. 외계인들의 지도자가 미국 대통령에게 이런 메시지를 전한다. "우리는 너희들의 별 것 아닌 군사 기술에 웃음이 나온다. 만일 너희들이 우리의 요구에 불응한다면, 우리는 너희들의 모든 도시를 잿더미로 만들고 30억 명의 인구를 죽일 것이다." 당연히 대통령은 이 요구가 어떤 것인지를 묻는다. 외계인 지도자는 대답한다. "캔자스주의 작은 도시에 살고 있는 조라는 이름의 한 남자가 있다. 그는 매우 흥미로운 유전적 구조를 가진 사람이다. 우리는 조에게 매우 고통스럽고, 결국 죽게 될 일련의 의학 실험을 행하기를 원한다. 그를 넘겨라, 그러면 우리는 떠날 것이라고 약속하겠다."

이 사례가 의도대로 작동하도록 만들기 위해 이 외계인들은 인간들과는 심리적으로 다르고, 그리고 조와 대통령도 이를 알고 있다고 전제해보자. 특히 그들의 심리 때문에, 다음과 같은 명제는 그들에게 참이다. 만약 조를 넘기면, 그들은 약속을 지키고 태양계를 떠나, 백년 혹은 그 이상 동안 지구에 다시 오지 않을 것이다. 만일 조를 넘기지 않으면, 그들은 자신들이 위협한 대로 인류의 절반을 죽이겠지만, 조를 강제로 잡아가지는 않을 것이다. 인간들의 모든 대도시를 불태우고 난 다음, 조를 남겨둔 채 그들은 자신들의 고향 행성으로 떠나서 백 년 혹은 그 이상 다시 오지 않을 것이다.

조는 이런 사실을 알고 있으며, 그는 외계인들에게 고문을 받아 죽기를 바라지 않는다. 더욱이 그는 자신이 작은 도시에 살고 있기 때문에 도시들이 불탈 때에도 살아남을 것이라는 사실도 알고 있다. 그는 외계인들과 함께 가기를 거부한다. 대통령은 어떻게 해야 할 것인가?

칸트의 견해는 조가 동의하기를 거부하므로 만일 대통령이 군대에게 그를 강제로 체포하도록 명령해서 그를 외계인들에게 넘겨준다면, 대통령은 조를 인류 절반의 생명을 구하기 위해 단지 수단으로만 이용하게 될 것이라는 사실을 함축하는 것처럼 보인다. 사람들을 단지 수단으로만 이용하는 것은 결코 허용될 수 없기 때문에 이 경우에 그렇게 하는 것은 그릇된 일이 될 것이다.

이 사례를 두고 내가 토론을 한 사람들 중에, 칸트의 입장에 동의하는 사람은 거의 없었다. 대부분의 사람들은 도시들을 파괴로부터 구하기 위해 대통령이 조가 동의하지 않더라도, 그를 넘겨주어야 한다고 믿는다. 이러한 반응은 강한 의무론과는 양립불가능하지만, 의무론 일반과도 양립불가능한 것은 아니다. 결과주의를 거부하고 인권 개념을 매우 강조하는 로버트 노직Robert Nozick은, 그럼에도 불구하고 이와 같은 인권은 그렇게 하지 않는 것이 결과적으로 "도덕적인 파멸의 공포"를 가져올 때면 언제나 무시될 수 있다는 점을 인정한다. 따라서 이 점에서, 적어도 노직은 온건한 의무론자로 간주될 수 있을 것이다. 결과주의자들과는 달리 온건한 의무론자들은 그 힘이 결과에 대한 고려로부터 도출되지 않는 도덕 규칙이 존재한다고 주장한다. 그러므로 많은 경우에 우리는 그렇게 하는 것이 그것을 위반하는 것보다 더 나쁜 결과를 가져올 때조차도 이러한 규칙에 복종해야만 한다고 주장한다. 한편, 극단적인 경우 온건한 의무론자들은 매우 심각한 부정적 결과들이, 만약 그런 경우가 아니라면 구속력이 있을 규칙을 능가하기에 충분한 비중을 가질 수 있다고 주장한다.

그렇다면 온건한 의무론자들은 외계인들과 캔자스주 출신 조의 경우 30억 명의 생명을 구하는 것은 한 사람의 생명권의 침해를 정당화할 수 있다고 주장할 수 있을 것이다. 동시에 그들은 황야의료전초기지의 사례에서, 다섯 사람의 생명을 구하는 것은 한 사람의 생명권을 침해하는 것을 정당화하기에 충분하지 않다고 주장할 수 있을 것이다. 다음에 물을 수 있는 질문은 아주 명백하다. 30억 명과 다섯 명 사이의 어디에서 선을 그을 것인가? 우리가 어떤 한 사람을 87명의 다른 사람의 목숨을 구하기 위한 수단으로 이용하는 것은 허용되지만, 그 사람을 86명의 목숨을 구하기 위한 수단으로 이용하는 것은 금지될 수 있는가? 이런 방식으로 선을 긋는 어떤 원칙은 거의 모든 사람이 받아들일 수 없을 것이다. 그러나 "도덕적인 파멸의 공포"라는 개념은 애매모호하며, 따라서 이 애매모호함은 제거될 수 없다는 결론에 이르는 것처럼 보인다.

애매모호함 자체는 온건한 의무론에 대한 결정적인 반대를 구성하지 못할 것이다. 왜냐하면 이 관점은 특히 강한 버전보다 우리의 직관에 더욱 가까운 것처럼 보이기 때문이다. 그러나 애매모호함을 둘러싼 쟁점은 무엇이 보다 더 근본적인 문제인가를 가리키고 있다. 칸트의 의무론 버전은 아주 매력적인 우아함과 이론적 단순성을 가지고 있다. 이런 단순성 때문에 칸트는 도덕이 이성적으로 요청된다는 주장에 대한 심오한 이론적 논증을 제공할 수 있다. 따라서 비도덕적이라는 것은 필연적으로 비이성적이라는 것을 포함한다. 비록 많은 철학자들이 이런 논증을 비판하고 있지만, 일부 다른 철학자들은 그것이 설득력이 있다고 생각했다.[6] 그러나 이러한 종류의 심오한 논증은 결과주의적 고려와 의무론적 규칙 사이의 복잡하고 모호한 타협을 포함하고 있는 온건한 견해에 호의적인 입장으로 제안될 수 있을 것 같지는 않다. 따라서 온건한 의무론자는 우리가 과연 자기 자신의 이익을 압도하는 도덕 규칙을 허용해야 할 어떤 이유를 가지고 있는지의 여부에 의구심을 품는 도덕 회의론자에 대답하는 것이 훨씬 더 어렵다는 것을 알게 될 것이다.

결과주의와 의무론은 모두 어떤 경우에서도, 어떤 주어진 행위가 옳은지 혹은 그른지 여부를 결정할 수 있는 도덕 원리 체계를 제공하려고 시도한다. 그러나 이런 두 이론의 다양한 버전들은 한결같이 그들이 옹호하는 원리가 이상하고 혼란스러운 결론에 이르게 하는 사례들과 맞닥뜨리는 것처럼 보인다. 우리는 이러한 이론들을 계속 가

---

6 이런 논증을 이해하기를 원하는 사람들은 칸트의 『도덕형이상학 기초 (Groundwork for the Metaphysics of Morals)』를 읽는 것으로부터 시작해야 할 것이다. 칸트의 논증에 대한 매우 세련되고 세밀한 주석은 Wood(1999)와 Korsegaard(1996)에서 찾을 수 있다. 나는 11장에서 칸트의 견해를 논의하고 또 비판한다.

다듬어서 역직관적인 결과를 제거할 수도 있을 것이다. 대안적으로 우리는―우리가 그 결과의 승인을 거부하는 것은 편견과 청년기의 주입, 비이성적인 심리 과정 혹은 다른 어떤 신뢰할 수 없는 원천으로부터 나온다는 것을 보여줌으로써―우리가 선호하는 이론과 충돌하는 직관들을 약화시키려고 시도할 수 있을 것이다. 그리고 또한 결과주의자와 의무론자들이 문제가 되는 사례를 다룰 다른 방법들도 있다. 그러나 지난 수십 년 동안 일부 윤리학자들은 이러한 전략에 점점 더 만족할 수 없게 되었다. 이런 윤리학자들은 우리에게 모든 경우에 무엇을 할 것인가를 말해줄 수 있는 일반 원리를 정식화하려는 시도는 실패라는 결론에 이르렀다. 그러나 그들은 도덕에 대한 이성적 성찰이라는 기획이 폐기되기를 원하지 않는다. 그 대신 이 윤리학자들은 고대의 덕윤리 전통과 그중에서도 가장 중요한 모범인 고대 그리스 철학자 아리스토텔레스에게로 눈을 돌렸다.

아리스토텔레스의 입장에서는 비록 모든 사람이 올바로 평가할 수 있는 직접적인 도덕적 문제들이 있다고 하더라도, 오직 스스로 덕이 있는 사람들만이 어려운 경우에 무엇을 할 것인가를 알 수 있다. 문제적인 상황, 즉 서로 다른 도덕적 고려가 서로 다른 방향으로 잡아끄는 상황에서 무엇을 할 것인가에 대한 지식은 일종의 실천적 지혜로부터 도출되어야 하며, 어떤 일반적 규칙으로 환원될 수 없다. 실천적 지혜를 가지고 있다는 것은 필연적으로 여러 가지 특별한 유덕한 자질을 가지고 있다는 것을 포함한다. 이런 자질들을 결여한 사람들은 흔히 그릇되게 행위하지만, 그럼에도 불구하고 옳은 일을 하고 있다고 믿는다. 예를 들어, 심각한 음주 문제를 가진 사람들은 자신들이 어떻게 하면 즐거운지를 안다고 믿을지 모른다. 그들은 적당하게 마시는 사람들은 지루한 삶을 살고 있는 따분하고 고상한 척 하는 사람으로 볼 수 있을 것이다. 이런 식으로 판단력이 왜곡된 사람들은 오직 끊임없는 덕의 훈련을 통해서만 최선의 삶에 대한 정확한 지식을 얻을 수 있다.

가장 일반적인 수준에서, 내가 고려해온 각각의 윤리적 견해들은 어떤 객관적 가치 개념을 수용하고 그 가치에 대한 어떤 종류의 반응을 권고한다.7 그러므로 결과주의는 우리들에게 객관적 가치를 증진하라고 말하며, 그리고 의무론은 우리에게 그것을 존중하라고 말한다. 우리는 덕윤리를 유사한 방식으로 성격 규정 지을 수 있을 것이다. 이 전통은 객관적 가치를 인간적 성품의 덕 혹은 완성으로 여긴다. 따라서 덕윤리는 우리가 그것을 구체화함으로써 객관적 가치에 반응할 것을 권유한다. 완성은 객관적으로 가치 있는 것이기 때문에 우리들 각자는 그것을 달성하기 위해 노력해야 할 것이다.

아리스토텔레스는 우리가 진정으로 유덕한 사람이 되는 데 필요한 끊임없는 노력을 왜 해야 하는가에 대한 질문에 매우 명백한 답변을 제공한다. 그의 대답은 에우다이모니즘eudaimonism이라고 불리는 견해의 형태를 취한다. 이 견해에 따르면 어떤 행위자의 행위에 대한

---

7 이것은 내가 검토한 견해들에 대해서도 참이다. 그러나 롤즈(Rawls)와 스칸론(Scanlon)이 제기한 것과 같은 계약론적 견해들은 이런 종류의 구조를 갖지 않는다. 이런 견해들은 다음과 같은 물음의 버전들 위에 토대를 두고 있다. 당신은 자신 외에 다른 이성적인 사람들에 대한 행위를 정당화할 수 있는가?

도덕적으로 칭찬받을 만한 상태와 성격적 특징 그리고 이 행위자의 에우다이모니아eudaimonia 사이에는 매우 밀접한 관련이 있는데, 에우다이모니아는 통상 "번성"이나 "행복"으로 번역되고 있는 용어이다. 인간 존재에게 좋은 것인 에우다이모니아는 "하나의 완전한 삶 속에서 덕과 일치하는 영혼의 활동"[8]이라고 말해진다. 비록 "행복"은 이 용어의 번역어로서 많은 장점을 가지고 있지만, 아리스토텔레스는 단순한 정신상태만 지칭한 것이 아니라 어떤 사람의 전 생애 속에서 실현된 특정한 형태의 활동을 지칭한다는 것을 명심하는 것이 중요하다. 그러므로 그의 행복 개념은, 예컨대 고전적 공리주의자들이 주장한 쾌락주의적 견해와는 매우 다르다.

아리스토텔레스에게 있어서 행복은 인간이 도달할 수 있는 최고 수준의 좋은 삶이며, 또한 그것은 덕에 부합하는 활동으로 구성되어 있다. 그렇다면 만일 덕이 없다면, 우리가 우리 자신에게 좋은 것인 행복에 도달하는 것은 불가능한 일이다. 따라서 만일 우리가 진정으로 가능한 최선의 길 속에서 살기를 원한다면, 우리는 그 덕들을 구체화하려고 노력하지 않으면 안 된다. 이 견해에 따르면, 자기 이익은 우리의 도덕적 의무와 충돌하는 것이 아니라 올바로 이해된다면, 실제로는 그것을 뒷받침해주는 것이다.

비록 우리가 유덕해지는 데 성공한다고 하더라도, 우리의 행복이 보장되는 것은 아니다. 아리스토텔레스에 의하면, 덕만으로는 에우다이모니아를 산출할 수 없다.

---

8   *Nicomachean Ethics* 1098a15, in Aristotle(1999).

그럼에도 불구하고 우리가 말했듯이, 행복은 또한 외적으로 좋은 것이 추가되는 것이 필요하다. 왜냐하면 우리는 만일 우리에게 그와 같은 자원이 부족하다면 훌륭한 행위들을 할 수 없거나 혹은 쉽게 할 수 없을 것이기 때문이다. 왜냐하면 무엇보다도, 우리는 많은 행위들에서 도구를 이용하는 것과 꼭 마찬가지로, 친구와 부 및 정치적 권력을 이용하기 때문이다. 더욱이 어떤 [외적인] 것 — 예를 들면, 훌륭한 태생, 훌륭한 자식들, 아름다운 외모 — 의 결여는 우리들의 축복을 훼손한다.[9]

외적인 좋은 것의 부족은 우리들의 행복을 방해하기 때문에 특정한 그릇된 행위들이 우리의 덕을 훼손하지만, 외적인 상황을 개선해서 그것만큼 우리를 더 잘 살게 만드는 어려운 거래상황에 직면할 수 있을 것이라고 생각할지 모르겠다. 그러나 아리스토텔레스는 『정치학Politics』에서 이런 가능성을 부정하고 있다. 여기에서 그는 "법을 어긴 사람은 아무리 큰 성공을 거두더라도, 그가 이미 덕으로부터 벗어날 때 잃어버린 것을 회복할 수 없다."[10]라고 주장한다. 만일 그릇된 일을 하는 것이 그 행위자에게 이익을 가져다주는 것이 결코 사실이 아니라면, 옳은 일을 하는 것은 언제나 — 비록 불리한 환경으로 인해 그 행위자가 완전한 행복을 달성하는 것이 불가능하다고 하더라도 — 그 행위자의 복지를 증진시키는 최선의 방법이 될 것이라는 결론에 이르게 되는 것처럼 보인다.

---

9   *Nicomachean Ethics* 1099a25-b5, in Aristotle(1999).
10   Aritotle(1941), *Politics* 1325b5.

우리가 행복에 이르기 위해, 그리고 행위로 표현될 때 행복을 구성하는 것을 돕는 여러 가지 덕의 내용에 필요한 종류의 환경은 인간 본성에 관한 사실들에 달려 있다. 윤리학에 대한 아리스토텔레스의 주장은 종종 형이상학 및 철학적 생물학에 관한 그의 일반적 견해들의 특별한 사례이다. 아리스토텔레스에게 있어서, 개별 물질은 특정한 기능을 갖는다. 이 물질이 덕을 갖고 발휘하는 것은 그것이 자신의 기능을 잘 수행하는 것이다. 만일 그 물질이 그렇게 하는 데 성공한다면, 그것은 그와 같은 종류의 좋은 물건이다. 만일 빵칼의 기능이 빵을 자르는 것이라면 빵칼의 덕은 빵을 잘 자르도록 허락하는 그와 같은 성질이며, 나아가 좋은 빵칼은 이런 덕을 가지고 있는 칼일 것이다. 더욱이 어떤 물건의 기능은 그것의 본질을 규정한다. 빵을 자를 수 없는 어떤 것은, 따라서 빵칼의 기능을 수행할 수 없으며 빵칼이 아니다. 만일 어떤 변화가 빵칼이 그 기능을 수행할 능력을 상실하는 원인이 된다면, 그와 같은 변화는 그 칼을 파괴하고 만다.

아리스토텔레스의 관점에 의하면, 인간 영혼의 기능은 사는 것이다. 영혼의 덕은 그것이 잘 사는 것을 가능하게 해주는 그러한 성질들이다. 이런 성질들이 없다면, 우리는 잘 살 수 없다. 잘 산다는 것은 곧 번성이나 행복, 즉 에우다이모니아이다. 잘 사는 것에 포함되어 있는 세부사항은 인간의 본성에 달려 있다. 이러한 본성은 다시 인간 영혼의 세 가지 측면의 기능을 포함한다. 소화와 성장하기 위한 능력들로 구성되어 있는 식물적 영혼, 인식과 운동능력을 포함하고 있는 동물적 영혼, 그리고 신념을 형성하고 무엇을 할 것인가를 결정하는 이성적 영혼이 바로 그것이다. 이 가운데 마지막 것은 인간의 삶에 독특한 무엇이기 때문에 인간의 기능을 정의하는 데 중요한 역할을 하며, 따라서 좋은 삶의 본성을 결정하는 데에도 중요한 역할을 하고 있다.

이러한 모든 주장들은 아리스토텔레스의 사회적 자아 개념의 맥락에서 이해되지 않으면 안 된다. 아리스토텔레스에 따르면, 나의 번성은 나에게 무엇이 일어나는가에만 달려 있지 않다. 내가 돌보거나 그 사람의 복지가 나 자신에게 직접 기여하는 나의 친척과 가까운 친구들을 포함한 소규모 집단의 사람들이 있을 것이다. 만일 내가 행복하고자 한다면, 그들 또한 덕을 소유해야 하며 외적으로 좋은 것을 향유해야만 한다.

아리스토텔레스의 사상에서 나의 번성과 이 소규모 집단 외부의 다른 사람들의 복지 사이의 관계라는 문제는 민감한 것인데, 여기에 대해서 그의 저서들은 우리가 생각하는 것보다 별다른 지침을 제공하지 않는다. A. C. 브래들리A. C. Bradley는 다음과 같이 쓰고 있을 정도이다. "아리스토텔레스는 어떤 사람의 행복이 다른 사람들의 똑같은 목적의 실현과 어떤 관계를 맺고 있는지, 그리고 그 목적이 다른 사람들 없이도 도달되는 것이 가능한지, 또한 그 목적이 다른 사람들보다 우선시되거나 다른 사람들에 의해 희생되는 것이 가능한지의 여부와 같은 문제를 결코 명시적으로 제기하지 않는다는 것이 우리에게는 분명해 보인다."[11] 그러나 앞 절에서 요약되고 있는, 친구와 가

---

11   Bradley(1991), p.47.

족에 관한 자신의 견해에 덧붙여, 아리스토텔레스는 다음과 말하고 있다. "한 도시의 선은 획득하고 보존하는 것이 더 크고 더 완전한 선임이 분명하다. 왜냐하면 어떤 한 개인을 위해서도 그 선을 획득하고 보존하는 것이 만족스럽지만, 사람들과 도시를 위해 그것을 획득하고 보존하는 것은 더 훌륭하고 더 신성한 것이기 때문이다."[12] 아리스토텔레스의 견해에 의하면, 나는 내가 속한 정치 공동체의 복지를 증진시키는 것이 도덕적으로 매우 중요한 것일 수 있다. 아리스토텔레스에게 있어서 그 공동체 외의 다른 공동체에 대한 의무는 더 사소한 것이며, 흔히 완전히 관심 밖인 것으로 여겨지는 것 같다.[13]

물론 현대 덕윤리학자들은 이 문제에 대한 아리스토텔레스의 견해를 따를 것을 강요받지는 않는다. 그러나 그들은 덕윤리 전통에서 하나의 중요한 난점으로 여겨져온 것을 지적하고 있다. 즉, 도덕에 관한 이러한 방식의 사고는 어떤 주어진 사회 내의 사람들이 그 사회의 가치에 대한 근본적인 비판을 제기하는 것을 더욱 어렵게 만든다는 점이다. 존 스튜어트 밀John Stuart Mill이 노예제와 인종 편견을 비난하고 여성의 동등한 권리와 자유를 호소했을 때, 그리고 칸트가 군주

---

12 *Nicomachean Ethics* 1094b5-10, in Aristotle(1999). 또한 *Politics* 1252a1-5, in Aristotele (1941).

13 우리가 노예제에 관한 아리스토텔레스의 견해에서 보듯이 ― 이러한 관계는 노예들이 자연스럽게 국가에 적응하고 있는 한, 그들에게 이익이 되기 때문에 정당화된다고 알려져 있다. 확실히 우리는 그들이 고통 속에 있고 내가 그들을 돕는 것이 가능하다고 하더라도, 나와 멀리 떨어져 살고 있는 다른 정치 공동체 구성원들을 능동적으로 도울 어떤 엄격한 의무도 가지고 있지 않다고 말하는 아리스토텔레스의 저서로부터 강한 인상을 받게 된다.

제에 반대하고 제국주의를 비난하며 보편적 인권을 옹호했을 때, 그
들은 자신들의 사회가 그들이 믿고 있던 일반적 도덕 원리에 심각하
게 못 미치고 있다고 주장할 수 있었다. 그러나 그와 같은 일반적 도
덕 원리가 존재하지 않는다면, 그리고 최종적인 법정의 호소가 유덕
한 사람의 판단이라면 어떤가? 그러한 경우 사회가 유덕하다고 생각
하는 사람들이 승인한 관행들에 대해서 도덕적으로 결코 이의가 제
기되어서는 안 된다. 그러나 자신들의 대다수 구성원들에게 불필요
한 고통들을 가하고, 나아가 합리적이지 않은 이유로 사람들에게 높
고 낮은 정도의 부와 지위를 부여하는 사회조차도 자신들의 사회에
서 통용되는 덕의 기준을 충족시키고, 또한 그 체계의 정의와 타당성
을 완전히 승인하는 사람들을 포함하고 있다. 만일 그와 같은 사회가
그가 자신의 사회의 결점을 비판할 때조차도 그의 빛나는 성질들이
모든 사람을 존중하라고 명령하는 예외적인 개인 — 예컨대 마하트
마 간디Mahātma Gandhi와 같은 어떤 사람 — 을 포함한다면, 이 문제는
해결될 수 있을 것이다. 그와 같은 사람이 전혀 없다면, 내가 덕윤리
라고 부르는 도덕적 추론의 형태를 받아들이는 그 사회 내에 살고 있
는 사람들이 왜 어떤 것은 변할 필요가 있는지를 설명하는 것이 어려
울 것이다.

덕윤리의 옹호자들이 직면한 또 다른 어려움은 그것을 덕으로 만
드는 덕들은 무엇인가를 설명할 필요성이다. 덕윤리의 전통에서 나
온 저작들은 그들이 유덕하다고 인정한 성품 특징들의 목록을 제공
하고 있다. 그러나 단순히 그러한 목록을 제공하는 것만으로는 확실

히 충분하지 않다. 독자들은 왜 다른 것이 아니라 이런 성질들이 진정한 덕이라는 것에 대한 어떤 종류의 정당화를 할 책무가 있다. 『니코마코스 윤리학』에서 아리스토텔레스는 그러한 정당화를 제공할 어떤 시도도 하고 있지 않다는 것으로 악명 높다. 단순히 그는 자신의 사회적 환경에서 일반적으로 받아들여지고 있던 덕에 의존하는 상식에 호소하고 있을 따름이다. 그러나 그것과 관련 있는 사회적 환경은 오직 상류층 아테네 남성으로만 구성되어 있기 때문에, 그러한 환경에서 지배적인 합의는 어떤 윤리적 견해에 대한 충분한 정당화인 것처럼 보이지 않는다. 대체적으로 일단 우리가 세계의 문화들 사이의 큰 차이점을 인식한다면, 우리 자신의 사회적 덕 개념을 논의 없이 단순히 수용하는 것은 옹호할 수 없는 자민족중심주의가 될 뿐이다. 덕은 그들의 견해의 근본적인 개념 가운데 하나이기 때문에 덕 윤리학자들에게 이 세계를 보다 더 근본적인 개념들로 정의하기를 합리적으로 기대하는 것은 불가능한 일이다. 그러나 그들은 그와 같은 성질들을, 그리고 오직 그와 같은 성질들만을 덕으로 만드는 것이 자신들의 목록에서 어떤 성질들인가에 대한 설명을 제공하라는 요청을 받을 수 있다.

이와 같은 세 가지 다른 가계의 윤리이론을 소개하는 나의 목적은 불교 사상을 더 잘 이해하기 위한 자료를 제공하기 위한 것이다. 그렇게 된다면 불교가 의무론적 견해와 매우 유사하다고 주장하고 싶은 저자들은 거의 없을 것이다. 지금까지 이 분야의 주요한 해석적 전제는 불교윤리학자들은 어떤 형태의 결과주의를 받아들이거나 혹은 어떤 버전의 덕윤리를 옹호하는 것이라고 주장하는 것이다. 이 전제들 사이에서 결정하기 위해 우리는 결과주의 일반이 덕윤리 일반과 어떻게 다른가에 대해 분명하게 이해할 필요가 있을 것이다.

그러나 이 분야의 많은 저자들이 동의하고 있듯이, "덕윤리"라는 개념은 미끄럽다. 덕윤리와 다른 형태의 윤리 사상을 명확하게 구분하는 것은 쉽지 않은 일이다. 그와 같은 어떤 구분은 특히 도출하기가 어렵다. 객관적인 목록 이론에 기초를 둔 보편적 결과주의의 관점을 고려해보자. 그러면 기본적인 선의 목록들은 어떤 성격적 특징들을 포함할 것이다. 따라서 이 이론의 추종자들이 하고자 하는 일 가운데 하나는 좋은 상태의 성품을 창출해 내는 것이다. 이는 토마스 후르카Thomas Hurka가 "완전주의적 결과주의perfectionist consequentialism"[14]라고 불렀던 관점이다. 만일 공리주의라는 용어가 앞에서 설명했듯이 폭넓게 이해된다면, 이 견해는 "완전주의적 공리주의perfectionist utilitarianism"라고도 불릴 수 있을 것이다. 그것은 P. J. 아이반호P. J. Ivanhoe가 "성품 결과주의character consequentialism"[15]라고 명명했던 입장과 가깝지만 동일한 것은 아니다. 이런 차이에도 불구하고, "성품 결과주의"라는 개념은 내가 고려하기를 원하는 이 견해의 본질을 아주 잘 요약하고 있는 것으로 보인다. 따라서 나는 그 개념을 사용하려고 한다.

당연하게도 덕윤리의 추종자는 좋은 상태의 성품 계발을 자신의 중요한 윤리적 목적으로 삼는다. 그렇다면 덕윤리와 성품 결과주의

---

14 Hurka(1992).
15 Ivanhoe(1991).

사이의 진정한 차이는 무엇인가? 실제로 불교윤리가 이 두 입장의 각각과 매우 유사하다면, 우리는 어떤 입장이 얼마나 불교윤리와 더 밀접하다고 말할 것인가?

분석윤리학자들은 한동안 이러한 입장에 대해 생각해왔는데, 그들은 이런 윤리적 관점 사이의 확실한 차이를 발견했다. 물론 우리는 여러 가지 다른 형태의 덕윤리가 있으며, 또한 덕윤리의 옹호자들이 자신들의 입장을 매우 다른 방식으로 정립한다는 것을 유념할 필요가 있다. 불교윤리는 종종 특히 아리스토텔레스의 견해와 비교되기 때문에 나는 아리스토텔레스의 특정한 덕윤리 형식은 결과주의적이라고 부를 수 있는 어떤 견해와 다르다는 방식에 주목하고자 한다. 그러나 우리는 또한 보다 일반적인 적용에 대한 주장을 요구할 수도 있다. 덕윤리와 어떤 보편주의적 형식의 결과주의 간의 근본적인 차이를 규명하는 것은 가능한 일임이 밝혀지고 있다.

내가 보여주었듯이, 아리스토텔레스는 에우다이모니즘이라고 불리는 견해를 옹호한다. 그것은 유덕한 행위와 그 행위자 자신의 좋은 삶 사이의 매우 밀접한 연관성을 전제한다. 보편주의적 결과주의는 매우 다른 관점을 지니고 있다. 결과주의자들에 따르면, 나의 행위 가운데 어떤 것은 비록 그것이 나의 번성에 해롭다고 하더라도 그 행동의 결과가 나와 관계가 전혀 없는 사람들을 포함한 다른 사람들에게 충분히 이익이 되는 한 옳은 일일 수 있다. 더욱이 결과주의자에게, 관대한 행위의 가치는 관련된 모든 사람들에게 주는 이익으로부터 도출된다. 주는 사람과 받는 사람 모두의 복지에 기여하는 것이 중요하며, 또한 그것은 그 행위의 가치를 결정하는 데에도 똑같이 중요하다. 아리스토텔레스의 덕윤리와 모든 형태의 결과주의 간에는 중요한 차이가 있다. 아리스토텔레스는 에우다이모니즘을 주장하는 반면에 결과주의자들은 그것을 부정할 것이다. 그리고 결과주의자들은 모든 유정적 존재의 복지에 관한 행위들을 정당화하는 반면, 아리스토텔레스에게서는 이러한 형식의 정당화를 찾아볼 수 없다.

아리스토텔레스에 대한 이러한 언급들이 일반적으로 모든 형식의 덕윤리에 어느 정도나 적용될 수 있는가에 대해서는 논쟁의 여지가 있다. 현대의 덕윤리학자들이 아리스토텔레스의 자민족중심주의와 다른 정치 공동체의 시민들에 대한 명백한 관심 부족을 거부할 여지는 충분하다. 게다가 우리는 에우다이모니즘을 수정하거나 거기에 자격요건을 부과할 수 있으며, 따라서 우리는 여전히 일반적인 영역의 덕윤리에 머물 수 있다. 그러나 에우다이모니즘에 가까이 있는 어떤 것에 관심을 갖는 것은 또한 덕윤리가 갖고 있는 특색의 일부이며, 나아가 그러한 형식의 윤리적 성찰에 대한 호소력을 상당 부분 충족시켜준다. 만일 내가 덕을 함양하는 것이 나의 번성에 이른다면, 그것은 내가 왜 도덕적이어야 하는가라는 문제에 대답하는 데 큰 도움이 된다. 더욱이 아리스토텔레스와 마찬가지로, 현대의 덕윤리학자들은 모든 유정적 존재의 총합 복지와 같은 거대한 우주론적 개념에 대한 호소에는 매우 신중한 경향이 있다. 그들은 윤리로부터 그와 같은 호소를 완전히 추방시키거나 그것에 주변적이며 종속적인 역할만을 부여하고 있다.

이런 유형의 견해들 사이에 있는 또 다른 중요한 차이점은 방금 검토한 쟁점들과 밀접하게 관련되어 있다. 고대와 현대적 형식 양자 모두에서, 덕윤리의 실천자는 자기 자신의 덕을 중요한 윤리적 목적으로 간주한다. 자신이 할 수 있는 최선의 행위자가 되는 데 필요한 정신의 기술과 습관 및 태도를 발전시키는 것이 곧 그것이다. 그러나 성품 결과주의의 실천자는 매우 다른 목적을 가질 것이다. 모든 유정적 존재 사이에서 가능한 많은 덕을 산출하는 것이 곧 그것이다. 이것은 성품 결과주의자라면 이 우주 안에서 덕의 총량이 증가하는 한, 다른 사람이 더 잘 되게 하기 위해서 기꺼이 자기 자신의 상태를 더 나쁘게 만들 수도 있다는 것을 의미한다.[16] 이는 성품 결과주의와 덕윤리 일반의 또 다른 차이점이다. 그것은 누구의 덕이 증진되어야 하는가라는 문제이다.

내가 방금 논의한 차이점들은 다음과 같은 방식으로 요약될 수 있다. 내가 알고 있는 각각의 덕윤리 버전들은 행위자 관계적 이론an

---

16 헨리 시즈윅(Henry Sidgwick)은 내가 거론하고 있는 종류와 같은 관점이 가능하다는 사실에 주목했지만, 서구 전통에서는 그 누구도 이를 옹호하지 않았다는 것을 알았다. 그는 이렇게 적고 있다. "실제로 언뜻 보아도, 동일한 대안들이 나타난다. 이는 목표로 삼은 탁월성(Excellence)은 개인적으로나 보편적으로 받아들여질 수 있는 것처럼 보인다. 그 안에서 어떤 사람이 자기 자신의 탁월성을 희생함으로써 다른 사람의 탁월성을 증진할 수 있다고 생각할 것 같은 환경을 상상해볼 수 있다. 그러나 탁월성을 하나의 궁극적인 목적으로 간주하는 어떠한 도덕주의자도 최소한 도덕적 탁월성에 관한 한, 그와 같은 희생을 결코 승인하지 않았다. 어떠한 사람도 이러한 증진이 자기 자신 안에서 덕의 완전한 실현과 양립가능하거나 더 나아가 그 속에 포함될 때를 제외하고는, 어떤 개인에게 다른 사람의 덕을 증진하라고 명령하지는 않았다." Sidgwick(1981), pp.10-11.

agent-relative theory이다. 다시 말해 그것은 서로 다른 행위자에게 서로 다른 목적을 부여한다.[17] 그와 같은 견해는 행위자 각자에게 그 행위자 자신의 번성이라는 목적을 부여하는데, 행위자 각자의 번성은 행위자가 관심을 갖는 소규모 집단 사람들의 번성도 포함한다. 그러나 모든 버전의 보편주의적 결과주의는 행위자 중립적agent-neutral이다. 그들은 모든 행위자들에게 다음과 같은 것을 주문한다. 모든 유정적 존재의 삶이 가능한 한 좋아지기를 말이다. 행위자 중립성은 매우 강력한 가정이며, 나아가 매우 놀라운 결과를 가져올 수 있다.

결과주의적 이론들은 행위자 중립적이기 때문에 이들은 행위자가 그들 자신의 복지와 다른 사람들의 복지 사이를 구분하는 것에 어떤 본질적 및 도덕적 중요성을 부여하는 것을 허락하지 않는다. 모든 사람의 행복과 모든 사람의 덕은 동일한 것으로 간주되어야만 한다. 그 결과는 최소한 몇몇 버전들에서, 결과주의는 극단적으로 요구하는 것이 될 수 있다. 그것은 종종 다른 사람에게 이익을 주기 위해 영웅적 자기희생 행위를 요구할 수도 있다. 더욱이 결과주의는 행위자 중립성 때문에 행위자에게 그가 한 번도 만나본 적도 없는 사람들의 이익을 위해 자기가 가장 관심을 갖는 사람들을 소홀하게 대하기를 요구할 수도 있다. 예를 들면, 피터 싱어Peter Singer는 현대적인 삶의 조건을 갖춘 부자 나라에서 살고 있는 진정한 도덕 행위자는 기근에 허덕이는 사람들의 고통을 완화시키기 위해 자기 수입의 상당한 몫을

---

17 행위자 관계적 이론과 행위자 중립적 이론 사이의 차이점은 Parfit(1954), p.55 에서 발견된다.

확실하게 기부해야 한다고 주장한다. 싱어에 따르면 부자 나라의 진정한 도덕 행위자의 의무는 이 범위를 넘어 마침내 그와 나아가 그의 가족의 물질적 상황이 기근 희생자들의 물질적 상황만큼 나빠지는 수준에 이를 때까지, 자신의 거의 모든 자산을 기근 해소에 제공하라고 요구하는 데까지 확장될 수 있다.[18]

이와는 달리 덕윤리학자들은 그와 같은 극단적인 요구를 거부한다. 덕윤리의 옹호자들은 세계 전체에 무엇이 좋은 것인가에 대한 언급은 하지 않은 채, 각 개인이 자기 자신의 복지와 그가 관심을 갖는 사람들의 복지를 합법적으로 증진할 수 있는 일종의 개인적 도덕 공간의 경계를 정하려고 노력한다. 비록 덕윤리학자들은 때때로 선의가 도덕적으로 요구된다는 사실에 동의하지만, 그들은 이 요구사항에 상식적 한계를 부여하려고 하며, 또한 예컨대 가족의 의무와 같은 다른 도덕적 고려들이 종종 그런 요구를 압도할 수 있다고 주장한다.[19]

일부 결과주의자들, 특히 행위 결과주의자들이 아닌 사람들은 싱어의 견해만큼 많은 것을 요구하지 않는 윤리이론을 옹호하기도 한다.[20] 그들은 예를 들면, 나는 아주 멀리 떨어져 살고 있거나 나와 전혀 관계가 없는 사람들의 이익보다 나 자신의 요구 및 나와 가까운

---

18 Singer(1972)를 보라.

19 한 예로, 크리스틴 스완튼(Christine Swanton)의 다음과 같은 진술 "우리는 (때때로) … 낯선 사람의 선을 증진시키지만, 자기와 가깝고 존경하는 사람들에 대한 사랑의 유대감을 표현하는 데에는 터무니없이 실패하는 어떤 행동을 기술할 때 '자애로운'이라는 라벨을 보류한다."를 보라. Swanton(2003), p.4. 이와 같은 종류의 태도에 대한 또 다른 중요한 사례는 Wolf(1982)에서 발견된다.

20 예를 들면, Railton(1984)를 보라.

사람들의 요구를 더 잘 알고 있다는 점을 지적하면서, 보다 덜 요구하는 결과주의 견해들을 뒷받침하는 수많은 논증들을 제공해오고 있다. 그래서 자신과 다른 사람 사이의 구분이 비록 본질적 및 도덕적 중요성을 전혀 가질 수 없다고 하더라도, 이 결과주의자들은 이러한 구분이 실질적으로 수단적 중요성은 가질 수 있다고 주장한다. 만일 우리가 극단적으로 요구하는 윤리적 입장을 제시하는 사상가를 발견한다면, 그것은 우리가 결과주의의 한 형태를 다루고 있다는 증거라고 결론지을 수 있을 것이다. 그러나 만일 어떤 견해가 극단적으로 요구하는 것이 아니라면, 그것은 이러한 두 범주의 윤리이론 중의 하나거나 혹은 다른 어떤 범주의 윤리이론에 속할 수 있을 것이다.

행위 결과주의는 우리에게 우리 자신을 희생하라는 것보다 더 많은 것을 요구할 수도 있다. 그것은 우리에게 다른 사람들을 희생시키라고 요구할 수도 있다. 행위 결과주의적 견해의 잘 알려진 하나의 특징은 우리에게 그 일을 하지 않은 결과가 충분히 끔찍할 때는, 얼핏 볼 때 그릇된 것으로 보이는 일을 하라고 요구할 수 있다. 이상적 행위 결과주의자는 그렇게 하는 것이 많은 유정적 존재에게 이익이 된다면 거짓말을 해야 하고, 약속을 파기해야 하거나 심지어 무고한 사람을 죽여야 할 수도 있을 것이다. 반면, 덕윤리는 반드시 이런 특징을 갖지는 않는다. 덕윤리학자들은 어떤 끔찍한 행위들이 거대 악을 반드시 막을 때조차도, 그런 행위를 하는 것에 대해 자연적인 반감이 있다는 입장에 서게 될 것이다.

덕윤리와 결과주의의 또 다른 차이점은 데릭 파핏Derek Parfit의 저서, 특히 그의 『이성과 개인Reasons and Persons』이 출판되고 나서야 비로소 드러나게 되었다. 행위자 중립성에 대한 지대한 관심 때문에 결과주의는 서로 다른 개인들의 삶 사이의 구분을 어떤 특정한 개인의 삶의 서로 다른 시기 사이의 차이보다 더 중요한 것으로 간주하지 않는다. 유정적 존재 일반의 희생을 대가로 행위자나 행위자의 가족과 친구들에게 이익이 되는 행동은 단기간 동안은 나에게 이익이지만 장기간 동안의 이익에는 훨씬 더 큰 해로움을 가져다주는 행위만큼이나 비합리적이다. 이와 같은 윤리적 주장은 한 개인의 인간적 삶의 개체성의 중요성이나 심지어 그것의 존재를 무화無化시키고, 결과적으로 인격체 사이의 근본적인 구분의 중요성과 존재를 무화하는 형이상학적 명제로부터 지지를 도출할 수 있을 것이다. 따라서 파핏은 이기주의를 무화시키고 그 자신의 결과주의적 견해를 뒷받침하기 위해 인격적 정체성이라는 개념에 대해 파괴적 비판을 이용한다.[21] 덕윤리를 궁극적으로 실재하는 영속적인 자아를 거부하는 것과 결합하는 데 어떠한 모순도 없을 것이라는 사실에 주목해보자. 데이비드 흄David Hume의 윤리적 견해는 많은 점에서 공리주의를 예감하게 했고 공리주의의 후기 정식화에 영향을 미쳤다. 그러나 그의 견해는 덕윤리와 매우 가까운 요소들도 포함하고 있다. 또한 흄은 인격적 정체성에 대한 다발 이론a bundle theory of personal identity을 제기하고 실제적 영혼이나 자아에 대한 믿음을 거부한 것으로 유명하다. 그러나 파핏의

---

21 Parfit(1984), pp.307-47.

환원주의적 견해가 자신의 결과주의를 지지하고 아리스토텔레스의 철학적 생물학이 자신의 윤리적 이론의 근거가 되는 것과 같은 방식으로 이러한 종류의 형이상학이 덕윤리에 대한 논증적 지지를 제공하는 자연스러운 방식은 결코 존재하지 않는다. 더욱이 환원주의가 한 인간 존재의 본질과 같은 그런 것이 존재한다는 것을 부정하는 한 이러한 형이상학적 명제는 특히 아리스토텔레스의 윤리적 견해를 약화시킬 것이다. 그리고 나는 완전주의적 결과주의와 덕윤리의 중요한 차이점은 그 이론들의 각각을 지지하기 위해 사용될 수 있는 형이상학적 토대를 포함하고 있다고 주장할 것이다.

우리가 좋은 삶에 대한 객관적인 목록 이론의 가능성을 염두에 둔다면 복지주의적 결과주의 개념은 훨씬 더 일반적인 것이 되며, 또한 폭넓은 이론의 다양성은 그와 같은 견해의 형태들로 기술될 수 있을 것이다. 특히 내가 완전주의적 결과주의라고 기술한 것은 어떤 점에서 보면, 덕윤리와 매우 유사하다. 그러나 객관적인 목록 이론을 도입한다고 해서 결과주의의 전체 개념을 하찮게 만드는 것은 아니다. 행위자 중립성, 극단적인 요구, 다른 사람의 복지를 증진하라는 명령, 그리고 인격적 정체성의 비판으로부터 지지를 도출하는 능력과 같은 결과주의에 고유하거나 적어도 결과주의를 암시하는 특징들이 존재한다. 우리가 일단 불교윤리학의 해석으로 돌아간다면, 이러한 차이점들은 척도로 사용될 수 있다. 만일 우리가 어떤 종류의 이론이 어느 불교 학파에 가장 적절하게 속하는 것인지 결정하기를 원한다면, 내가 방금 제기한 쟁점들에 호응하는 단락들을 찾아보면 될 것이다. 이런 방식으로 우리는 어떤 특정한 형태의 불교윤리가 결과주의 형태를 구체화하고 있는지 혹은 덕윤리 버전을 구체화하고 있는지를 결정할 수 있다. 그런 다음 우리는 이러한 폭넓은 관점들의 계보 안에서 어떤 구체적 이론이 우리가 지금 검토하고 있는 전통에 가장 잘 부합하는지를 정립하려고 시도할 수 있다.

3

규칙 결과주의로서의
테라바다 윤리

3

규칙 결과주의로서의
테라바다 윤리

테라바다 윤리의 구조

이 장에서 나는 초기 불교 사상의 연속성이자, 따라서 역사적 붓다의 견해를 대변하고 있는 주장을 담고 있는 불교윤리의 한 형태를 검토한다. 곧 테라바다 전통의 윤리가 그것이다. 한때 여러 가지 형태의 비대승불교 형태가 존재했지만, 테라바다는 대승의 전통에 속하지 않는 유일하게 살아 있는 불교 형태이다. 대승 윤리는 다음 두 장에서 검토해볼 것이다.

이 주제에 대한 데미언 키온Damien Keown의 영향력 있는 저서는 많은 학자들에게 테라바다의 윤리적 관점은 공리주의와 그다지 비슷하지 않다는 점을 확신시켜주었다. 키온은 이러한 관점들은 아리스토텔레스의 덕윤리와의 유추를 통해 이해되어야만 할 것이라고 주장한다. 그러나 만일 우리가 비교하는 데 유용한 이론들의 범위를 밝히기 위해 오늘날 서양 윤리학 내의 논쟁에 따른다면, 키온의 입장은 설득력이 떨어진다. 실제로 테라바다 및 그것과 관련된 불교전통의 윤리적 견해는 중요한 점에 있어서 결과주의와 유사하다. 더욱이 내가 2장에서 논의한 결과주의와 덕윤리의 차이점을 고려해볼 때, 우리는 이런 쟁점들의 많은 부분에 관해 테라바다 윤리는 덕윤리보다는 어떤 버전의 결과주의를 더 떠올리게 하는 입장을 취하고 있다는 것을 알게 된다. 특히 테라바다의 견해와 매우 밀접하게 닮은 것처럼 보이는 서양 이론은 직접적이거나 행위 결과주의가 아니라 간접적이거나 규칙 결과주의이다. 이러한 주장들을 옹호한 다음, 나는 테라바다에서 어떤 종류의 복지이론이 발견될 수 있는가를 검토할 것이다.

실제로 초기 불교 사상가들이 결과주의처럼 보이는 것을 분명히 승인하고 있는 단락들을 발견하는 것은 매우 쉬운 일이다. 테라바다 전통의 경전들을 포함하고 있는 빨리 경전은 역사적 붓다 자신이 결과주의적 윤리 원리를 명확하게 진술하고 있는 것으로 묘사하고 있다.

당신이 곰곰이 생각해볼 때, 만일 당신이 "내 몸을 가지고 하고 싶은 이 행위가 나 자신의 고통을 가져오거나 혹은 다른 사람 또는 양자 모두의 고통을 가져올 것이다. 그것은 고통스러운 결과, 즉 괴로운 과보를 가진 불건전한 신체적 행위이다."라는 것을 안다면, 그와 같은 행동을 몸으로 절대로 해서는 안 된다. 그러나 당신이 곰곰이 생각해볼 때, 만일 당신이 "내가 몸을 가지고 하고 싶어 하는 이 행위가 나 자신의 고통을 가져오지 않거나 혹은 다른 사람 또는 양자 모두의 고통을 가져오지 않을 것이다. 그것은 유쾌한 결과, 즉 즐거운 과보를 가진 건전한 신체적 행위이다."라는 것을 안다면, 그와 같은 행동을 몸으로 할 수 있을 것이다.[1]

위의 인용문은 보편주의적 버전의 결과주의에서와 마찬가지로, 행위들은 자신과 다른 사람에 대한 결과라는 관점에서 평가되어야 한다는 것을 말해준다. 그것은 오직 행복과 고통에 대해서만 언급하고 있는데, 이는 고전적 공리주의와 같은 쾌락주의적 결과주의임을 암시하고 있다. 그러나 좀 더 뒤에서 나는 보다 복잡한 객관적인 목록 이론을 포함하고 있는 것처럼 보이는 단락들을 살펴볼 것이다. 이러한 진술은 옳은 행위와 그른 행위를 구분하는 기준을 제시하고 있다. 덕윤리주의자들은 그와 같은 기준을 제공할 가능성을 부정하고 있기 때문에 우리는 이러한 진술이 초기 불교윤리를 결과주의적으로 해석하는 것을 뒷받침하는 강력한 증거라는 점을 알게 된다.

이런 원리들은 결과주의적인 것이긴 하지만, 그것은 보다 최근의 공리주의 정식과 똑같은 것은 아니다. 그 차이를 알려면, 방금 언급한 불교적 행위 규범은 갈등들에 대해서는 아무것도 말해주지 않고 있다는 사실을 주목해보자. 불교적 행위 규범은 가능한 어떤 특정한 행위 방식이 어떤 사람에게는 고통스러운 결과를 가져오지만, 다른 사람들에게는 행복한 결과를 가져올 때 어떻게 해야 하는가에 대해

---

1   맛지마 니까야(Majjhima Nikaya) 61, Ñānamoli and Bodhi(1995), pp.524-25.

서는 전혀 아무것도 말해주고 있지 않다. 이러한 사실을 현대의 결과주의 이론과 불교윤리 사이의 중요한 차이점이라고 파악하는 것이 가능할지도 모른다. 그리고 어떤 관점에서 보면 그것을 중요한 차이점으로 파악하는 것이 가능하다. 그러나 나는 그 차이점은 윤리이론들의 형식에 있어서의 다양성에서 나오는 것이 아니라, 오히려 그와 같은 이론들에 내용을 제공하는 가치이론과 기술적 전제의 다양성에서 나온다고 생각한다.

서양의 윤리이론들은 그것들이 인간 사회 속의 갈등에 부여하는 중요성의 정도 차이에서 서로 다르다. J. B. 슈네빈드J. B. Schneewind가 자신의 중요한 역사적 연구서인 『자율의 발명The Invention of Autonomy』2에서 보여주고 있듯이, 자연법 전통에 속한 근대 초기의 사상가들은 법과 정의를 인간들의 "비사회적인 사교성"이 야기한 문제들에 대한 해결책으로 보았는데, 인간들은 비록 자신들의 욕구가 그들로 하여금 함께 어울려 살아가도록 이끌지만, 자신들의 복지에 필요한 자원의 제한된 공급을 둘러싸고 끊임없이 갈등을 일으킨다. 이와 대조적으로 정신적 발전을 물질적 자원보다 인간의 복지에 더 중요한 요소라고 간주하는 완전주의적 사상가들은 윤리에서 갈등의 중요성을 간과하는 경향이 있었다. 고정된 풀pool의 부를 전제할 때 만약 당신이 더 많이 가진다면, 나는 더 적게 가질 것이 틀림없다. 그러나 신에 대한 당신의 사랑의 증가는 결코 신에 대한 나의 사랑을 감소시키는

---

2   Schneewind(1998).

경향을 갖지 않는다. 정신적 가치나 종교적 가치를 계발하는 것보다 자원, 명예, 보상 및 처벌을 할당하는 사회 제도들을 변화시키는 데 훨씬 더 많은 관심을 가졌던 공리주의자 제레미 벤담Jeremy Bentham과 같은 법률 개혁가들은 자연스럽게 자신들의 견해를 피력하는 과정에서 개인들 사이의 갈등을 중요한 이론적 쟁점으로 삼았다.

분명히 최소한 이 점에 있어서 초기 불교전통의 관심사는 자연법이나 공리주의적 개혁자들보다 완전주의자들의 관심사와 훨씬 더 가까웠다. 내가 살펴보겠지만, 테라바다 불교도들은 부는 인간의 행복에 일정한 기여를 한다고 생각하지만, 이들은 도덕적 덕, 종교적 지식 그리고 정신적 진보를 어떤 사람의 삶이 얼마나 좋아질 것인가에 대한 보다 더 중요한 요인들로 생각했다. 나아가 이런 가치들은 개인들 사이에 어떠한 갈등도 불러일으키지 않는다. 실제로 사회 속에 살고 있는 어떤 사람들이 이런 선을 많이 가지면 가질수록 그 외의 다른 사람들이 그 선들을 계발하는 것이 더 쉬워진다. 그러므로 만일 우리가 테라바다를 좋은 삶의 중요한 요소로 덕에 관심이 있는 것으로 해석한다면 우리는 다음과 같은 사실, 즉 결과주의에 대한 그들의 정식화가 이해관계의 갈등이라는 문제를 언급하고 있지 않은 것처럼 보인다는 점을 설명해줄 수 있다. 내가 3장과 4장에서 살펴보고 있듯이 대승은 이런 쟁점들을 이해하는 데 테라바다를 훨씬 더 뛰어넘었다.

많은 대승의 사상가들은 테라바다와 이른바 성인이 되려고 애쓰는 소승Hīnayāna이나 "더 작은 수레Lesser Vehicle"라고 불리는 그 외의 부파 추종자들 — 대승에서는 그 구성원들을 성문이라고 불렀다 — 을 그들의 종교적 수행과 열망이 오직 자기 중심적이며, 따라서 동정심과 자비심을 결여하고 있다고 비판했다. 대승의 저자들은 그들이 오로지 어떤 사람에게도 이익이 될 수 없는 개인의 열반만 달성하기 위해 선정에 참여하고 도덕적 규범을 따른다고 주장했다. 그러나 많은 저자들이 지적했듯이, 이런 비판은 비非대승의 전통들을 잘못 해석하고 있다. 예를 들면, 『맛지마 니까야Majjhima Nikāya』의 ≪고싱가살라 짧은 경Cūlagosing Sutta≫에서 붓다는 아라한과에 도달한 세 사람의 제자 — 아누룻다Anuruddha, 난디야Nandiya, 낌빌라Kimbila — 를 다음과 같이 묘사하고 있다. "디가Dīga여, 이 세 사람들이 사람들의 복지와 행복을 위해 세상에 대한 자비심으로부터, 그리고 신들과 인간의 선, 복지 및 행복을 위해 어떻게 수행하고 있는지를 보라."[3] 우리가 이 구절에서 발견하는 정식은 빨리 경전의 여러 곳에서 반복되고 있다.[4] 물론 그 성인의 삶의 내적 평화와 고통으로부터의 자유는 자신에게 이익이 되지만, 그의 가르침과 영감 및 사례는 다른 사람에게도 이익을 줄 수 있다. 더욱이 성인의 종교적 삶으로부터 나오는 다른 사람에게 줄 이익은 그와 같은 형식의 삶을 정당화하는 데 중요한 요소이다.

테라바다의 정신적 수행에서 중요한 것은 사무량심the Four Divine Abidings, brahma-vihāra으로 알려진 네 가지 성질들의 함양이다. 이것은 사

---

3   고싱가살라 짧은 경(Cūlagosing Sutta), 맛지마 니까야(Majjhima Nikāya) 31.22,
     Ñānamoli and Bodhi(1995), p.306에서 인용함.

4   예를 들어, 비나야(Vinaya) 1.21을 보라. Perera(1991), pp.60-61에서 인용함.

랑을 담은 친절metta; 慈, 연민karuṇa; 悲, 공감적 기쁨pamudita; 喜 및 평정심 upehhkā; 捨이다. 사랑은 다른 사람들이 행복해지기를 바라는 마음으로 정의된다. 연민은 다른 사람들이 고통으로부터 자유로워지기를 바라는 마음이다. 공감적 기쁨은 다른 사람들의 행복을 기뻐하는 마음이다. 공평무사성이라고도 말해질 수 있는 평정심은 이러한 감정들을 친척과 낯선 사람들 혹은 친구와 적을 구분하지 않고, 모든 존재들에게 똑같이 확장하는 마음이다.

이 목록에서 특히 흥미로운 점은 그 안에 포함된 내용이 결과주의의 한 형식, 특히 고전 공리주의를 분명하게 보여주는 자료라는 것이다. 사랑은 우리들로 하여금 다른 사람의 행복을 증진하도록 하고, 연민은 그들의 고통을 제거하도록 할 것이다. 일단 우리가 이러한 동기들을 모든 존재들에게 확장하고, 이어서 공평무사성을 이룬다면, 우리는 공리주의의 근본 원리에 도달하게 된다. 물론 사무량심은 테라바다 윤리의 전부는 아니다. 어쩌면 이러한 형식의 윤리에는 공리주의 이상의 그 무엇이 있다. 그러나 여기에는 공리주의의 기본적인 이념이 확실히 들어 있는 것처럼 보인다.

실제로 테라바다 윤리에서 옹호되고 있는 연민의 형식은 우리가 대승 윤리의 핵심적 일부이자 결과주의적 견해의 중요한 증표라고 알게 될 공통의 특징, 즉 무아설과 연민의 보편적 성격 사이의 관계를 가지고 있다. 무아의 진리에 대한 경험적인 깨달음은 나와 다른 사람 사이의 구분의 중요성에 대한 우리의 믿음을 제거하며, 따라서 우리의 이기심을 근절시킬 수 있다. 그 과정에서 이러한 깨달음은 또한 연민을 방해하는 잘못된 견해에 대한 우리들의 집착을 없애게 될 것이다. 만일 내가 나의 정체성을 과격한 세르비아 민족주의를 통해 정의하고, 이어서 다른 사람을 크로아티아인이라고 인식한다면, 나는 그 사람의 고통에 대해서는 아무런 반응도 보이지 않게 될 것이다. 내가 이를 분명하게 보지 못한다면, 그것을 제거하려는 나의 자연적인 동기 또한 희미해지게 될 것이다.[5] 그러나 만일 내가 궁극적인 진리를 표현하기 위해, 세르비아 민족주의나 그와 같은 다른 견해를 취하는 것의 부당함을 안다면, 그리고 내가 상황을 있는 그대로 보는 것을 가로막는 거짓말을 더 이상 허용하지 않는다면, 그 다른 사람의 고통을 보는 것만으로도, 나는 그 고통을 덜고 싶은 의욕이 생기게 될 것이다. 자아의 환상 너머를 보는 것은 우리의 타고난 연민을 더욱 빛나게 해준다.

윈스턴 킹Winston King의 보고에 의하면 실제로 이러한 관계는 현대의 테라바다 불교도들에 의해 받아들여지고 있다. "자기 자신의 고통과 다른 사람의 고통을 구분할 수 없거나, 구분하지 않는 것이 연민의 자발적 실천이 가진 목적이다. 나의 자아와 다른 사람의 자아의 잘못된 구분은 없어져야 마땅하다."[6] 이러한 종류의 연민을 실천하

---

5 고통을 완화시키려는 타고난 본성이 존재한다는 사실은 철학적 논쟁을 통해서 입증될 수 있는 그 어떤 것이 아니다. 그것은 경험적인 증거를 요구하고 있지만, 나는 완전하게 설득력 있는 경험적 사례를 제시할 입장에 있지 않다. 이 점에 관한 불교전통의 제언은 다음과 같이 분명해질 것이다. 만일 당신이 그와 같은 동기의 존재를 의심한다면, 당신 안에서 그것을 찾아보라. 만일 당신이 정말 진지하게 내면을 들여다본다면, 당신은 그것을 발견하게 될 것이다. 이 문제에 관한 더 자세한 논의는 11장에 나온다.

6 King(1964), p.158.

는 것은 사람들이 일반적으로 보여주는 것보다 다른 사람에 대한 관심의 수준을 훨씬 더 많이 요구할 것이 분명하다. 많은 상황에서 이와 같은 공평무사한 연민은 자기희생을 결코 요구하지 않을 것이다. 때때로 나에게 열려 있는 선택지 가운데 가장 큰 전체 이익을 낳을 선택은 그와 같은 이익의 일부 혹은 전부를 나에게 가져다줄 것이다. 그러나 다른 경우 나는 나 자신의 상황을 약간 나쁘게 함으로써 다른 사람에게 큰 이익을 가져다줄 수 있을 것이다. 그러한 경우에 테라바다 불교도들이 승인하는 종류의 연민은 나에게 나 자신의 이익보다는 다른 사람에게 이익이 되도록 하라고 요구할 것이다. 확실히 무엇을 할 것인가를 결정하는 데 있어서, 대부분의 사람들은 자기 자신의 복지보다 다른 사람의 복지를 더 중요하게 여기지 않는다. 그러나 만일 킹이 옳다면, 테라바다 불교의 실천적 목적을 성취한 사람들은 이러한 종류의 공평무사성을 포함한 연민을 구현하고 있을 것이다.

테라바다 불교의 규범적 이상을 대표하고 있는 성인들이 연민을 결여하고 있다는 말은 사실이 아니다. 티베트 불교의 위대한 철학자인 쫑카파Tsong kha pa는 — 이러한 잘못된 비판을 피하면서 — 자신의 견해에 따라 비대승의 수행자들이 보살의 이상에 얼마나 미치지 못하고 있는가라는 문제에 대해 좀 더 공정한 설명을 하고 있는데, 쫑카파는 자신의 독자들에게 다음과 같은 점을 수용하라고 촉구한다.

비록 성문과 연각pratyekabuddhas은 헤아릴 수 없을 정도의 사랑과 연민을 가지고 있음에도 불구하고, 그들이 "만일 자신들만 행복을 느낄 수 있고 고통으로부터 자유로울 수 있다."라고 생각한다면, 이에 따라 이러한 비대승의 추종자들은 "나는 모든 살아 있는 존재의 고통을 제거하고 또 모든 살아 있는 존재들에게 행복을 제공할 책임을 질 것"이라고 생각하지 않는다. 그러므로 당신은 모든 다른 용감한 생각들을 뛰어넘는 진심 어린 결심을 일구지 않으면 안 된다.[7]

다른 사람들은 여전히 고통을 겪고 있는 반면 아라한들은 윤회적 존재에 머물지 않고 열반에 들어가기 때문에, 그들은 자신들이 모든 존재들의 이익과 복지를 실제로 달성하도록 행위해야 한다는 사실을 받아들이지 않는다는 것이 분명하다.

그러나 여전히 매우 이타적인 이상들을 담고 있는 것처럼 보이는 테라바다 경전들이 있다. 이기적이기는커녕, 초기 불교윤리의 많은 진술들은 우리가 감정과 행위 양자 모두에서 다른 사람들을 어떻게 대해야 하는가에 대해 극단적으로 많은 것을 요구하는 관점으로 성격규정되고 있다. 『자애경Metta Sutta』은 이러한 견해를 다음과 같이 표현하고 있다. "마치 어머니가 목숨을 바쳐 자신의 하나뿐인 아이를 보호하듯이 / 우리는 무한한 연민의 마음으로 모든 살아 있는 존재들을 소중히 여겨야만 한다." 이러한 견해는 『마하사뜨바 자타카Mahāsattva Jātaka』라고 불리는 경전에서 일종의 완전한 고귀함과 전율할 정도의 아름다움에 이른다. 자타카 장르에 나오는 각각의 이야기는 깨달음을 얻기 전의 역사적 붓다의 전생 가운데 하나인 어떤 보살산.Bodhisattva, 빨.Bodhisatta의 행동을 자세히 묘사하고 있다. 이 경전에서 보살은 너무

---

7   Tsong kha pa(2004), pp.32-33.

허약하고 여위어서 사냥을 할 수 없기 때문에 새끼들에게 먹이를 줄 수 없는 굶주린 암컷 호랑이를 만난다. 호랑이에 대한 연민으로 마음이 움직인 그 보살은 자기 자신이 암컷 호랑이의 먹이가 된다. 이 두 경전에 표현된 완전하고 자기희생적인 사랑의 윤리는 어떤 인간 사회에서 살고 있는 대부분의 사람들의 일상적인 도덕과는 매우 동떨어져 있다.

이런 윤리적 관점은 상식적인 도덕 사상에는 낯선 것처럼 보일지 모르나 보편적 결과주의의 매우 많은 것을 요구하는 성격과는 아주 유사하다. 기근 희생자들을 그들의 곤경으로부터 구하기 위해 우리들의 대부분 자산을 주는 것이 도덕적으로 요구될지도 모른다는 피터 싱어의 주장을 상기해보자. 많은 비결과주의적 윤리학자들은 싱어가 희생적 기부를 옹호하는 것은 너무 지나치다고 여겨 왔다. 그들이 생각하기에 싱어는 사람들로부터 합리적으로 기대하는 것보다 더 많은 것을 요구한다. 그러나 싱어조차도 도덕이라는 이름으로『마하사뜨바 자타카』의 예만큼, 우리에게 그렇게 많은 것을 요구하지는 않는다. 어떤 조건에서 나는 거대한 계획 안에서 훨씬 더 큰 중요성을 갖는 어떤 좋은 것을 보존하기 위해 나 자신의 목숨을 희생하는 선택에 직면할 수도 있을 것이다. 그 상황에서 결과주의는, 나는 이러한 희생을 할 도덕적인 의무가 있다는 것을 함축한다. 서양의 어떤 다른 윤리이론도 ─ 칸트의 의무론도 아리스토텔레스의 덕윤리도 확실히 아니다 ─ 이러한 종류의 결론을 승인하지 않을 것이다. 오직 결과주의만이 고상한 이타주의와 불교윤리라는 놀라운 극단주의의 두 측면을 모두 공유하고 있다.

이러한 놀라운 유사성을 비교 평가해보면, 불교윤리의 개념적 틀과 서양 결과주의의 개념적 틀 사이에는 중요한 차이가 있다. 불교도들은 보살이 자신의 생명을 포기해야 할 도덕적 의무를 갖는다고 말하지 않을 것이다. 그들은 내가 말할 수 있는 한, 도덕적 의무라는 서양 철학적 개념에 밀접하게 상응하는 어떤 개념을 가지고 있지 않기 때문에 이렇게 말하지는 않을 것이다. 빨리 경전은 종종 우리가 무엇을 해야 할 것인가에 대해 말하고 있는데, 이때 그것은 의무분사[8]나 기원법[9] 형태의 권고를 표현하고 있다. 그러나 그 권고들은 우리가 무엇을 하는 것이 의무인지 혹은 무엇을 하는 것이 도덕적으로 요구되는 것인지에 관해 말하는 방식을 가지고 있지 않은 것처럼 보인다.

불교도들은 이와 같은 근본적인 도덕개념도 없이 어떻게 행위할 수 있는가? 그들은 어떤 사람이 결코 규범을 따르라는 요구를 받고 있지 않다고 간주하는가? 확실히 그들은 그런 요구를 받고 있다 — 그들은 사람들을 명백하고 또한 자발적으로 준수할 것을 약속한 도덕적 규범을 따르도록 요구받고 있는 것으로 본다. 이것은 재가 신자의 오계the Five Precepts와 출가자의 바라제목차Pātimokkha 서원과 같은 규범들이다. 이런 규범들을 지키도록 약속하지 않은 사람은 그것을 따르라는 요구를 받지 않는다. 한편, 규범이 없는 삶은 여전히 까르마 법

---

8   자애경의 첫 번째 게송인 "karanīyam atthakusalena", "이것은 선에 능숙한 사람에 의해 행해져야 할 것이다."처럼.

9   자애경의 아홉 번째 게송인 "etam satim aditttheyya", "그는 마음챙김을 유지해야 하기를"처럼.

칙의 지배를 받으며, 규범이 금지한 행위를 한 불행한 결과들은 사람들이 그와 같은 규범들을 자신들을 구속하는 것이라고 인정하고 받아들일 신중한 이유를 제공할 수 있다. 일련의 어떤 행위 안의 규범을 자발적으로 따르기로 한 것과 그리고 사람들에게 이러한 규범집을 믿고 따르기를 허용한 그와 같은 성품을 갖는다는 것은 빨리 불교 경전이 계sīla라고 부르는 것의 전제 조건이다. 일단 계의 본질에 대해 이렇게 이해하고 나면, 우리는 이 단어의 가장 일반적인 번역어인 "윤리ethics"와 덜 일반적인 대안 번역어, 예컨대 "적합성propriety"과 같은 것이 왜 설득력이 있지만 정확하지는 않은 것인가라는 이유를 알 수 있다. 우리는 계에 대한 적절한 영어 단어를 가지고 있지 않다.10

그렇다면 불교적 견해에 따르면 윤리는 그것을 무시하기로 한 사람들에게 아무것도 요구하지 않기 때문에, 불교윤리를 "요구하는 것이 많은"이라고 기술하는 나는 잘못된 것인가? 나는 우리가 무엇을 해야 할 것인가에 대한 불교적 개념은 대부분의 사람들이 생각하기에 도덕이 그들에게 요구할 수 있는 것을 훨씬 능가하는 것이라고 대답하겠다. 많은 사람은 그들이 어떤 터무니없는 방식으로 다른 사람들

---

10   바브라 클레이튼(Barbra Clayton)은 이러한 맥락에서 계(산.sīla)와는 다른 별도의 항목으로 보시와 인욕을 모두 포함하고 있는 육바라밀(the Six Perfections)과 같은 불교의 목록에 관심을 환기시킨 바 있다. 따라서 만일 우리가 계를 "윤리", "덕" 혹은 "도덕"으로 번역한다면, 보시는 윤리의 일부나 덕 혹은 도덕적으로 관련 있는 것이 아니라는 결론에 이를 것이다. Clayton(2006), p.75를 보라. 내가 계에 대해 본 가장 덜 나쁜 번역어는 켄 맥레오드(Ken McLeod)의 "도덕적 훈련(moral discipline)"이라는 번역어이다. http://www.unfetteredmind.org/translations/37.php를 보라.

에게 해를 끼치지 않고 자기 자신과 그들 가족의 이익을 추구할 때, 그들은 자신들이 해야할 것을 하고 있다고 믿는다. 비록 그들이 어떤 의미에서는 "모든 살아 있는 존재들을 소중하게 다루고 있지"는 않으며, 더욱이 어머니가 자기 자식을 위해 생명을 희생하라고 요구하는 정도까지는 이르지 않는다고 하더라도 말이다.

또 다른 반대는 만일 우리가 결과주의를 우리의 도덕적 의무에 관한 하나의 관점으로 정의한다면, 도덕적 의무에 대해 말하고 있지 않은 모든 이론은 결과주의적일 수 없다는 것이다. 그러나 나는 이 반대는 무엇을 결과주의적인 이론으로 간주할 수 있는가에 대한 너무 좁은 관점을 취하고 있다고 생각한다. 직접적이든 혹은 간접적이든 결과에 호소함으로써 우리가 무엇을 해야 할 것인가를 정의하는 모든 이론은 결과주의의 한 버전으로 간주될 수 있다.

어떤 독자들은 더 나아가 『마하사뜨바 자타카』는 그것이 기술하고 있는 자기희생의 행위가 너무 극단적이어서, 실제로 결과주의는 그것을 승인하지 않을 것이기 때문에, 결과주의적인 방식으로 해석되어서는 안 될 것이라고 반대할 수도 있을 것이다. 싱어와 같은 결과주의 저자들은 이상적인 도덕 행위자는 다른 사람들에게 지속적으로 이익을 가져다주기 위해 그 자신이 계속 살아 있어야 한다는 점을 강조한다. 암컷 호랑이의 생명을 구함으로써 얻어진 이익은 중요하긴 하지만, 그 보살이 자기 삶의 나머지 부분을 자비롭고 이타적인 행위에 참여하는 데 시간을 보내면서 산출할 수 있는 전체 이익보다는 훨씬 더 적다. 비록 이러한 행위들 가운데 어떤 것도 그 자체만으로는 호랑이에게 자신을 먹이로 내어주는 것만큼 극적인 것은 아니라고 하더라도 말이다. 『마하사뜨바 자타카』에 나오는 보시의 이상은 심지어 결과주의자들에게조차도 너무 극단적인 것처럼 보인다.

이 자타카와 다른 자타카에 나오는 보시의 개념이 너무 지나치다는 생각은 현재 우리에게만큼 고대 인도인들에게도 있었다. 레이코 오누마Reiko Ohnuma는 불교 철학의 저자들이 이러한 경전 속의 윤리에 대해 갖는 불안함뿐만 아니라 보살의 장엄한 자기희생에 반대하는 이야기들에 나오는 여러 등장인물들에 의한 이의제기를 분석한 바 있다.[11] 그 보살에게 몸을 포기하지 말라고 충고하는 등장인물들은 관리들과 서민들, 부인들 및 토속신들을 포함하고 있다. 오누마는 이들을 "반대자들"이라고 일컫는다. 그의 견해에 따르면, 이러한 반대자들은 — 그들의 반대들이 경전 자체 속에 나오기 때문에 "내부의" 반대자이다 — 불교윤리의 추상적이고 보편적인 성격과 인도 사회에서 두드러졌던 다른 도덕 체계의 본질 사이의 긴장을 부각시켜준다. "각각의 반대자 집단은 그것에 비추어 보시dāna의 절대적 윤리적 가치가 우선성을 갖는다는 것을 입증해야만 할 어떤 종류의 제한된 사회적, 가족적, 정치적 혹은 종교적 이해관계를 대표하고 있다."[12] 이러한 설명은 불교윤리의 근본적 성격에 대한 우리의 해석과 잘 들어맞는다. 그러나 우리의 목적상 외부의 반대는 내부의 것보다 더욱 흥미롭다.

---

11 Ohnuma(2000).
12 Ohnuma(2000), p.47.

오누마는 "외부의 반대"가 신체의 보시를 불교적 이상의 완전히 만족스러운 실현을 구체화하고 있지 않은 감정적 경향의 표현과 마찬가지로, 너무 극단적인 것이라고 간주하는 불교 철학적 경전들을 의미한다고 말한다. 이런 사상가들이 이 문제를 보고 있듯이, 글자 그대로 신체를 희생하는 행위는 보시 바라밀의 본질을 구체화하고 있지 않다. 오히려

신체의 보시를 하나의 이상적인 형태의 보시로 사실상 성격규정 짓는 것은 무엇보다도 의도의 순수성이다. 비록 신체의 보시가 주어진 대상(신체)이라는 관점에서 정의되고 있지만, 이러한 특정한 대상의 보시는 (완전히 순수하고 오직 자비로움과 연민에 의해서만 동기부여된) 특별한 의도와 밀접하게 관련되어 있는 것으로 이해된다. 어떤 의미에서 신체의 보시는 그것의 이상적 본질을 입증하는 데 도움이 되는 보시의 극단적인 형태인데, 왜냐하면 그의 자비로움이 이상적인 어떤 사람만이 그와 같은 극단적인 보시 행위에 참여할 것이라는 사실이 전제되어 있기 때문이다.[13]

따라서 자타카 경전의 독자들은 밖으로 나가서 호랑이들의 먹이가 되어야 하는 것은 아니다. 대신 그들은 자신들의 연민을 함양하려고 노력해야만 할 것이다. 다시 말해 불교 철학자들은 "그 보살의 행위 이면에 있는 자기희생의 무집착과 정신을 닮으려고 하기보다는 어리석게도 글자 그대로 신체의 보시를 모방하려고 노력하는, 열정

---

13 Ohnuma(2000), p.59.

이 지나친 불교 수행자들에 대한 반대"[14]를 표현하고 있다. 무집착과 자기희생이라는 자질은 모든 존재들을 위한 최선의 결과를 낳을 수 있게 하는 데 핵심적인 것이다.

　그러므로 선해지기를 바라는 사람들이 함양해야만 할 순수한 의도와 같은 종류의 사례를 제공하기 위해 결과주의자들이 『마하사뜨바 자타카』와 같은 이야기를 말하는 것은 이해될 만한 일이다. 그리고 그 경전 속에 등장하는 인물들의 행동이 단기적인 관점에서 보면, 모든 존재에게 가장 큰 이익을 가져오지 않는다고 하더라도, 우리는 이런 각각의 인물들은 한 사람의 보살이라는 점을 기억하지 않으면 안 된다. 보살은 수많은 생을 거쳐서 마침내 모든 유정적 존재에 대해 커다란 이익을 산출해주는 상태인 불성Buddhahood을 얻게 되는 것으로 이해되는 깨달음의 길에 참여했던 정신적 수행자이다. 일단 자신들의 신체와 생명을 포기함으로써, 그 길의 적절한 단계에 도달하고 나면, 보살들은 그들의 미래의 정신적 발전에 결정적으로 기여할 관대함과 절제의 수준을 구현할 수 있다. 이러한 자질들을 계발하지 않으면 그들은 불성에 이르지 못할 것이며, 나아가 그와 같은 실현이 세상에 미칠 커다란 이익도 없어지고 말 것이다. 따라서 보살의 자기희생은 의무 이상, 즉 의무의 요구를 넘어서는 것으로 기술될 수 없다는 결론에 이른다. 그와 같은 희생은 보살이 걷기로 선택한 그 길의 필수적인 부분이다. 또한 그와 같은 장엄한 자기희생의 행위는 충분히 장기적인 관점에서 보면 가장 좋은 결과를 산출한다는 결론도 나온다.

———
14　Ohnuma(2000), p.66.

이와 같이 테라바다 경전 속에서 자비와 자기희생이 논의되는 것을 보면 초기 불교의 윤리는 아리스토텔레스의 덕윤리와 매우 가까운 친척이라는 키온의 견해가 의심스러워진다. 아리스토텔레스의 덕윤리에 따르면 행위자의 옳은 행위와 행복 및 복지 사이에는 매우 밀접한 관계가 있다는 사실을 상기해보자. 행위자 자신의 번성은 아리스토텔레스의 윤리에 관한 설명에서 중심적인 것이다. 그리고 이러한 번성은 작은 집단 속의 다른 사람의 복지에 부분적으로는 의존하지만, 자신과 관계없는 다른 유정적 존재의 복지는 포함하지 않는다. 그런데 이와 같은 아리스토텔레스의 해석과 일부 대승 경전에서 발견되는 초기 불교윤리의 허술한 개념 사이에 강력한 유사성이 존재한다. 성문들Śrāvakas은 자비와 다른 사람들에 대한 도덕적 절제를 실천하지만, 오직 자기 자신들의 열반을 달성하기 위한 것이다. 그러나 역설적이게도 테라바다 윤리에 대한 키온의 아리스토텔레스적 해석을 받아들이는 것은 ─우리가 앞에서 거부했던 잘못된 비판인─ 아라한은 이기적이라는 주장을 수용하는 것이다. 또한 아리스토텔레스와는 다른 버전의 덕윤리도 있으며, 그 가운데 일부는 불교가 옹호하는 보편적인 종류의 자비를 확실히 포괄할 수 있을 것이다. 따라서 이와 같은 고려에 의하면 테라바다는 일종의 덕윤리를 인정한다는 일반적인 명제를 배제하지 않는다. 그러나 우리가 아리스토텔레스 버전의 덕윤리와의 특별한 비교에 초점을 맞춘다면, 행위의 궁극적 정당화가 그 행위자의 복지를 가리키는 것인지 아니면 모든 유정적 존재의 복지를 가리키는 것인지의 문제에 대해서 초기 불교는 아리스토텔레스에 반反하는 결과주의와 같은 입장이다.

내가 인용한 구절들은 적어도 빨리 경전의 윤리적 사상에는 강력한 결과주의적 요소가 존재한다는 것을 암시하고 있다. 그러나 이 경전의 윤리적 가르침에 대한 이와 같은 설명은 이 경전들이 실제로 제공하고 있는 충고의 일부와는 긴장 관계에 있는 것처럼 보일 수도 있을 것이다. 이 경전들suttas은 개인의 자기 수행과 탐욕, 증오, 미혹의 제거 및 좋은 정신적 상태의 계발에 초점을 맞추고 있다. 여기에서 선호되는 행동들은 굶주린 사람에게 음식을 주고, 아픈 사람을 돌보며, 그 속에 살고 있는 사람들의 복지를 증진시키기 위해 사회를 개혁하는 것보다 세상의 복지를 증진하는 것과 직접적으로 덜 관련되어 있는 것으로 보인다. 초기 불교도들은 ─ 만일 그들이 실제로 결과주의자였다면 ─ 왜 사회적 행동보다 자기 수행을 증진하려고 했는가? 이와 같은 외견상의 불일치는 우리가 불교의 기본이 되는 두 가지 배경이자 기술적 전제들을 고려할 때 의미가 훨씬 더 분명해진다. 이 전제들은『담마빠다Dhammapada』에 의해 잘 표현되고 있다.

> 당신의 최악의 적도 당신에게 해악을 끼칠 수 없다,
> 당신 자신의 부주의한 생각만큼.
> 그러나 일단 마음의 주인이 되면
> 다른 어떤 사람도 당신만큼 자신을 도울 수 없다,
> 심지어 당신의 아버지나 어머니조차도.[15]

---

15 『Dhammapada』 3.24-43. Byrom(1976)에서 인용.

당신은 원천이다,
모든 순수함과 불순함의.
아무도 다른 사람을 청정하게 만들어줄 수 없다.[16]

만일 당신의 좋은 삶의 주역이 당신의 마음의 상태라면, 그리고 당신이 당신 자신을 제외하고 어떤 다른 사람의 마음을 상대적으로 거의 통제하지 못한다면, 당신이 유정적 존재의 복지를 증진하는 방법은 당신 자신의 마음을 수행하는 것이다. 물론 실제로 불교도들은 어느 누구도 다른 어떤 사람에게 어떠한 영향도 미칠 수 없다고 주장하지는 않는다. 그와 같은 관점은 붓다의 사명을 쓸모없는 것으로 만들어버리고 말 것이다. 오히려 정신적 스승이 당신을 위해 할 수 있는 최고의 것은 당신에게 깨달음에 이르는 길을 보여주는 것이다. 그 길은 당신 자신이 스스로 걸어야 하는 것이다. 그러나 그 길을 다른 사람에게 보여주기 위해서 어떤 사람은 스스로 그 길을 맨 처음 걸어 보지 않으면 안 된다. 따라서 만일 당신이 그들에게 마음을 청정하게 하는 방법을 보여줌으로써, 다른 사람의 좋은 삶에 가장 중요한 종류의 기여를 할 수 있기를 바란다면, 당신은 먼저 당신 자신의 완성을 얻기 위해 노력하지 않으면 안 된다.

이 사례가 암시하고 있듯이, 비록 결과주의자들은 행위자와 그 외의 다른 유정적 존재 사이의 구분을 어떤 본질적인 중요성을 갖는 것으로 간주하지 않는다고 하더라도, 그들은 이 구분이 때때로 의사결

---

16 『Dhammapada』 12.165. Byrom(1976)에서 인용.

정을 하는 데 수단적 중요성을 가질 것이라는 점을 인정할 수 있다. 따라서 결과주의가 어떤 특별한 경우에는 장엄한 자기희생의 행위를 요구할 수 있다고 하더라도, 행위자들에게 이용 가능한 정보와 그들이 행위할 힘의 범위에 관한 많은 고려들은 수없이 많은 사례들에서 보면, 결과주의는 행위자들에게 그들 자신의 복지를 증진하라고 말할 것이라는 점을 의미할 것이다. 종종 내가 가장 효과적으로 이익을 줄 수 있는 유정적 존재는 바로 나 자신이다.

빨리 경전에 나오는 윤리 사상에 관한 설명으로서 결과주의는 적절하다. 그것은 최소한 종교적 삶의 규범적 토대에 대한 권위 있는 경전들의 상황에 맞는 진술들의 상당 부분과 조화를 이루고 있다. 그리고 초기 불교의 기술적 전제들을 고려해본다면, 경전들이 실제로 제안하고 있는 삶과 행동의 형식을 승인할 수 있을 것이다. 또한 우리는 내가 설명하고 있는 척도에 의거한다면, 초기 불교윤리는 덕윤리보다는 결과주의와 더 유사한 것으로 보인다. 그것은 극단적으로 많은 것을 요구하고, 모든 존재의 복지에 관한 정당화에 호소하고 있으며, 그리고 어떤 행동이 옳고 어떤 행동이 그른가를 결정하기 위한 말로 된 기준을 진술하라고 주장한다.

그러나 명백히 비결과주의적인 것처럼 보이는 테라바다 불교도들의 도덕적 견해에 관한 중요한 측면들이 있다. 많은 테라바다 불교도들에게 계율은 끔찍한 결과를 막기 위해서라고 하더라도, 파계 되어서는 안 될 절대적 규범이다. 예를 들어 이 전통은 테라바다 불교도들의 도덕적 이상을 완벽하게 보여주고 있는 아라한들은 어떠한

상황에서도, 사람이든 동물이든 간에 결코 모든 유정적 존재들을 죽여서는 안 된다고 말한다.[17]

계율에 대한 이와 같은 태도는 현대까지 이어지고 있다. 그래서 윈스턴 킹은 작은 아이를 막 물려고 하는 독사를 죽이는 것은 부정적인 업을 낳을 것이라는 일부 버마 불교도들의 믿음을 보고하고 있다. 이러한 평가의 이면에 있는 추론은 유사한 윤리적 절대주의에 대한 칸트의 정당화와 상응한다.

> 그러나 그 아이가 물려 죽거나 다른 수단에 의해 목숨을 구하지 못할 것이라는 것은 실제로 분명하지 않지만, 엄격한 불교도라면 뱀을 죽이는 것은 확실히 죄라고 말하는 것이 당연할 것이다. 그러므로 내가 좋은 행동이라고 말하는 것은 윤리적 가치가 있는지 불확실하다.[18]

킹의 보고는 우리가 좋아할 만큼 많은 차이를 만들어내지는 못한다. 그의 버마인 정보 제공자들은 문제의 그 행동이 모든 것을 고려했을 때 설사 그렇게 하는 것이 그 행위자에게 상당히 부정적인 업을 가

---

17 예컨대, 담마빠다의 26장에는 다음과 같은 말이 나온다. "움직이는 것이든 움직이지 않는 것이든, 어떤 생명체를 해치는 몽둥이를 내려놓는 사람, 죽이지도 않고 죽게 되는 원인도 제공하지 않는 그를 나는 브라만(Brāhman)이라고 부른다." Kaviratna(1980), pp.156-57. 이와 같은 구절에서 붓다는 "브라만"이라는 단어를 "아라한(Arhat)"이라는 용어와 동의어로 사용하고 있다. 그는 세습적인 브라만 계급의 특권에 반대하기 위해 이러한 언어적 개혁을 촉진하려고 애썼다.

18 King(1964), p.136.

져온다고 하더라도, 정당화될 것이라고 믿었을지도 모른다. 그러나 그의 설명을 이해하는 가장 간단한 방법은 그의 정보 제공자들이 뱀을 죽이는 것은 옳지 않은 일이라고 믿고, 따라서 계율에 대한 매우 융통성 없는 태도를 고수한다고 생각하는 것이다. 그렇다면 우리는 테라바다 윤리를, 어쩌면 임마누엘 칸트의 견해와 관계있는 의무론의 한 형태로 해석하는 것을 고려해야만 할지도 모르겠다.

이러한 가능성을 고려할 때, 우리는 칸트의 사상과 테라바다의 입장 사이의 중요한 많은 차이들과 곧바로 직면하게 될 것이 틀림없다. 테라바다 불교도들은 칸트가 실천적 삶의 필연적 전제라고 여기고 있는 초월적 자아를 단호하게 거부할 것이다. 내가 8장에서 보여주고 있듯이, 그들은 또한 칸트에게 어떤 도덕법칙의 바로 그 가능성에 본질적인 것인 자유의지의 존재도 부정할 것이다. 칸트의 윤리적 견해에 매우 중요한 실천이성이라는 개념은 테라바다 경전에서는 찾아보기 어려우며, 나아가 결코 없을지도 모른다. 그렇다고 하더라도 테라바다 불교도들이 무엇을 할 것인가에 대해 아무것도 생각하지 않았다고 말하는 것은 아니다. 그러나 행위의 원인에 대한 그들의 설명은 인지적 활동보다 감정과 지각에 훨씬 더 큰 역할을 부여하고 있는데, 인지적 활동은 그들의 견해에 따르면 실제로는 의도의 형성 이전이 아니라 이후에 일어나는 것이다.[19]

---

19 Heim(2003), p.533.

테라바다와 칸트 견해 사이에는 다른 중요한 차이가 있다. 칸트는 모든 정상적 인간 존재는 무엇을 할 것인가를 아는 능력을 똑같이 갖추고 있다는 원리를 옹호하는데, 이는 루소Rousseau로부터 나온 것이다.[20] 그러나 테라바다와 대승의 전통을 막론하고 불교 저자들은 이를 부정하며, 그 대신 많은 어려운 상황에서 최선의 행동을 알기 위해 우리는 일상성을 훌쩍 뛰어넘는 지혜의 수준을 필요로 한다는 사실을 받아들이고 있다. 대승의 저자인 아리아슈라Aryaśūra는 불교의 입장을 다음과 같이 말하고 있다.

> 윤리적 훈련은 청정해지지 않는다,
> 지혜의 빛이 어둠을 쫓아버리지 않는 한.
> 지혜가 없는 윤리적 훈련은 통상 더럽혀진다,
> 잘못된 이해가 가져온 고통 때문에.[21]

이러한 견해는 불교를 칸트와 실질적인 거리가 있는 것으로 보고 있지만, 또한 불교윤리와 아리스토텔레스 사상 사이의 중요하지만 거의 주목받지 못했던 유사성을 구성하고 있다.

또 다른 차이는 내가 2장에서 설명했듯이, 칸트는 다른 사람에 대한 우리의 모든 의무를 인간성이라는 객관적 가치로부터 도출한다는 사실로부터 나온다. 다시 말해 이는 사람들이 이성적 존재로서 어

---

20 이 원리는 예컨대, Schneewind(1984), p.190에 언급되어 있다.
21 Tsong kha pa(2004), p.217에서 인용함.

떤 목적을 추구하기 위해 실천적 고려를 통해 선택하는 능력이다. 칸트에게는 이런 능력을 소유한 존재들만이 무조건적이고, 절대적인 가치를 갖는다. 우리는 인간성을 보여주지 못하는 존재는 단지 운이 나빴을 뿐이라고 말할 수도 있을 것이다. 그들의 도덕적 지위는 모든 이성적 존재의 지위보다 매우 낮다. 우리는 그들에 대해 어떠한 의무도 전혀 가지고 있지 않거나 혹은 그들에 대해 의무를 가지고 있다는 것은 우리가 다른 이성적 존재들에게 빚지고 있는 것으로부터 어느 정도 간접적으로 유래한다. 이러한 입장은 칸트가 어쩌다가 갖게 된 불만족스러운 견해만은 아니다. 그것은 그의 이론에 대한 구조로부터 나온다. 테라바다의 입장 ─ 모든 유정적 존재를 죽이는 것에 반대하는, 그와 같은 강력한 태도을 취하는 것을 포함한 ─ 은 이러한 규칙의 힘을 칸트가 호소하는 고려와는 다른 어떤 원천으로부터 도출하고 있는 것이 분명하다.

이러한 차이가 사소한 것은 아니다. 이는 테라바다 불교도들이 칸트 이론의 기본적 특징을 수용할 수 없다는 것을 보여준다. 물론 칸트의 모든 견해를 긍정하는 것을 포함하지 않는 의무론적 형태들도 있다. 어쩌면 테라바다는 비非칸트적인 어떤 버전의 의무론과 비교하는 것이 유익할 수도 있을 것이다.

모든 의무론적 해석이 직면한 가장 중요한 어려움은 테라바다 경전들이 하나의 집단을 이루고 있으며, 옳지 않은 행동들을 유사한 방식으로 다루고 있다는 점인데, 왜냐하면 그 행동들은 다른 사람들에게 해를 끼치기 때문이며 그 외의 다른 이유로도 그릇된 것이라고 간

주되는 행동들이기 때문이다. 예컨대, 잘 알려져 있는 십선업도the Ten
Good Paths of Action, 빨.dasa-kusala-kamma-patha의 목록을 고려해보자.[22]

　　1. 생명을 빼앗는 것을 삼가기
　　2. 주어지지 않는 것을 빼앗는 것을 삼가기
　　3. 성적 비행을 삼가기
　　4. 거짓말하는 것을 삼가기
　　5. 비방하는 말을 삼가기
　　6. 거친 말을 삼가기
　　7. 한가로운 잡담을 삼가기
　　8. 탐내지 않음
　　9. 악의를 품지 않음
　　10. 올바른 견해

　　이 가운데 첫 번째, 두 번째, 네 번째와 다섯 번째는 의무론적 도덕
의 요구들이기도 할 것이다. 왜냐하면 이러한 행동을 삼가지 않는 것
은 의무론적 관점에서 보면, 다른 사람의 권리를 위배하는 결과를 가
져올 것이기 때문이다. 이러한 요구들이 다른 사람의 인간성과 진실
성에 대한 존중으로부터 나온다는 것은 타당하다. 다른 한편, 나의
탐욕은 다른 사람에게 해를 끼치지 않는다. 의무론자에게, 나는 나에
게 탐욕을 제거하려고 노력하기를 요구하는 자기 수행의 불완전한

22　Keown(2001), p.30에서 인용함.

의무를 가질 수 있지만, 이러한 종류의 요구는 다른 사람의 권리에 의해 생긴 것보다 덜 엄격한 것으로 받아들여진다. 반면, 다른 사람들이 거친 말을 듣지 않을 권리를 갖는다는 것은 타당하지 않다. 그리고 다른 사람들과 한가한 잡담에 참여하지 않을 의무가 있다는 의무론적 사고를 상상하기는 어렵다. 왜냐하면 이런 행동들은 거의 언제나 서로 간의 동의에 의해 이루어지고 있기 때문이다. 의무론적 관점에서만 보면, 십선업도는 엄격한 도덕적 요구와 일반적이며 그다지 긴급하지 않은 지침들 및 전혀 도덕적인 관심사가 되지 않는 문제들로 뒤섞여 있다.23

한편, 만일 윤리의 목적이 좋은 결과를 산출하는 것이라면, 그리고 만일 우리가 이런 결과들을 어떻게 달성할 것인가에 대한 불교의 기술적 요구를 받아들인다면, 십선업도의 모든 조항이 공통으로 가지고 있는 것은 세상을 더 좋은 곳으로 만드는 데 방해가 되는 장애물들을 피하는 것이다. 더욱이 적어도 이와 같은, 이른바 행위의 길의 일부 조항은 테라바다 불교도들이 수행하라고 요구받는 행위보다는 그들이 함양해야 할 덕목들인 것처럼 보인다. 그러므로 매우 중요한 이러한 목록의 구조는 통상 의무론이 하지 않는 방식으로 덕을 그 구조의 중심에 두는 어떤 이론의 방향을 우리에게 가리키는 것처럼 보인다. 이런 목록을 고려한다는 것은 테라바다 윤리에 대한 의무론적 해석은 거의 추천할 필요가 없다는 것을 암시하는 것 같다. 그

---

23 나는 이 점을 지적해준 크리스토퍼 크납(Christopher Knapp)에게 감사드린다.

렇다면 우리는 외관상 계율에 대한 엄격한 태도를 갖는 의무론적 성격을 일부 테라바다 경전에서 보이는 결과주의적 경향과 어떻게 조화시킬 것인가?

최소한 이와 같은 이질적 가닥들을 하나의 일관된 윤리적 관점과 결합하기 위한 설득력 있는 방식이 존재한다. 우리는 테라바다의 전통을 토대적 차원에서는 결과주의적이지만, 요인적 차원에서는 의무론적인 이론이라고 부를 수도 있을 것이다. 우리는 이와 같은 이론을 2장에서 살펴본 바 있다. 규칙 결과주의가 그것인데, 이는 우리에게 일상생활 속에서 엄격한 규칙을 따르는 결정을 하라고 말하지만, 그와 같은 규칙들을 그것을 따르는 데서 오는 결과의 관점에서 정당화한다. 이러한 이론은 어떠한 규칙이든 그것을 고수하는 것과 불교 수행자들이 많은 사람의 이익을 위해 실천하고 있다는 경전의 진술들 양자 모두를 설명해줄 수 있을 것이다.

규칙 결과주의는 빨리 원전에 나와 있는 것으로 보이는 매우 다른 종류의 도덕적 평가를 조화시키기 위한 유일하게 가능한 방식은 아니다. 우리는 느슨한 다원주의적 접근법을 수용해서 불교전통은 — 우리에게 어떤 형태의 이론적 혹은 실천적 우선성을 그중 어느 하나의 관점에 부여하지 않고도 — 서로 다른 다양한 관점에서 윤리적 문제를 살펴보라는 충고를 한다고 주장할 수 있을 것이다.[24] 이러한 느슨한 다원주의는 모든 자료를 매우 쉽게 설명한다는 장점을 갖는다.

---

24 이러한 견해는 벨레즈 데 세아(Velez de Cea)(2004)에서 훌륭하게 옹호되고 있다.

불교 경전 속에 표현되어 있는 것으로 보이는 모든 형태의 윤리적 평가는 쉽게 수용될 수 있다. 그러나 이와 같은 해석은 테라바다 윤리를 이론적 단일성을 지닌 것으로 이해하려는 열정을 포기하는 것이다. 더욱이 다른 형태의 도덕적 성찰이 서로 대립하는 대답을 내놓는 경우에 다원주의는 우리에게 어떠한 지침도 결코 제공하지 않는다. 불교윤리를 하나의 통합된 방식으로 이해하려는 열망을 포기하기 전에 우리는 규칙 결과주의적 해석이 우리에게 그와 같은 이해를 제공할 수 있을지 여부를 살펴보아야만 할 것이다. 하지만 이러한 해석을 구체화하기 위해 우리는 이제 근본적인 쟁점, 곧 우리가 테라바다 전통에서 하나의 일관된 복지 개념을 발견할 수 있을지 여부를 검토하지 않으면 안 된다.

테라바다 윤리 속의 복지

테라바다 전통의 윤리적 관점을 대표한다고 주장할 수 있는 어떤 특정한 버전의 결과주의를 구성하기 위해, 우리는 테라바다 불교도들이 유정적 존재의 복지에 대해 어떻게 생각했는가를 알 필요가 있다. 그렇게 함으로써 우리는 — 그들의 견해에 따르면 — 무엇이 어떤 종류의 결과를 좋은 것으로 만드는지를 이해할 수 있게 된다.

빨리 경전의 한 구절은 초기 불교에서 발견되는 복지 개념에 관해 상당한 증거를 보여준다. 붓다가 어떻게 "위대한 사람의 신체적 표식"

을 갖게 되었는지를 설명하는 과정에서 『삼십이상경三十二相經, Lakkhana Sutta』
은 우리에게 일종의 복지에 관한 구성요소의 목록을 제시하고 있다.

> 비구들이여, 전생에서 어떤 모습을 하고 있었든 여래Tathāgata는 …
> 중생의 복지, 그들의 이익, 안락함, 속박으로부터의 해방을 염원했
> 다. 중생들 — 두 발 짐승(인간)과 네 발 짐승(가축), 아내와 아이들,
> 하인, 일꾼 그리고 가정부, 친척, 친구 및 지인들 — 이 믿음, 도덕,
> 배움, 포기, 담마Dhamma, 지혜, 부와 재물을 어떻게 증장시킬 수 있
> 을까를 사유하면서.25

이 인용문에 나오는 단어는 붓다가 그의 전생에서 증장시키려고
했던 일은 복지의 요소라는 것을 분명하게 보여준다. 이런 요소들은
두 가지 부류, 즉 "부와 재물"과 같은 세속적인 번영의 형태들과 "믿
음, 도덕, 배움, 포기"와 같은 덕의 형태들로 나누어지는 것 같다.

우리는 첫 번째 범주의 요소들 — 세속적인 성공과 함께 따라오는
여러 가지 재물 — 을 당연한 복지의 요소, 따라서 본질적 선들로 해석
해야 할 것인가? 아니면 우리는 그것을 다른 어떤 것에 대한 수단으로
간주해야 할 것인가? 불교적 사회 윤리에 관한 논문에서 뛰어난 테라
바다 승려인 프라 라자바라무니Phra Rājavaramuni는 명백히 두 번째 주장
을 선택한다. "불교윤리에서 부는 오직 수단일 뿐 목적은 아니다."26

---

25 『Dīgha Nikāya』 30. Walshe(1995), pp.452-53에서 인용함.

26 Rājavaramuni(1990), p.53.

112

경전의 출처에 대한 라자바라무니의 해석에 따르면, "부의 불법적인 획득으로 재산을 축적하는 것과 인색함 때문에 자기 자신과 부양가족 및 다른 사람들의 이익과 복지를 위해 그것을 사용하지 않고 축적하는 것만큼 더 사악하고 비난받을 만한 일은 없다."[27] 따라서 부의 소유 그 자체는 복지를 구성하는 데 도움이 되지 않는다. 부는 만일 어떤 이익을 산출하려면 적절한 방식으로 쓰여져야만 한다. 라자바라무니의 해석은 다음과 같은 경전의 구절에 토대를 두고 있다.

> 여기 장자여, 열정적인 노력과… 합법적으로 얻은 부를 가지고 있다. 이 성스러운 제자the Ariyan disciple는 자신을 행복하고 즐거운 사람으로 만든다. 그는 올바른 방법으로 행복을 도모하며, 또한 자기 어머니와 아버지, 아이들과 아내, 하인들과 일꾼, 친구와 동료들을 즐겁고 행복하게 만들어준다. 그는 올바른 방법으로 행복을 도모하고 있다. 장자여, 이는 공덕이 되고 적절하게 재물을 사용할 첫 번째 기회가 된다.[28]

그러므로 빨리 경전의 견해는 서양의 성찰적인 사람 대부분이 다음과 같이 말하는 바로 그것이다. 부는 정말 도움이 될 수 있다. 그러나 오직 그것을 자기 자신과 다른 사람들을 행복하게 만드는 것과 같은 방식으로 사용할 때만 그렇다.

---

27 Rājavaramuni(1990), p.43.
28 Rājavaramuni(1990), p.43, 『앙굿따라 니까야(Anguttara Nikāya)』 2.67를 인용함.

『삼십이상경』에 따르면, 모든 사람들의 복지를 바란다는 것은 그들이 세속적인 성공과 덕 둘 다 갖기를 바라는 것이다. 그러나 이것은 부와 그 외의 다른 형태의 세속적인 성공이 자기 자신과 다른 사람들의 행복을 위한 수단으로서만 가치가 있다는 말인 것처럼 여겨진다. 만일 이러한 가르침을 가장 자연스러운 방법으로 결합한다면, 우리는 복지의 객관적인 목록 이론을 얻게 될 것이다. 그것은 복지를 두 가지 주요한 요소들, 곧 세속적인 행복과 덕으로 이루어진 것으로 본다.

복지에 대한 이와 같은 이분법 개념이 매우 타당한 것으로 보이는 한 가지 경전은 『외투경Bāhitika Sutta』인데, 여기에서 파세나디Pasenadi 왕은 아난다Ānanda에게 불교에 관한 많은 질문들을 하고 있다. 그와 같은 일련의 질문들은 다음과 같이 이어진다.

> 그런데 아난다 존자시여, 어떤 종류의 신체적 행위가 현명한 사문과 브라만의 비난을 받습니까?
> 대왕이시여, 해로운 모든 신체적 행위입니다.
> 그러면 아난다 존자시여, 어떤 종류의 신체적 행위가 해로운 것입니까?
> 대왕이시여, 비난을 받을 만한 모든 신체적 행위입니다.
> 그러면 아난다 존자시여, 어떤 종류의 신체적 행위가 비난을 받을 만한 것입니까?
> 대왕이시여, 괴로움을 초래하는 모든 신체적 행위입니다.
> 그러면 아난다 존자시여, 어떤 종류의 신체적 행위가 괴로움을

초래하는 것입니까?

　대왕이시여, 고통스러운 결과를 가져오는 모든 신체적 행위입니다.

　그러면 아난다 존자시여, 어떤 종류의 신체적 행위가 고통스러운 결과를 가져옵니까?

　대왕이시여, 자기 자신이나 다른 사람 혹은 양자의 괴로움을 가져와 이 때문에 해로운 상태는 증가하고 이로운 상태는 줄어드는 모든 신체적 행위입니다. 대왕이시여, 그와 같은 신체적 행위는 현명한 사문과 브라만의 비난을 받습니다.[29]

　이 인용에서 아난다는 어떤 행위의 잘못에 관계되는 도덕적으로 비난받는 많은 용어들을 사용하는데, 그것의 대부분은 그 행위의 결과를 포함하고 있다. 그가 언급하고 있는 한 가지 요소는 그 행위가 고통dukkhavipāko(내가 인용하고 있는 영역본에서는 "고통스러운 결과를 갖는" 것으로 번역됨)으로 무르익게 하는 경향이다. 이와 밀접한 관련이 있는 것은 그 행위가 자기 자신이나 다른 사람 혹은 둘 다에게 "괴로움"(오염kilesa이 아니라 방해vyābādha임, 이는 "해로움"이나 고통스러운 감정과 관련되어 있는 어떤 것을 의미함)의 원인이 되는 경향이다. 또 다른 요소는 그 행위가 "이로운 상태kusalā dhammā"를 줄어들게 하고, "해로운 상태akusalā dhammā"는 늘어나게 하는 원인이 되는 것이다. 서구화된 언어로 말하면 이러한 요소는 어떤 사람 ── 보통

29　맛지마 니까야 88.10. Ñānamoli and Bodhi(1995)에서 인용함.

행위자이지만, 특정되지 않은 사람 — 에게 덕의 감소를 가져오게 만드는 행위의 경향이다. 그는 또한 결과와는 무관한 행위의 본질적 특징을 언급하는 것으로 보일 수 있는 두 가지 용어를 사용하고 있다. 그 행위의 지위를 "해로운" 것과 "비난받을 만한" 것으로 보는 것이 바로 그것이다.

우리는 『외투경』을 행위를 판단하는 서로 다른 많은 관점들을 제시하지만, 우리에게 그와 같은 관점들을 결합시켜주는 어떤 방법도 제공하지 않는 경전으로 해석할 수 있을 것이다. 벨레즈 데 세아Velez de Cea는 이 경전을 이런 방식으로 해석한다.[30] 그러나 이러한 해석은 일련의 물음들의 구조를 간과하고 있다. 위의 인용문은 전자의 표현들을 이어지는 후자의 표현들로 규정하고 있다고 해석하는 것이 자연스럽다. "해로운" 것은 "비난받을 만한" 것으로 규정되며, 이는 "괴로움을 가져오는" 것으로 규정되고, 다시 그것은 "고통스러운 결과를 갖는" 것으로 규정된다. 이러한 규정들의 연쇄는 행위의 결과에 대한 두 가지 측면을 언급하는 것으로 끝난다. "괴로움", 즉 고통스러운 감정을 증장시키는 경향과 나쁜 상태의 성품은 증장시키고 좋은 상태의 성품은 감소시키는 원인이 되는 경향이 그것이다. 만일 이와 같은 최종적인 정식화가 어떤 행동을 그릇된 것으로 만드는 것에 관한 가장 기본적인 설명을 대변한다면, 『외투경』의 도덕 이론은 복지에 대한 두 부분으로 이루어진 객관적인 목록 이론을 가진 하나의 결

30　Velez de Cea(2004), pp.137-38.

과주의적 이론이다.

테라바다 전통의 복지 이론에 관한 나의 설명은 부란 도구적인 선이거나 최소한 도구적인 선일 수 있다는 점을 함축한다. 그렇다면 수많은 테라바다 경전들은 왜 부와 세속적인 성공의 가치 및 중요성을 과소평가하는 구절들을 포함하고, 나아가 재물들과 지위 및 권력을 "천박하게 추구"하는 것을 개탄하는가?[31] 이러한 구절들은 만일 우리가 비록 부와 다른 형태의 세속적 성공이 정말 도구적 선이라고 하더라도 그것을 갈망하는 것은 본질적으로 나쁜 것인데, 왜냐하면 그것은 악의 한 형태이기 때문이라는 사실을 주목한다면 설명하기 쉬워진다. 그것들에 대한 집착과 그것들을 보호하려는 강력한 욕망은 또한 사악한 것이다. 더욱이 부의 추구는 자신의 복지에 크게 기여할 수 있는 선정과 덕의 함양으로부터 자신의 관심과 에너지를 뺏을 수 있다. 부의 추구를 비난하는 경전들은 비구들에게 언급되는 경향이 있는데, 그들에게 있어서 세속적인 쾌락을 욕구하는 것은 자신들을 수행의 길에서 벗어나게 하는 하나의 유혹이다. 여기에서 우리는 불교에는 두 가지 다른 종류의 삶, 즉 재가자의 삶과 출가자의 삶이 있으며, 그들 각각의 삶은 자신들만의 선을 가지고 있다는 중요한 사실을 표현하고 있다는 것을 알게 된다. 출가자의 삶은 더 높고 더 나은 것일 수 있지만, 재가자의 삶은 사람들이 정말로 그리고 확실히 좋은 것에 도달하는 것을 허용해준다. 『담마빠다』가 우리에게 말해주고

---

31 『성구경(聖求經, Ariyapariyesanā)』에 나와 있는 것처럼. Ñānamoli and Bodhi, pp.254-55를 보라.

있듯이 불쌍하게 여겨지는 사람들은 이런 두 가지 종류의 좋은 사람 가운데 어느 하나도 영위하지 못하는 사람들이다.

> 더 높은 삶으로 가는 길을 발견하지 못하는 사람,
> 또는 젊은 시절 동안 부를 얻는 데 실패한 사람들은,
> 노년에는 회한에 젖어 지난날을 되돌아본다.
> 마치 고기 없는 마른 연못가의 크고 늙은 왜가리처럼.
> 구도자의 더 높은 삶에도 이르지 못하고,
> 젊은 시절 부와 권력도 획득하지 못한 사람들은,
> 그들은 시위를 떠났지만 과녁을 놓친 화살처럼 누워 있다.
> 자신들이 헛되이 보낸 지난날을 슬퍼하면서.[32]

빨리 경전에 대한 나의 해석에 따르면 부와 관습적인 성공의 또 다른 외적 장식물들은 도구적인 가치를 가지며, 그리고 그것으로부터 도출될 수 있는 쾌락과 행복은 본질적인 가치를 갖는다. 이러한 주장들은 적어도 두 가지 다른 방식의 도전을 받을 수 있다. 첫째, 초기 불교 경전에는 그와 같은 감각적 쾌락은 당신에게 나쁜 것이며, 당신이 피해야만 한다고 말하고 있는 것처럼 보이는 구절들이 존재한다. 둘째, 행복과 세속적인 번영을 낳는 행위들은 바로 그 때문에 좋은 것이 아니라 오직 그것들은 열반으로 인도하기 때문에, 그리고 열반으로 인도하는 정도만큼만 좋은 것이라고 주장할 수도 있을 것이다.

---

32 『Dhammapada』 11품 10-11게송. Anadan Maitreya(1995), p.43.

첫 번째 도전은『마간디야 경Māgandiya Sutta』에서 생생하게 묘사되고 있는 것과 같은 종류의 감각적 쾌락에 대한 비판에 근거하고 있다.

그래서 마간디야Māgandiya여, 과거에도 감각적 쾌락은 닿으면 고통스러웠고, 뜨거웠고, 타는 듯했고; 미래에도 감각적 쾌락은 닿으면 고통스러울 것이고, 뜨거울 것이고, 타는 듯할 것이며; 그리고 현재에도 감각적 쾌락은 닿으면 고통스럽고, 뜨겁고, 타는 듯하다. 그러나 감각적 쾌락에 대한 욕망으로부터 자유롭지 못한 사람들, 감각적 쾌락에 대한 갈망에 사로잡힌 사람들, 감각적 쾌락에 대한 열망으로 불타오르는 사람들과 같은 존재들은 손상된 기능들을 갖는다. 그러므로 비록 감각적 쾌락은 실제로 닿으면 고통스럽지만, 사람들은 쾌락을 즐거운 것이라고 잘못 인식한다.

마간디야여, 팔다리에 종기와 물집이 나 있고, 벌레의 먹이가 되고, 손톱으로 상처의 갈라진 부위를 긁어서 딱지를 떼어내고, 불꽃이 이글거리는 숯불 구덩이 위에서 몸을 지지고 있는 나병환자가 있다고 생각해보자. 그가 딱지를 긁고 몸을 불에 지지면 지질수록 상처의 갈라진 부위는 더 더러워지고 더한 악취가 나고 더 많이 감염되게 되지만, 그는 상처의 갈라진 부위를 긁는 것에서 얼마간의 만족과 즐거움을 찾게 될 것이다. 또한 마간디야여, 감각적 쾌락에 대한 욕망으로부터 자유롭지 못한 사람들, 감각적 쾌락에 대한 갈망에 사로잡힌 사람들, 감각적 쾌락에 대한 열망으로 불타오르는 사람들과 같은 존재들은 여전히 감각적 쾌락에 빠져 있다. 그러한 존재들이 감각적 쾌락에 빠지면 빠질수록 감각적 쾌락에 대한 갈망은 더욱 증가하고 감각적 쾌락에 대한 열망으로 더욱 불타오르게

되지만, 그들은 다섯 가닥의 감각적 쾌락에 의존하는 데에서 얼마간의 만족과 즐거움을 찾는다.[33]

이 인용절은 우리에게 감각적 쾌락의 향유는 전적으로 하나의 환상이며, 나아가 이런 쾌락들에 대해 좋은 점은 하나도 없다는 것을 말해주고 있는가? 이는 그 경전을 제대로 읽은 것처럼 보이지 않는다. 고대의 주석서인 『맛지마 니까야 복주서 Majjhima Nikāyā Ṭīkā』에 의하면 "감각적 쾌락은 고통을 가져오는 오염을 불러 일으키기 때문에 그리고 미래에 고통스러운 결과를 낳기 때문에 고통이라고 말한다."[34] 이런 해석은 자기의 병이 악화되는 대가를 치르고 당장 약간의 만족과 즐거움을 얻는 나병환자의 비유와 상당히 일치한다. 더욱이 그렇다고해서 그것은 감각적 쾌락이 본질적으로 나쁘다는 것을 함축하지는 않는다. 실제로 그것은 어느 정도 긍정적인 본질적 가치를 갖는다. 그러나 감각적 쾌락에 빠지는 것은 전형적으로 미래에 엄청나게 큰 고통에 이르게 하는 갈애와 집착의 상태와 일치하고 또한 그것을 강화하게 만든다. 따라서 전체적으로 보아 만일 우리가 그렇게 하는 것이 가능하다면, 감각적 쾌락을 포기하는 것이 더 좋은 일이 될 것이다.

우리가 이 해석을 거부하고 감각적 쾌락은 진정한 본질적 가치를 전혀 갖지 않는다는 주장을 한다고 가정해보자. 그러면 그러한 쾌락

---

33 Ñānamoli and Bodhi(1995), pp.612-13.
34 Ñānamoli and Bodhi(1995), p.1278 n.743.

을 가져오는 것과 같은 종류의 높은 상태에 대해서는 좋은 것이 아무 것도 없다는 결론에 이를 것이다. 특히 천상에 다시 태어난다고 해서 좋은 일은 전혀 없을 것이다. 왜냐하면 천상에 대해서 유일하게 좋은 것은 우리가 거기에서 누릴 수 있는 쾌락이기 때문이다. 그러나 그렇게 되면『어리석은 자와 현명한 자 경Bālapandita Sutta』에 나오는 대화와 같은 구절에 대해 설명하는 것은 어렵게 될 것이다.

> 몸과 말과 마음으로 짓는 좋은 행위에 헌신한 현명한 사람은 죽은 다음 육신이 해체될 때 행복한 목적지, 곧 천상에서 다시 태어난다. 바르게 말해서, "전적으로 원하는 것, 전적으로 바라는 것, 전적으로 동의할 만한 어떤 것"에 대해 말한다면, 바로 이것은 천상에 대한 것이다. 당연한 일이지만 말하자면 그만큼 천상의 행복에 대한 비유를 발견하는 것은 쉽지 않은 일이다. …
>
> 비구들이여, 첫 번째 던진 행운의 패로 큰 액수의 돈을 딴 노름꾼을 가정해보자. 그러나 이와 같은 행운의 패는 무시해도 좋을 만큼 사소한 것이다. 몸과 말과 마음으로 최선을 다해 잘 산 현명한 사람이 죽고 난 뒤 몸이 해체될 때 행복한 목적지, 즉 천상의 세계에 다시 태어나는 것이 훨씬 더 좋은 행운의 패이다. 이것이 현명한 사람의 등급이 갖는 완전한 경지이다.[35]

우리는 실제로 위의 구절을 읽고 천상에 태어나는 것이 이 현명한 사람에게 이익이 되지 않는다고 주장할 수 있는가? 만일 그의 목적지

---

35 Ñānamoli and Bodhi(1995), p.1023 및 p.1028.

가 갈 만한 좋은 곳이 아니라면 왜 "행운"인가?

만일 천상에서의 재생을 찬탄하는 경전 속의 구절들을 조심스럽게 살펴본다면, 우리는 내가 앞에서 언급했던 두 번째 도전에 대답하는 입장에 서 있음을 알게 될 것이다. 데미언 키온과 같은 학자들은 불교에서 "열반은 선"[36]이라고 주장해왔다. 그런데 만일 우리가 이와 같은 주장을 진지하게 고려한다면, 행복을 가져오는 유덕한 행위들은 그 행위가 행복을 가져오기 때문에 가치 있는 것이 아니라 오직 그것이 산출하는 행복한 상태가 또한 우리가 열반을 향해 나아갈 수 있는 상태이기 때문에 가치 있다는 결론에 이른다.

대체로 우리의 상황이 행복하면 행복할수록 우리가 정신적 수행을 할 기회가 더 좋아진다는 것은 사실이다. 그러나 중요한 예외가 있다. 천상이 그것이다. 초기 불교 경전들은 우리에게 천상에 가는 것은 하나의 중요한 방식에 있어서 인간 세상에 불제자로 태어나는 것보다 더 열등하다고 일관되게 말한다. 천상에서의 삶은 통상 열반에 더 가깝게 우리를 데려다주지 않는다. 천상에서 우리들의 선업은 정신적 진보를 위한 조건을 만드는 대신 행복으로 바뀜으로써 점차 상실되고 만다. 천상에 사는 신들은 현재의 생애에서는 깨달음에 이를 수 없다. 그들은 자신들의 상황에 너무 만족한 나머지 그 진리를 보는 데 필요한 어려운 수행을 할 수 없다. 오직 인간 존재만이 끊임없는 고통의 발길질에 시달리면서도, 가파른 길을 따라 깨달음의 산정상에 도

---

36 Keown(1992), p.177.

달하려고 하는 동기를 발견할 수 있다. 그러나 여전히『어리석은 자와 현명한 자 경』에 나오는 대화는 분명히 우리에게 천상에 태어나는 것은 행운의 매우 바람직한 한 부분이라고 말해주고 있는 것처럼 보인다. 또한 데미언 키온 자신도 "천상에 다시 태어나는 것은 종종 도덕적 삶의 이익 가운데 하나로 인용되고 있다."[37]라고 말한다.

『마간디야 경』에 나오는 나병환자의 비유와 같은 구절에서 붓다는 비구들에게 감각적 쾌락의 추구와 그것에 대한 집착을 모두 버리라고 권유하고 있다. 이 비유만으로 본다면 붓다는 천상에서의 쾌락을 포함하여, 감각적 쾌락에 대한 추구를 어떤 사람에게도 그리고 어떤 맥락에서도 결코 승인하지 않았을 것이라고 생각할 수 있다. 그러나 세상에 대한 집착을 버릴 수 없거나 붓다의 심오한 가르침을 이해할 수 없는 것처럼 보이는 사람들에게 말할 때, 붓다는 종종 어떻게 하면 천상에 다시 태어날 것인가에 대해 조언을 하고 있다. 한 가지 예는『삼명경三明經, Tevijja Sutta』인데, 여기에서 붓다는 젊은 브라만 와세타Vāsṭṭha에게 어떻게 하면 범천의 세계에 다시 태어날 수 있을지에 대해 조언하고 있다.[38] 붓다의 가르침에 대한 나의 해석에 따르면, 인간적 삶 속의 감각적 쾌락은 두 가지 이유 때문에 나쁜 결과를 낳는다. 우리가 감각적 쾌락에 탐닉할 때 그것에 대한 집착이 강화되기 때문에, 그리고 우리는 이러한 쾌락을 얻기 위해 다른 사람들에게 해가 되는 행위를 하고 싶은 강력한 유혹을 받기 때문이다. 천상에서의

---

37 Keown(1992), p.181.
38 Walshe(1995), pp.193-95.

재생이 그렇게 행운인 한 가지 이유는, 천상에서는 쾌락을 얻기 위해 다른 사람에게 해를 끼치지 않고도 쉽게 그것을 얻기 때문이다. 다른 한 가지 이유는 우리가 천상에서 오래 지속되고 또한 강렬한 쾌락에 집착할 수 있는 꼭 그만큼 인간 및 동물의 영역 속의 불충분하고도 허망한 쾌락에 집착할 수 있기 때문이다. 만일 우리가 지금 집착을 버릴 준비가 되어 있지 않기 때문에 단기적으로 어떤 것에 우리가 집착하려고 하는 것이 불가피한 일이라면, 도덕적으로 관련된 의미에서 볼 때, 우리는 천상에서의 쾌락을 경험하거나 그것에 집착하는 것이 더 나은 일이다. 그러나 천상에서 다시 태어나는 것의 가치는 실재적이고 중요한 것이기는 하지만, 모든 슬픔의 종식을 가져다주는 깨달음과 비교해보면 초라해 보인다. 간단하게 말해, 만일 천상에서의 삶이 정신적 진보의 효과적인 수단이 아니고, 또한 천상에서의 쾌락이 본질적으로 좋은 것이 아니라면, 붓다가 천상을 찬탄하거나 혹은 다른 사람들에게 어떻게 하면 거기에 이를 것인가에 대해 충고하는 것은 아무런 의미를 갖지 못한다. 그러나 그는 이 두 가지를 모두 다 하고 있다. 그러므로 천상에서의 쾌락은 본질적으로 좋은 것임에 틀림없다.

이런 증거는 열반이 선이라는 키온의 주장에 대해 심각한 의심을 불러 일으킨다. 그러나 이 주장을 그 자체의 장점의 측면에서 평가해 보자. 이는 우리가 테라바다의 윤리를 이해하기 위해 어떤 종류의 도덕 이론을 취할 것인가를 알아보기 위한 것이다. 하나의 결과주의적 이론이 열반은 선이라는 관점의 주위에 세워질 수도 있을 것이다. 그것의 이기주의적 버전에 의하면 나는 나에게 가능한 가장 빠른 시간 내에 열반을 성취하도록 하는 것이라면 무엇이든지 해야만 한다고 주장할 것이다. 그것의 보편주의적 버전에 의하면 나는 가능하면 많은 존재들에게 가능한 가장 빠른 시간 내에 열반을 성취하도록 하는 것이라면 무엇이든지 해야만 한다고 주장할 것이다. 그러나 이러한 종류의 결과주의는 사람들에게 동기부여하기가 매우 어려울 것이다. 아라한이 열반에 들어간다면 세상은 얼마나 더 좋아질 것인가? 결국 열반은 어쨌든 존재한다고 말할 수 있는 한, 영원하고도 변하지 않는 것이다. 그것은 어떤 방식으로든 더 좋아지거나 더 나빠질 수 없다. 우주의 가치에 대한 그것의 기여는 지속적이다. 더욱이 어떠한 자아도 존재하지 않기 때문에 열반으로 들어갈 수 있는 어떠한 실질적 실재도 존재하지 않는다. 열반으로 이행시키는 과정은 만일 우리가 그와 같은 어떤 용어로 말할 수 있다면, 글자 그대로 인식불가능한 것이다. 그것을 이해하거나 기술하는 것은 우리들의 개념적 원천을 넘어서는 일이다.

그런데 불교도들이 열반을 선이라고 생각한다는 주장과 직접적으로 부딪히는 경전상의 증거가 있다. 『앙굿따라 니까야Aṅguttara Nikāya』의 한 구절에서는 열반은 "검은 것도 아니고 흰 것도 아니다."[39]라고 말하는데, 이는 그것이 좋은 것도 아니고 나쁜 것도 아니라는 점을 의미한다. 이러한 진술은 열반이 선이라는 관념과 일치하기 어려운 것처럼 보인다. 우리는 1장에서 고려했던 열반에 대한 해석의 관점에서 그것을 이해하려고 할 수 있다. 적어도 일부 불교도들에게 열반은 우

---

39 Aṅguttara Nikāya 3. 384-6. Harvey(2000), p.44에서 인용함.

리가 가지고 있는 개념적 원천을 근본적으로 뛰어넘기 때문에 그것을 선이라고 기술할 수조차 없다. 더군다나 그것을 선이라고 기술하는 것은 유용하지도 않다. 다른 사람들은 열반을 조건 지어진 일련의 현상들의 단순한 종식으로 해석할 것이다. 이처럼 열반을 계속된 어떤 재생의 부재로 설명하는 것은 명백히 그것 자체는 좋은 것도 아니고 나쁜 것도 아니라는 사실을 함축하고 있다.

이러한 어려움에서 벗어나는 한 가지 방법은 테라바다에게 있어서 윤리는 결과주의적이며 행복과 덕을 본질적인 선이라고 간주하지만, 윤리 그 자체는 어느 순간 초월되지 않으면 안 된다고 주장하는 것이다. 윈스턴 킹은 종종 마치 열반은 우리가 정확하게 윤리라고 부르고 싶은 어떤 것을 초월한다는 관념을 받아들이는 것처럼 쓰고 있다. "어떤 의미에서 우리는 열반의 윤리가 존재한다고 말하기 어렵다. 열반의 성질을 갖는 삶과 열반적인 경험 그리고 완전한 열반의 최종적인 성취에 대한 희망은 존재한다. 그러나 그것이 갖는 초월적 입장과 성질 때문에 열반은 윤리적 용어로는 설명될 수 없다."[40]

이러한 부류의 주장은 많은 물음을 야기한다. 윤리를 초월한다는 것은 사람들을 비도덕적인 괴물로 만드는가? 우리는 사람들이 윤리를 초월해야만 한다고 말할 수 있는가? 일단 사람들이 윤리적인 존재의 상태를 초월한다면, 그들은 스스로에게 나는 그와 같은 상태로 돌아가야 할지 어떨지의 여부를 물을 수 있는가? 아라한이나 붓다는 육

---

40 King(1964), p.161.

신의 죽음에 이르러 열반에 들어가고 나서야 윤리를 초월하는가, 아니면 그에 앞서 초월이 일어나는가?

키온은 테라바다 전통에서 아라한들은 자신들의 마지막 생애 동안 어떤 중요하거나 절박한 의미에서도 윤리를 초월하지 않는다는 점을 길게 논의한 바 있다.[41] 대신 아라한들은 미래의 삶에서 행복과 고통으로 무르익을 선행puñña과 악행pāpa, 즉 업을 낳는 모든 경향을 초월했다. 아라한은 미래의 삶을 갖지 않는다. 이는 정확하게 말하면 미래의 삶을 투사하는 심리적 과정의 필연적 조건들인 탐욕과 증오를 극복했기 때문이다. 그러나 그들은 불교윤리 규범을 초월하지 않는다. 실제로 아라한들은 이러한 규범들을 너무나 완벽하게 내면화했기 때문에 그들은 이것을 결코 의도적으로 위반할 수 없다. 키온의 논증은 설득적이다. 그것은 윤리에 대한 어떤 종류의 초월이라는 관념이 테라바다 전통에서는 전개되지 않았다는 사실을 보여준다. (그러나 우리는 이러한 관념이 대승불교에서 번성하고 있다는 것을 발견한다. 그것은 6장의 주제이다.)

그렇다면 테라바다 불교윤리에서 열반의 역할은 무엇인가? 우리는 그것을 다음과 같은 방식으로 성격규정할 수 있을 것이다. 남김 있는 종식은 어떤 고통에 의해 손상을 입지 않은 순수한 행복의 삶이다. 만일 행복이 본질적인 선이라면, 이와 같은 부류의 존재는 있을 수 있는 것 중에 가장 좋은 것이다. 남김 없는 종식은 특정한 연쇄 속

---

41 Keown(1992), ch. 4.

의 고통을 영원히 제거하는 것이다. 이것은 갈애와 불행의 끔찍한 순환이 남김 없는 종식의 표현 가운데 하나 — 즉, 비록 소극적인 것이기는 하지만 도덕적으로 중요한 성취 — 에서 멈췄다는 것을 의미한다. 테라바다 불교도들에게 영원한 행복의 상태는 달성하기 어려운 것이다. 따라서 남김 없는 종식은 비록 그 자체로서는 좋거나 나쁜 것이 아니지만, 우리는 어떻게 테라바다 불교도들이 열반은 어떤 사람에게 일어날 수 있는 가능한 가장 좋은 것이라고 주장하는가를 알 수 있다. 그 외의 다른 성취나 성공은 결국 다시 악화될 상황을 단지 일시적으로만 개선할 뿐이다. 열반은 그것을 멈추게 하는 단순한 방편에 의해 그와 같은 연쇄 속에 들어 있는 모든 문제들을 영원히 해결해준다. (우리는 다음 장들에서 열반이 대승불교에서 어떻게 이해되고 있는가를 다시 검토할 것이다.)

열반의 역할에 대한 이러한 이해는 우리가 초기 불교윤리에서 공덕puñña, 즉 복을 짓는 마음 상태와 우리가 "능숙한", "좋은", "건전한" 혹은 "유덕한" 것으로 번역할 수 있는 개념인 선kusala[42]한 마음 상태 사이의 중요한 구분을 이해하는 것을 도와줄 수 있을 것이다. 복을 짓는 행위는 미래의 삶에서 일시적인 행복의 원인이다. 마음 상태와 행위들은 그것이 우리로 하여금 열반, 곧 고통의 최종적인 소멸에 이르는 길을 따라 향상하는 원인이 되기 때문에 주로 능숙한 것이라고 말해진다.[43]

---

42 Premasiri(1975)에서 논의되고 있는 것처럼.

43 이와 같은 주장은 이러한 용어에 관한 논쟁에서 여러 당사자들이 받아들이

이 용어들 사이의 논리적 관계는 정확하게 무엇인가? 테라바다의 전통을 전체적으로 살펴볼 때, 우리는 경전들이 윤회적 존재에 머무는 것을 더 즐거운 것으로 만드는 행위들과 우리를 윤회적 존재로부터 해방시키는 행위 사이의 명백한 구분을 혼란스럽게 하는 것과 같은 다양한 방식으로 이 두 단어를 사용하고 있다는 것을 발견한다. 『디가니까야Dīghanikāya』에 대한 붓다고사의 주석에서 보이는 다음과 같은 구절을 검토해보자.

> 선kusala에는 태어남의 윤회에 기여하는 것과 태어남의 윤회를 저지하는 두 가지 측면이 있다. … (중략) 태어남의 윤회에 기여하는 공덕의 최종적인 결과는 인간 세상의 보편 군주의 힘과 영광이며, 태어남의 윤회를 저지하는 선의 최종적인 결과는 그 길의 결실인 열반의 성취이다.[44]

일시적 행복의 상태는 쉽게 집착의 대상이 될 수 있기 때문에 복을 짓는 행위가 사람들을 윤회적 존재에 더욱더 강하게 묶을 가능성이 매우 높다. 그러므로 복을 짓는 행위는 우리를 열반에 가까이 가도록 이끌지 못할 수도 있다. 한편, 불행한 것보다는 행복한 것이 더 좋은 것이기 때문에 붓다는 종종 보다 낮은 수준의 정신적 발달에 속한 사람들에게 복을 짓는 행동을 해서 윤회적 존재의 더 높은 영역과

고 있는 것처럼 보인다. Premasiri(1975), p.69와 Adam(2005), p.64를 보라.
44 Premasiri(1975), p.72에서 인용함.

덜 고통스러운 영역에 접근하라고 가르쳤다. 그러나 고통과 괴로움의 최종적인 소멸의 방향으로 인도하는 마음 상태를 함양하고 또 그와 같은 행동을 실천하는 것이 훨씬 더 유익한 일이 될 것이다. 선kusala이라는 용어를 후자의 마음 상태와 행동을 복을 짓는 마음 상태와 행동과는 반대되는 뜻으로 사용할 수 있다면 도움이 될 것이다. 그러나 안타깝게도 우리가 방금 인용한 구절에서 볼 수 있듯이 복을 짓는 행위는 종종 비록 그것이 열반으로 인도하지 못하더라도, 선kusala이라고 지칭되기도 한다. 테라바다 전통이 명백하게 불선akusala이라고 부르는 복 짓는puñña 행위의 사례는 존재하지 않을 것 같다. 실제로 테라바다 경전의 하나인 『마하닛데사Mahāniddesa, 大義釋』에서는 "비공덕apuñña은 모든 불선akusala을 의미한다."[45]라고 말함으로써 이러한 가능성을 논리적으로 배제하고 있다. 여기에서 a-는 빨리어의 부정 접두사이며, 따라서 apuñña는 puñña의 반대어이고, akusala는 kusala의 반대어이다.

마틴 아담Martin Adam은 선kusala / 공덕puñña의 구별에 대한 매우 흥미로운 이론을 제안한 바 있는데, 이는 대부분의 증거와 부합한다. 그의 견해에 따르면 일반 사람들의 행위는 그것이 일시적인 행복을 낳는 것을 의도하고 있다는 점에서 "목적론적으로 공덕puñña"이지만, 또한 그 행위자들을 열반에 더 가깝게 데려다주는 기능을 하고 있다는 점에서는 "수단적으로 선kusala"이기도 하다. 대조적으로 높은 수준에 있는 수행자들의 유덕한 행위는 "목적론적으로 선kusala"이다. 왜냐하

---

45 Premasiri(1975), p.72에서 인용함.

면 그 행위들은 열반을 지향하는 발전을 의도하고 있기 때문이다. 그리고 그것은 "수단적으로 공덕puñña"이기도 한데, 왜냐하면 이 과정에서 그들의 행위는 열반의 성취에 이르게 하는 행복하고 복 있는 미래의 존재를 위한 조건들을 형성하기 때문이다.[46] 그러나 아담의 설명이 선과 공덕의 구분에 대해 많은 것을 말하고 있지만, 우리는 그것이 위에서 인용한 붓다고사의 주석을 담아낼 수 없다는 사실을 주목해야 할 것이다. 왜냐하면 그것은 일시적인 행복을 산출하는 것을 의도하고, 그리고 실제로 그렇게 했지만 그 행위자를 열반에 더 가깝게 데려다줄 어떠한 경향도 갖고 있지 않은 행위들이 있을 가능성에 대해서는 아무런 언급도 하고 있지 않기 때문이다. 붓다고사는 그와 같은 행동들이 존재한다고 생각하는 것처럼 보이는데, 티베트 전통과 같은 후기 형태의 불교는 분명히 그와 의견이 일치한다.[47]

---

46 Adam(2005), p.75.
47 그래서 "독이 있는 음식을 포기하라."라는 마음수행 슬로건에 대해 언급하면서 까규파(bKa' rgyud)의 스승 트랑규 린포체(Thrangu Rinpoche)는 이렇게 말한다. "우리는 몸과 말과 마음으로 덕이 있는 행동을 한다. 즐거움의 관점에서 보면 우리는 선의 뿌리에서 나오는 행동을 한다, 운운. 이런 행동들은 지극히 선한 것이다. 그럼에도 불구하고 자기 집착이 존재한다면, [이런 행동들은] 윤회적 존재로부터 해탈하는 원인으로 작용하지 않는다. 그것은 여전히 윤회적 존재에 남을 원인으로 작용한다. 그러므로 가능하다면 자기 집착과 열반에 대한 집착을 버리는 것이 반드시 필요하다." Thrangu Rinpoche(2005), p.125. 티베트어: "lus kyi sgo nas dge ba bsags / ngag gi sgo nas dge ba bsags / yid kyi sgo nas dge ba bsags / longs spyod kyi sgo nas dge ba'i rtsa ba bsags pa la sogs pa de tsho ha cang yag po red / yin ba yang bdag adzin de yod na akhor ba las thar byed kyi rgyur mi agro bar / akhor ba la gnas byed kyi rgyu ru agro bas / de'i phyir na ci thub gang thub kyis bdag adzin dang bden adzin de spang dgos kyi yod."

공덕puñña과 선kusala 사이의 구분에 대한 충분히 만족스러운 설명을 하는 것은 가능하지 않을지도 모르겠다. 그러나 우리는 복을 짓지만 열반에 이르지 못하는 행위와 우리를 열반에 더 가깝게 데려다주는 행위 사이의 이분법에 대해서는 분명히 이해할 수 있다. 우리는 이러한 이분법적 관점에서 경전에 나오는 일시적 복지diṭṭhadhammikattha와 정신적 복지samparāyikattha 사이의 이원적 구분을 이해해야 한다.[48] 그것이 어떤 식으로 해석되든, 복을 짓는 것과 능숙한 것 사이의 구분이 존재하는 것이 불교윤리에 대한 결과주의적 해석을 어떻게 위협할 수 있는가를 아는 것은 어려운 일이다. 우리가 그것을 명확하게 이해하고 있는 한, 이러한 구분은 결과주의의 틀과 매우 편안한 모습으로 일치하는 것처럼 보인다.[49]

나는 테라바다 윤리를 행복과 덕 둘 다 본질적으로 선한 것이라고 간주하는 복지 이론을 갖는 규칙 결과주의의 한 형태로 해석하고자 시도해왔다. 내가 알고 있는 한, 다른 학자들은 아무도 규칙 결과주의를 테라바다에 대한 설명으로 제안하지 않았다. 그러나 결과주의적 해석에 대한 일반적 틀과 같은, 나의 해석의 다른 측면들은 이전의 학자들에 의해 분명히 제안된 바 있다. 예를 들면, P. D. 프레마시리P. D. Premasiri는 다음과 같이 쓰고 있다. "우리가 도덕적 판단을 옹호하는 데 필요한 모든 것은 행복한sukha 것이거나 불행한dukkha 것으로 나타날 결과와 어떤 관계를 맺는 세상과 우리 자신에 관한 사실들이

---

48 Rājavaramuni(1990), p.50 n.13을 보라.
49 나는 Sidertis(2003) p.100에 나오는 논의에 도움을 받았다.

다."[50] 도덕적 주장의 정당화에 관한 이와 같은 설명을 수용하는 윤리적 이론은 다양한 형태의 결과주의가 틀림없을 것이다. 자신의 주장을 옹호하면서 프레마시리가 초기 불교 경전을 읽는 가운데, "우리는 윤리의 영역에서 sukha행복/쾌락/만족, dukkha불행/괴로움/고통/불만족, attha이익, annatha상실, hita복지와 ahita고난과 같은 개념에 부여된 중요성과 맞닥뜨리지 않을 수 없을 것이다."[51]라고 지적한 것은 확실히 옳다. (내가 보여주겠지만, 이러한 개념의 중요성은 우리가 대승불교의 문헌에 눈을 돌릴 때에 더욱 높아진다.)

내가 불교전통에 속한다고 주장하는 복지 이론은 전에도 제안된 바 있다. 버마의 테라바다에 현존하고 있는 윤리적 신념에 대한 설명에서 윈스턴 킹은 그와 같은 전통에 내가 주장하고 있는 것과 유사한 복지에 대한 관점을 부여하고 있다. "물질적 이익은 덕의 표상과 결과일 뿐만 아니라 그것은 완전한 선이라는 점에서의 덕과도 불가분의 관계에 있다. 즐거움이라는 조건이 없는 성품의 청정함은 불교적 의미에서 완전한 선이 아니다. 물론 청정함이 없는 즐거움이라는 조건도 완전한 선이 아니다."[52] 이런 진술들은 우리가 생각하는 만큼 그렇게 특별한 것은 아니다. 이것은 과거의 선업 때문에 현재 감각적 쾌락을 향유하지만, 사악하고 또한 미래에 대해서는 많은 악업을 쌓

50 Premasiri(1975), p.42.
51 Premasiri(1975), p.38.
52 King(1964), p.57. 이 특정한 인용문은 매우 아리스토텔레스적인 것처럼 보인다는 점에 주목해보자.

는 사람이 어떤 중요한 의미에서 선한 삶을 사는 것인지의 여부에 관한 문제에 대해서는 대답하지 않은 채 남겨두고 있다. 우리는 삶의 향유를 가져온 과거의 업이 선한 것이라고 일컬어지기 때문에, 이 사람의 삶이 어떤 점에서는 선한 것이어야 한다고 말하고 싶을지도 모르겠다. 한편, 이와 같은 종류의 삶은 불교가 그것에 대해 가장 강력한 도덕적 비난을 할 바로 그 표적인 것처럼 간주된다. 불교적 관점에서 복지를 구성할 다양한 요소들의 정확한 상대적인 입장은 확인하기 쉽지 않지만, 우리가 덕이라고 간주할 세속적인 행복과 특징들은 우리의 복지를 결정하는 데 일정한 역할을 할 것이라는 점은 분명해 보인다.

프레마시리는 불교의 복지 개념에 대한 유사한 해석을 리스 데이비스Rhys Davids의 공적으로 돌리고 있다. "그의 의견에 의하면 초기 불교도들의 윤리에서 '선한 것good'은 행복을 가져오는 것뿐만 아니라 신체적으로나 도덕적으로 건강한 것을 확보해준다는 것을 의미했다."[53] 이 관점과 내가 제안한 해석 사이의 유일한 차이점은 데이비스의 설명이 신체적 건강에 본질적인 중요성을 두는 반면, 나의 관점에 따르면 건강은 오직 행복과 덕의 함양에 대한 수단으로서만 가치가 있다는 것이다.[54]

이 책에서 나는 행복과 덕 양자 모두에 본질적 가치를 두는 이원적 복지 이론에 토대를 둔 어떤 결과주의적 이론을 지칭하는 것으로

---

53 Premasiri(1975), p.31.
54 리스 데이비스는 빨리 경전에 나오는 "건강"에 대한 어떤 언급들을 글자 그대로 해석하고 있는 것처럼 보이는데, 자세히 읽어보면 그것은 비유들임이 분명하다. 예컨대, Ñāṇamoli and Bodhi(1995), pp.613-15를 보자.

"성품 결과주의character consequentialism"라는 용어를 사용할 것이다. 그와 같은 이론은 초기 유교윤리에 대한 P. J. 아이반호가 제안한 해석과 중요한 유사점을 갖는다. 그러나 테라바다 윤리에 대한 나의 해석은 최소한 두 가지 중요한 점에서 아이반호가 "성품 결과주의"라고 부른 이론과는 다르다. 첫째, 아이반호는 맹자와 다른 많은 유교 사상가들에 따라 유덕한 삶은 "사람들이 하늘이 부여한 본성을 발달시키는 방식"[55]이라는 사실을 반복적으로 언급하고 있다. 이러한 주장은 유교윤리가 아리스토텔레스의 관점과 중요한 점에서 유사하다는 것에 주목하고 있는데, 아리스토텔레스도 덕은 인간 본성의 실현이라고 주장하고 있다. 그러나 불교의 보편적 가르침인 무아에 대한 테라바다의 해석은 테라바다 불교도들로 하여금 이와 같은 종류의 모든 주장들을 거부하도록 만들 것 같다. 테라바다에서 인간은 어떠한 본성도 갖지 않는다. 궁극적인 진리의 수준에서 보면, 어떠한 인간도 존재하지 않는다. "인간"이란 단어는 매우 복잡한 과정에 대한 임시적인 명칭에 불과하다. 덕은 인간 본성의 실현이 될 수 없다. 왜냐하면 실현해야 할 인간 본성이란 결코 존재하지 않기 때문이다.

아이반호가 "성품 결과주의"라고 부르는 것과 내가 그 용어를 사용해서 지칭하고자 하는 이론 사이의 두 번째 중요한 차이는 윤리에서 특정한 인간관계의 역할에 관심을 갖는다는 점이다. 성품 결과주의에 대한 아이반호의 정식은 개인들에게 임의의 낯선 사람들의 이

---

55 Ivanhoe(1991), p.60.

익보다 그들 자신의 가족 구성원들의 이익과 그들과 특별한 관계를 갖는 다른 사람들의 이익에 훨씬 더 큰 비중을 부여하는 것을 허용하고 있다.[56] 결과주의의 이와 같은 수정은 가족관계를 매우 중요시하는 유교전통에 대한 해석으로 의도된 어떤 이론과는 전적으로 부합한다. 그러나 그것은 불교윤리를 해석하는 데 어울리지 않을 것이다. 비구나 비구니의 성스러운 삶의 시작은 "출가going forth", 즉 집과 가족을 떠나는 것이다. 역사적 붓다 자신도 깨달음을 얻기 위해 출가했을 때 아내와 아들을 두고 떠났다. 불교전통을 해석할 때 우리는 가족이나 다른 가까운 인간관계에 특별한 의미를 부여하기 위해 결과주의를 수정해서는 안 될 것이다. 그러나 이런 차이점을 염두에 둔다면, 테라바라의 윤리적 관점을 기술하기 위해 "성품 결과주의"라는 용어를 사용하는 것은 적절해 보인다.

우리가 검토한 증거는 테라바다 윤리의 복잡한 이론적 구조에 대한 미묘한 차이를 가진 이해를 가능하게 해준다. 보통 사람의 계속되는 무지와 혼란으로부터 벗어나 아라한과와 해탈에 이르는 정신적 길을 가는 동안 테라바다 수행자들은 대단히 엄격한 규범과 계율을 따르도록 요구받는다. 그러나 자비와 자기희생의 이야기에 대한 테라바다의 정의는 윤리의 토대에 대한 명시적인 진술들과 더불어 그들에게 있어서 도덕의 원천은 서구의 결과주의자들과 마찬가지로, 모든 유정적 존재의 복지라는 점을 강력하게 시사하고 있다. 만약 이

---

56   Ivanhoe(1991), p.64.

사상가들에게 그 복지 이론이 행복과 덕 둘 다 포함하는 어떤 형태의 규칙 결과주의를 부여한다면, 우리는 테라바다 사상가들의 윤리적 관점들의 이러한 요소들을 조화시키실 수 있다. 이러한 주장은 테라바다의 윤리적 관점을 이해하기 위한 유일한 방법은 결코 아니지만, 나는 그것이야말로 최선의 방법이 될 것이라고 생각한다. 고전적 공리주의에 대한 키온의 성격규정에서처럼, "피상적이고 덧없는" 쾌락을 추구하는 것보다는,[57] 이러한 버전의 결과주의 옹호자는 자신들의 행복과 함께 모든 존재들에 대한 자비와 도덕적 자질 및 지식을 향상시키도록 기획된 일련의 규범들을 준수할 것이다. 이 이론은 서구의 현대 윤리학의 용어로 진술되고 있다. 초기 불교도들은 자신들의 입장을 이와 똑같은 방식으로 표현할 수는 없었을 것이다. 그러나 만일 우리가 그들의 입장을 이러한 개념으로 재구성한다면, 그와 같은 입장은 장점이 있는 것으로 평가될 수 있다. 아마도 이러한 종류의 연구는 우리가 테라바다 윤리를 윤리에 관한 전-지구적 대화에 기여하는 것이라고 생각하는 데 도움을 줄 수 있을 것이며, 이는 그 속에서 모든 세계 문화의 지혜가 우리로 하여금 향후 더 좋은 방법을 발견하도록 도울 수 있는 연구이기도 하다.

---

57 Keown(1992), p.184.

4

산티데바(Śāntideva) 이전의
대승 윤리

4
산티데바(Śāntideva) 이전의
대승 윤리

나는 우리가 테라바다 윤리를 규칙 결과주의의 한 형태로 생각한다면 그것을 더 잘 이해할 수 있을 것이라고 제안했다. 이런 종류의 해석을 채택하는 이유들 가운데 많은 것은 또한 대승 윤리의 경우에도 적용된다. 실제로 우리가 나중에 이 전통으로 옮겨감에 따라 결과주의적 해석을 지지하는 주장은 점점 더 강해지며, 그리고 제시된 윤리적 입장들은 점차 행위 결과주의 쪽으로 기우는 것처럼 보인다. 완전한 형태를 갖춘 행위 결과주의적 견해의 어떤 특징들은 적어도 7세기에 저술 활동을 한 산티데바 이전에는 명시적으로 나타나지 않는데, 나는 다음 장에서 그를 다룰 것이다. 그러나 초기 대승 저자들에게 발견되는 도덕적 사상의 발전은 우리의 관심을 끌 만한 가치가 충분하다.

물론 대승의 전통 속에서 일어난 윤리적으로 가장 중요한 발전은 대승의 모든 수행자들이 전체 존재들의 이익을 위해 불성에 도달하기를 서원해야만 한다는 것이다. 그 목적은 대부분의 테라바다와 그 외의 비대승불교도들에게 그랬던 것처럼 더 이상 아라한과와 개인적인 해탈이 아니다. 대신 대승불교도들은 불성에 이르는 훨씬 더 오래 걸리는 길을 따라야만 하는데, 이는 모든 존재들이 깨닫는 데 도움을 주기 위한 것이다.

초기 대승 경전들에 대한 최근의 주의 깊은 해석에 의하면 불성에 도달하겠다는 이와 같은 열망은 실제로 초기 대승주의자들을 같은 환경 속에 있는 다른 불교도들과 구분하는 유일한 점이었다는 사실이 밝혀졌다.[1] 1세기 중반 중국에서 건너온 현장Hsuan-tsang과 같은 여행자들은 보살들과 성문들이 같은 사원에 살면서 동일한 수행 규범을 따르고 있다는 것을 발견했다고 보고한다. 오늘날 이러한 상황은 대승의 초기 역사 동안 전형적이었던 것처럼 보인다.[2] 초기의 대승주의자들도 다른 불교도들이 자신들을 비정통적으로 본다는 생각은—만약 있었다고 하더라도—거의 하지 않았다. 공과 붓다의 초세간적인 성격과 같은 독특한 대승 교의와 천상의 불보살에 대한 귀의와 같은 대승의 의식은 나중에 발전된 것처럼 보인다.[3] 그들의 전통 전체 역사에 적용되는 대승주의자들을 구별해주는 유일한 특징은 자기

---

1 Nattier(2003), pp.193-95를 보자.

2 이러한 주장에 대한 증거는 Walser(2005), chap.1에서 제공되고 있다.

3 Nattier(2003), chap.7에서는 이 주장에 대해 『욱가라월문보살행경(郁迦羅越問菩薩行經)Ugradatta-paripṛcchā Sutra』에 대한 상세한 분석을 토대로 길게 논의하고 있다.

자신들만을 위한 해탈에 도달하려는 어떠한 의도도 거부함으로써, 그들은 붓다가 되어 다른 사람들을 고통으로부터 해방시켜주기를 열망한다는 사실이다.

이와 같은 새로운 정신적 목적을 간직하고 있는 대승 경전들은 다른 사람들에게 이익을 주는 것의 도덕적 중요성에 대한 언급들로 가득 차 있다. 그 경전들은 우리들에게 보살은 모든 존재들의 복지에 관심을 가져야만 하며, 또한 자기 자신의 복지를 위한 이기적인 관심에 굴복해서는 안 된다고 반복적으로 말하고 있다. 이와 같은 방향전환은 그것 자체만으로도 대승 윤리를 서구의 보편적 결과주의의 도덕적 관심사에 더욱 가깝게 만든다.

비록 대승이 다른 사람들의 복지를 위하는 마음을 함양하기 위해 더 많은 관심을 기울이고 있으나 이러한 관심은 테라바다에서도 인정받고 있다. 실제로 앞장에서 나는 『마하사뜨바 자타카Mahāsattva Jātaka』와 같은 테라바다 경전들의 윤리적 관점이 다른 사람의 이익을 위해 극단적인 자기희생과 같은 행위를 권유할 수 있다는 점을 보여주었다. 수많은 대승 경전들에서도 그와 같은 것을 요구하고 있다. 대승 윤리의 이러한 측면에 대한 중요한 원천은『우바새계경Sūtra on Upāsaka Precepts』이다. 이 경전에서 옹호되고 있는 보시의 실천은 "만일 어떤 현자가 마지막 한 숟가락의 음식을 먹으면 살지만, 그가 그것을 남에게 주면 죽게 될 상황에 처해 있다고 하더라도 그는 여전히 그 음식을 남에게 주어야 한다."⁴라는 극단적인 정도까지 확장되고 있

---

4   Shih(1994), p.114.

143

다. 그러므로 보살은 자기 자신의 복지와 다른 사람의 복지를 구분하는 것이 인간의 자연적 경향성을 반대하고 자기보다 다른 사람을 더 우선시할 경우 이외에는 이러한 구분을 하는 것이 허용되지 않는다. 이 경전은 종종 인간 본성의 이기적 경향을 완전히 거스르는 쪽으로 기울어져 있는 것처럼 보인다. "친구와 원수가 고통을 받을 때, 그는 먼저 원수에게 이익을 베푼다."[5] 자연스러운 편향성의 경향과 반대로 행동함으로써, 보살은 모든 존재를 위한 공평무사한 대자비의 이상 쪽으로 더 다가갈 수 있다. 이러한 공평무사성의 이상은 이 경전 속의 많은 구절에서 표현되고 있다. "그는 원수와 친구를 차별하지 않고 이익을 베푼다."[6] 보살의 목표는 "자기 자신과 그들의 관계와는 무관하게 모든 것에 대해 자비로워지는 것"[7]이다. 그는 "모든 원수를 소중한 친구처럼 본다."[8]

이런 진술들은 『욱가라월문보살행경郁迦羅越問菩薩行經, Ugradatta-paripṛcchā Sutra, Inquiry of Ugra』과 같은 다른 대승 경전에서도 되풀이되고 있다. 이 경전은 수행자들이 자기 자신의 아들에게 유리한 쪽으로 편견을 갖지 않도록 주의를 주고 있다. "만일 아들을 위해서 내가 내 아들에 대한 지나친 애정을 보이는 반면, 똑같은 애정을 다른 존재에게는 보이지 않는다면, 나는 붓다가 규정한 수행 방식으로부터 일탈하는 것이

5   Shih(1994), p.59.
6   Shih(1994), p.91.
7   Shih(1994), p.85.
8   Shih(1994), p.105.

다."9『욱가라월문보살행경』은 또한 우리들에게 진정한 대승 수행자라면 "친구와 친구가 아닌 사람에 대해 공평무사한 마음을 지녀야 하며",10 따라서 "보리Bodhi는 마음이 한쪽에 치우친 보살에게 속한 것이 아니라 어느 쪽에도 치우치지 않은 보살에 속한 것이다."11라고 말해 주고 있다.

　이처럼 공평성을 반복적으로 강조하는 것은 이런 경전들의 윤리적 관점들이 행위자 – 중립적 이론이라는 강력한 증거이다. 따라서 만일 대승의 윤리가 덕윤리의 한 형태라면, 그것은 덕윤리의 모든 서구적 버전과는 매우 다른 것이어야만 할 것이다. 왜냐하면 서구의 버전들은 모두 행위자 – 관계적 관점을 포용하고 있기 때문이다. 대승 윤리를 결과주의의 관점에서 해석하는 것이 더 합리적인 것처럼 보이는데, 왜냐하면 결과주의적 관점은 행위자 중립성을 수용하고 있기 때문이다. 우리는 여기에서 어떤 형태의 결과주의가 작동하고 있다고 말할 수 있겠는가? 만일 그 보살이 그렇게 하는 것이 전체적으로 좋은 결과를 가져온다고 확신할 때만, 자신의 마지막 한 숟가락의 음식을 주는 것과 같은 치우치지 않는 자비의 행위에 참여하고 있다고 가정한다면, 우리는 행위 결과주의의 한 버전을 다루고 있는 셈일 것이다. 그러나 공평무사성, 관대함 그리고 자비심에 대한 이와 같은 권고는 보살들이 자신들의 수행의 일부로서, 어떠한 경우에도 따라

9　Nattier(2003), p.256.

10　Nattier(2003), p.226.

11　Nattier(2003), p.255.

야만 할 규칙을 대변한다고 말하는 것이 대승 경전들의 취지에 더 충실한 것처럼 보인다. 만일 그렇다면 가장 설득력 있는 해석은 어떤 형태의 규칙 공리주의인 것처럼 여겨질 것이다.

물론 이타주의와 비폭력을 실천함으로써, 보살은 자기 자신에게 여러 가지 좋은 것들을 성취할 수 있다. 그는 선의 뿌리를 함양하고, 종교적 진리에 대한 지식을 발전시킨다, 등등. 우리는 보살의 실천에 대한 궁극적인 정당화는 이와 같은 자기 자신에 대한 이익일까 하는 의구심이 들 수 있을 것이다. 실제로 『우바새계경』은 에우다이모니즘을 명백하게 승인하는 것처럼 보이는 내용을 포함하고 있다. "다른 사람에게 이익을 베푸는 것은 자기 자신에게도 이익을 베푸는 것이다."[12] 더욱이 축생으로 다시 태어나거나 다른 사람의 이익을 위해 지옥 가운데 어느 한 곳에 태어나는 것과 같은 보살의 매우 인상 깊은 이타적 행위조차도 우리가 생각하는 만큼 그렇게 비싼 대가를 치르는 것은 아닐지도 모른다. "만일 이 사람이 삼악도에 머문다고 하더라도, 그는 다른 존재들만큼 고통을 받을 필요가 없을 것이다."[13] 그 보살이 일단 높은 단계의 깨달음에 도달한다면 불성을 성취하기 전이라도, 신체에 가해지는 어떤 정도의 피해도 전혀 보살에게 고통을 야기하지 않을 것이다. 선호하지 않은 그런 환경에 태어나는 것은 실제로는 엄청난 큰 희생이 아니다. 우리가 알고 있는 덕윤리와 결과주의의 일차적 차이점, 즉 옳은 일을 하는 것이 언제나 그 행위자에게

---

12   Shih(1994), p.49.
13   Shih(1994), pp.21-22.

이익이 되는지의 여부에 관한 문제에 대해 말한다면, 대승 윤리는 덕 윤리와 일치할 것이라고 생각할 만한 상당한 이유가 있다.

우리가 "공덕의 회향punya-parināmanā"이라는 의식을 검토해보면 이러한 해석이 의심스럽다는 것을 알 수 있다.『우바새계경』은 이 의식의 목적을 간략하게 요약하고 있다. "그는 언제나 자신의 공덕과 덕을 다른 사람에게 넘겨준다."14 보살은 자신의 종교적 행위를 통해 끊임없이 공덕을 축적한다. 이 공덕은 그가 간직하고 있다면, 그를 더 행복하고 또 더 덕이 있는 존재로 만드는 원인이 될 것이다. 그러나 보살은 자기 자신의 복지 혹은 자기 자신의 덕을 증진하기보다는, 이러한 공덕을 다른 존재를 행복하고 유덕하게 만들기 위해 그들에게 베푼다. 만일 그 의식의 목적에 대한 이러한 해석이 옳다면, 대승불교는 행위자의 복지를 증진시키지 않는 행동이 도덕적으로 되는 것을 허용할 뿐만 아니라 모든 존재들의 덕을 그 개인 행위자의 덕보다 우선시한다. 그 경에 따르면 성품 결과주의에서처럼, 각 행위자의 목적은 단지 그 행위자의 덕이 아니라 덕 일반을 증진시키는 것이어야만 할 것이다.

공덕의 회향이라는 개념은 바로 위의 단락에서 언급되고 있듯이, 이 개념이 처음 소개되었을 때 기능했던 방식과는 다른 것처럼 보일 것이다. 얀 나티에르Jan Nattier는 매우 초기 대승 경전인『욱가라월문보살행경』에 대한 자신의 분석에서 이 문제를 논의했다. 이 경전에

---

14   Shih(1994), p.98.

서 보살이 공덕을 회향하는 것은, 그가

> 자신의 공덕을 (늘 그랬듯이) 하나의 업 은행 계좌에서 다른 업
> 은행 계좌로 이체하는 정신적 행위를 수행하기 위한 것이며, 결과
> 적으로 그것은 천상에서 다시 태어나거나 다른 세속적인 보상을 받
> 기 위한 것이 아니라 자신의 미래 불성을 성취하는 데 기여하도록
> 하기 위한 것이다.
>
> 　이 경에서는 "공덕의 이체"를 이 표현이 가장 일반적으로 이해
> 되는 의미 ― 즉 그 이익을 어떤 수령인으로부터 다른 수령인에게
> 로 돌린다는 의미로 권유하고 있지 않다는 사실에 주목하는 것이
> 중요하다. 그와는 반대로 『욱가라월문보살행경』에서 이러한 이체
> 행위pariṇāmanā는 수익자의 교체가 아니라 그 보살 자신에게 생길 보
> 상 종류의 변화를 가져오는 것이다. 물론 다른 존재들도 이 이체로
> 부터 이익을 얻을 것이다. 그러나 다만 그것은 보살이 붓다가 되는
> 데 성공해서 마침내 다르마를 재발견하고 그것을 다른 사람들에게
> 가르치는 궁극적인 임무를 수행할 위치에 있게 되는 먼 미래에나
> 가능한 일이다.[15]

　분명히 공덕의 회향이 이런 방식을 따라 이해된다면, 그것은 행복
주의적 해석과 양립가능할 것이다.

　회향이라는 개념의 두 가지 의미 가운데 ―『욱가라월문보살행경』
에서처럼, 이익의 유형을 선업으로부터 얻어지는 것이라고 변모시키

15　Nattier(2003), pp.114-15.

는 것이거나 혹은 『우바새계경』에서처럼, 그것을 다른 사람에게 베
푸는 것 — 어떤 것이 인도 대승에서는 더 중요한가? 이 문제와 관련
있는 중요한 증거는 인도에 있는 불교의 보시에 관한 비문에 대한 그
레고리 쇼펜(Gregory Schopen)의 세심한 연구로부터 나온다. 쇼펜에 따르
면 이런 비문 속에서 발견된 어떤 하나의 정식은 대승과 관계가 있으
며, 실제로는 대승의 고유한 특징이다.[16] 이 정식은 4세기부터 12세
기에 이르는 많은 비문들에서 발견된다. 그것은 또한 쿠샨(Kuṣān) 왕조
의 아미타(Amitābha) 상에서도 나타나는데, 이는 CE 2세기까지 거슬러
올라가는 인도에서 가장 이른 것으로 알려진 대승의 비문이다.[17] 비
록 이 정식은 많은 변형들이 있지만, 쇼펜은 최종적으로 다음과 같은
결론에 이르렀다. 그것의 기본적 형식은 "Yad atra puṇyaṃ tad bhavatu
sarvasatvānām anuttarajñānāvāptaye<이 공덕으로 인해 모든 중생들이 무
상지를 얻기를>"[18]이며, 이는 "지금 그 공덕이 무엇이든지 간에 그것
은 모든 유정적 존재들이 최고의 지혜를 얻도록 하기 위한 것이다."
라고 번역될 수 있을 것이다. 쇼펜은 우리가 대승의 것이라고 여길
근거를 가지고 있는 대부분의 인도 비문들은 실제로는, 이 정식화의
여러 사례들이라고 주장한다. 문제의 그 정식은 베푸는 것으로부터
나오는 공덕을 베푸는 사람이 아닌 다른 어떤 존재에게로 옮겨가도

---

16 이러한 주장은 Schopen(1979)에서 제기되고 있는데, 그는 자신의 입장을 능숙
    하게 옹호하고 있다.
17 Schopen(2005), p.258 그리고 전체적인 것에 대해서는 8장을 참조.
18 Schopen(1997), p.39.

록 하는 것을 의도하고 있는 것이 분명하다.

  그렇다면 우리는 공덕을 다른 사람에게 베푼다는 의미로 이해되는 공덕의 회향이라는 개념은, 최소한 인도 대승불교의 실제 수행의 여러 측면에서 중심적 역할을 했다는 결론에 도달할 수 있을 것이다. 공덕을 모든 유정적 존재에게 베푸는 이와 같은 의식의 실천은 인도 대승의 가장 이른 시기에도 이미 존재했는데, 이에 대해서는 고고학적 증거도 있다. 사실 비문상의 증거는 또한 우리들에게 비대승불교도들도 공덕을 때때로 돌아가신 부모나 스승들에게 돌려주었지만, 가끔 모든 유정적 존재에게도 그렇게 했다는 사실을 말해주고 있다. 쇼펜이 이런 두 가지 불교전통과 관련 있는 비문들 사이에서 발견한 주요한 차이점은 비대승주의자들이 공덕의 회향의 목적을 sarvasatvahitasukhārtha, 즉 "모든 존재들의 복지, 행복 및 이익을 위하여"[19]와 같은 표현을 통해 진술하고 있다는 것이다. 반면에 대승주의자들은 특히 자신들의 회향을 모든 존재들의 최고의 지혜, 즉 불성의 성취라는 단 한 가지 목적에 바쳤다. 공덕을 다른 사람에게 베푸는 것이 덕윤리의 지향과 반대되는 결과주의 윤리적 지향의 증거라면, 서원을 담고 있는 비문은 일반적으로 인도 불교전통에 대해서도 그와 같은 증거를 제공한다.

  서구의 공리주의 역사 전체를 보면, 이 전통은 사회적 행동과 법률적 개혁에 큰 강조점을 두어 왔다. 대부분의 인도 불교 경전들은

----

19 Schopen(1997), p.38.

분명히 이러한 강조점을 공유하지 않는다. 얀 나티에르가 지적하고 있듯이『욱가라월문보살행경』을 포함한, 수많은 대승 경전들은 숲 속에서 명상하는 삶을 권고했다. 그러나

> 숲속에서 사는 삶의 핵심 요소는 고립이다. 다시 말해 보살은 다른 인간 존재들과의 모든 접촉을 피할 수 있을 것이라는 점이다. 보살을 일종의 "사회적 아라한" — 다른 사람들을 향해 자비롭고, 모든 존재들의 복지와 그리고 그와 같은 관심을 사회 속에서 구체적이고 건설적인 행동으로 표현하는 데 관심이 있는 것 — 으로 생각하는 것에 익숙한 사람들에게 이 경전에서 표현된 보살의 묘사는 실로 낯선 것처럼 여겨질 것이다. 그러나 이러한 묘사는 분명히 폭넓게 받아들여지고 있었으며, 그리고 보살의 자비심이 바로 이 세상에서 드러나야만 한다는 기대는 중세 인도에서는 대체로 알려지지 않았던 것처럼 보인다. 반대로 출가 보살은 공통적으로 사회로부터 자신과 비교대상인 대부분의 성문승보다 훨씬 더 멀리 물러날 것을 권고받는다.[20]

이런 두 가지 전통의 증거가 권고하는 삶의 본질에서 이와 같은 극적인 차이는 초기 대승 윤리가 결과주의적인 것이 아니라는 말인가? 나는 그렇게 생각하지 않는다. 나티에르는 결과주의적 도덕 추론의 명백한 예로 보일 수 있는 숲속에서의 삶을 정당화하는『욱가라월문보살행경』에 대한 분석을 시도하고 있다.

---

20   Nattier(2003), p.132.

보살의 고립은 다른 말로 하면, 자신의 미래에 대한 전술적인 투자로 보인다. 그가 현재 참여하고 있는 치열한 수행은 결국 그가 모든 존재들에게 이익을 베푸는 것을 가능하게 할 것이다. 그때 그 보살은 마침내 붓다가 되고 다른 존재들을 그가 지금 할 수 있는 것보다 훨씬 더 효과적으로 교화할 수 있게 된다.[21]

그런데 이와 같은 극단적인 고립은 비구가 된 보살들에게만 적용된다. 아직 가장들로 살고 있는 사람들에게 이 경전의 조언은 서구의 공리주의자가 이해하기 훨씬 쉬울 것이다. "우리는 가난한 사람에게는 재물을 주어야 하고, 아픈 사람에게는 약을 주어야 한다. 우리는 보호자가 없는 사람에게는 보호자가 되어야 하며, 숨을 곳이 없는 사람에게는 도피처를, 보살펴 줄 곳이 없는 사람에게는 보호처가 되어야 한다."[22] 그러나 이러한 활동들도 가치 있지만, 대승불교도들은 언제나 불성을 성취하는 것이 훨씬 더 도움이 되고 중요한 것이며, 따라서 그와 같은 목적을 지향하는 활동이 더 절실하고 더 칭송받을 만한 일이라고 믿었다.

내가 2장에서 설명했듯이, 서로 다른 형태의 윤리적 이론을 구분하는 데 사용할 수 있는 한 가지 쟁점은 윤리적 이론이 행위자들에게 도덕적으로 끔찍한 행위가 커다란 재앙을 피하는 데 꼭 필요하다면 그와 같은 행위를 수행하라고 요구하는지 여부이다. 많은 대승 경전들은 그

---

21 Nattier(2003), p.132.
22 Nattier(2003), p.234.

것이 밝혀주고 있듯이, 보살은 때로는 많은 유정적 존재들에게 이익을 가져다주기 위해 만일 그렇게 하지 않으면 잘못이라고 간주될 행위를 해야만 한다고 주장한다. 아마도 이와 같은 종류의 가장 중요한 경전은 아상가Asaṅga의 방대한 저서인 『보살지Bodhisattva Stages(Bodhisattva-bhumi)』의 한 품인 "계품Chapter on Ethics"일 것이다.[23] 몇몇 저자들은 이 경전이 거짓말, 도둑질, 성적 비행 및 살인의 허용가능성을 옹호하고 있다고 주장했는데, 이때 이런 행동들은 모든 존재들에게 이익을 주기 위한 자비로운 바람에 의해 동기부여된 것이다.[24] 이 점에서 아상가의 관점은 대부분의 비대승불교 경전에서 발견되는 관점과는 매우 다르다.

아상가의 입장을 면밀히 검토해보면 계율은 언제 깨뜨려질 수 있는가에 대한 매우 흥미로운 관점이 드러난다. 여기에 언제 보살이 계율을 위반할 수 있는가에 관한 아상가의 일반적인 설명이 존재한다.

> 만일 보살이 파격적인 수단, 즉 어떤 가혹한 것을 사용하는 것이 유정적 존재에게 도움이 된다는 것을 알면서도, 그 수단을 불행을 막기 위해 사용하지 않는다면, 그는 잘못이 있으며 모순을 갖게 된다. 여기에는 더럽혀지지 않은 잘못이 있다. 만일 현재에는 거의 이익이 생겨나지 않지만 그런 바탕 위에서 큰 불행이 일어나지 않는다면, 여기에는 아무런 잘못도 없다.[25]

---

23 『보살지』 자체는 더 방대한 저서인 『유가사지론(Stages of Religious Practice (Yogācāra-bhūmi))』의 일부이다.

24 Harvey(2000)에서 하비와 Keown(2001)에서 키온 자신도 여기에 포함된다.

25 Tatz(1986), p.74.

이런 기준은 매우 결과주의적인 뉘앙스를 풍긴다는 것이 분명하다. 규칙을 위반하는 결과가 선일 때 규칙의 위반은 실제로 종종 요구되며, 나아가 그 결과에 의해 정당화된다. 그러나 이 인용문에는 모호한 점이 있다. 아상가는 만일 그렇게 하는 것이 어떤 존재들의 복지를 다른 존재들의 복지와 균형을 이루는 것을 가능하게 하고, 따라서 어떤 존재에게 해로운 것이 다른 존재에게 이익이 되는 것을 허용한다는 의미에서 유정적 존재들에게 집단적인 이익이 된다면, 계율이 깨뜨려질 수 있다는 것을 의미하는가? 아니면 그는 계율을 깨뜨리는 행위가 유정적 존재들에게 분배적인 이익이 되어야만 하며, 따라서 관계되는 모든 존재가 이익이 되어야 하거나, 적어도 피해를 받지 않아야 한다는 것을 의미하는가?[26]

만일 우리가 허용가능한 계율의 파기에 대해 아상가가 제공하고 있는 예를 검토해본다면 그것은 두 번째 예, 즉 분배적 유형에 완전히 부합한다는 것이 밝혀진다. 이러한 사실은 놀라운 것일 수 있는데, 왜냐하면 아상가는 살인을 허용가능한 계율 파기의 한 사례로 포함하고 있기 때문이다. 여기에 그가 허용가능한 살인에 대해 제공하는 유일한 예가 있다.

---

26 이러한 모호함은 영어 번역의 인위적 산물이 아니다. 그것은 또한 이 구절에 해당하는 산스크리트에도 존재하는데, 원문은 다음과 같다. "bodhisattvo yena kaṭukaprayogeṇa tīkṣṇaprayogeṇa sattvānāmartham paśyati tam prayogam daurmanasyārakṣayā na samudācarati / sāpattiko bhavati akliṣṭāmāpattimāpadyate / anāpattiryat parīttamartham dṛṣṭadhārmikam paśyet prabhūtaśca tannidānam daurmanasyam." Asaṅga, *Bodhisattvabhūmiḥ.* Dutt(1966), pp.46-47에서 인용함.

154

그에 따르면 보살은 즉각적인 보복을 불러오는 수많은 행동을 범하는 데 참여하거나 조그만 물질적 이익을 위해 수백 명의 살아 있는 위대한 존재들 - 성문, 독각 및 보살 - 을 살해하려고 하는 강도나 도둑을 보게 될 것이다. 이를 본 보살은 마음속에 다음과 같은 생각을 품는다. "만일 내가 이런 유정적 존재의 생명을 빼앗는다면, 나 자신은 지옥의 생명체 가운데 하나로 다시 태어날 수도 있을 것이다. 즉각적인 보복을 불러오는 행동을 자행하는 이 살아 있는 존재들이 곧바로 지옥에 떨어지는 것보다는 내가 지옥의 생명체로 다시 태어나는 것이 더 낫다." 보살은 이와 같은 태도를 가지고 자기의 생각이 덕이 있는 것인지 혹은 불확실한 것인지를 분간한 다음, 오직 결과에 대한 자비로운 생각을 지닌 채 행동해야 한다고 느끼면서 그 살아 있는 존재의 생명을 빼앗는다. 여기에는 어떠한 잘못도 없고, 많은 공덕의 확산이 있게 된다.[27]

이 경우 죽임을 당하는 존재는 실제로는 죽는 것이 더 나은데, 왜냐하면 그는 스스로에게 (유한하기는 하지만) 어마어마하게 긴 기간 동안의 엄청난 고통을 선고하려던 참이었기 때문이다. 이것은 비대승의 수행자들[28]과 보살을 모두 포함하는 많은 수의 정신적으로 높

---

27 Tatz(1986), pp.70-71.
28 이와 같은 비대승수행자들에는 두 가지 유형이 있다. 인용문에서 "듣는 사람"이라고 불렀으나 나는 "제자들"이라고 부르는 성문(Śrāvakas)과 경전에서는 "독각"이라고 하지만. 나는 "고독한 실현자"라고 부르는 연각(Pratyekabuddhas)이 그들이다. 연각은 스승의 도움 없이, 오직 자기 자신의 이익만을 위한 열반을 실현한 수행자이며, 어떠한 제자도 두지 않는다. 많은 원천에 의하면 그들은 불교가 알려지지 않았던 기간 동안에만 존재할 수 있다. 따라서 같은 배

은 수준의 사람들을 살해한 것에 대한 업보에 해당할 것이다. 보살은 그를 죽임으로써 단순한 죽음보다 훨씬 더 나쁜 운명으로부터 그 강도를 구해준다.

똑같은 유형은 두 번째 계율의 위반을 허용하는 아상가의 사례들에서도 볼 수 있는데, 이 계율은 "주어지지 않는 것을 취하는 것"을 금지한다. 보살은 "폭력적이고 무자비한" 왕들을 전복시키고 동의를 구하지 않은 채 그들의 권력을 빼앗는 것이 허용되지만, 그들이 자신들의 억압적 통치로 인해 더 막심한 부정적인 업을 초래하는 것을 막아준다. 만일 강도들이 종교 공동체와 사원에서 재산을 훔친다면 보살은 그것을 다시 훔쳐서, 그들이 그와 같은 훔친 물건들을 소비하는 것에서 발생하는 매우 심각한 업의 결과를 막는다. 보살은 또한 가게 주인과 관리인들이 자신들의 낭비와 횡령에서 빚어지는 심각한 업의 불행을 야기하는 것을 막아주기 위해 부패하거나 무능한 그들을 자리에서 쫓아낼 수도 있을 것이다.[29]

아상가는 결코 균형맞추기가 허용가능하다는 것을 명시적으로 부정한 적이 없다. 그는 단순히 어떤 존재들이 다른 사람에게 이익을 주기 위해 손해를 입어야만 하는 상황을 언급하고 있는 것은 아니다. 그러나 그는 일반적으로 타당한 도덕 규칙, 즉 그가 실제로 매우 진지하게 간주하고 있는 규칙의 예외들을 열거하고 있다. 그가 이러한

가 제자들과 고독한 실현자들을 모두 태우는 것은 기술적으로 불가능한 일일 것이다. 그러나 이러한 궤변은 아상가가 제시하고 있는 철학적 관점에는 영향을 미치지 않는다.

29 Tatz(1986), p.71.

규칙들이 허용되는 유일한 종류의 예외들이라고 여기고 있다고 가정하는 것은 설득력이 있어 보인다. 만일 그가 더 많은 종류의 예외가 있다고 생각했다면, 아마도 그는 그런 예외들을 지적했을 것이다. 그는 또한 그와 같은 규칙들은 오직 다른 사람들의 이익을 위해서만 위반될 수 있다는 점을 분명히 하고 있다. 보살이 아무리 사소한 것이라도, 자기 자신의 이익을 위해 계율을 위반하는 것은 결코 허용되지 않는다.

비록 아상가는 우리들에게 개인들 간의 균형맞추기에 대한 하나의 정립된 견해와 같은 어떤 것을 제공하고 있지는 않지만, 그가 균형맞추기와 같은 어떤 것을 승인하고 있는 한 구절이 있다.

> 어느 다른 사람에게 행해진 몸이나 말의 어떤 것이 제3자에게 고통과 불행을 가져다주는 반면, 어떤 당사자도 불건전한 상황으로부터 건전한 상황으로 바뀌지 않는다면, 그 보살은 그것이 제3자의 성향들과 일치하지 않을 것이라는 근거에서 그 상황을 성찰하고 몸-말로 한 그런 행동을 거부할 것이다. 한편, 만일 그가 어느 한 당사자 혹은 두 당사자가 불건전한 상황으로부터 건전한 상황으로 바뀌게 될 것이라는 것을 안다면, 그 보살은 오직 자비만 생각하고 받아들여야 한다고 그것을 성찰할 것이며, 나아가 그와 같은 행동을 수행할 것이다.[30]

---

30 Tatz(1986), pp.56-67.

이 경우에 보살은 두 번째 당사자의 덕을 증진시키기 위해 어떤 한 당사자에게 고통을 주는 것이 허용된다. 이런 형태의 균형맞추기의 허용가능성은 만일 아상가가 두 가지 종류의 가치, 즉 행복과 덕이 존재하며, 후자가 전자보다 훨씬 더 중요하다고 주장했다고 여긴다면 쉽게 설명된다. 나는 이러한 해석을 지지하는 입장을 견지할 것이다.

내가 제시한 증거는 우리로 하여금 일종의 규칙 공리주의자로 해석하도록 이끌어줄 것이다. 이러한 단락들이 암시하고 있는 해석에 따르면, 대승의 수행자는 일반적으로 계율을 준수해야만 할 것이다. 이는 그것을 따르는 것의 좋은 결과들에 호소함으로써 정당화되는 도덕적 규칙들이다. 그 규칙들은 "모든 유정적 존재들의 이익과 쾌락을 위한 것이다."[31] 그러나 이런 규칙들은 만일 그리고 오직 그렇게 하는 것이 적어도 그 행위자 외에 다른 한 유정적 존재에게 상당한 이익을 가져다 준다면, 그리고 만일 그 규칙을 따랐을 때보다 어느 한 사람에게도 더 나빠지지 않는다면 그 규칙들은 파괴될 수 있을 것이다. 어떤 한 존재의 이익은 통상 다른 존재의 이익을 위해 희생될 수는 없다. 그러나 최소한 다른 존재의 덕을 성취하기 위해 한 존재에게 고통을 가하는 것이 때때로 허용되기도 한다.

---

31 Tatz(1986), p.48. 아상가의 견해는 가능한 여러 가지 형태의 규칙 결과주의들 사이에서 애매모호한 입장이라는 점에 주목하자. 아상가는 그 규칙들을 모든 사람이 엄격하게 따랐을 경우의 결과; 혹은 그 규칙을 모든 사람이 수용하지만, 언제나 반드시 복종하지는 않았을 경우의 결과; 혹은 그 규칙을 충분히 많은 사람이 수용했을 경우의 결과; 혹은 그 규칙을 특별히 내가 수용했을 경우의 장기적인 결과 등에 의해 정당화되는지의 여부에 대해서는 아무것도 말하고 있지 않다.

우리는 아상가가 허용가능한 규칙 - 파괴에 부가하는 조건의 엄격함은 실제로는 그의 견해와 계율의 파괴를 결코 허용하지 않을 어떤 관점 사이에 사실상 거의 차이가 없다는 것을 의미한다고 생각할 수도 있다. 하지만 실제로 그와 같은 조건들을 충족시킬 수 있는 당대에 현실적인 의미를 가진 중요한 종류의 사례들이 존재한다. 예를 들어, 인종학살을 멈추게 하기 위한 인도주의적 군사 개입의 경우를 고려해보자. 서방 국가들이 1994년의 인종청소를 중단시키기 위해 르완다를 침입했다고 상상해보자. 이것은 분명히 대량학살의 표적이었던 투치족과 온건파 후투족에게 이익이 되었을 것이다. 그러나 불교적 관점에서 보면, 그러한 침입은 또한 인종학살을 수행했을 과격파 후투족에게도 이익이 되었을 것이다. 왜냐하면 그렇게 하는 것은 그들이 정말로 끔찍한 업의 부담을 축적하는 것을 막아주었을 것이기 때문이다. 그러므로 아상가의 윤리적 관점은 — 적어도 만일 그 침입이 일어났다면, 그리고 만일 그것이 도덕적 중요성에서 그 개입이 막았을 사건들에 필적할 만한 어떠한 의도되지 않은 부정적인 결과를 가져오지 않았다면, 그와 같은 침입을 허용했을 것이 분명해 보인다. 왜냐하면 그와 같은 개입이 막았을지도 모르는 것은 80만 명이나 되는 많은 사람의 학살이었기 때문에, 후자의 조건을 충족시키는 것은 더욱 어렵지 않았을 것이다.

나는 일부 대승 경전들이 보편적 결과주의의 버전들을 간직하고 있다고 해석할 여러 종류의 증거를 제공하려고 노력해왔다. 이 쟁점과 관련하여 내가 옳다고 전제한다면, 우리는 대승에서 어떤 복지 이론을 발견하는가? 내 견해에 의하면 대승 사상가들이 덕 및 악의 부재뿐만 아니라 행복 및 고통의 부재가 복지를 규정하는 객관적인 목록의 요소들이라는 견해를 가지고 있다고 말하는 것은 타당하다. 키온은 이러한 주장을 거부해왔다. 그러나 그는 대승 윤리가 어떤 형태의 결과주의를 포함할 수도 있다는 생각을 전적으로 거부하지는 않는다. 그는 자신의 저서 『불교 윤리학의 본질The Nature of Buddhist Ethics』에서 잠정적으로 하나의 대안적 제안 — 대승은 정확하게 말해 하나의 선, 즉 사랑을 수용하고 있다는 것 — 을 제시하고 있는데, 내가 보기에는 매우 이상한 것이다. 이 제안은 대승과 기독교에서 말하는 상황윤리의 한 버전과의 비교에서 비롯된다. 상황윤리의 옹호자인 요셉 플레처Joseph Flectcher에 따르면 "오직 하나만이 본질적으로 선이다. 즉 사랑이다. 다른 어떤 것도 결코 아니다."[32] 대승의 저자들이 대자비의 개념을 굉장히 강조한 것을 봤을 때 이 이론은 최소한 논의할 만한 가치가 있다. 그러나 이러한 설명과 긴장관계에 있는 것으로 보이는 많은 증거가 있다.

예컨대, 아상가는 자신의 견해에 따라 대승의 수행 목표는 다른 사람들의 쾌락을 산출하는 것을 포함한다는 점을 분명히 하고 있다.

> 자신을 이런 네 가지 성질들〈사무량심〉을 갖춘 윤리의 본성 속으로 데려가 수행의 길로 나아가도록 하는 것은 자기 자신을 위한 이익, 남을 위한 이익, 많은 사람을 위한 이익, 많은 사람을 위한 쾌

---

32 Fletcher(1966), p.57. Keown(1992), p.185에서 인용함.

락, 세상을 위한 자비 그리고 신과 인간 존재를 위한 복지, 이익 및 쾌락 때문에 "건전한" 것으로 이해되어야만 한다.33

위의 인용절에서 쾌락은 보살의 노력들 가운데 참으로 가치 있는 결과들 중의 하나로 간주되고 있다는 것이 분명한 것처럼 보인다.

대승 전통에서 나온 경전적 원천들은 세속적 쾌락을 포함한 쾌락들은 없는 것보다는 더 큰 어떤 가치를 갖는다는 사실을 지적하고 있다. 예를 들어 우리는 『금광명경Sūtra of Golden Light』에서 다음과 같은 내용을 읽게 된다. 만일 사람들이 이 경전을 해설한다면, 그 이익은

> 염부제Jambudvīpa 전체가 풍요롭고 행복하며 많은 사람과 선남자로 꽉 차게 될 것이며, 염부제 속에 살고 있는 존재들은 축복받고 여러 가지 쾌락을 경험할 것이며, 그 존재들은 억겁 년 동안 상상할 수 없을 정도의 가장 고양된 축복을 경험할 것이며, 부처님과 만날 것이며, 미래세에는 최고의 완벽한 깨달음을 완전히 얻을 것이라는 점을 포함할 것이다.34

이러한 매우 전형적인 경전은 확실히 행복과 쾌락을 선으로 여긴다. 『욱가라월문보살행경』에서 우리는 "재가보살들은 모든 존재들을 행복하게 만들기 위해 힘껏 노력하고 있다."35는 구절을 읽는다.

---

33 Tatz(1986), p.48.
34 Emmerick(1970), p.40.
35 Nattier(2003), p.315.

『우바새계경』 또한 행복의 도덕적 중요성을 인정하고 있다. 그러나 이 경전은 행복을 두 가지 의미가 있는 것으로 간주한다. "착한 아들 아, 바로 이러한 두 가지 종류의 행복과 같은 것이 있다. (1)현생의 행복과 (2)세상을 초월한 행복과 같은 축복이 그것이다. 만일 보살이 이와 같은 두 가지 종류의 행복과 축복을 지니고 또한 그것을 유정적 존재들에게 가르친다면, 그는 자신과 남에게 이익을 가져다주는 행동을 하고 있는 것이다."[36] 따라서 어떤 사람은 보다 자애로운 사람이 될 뿐만 아니라 더 행복해짐으로써 이익을 얻을 수 있게 된다. 그리고 유정적 존재의 고통을 제거하는 것을 논의하는 구절들은 그들의 행복을 산출하는 것을 옹호하는 구절들보다 훨씬 더 일반적이다. 오직 사랑만이 본질상 도덕적으로 중요한 것이라면, 왜 대승 경전들이 쾌락과 행복 및 고통과 괴로움의 부재를 존재들의 중심적 목표이자 존재들에게 이익이 되는 것으로 보고 있는가를 이해하기 어렵다.

수많은 대승의 윤리적 담론은 특히 행복 및 괴로움의 부재에 관심을 갖는다. 그러므로 대승 윤리를 고전 공리주의의 한 형태로 해석하는 것은 그것에 대해 말할 많은 것을 갖게 될 것이며, 나아가 상황윤리나 아리스토텔레스적 덕윤리의 관점에서의 어떤 해석보다 확실히 진리에 더 가까울 것이다. 실제로 나는 이와 같은 고전 공리주의적 해석을 결정적으로 반박할 수 없다. 그러나 나는 대승불교도들이 쾌락을 유일한 본질적 선은 아니라고 여길 상당한 이유가 있다고 생각

---

36 Shih(1994), pp.49-50.

한다.

대승의 저자들은 인간 존재가 가질 수 있는 규범적으로 부과된 많은 특징들을 자주 언급하고 있다. 행복과 괴로움은 바로 이러한 특징들 중의 일부이다. 대승의 관점에서 보면 어떤 인간이 가질 수 있는 가장 중요한 좋은 특징들은 "선의 뿌리"인 것처럼 보인다. 탐욕 없음 arāga, 미워하지 않음adveṣa, 미혹되지 않음amoha이 그것이다. 하지만 이러한 선의 뿌리들은 소극적으로 말하면, 너그러움과 자비심 및 통찰력과 같은 분명한 덕목들을 포함한다. 여러 학파들에서 나온 불교 경전들은 종종 이러한 성질들을 꾸쌀라산.kuśala, 빨.kusala로 분류한다. 선의 뿌리의 가치에 대한 두 가지 해석이 가능하다. 하나의 설명은 그것들이 단순히 수단적 가치만 갖는다는 것이다. 선의 뿌리는 우리가 열반을 향해 나아가게 하는 원인이 된다. 또한 그것들은 그 반대, 즉 괴로움의 주된 원인이 되는 세 가지 주요한 번뇌에 맞선다. 그러므로 이 설명에 따른다면, 선의 뿌리는 그것의 존재가 선한 결과를 가져오는 경향이 있을 때에만 가치가 있다. 그러나 다른 가능한 해석이 있는데 나는 이를 따르고자 한다. 다시 말해 선의 뿌리는 그 자체로 선이며, 그 속에서 그것이 발생하는 삶의 가치에 본질적으로 기여한다는 해석이 그것이다. 이는 성품 결과주의에 이르게 하는 선의 뿌리들에 관한 이해이다.

우리가 이러한 두 가지 설명들을 구분하려고 할 때, 무엇이 문제인가? 그 문제는 그 덕들이 선한 삶에 대한 불교적 개념의 본질적 일부인지 아니면 단지 우연히 우리 삶의 가치의 유일한 구성요소인 행복을 산출하는 효과적 수단이 되는가 하는 것이다.[37] 그런데 마침 이런 두 가지 관점을 분리하는 데 매우 도움이 될 수 있는 사고실험이 있다. 그것은 복지의 본질에 대한 세계 최초의 연구 가운데 하나인 플라톤Plato의 『고르기아스Gorgias』에서 보인다. 이 대화의 관련 부분에서 소피스트인 칼리클레스Callicles는 그와 소크라테스Socrates가 "즐거운 것과 좋은 것은 동일하다."[38]는 명제의 형태로 표현하고 있는 쾌락주의를 옹호한다. 소크라테스는 쾌락주의에 대한 일련의 반대 입장을 표현하는 데 그다지 인상적이지는 않다. 하지만 그의 가장 중요한 반대 가운데 하나는 다음과 같은 질문이다. "그러면 먼저 나에게, 가려움증을 가지고 있으며 그것을 긁고 그것을 실컷 그리고 평생 동안 긁을 수 있는 사람이 또한 행복하게 살 수 있는지에 대해 말해보시오."[39] 칼리클레스는 이러한 주장은 쾌락주의로부터 나온다는 점을 인정하기 때문에 그와 같은 사람은 행복할 것이라고 말할 준비가 되어 있다. 그러나 소크라테스는 당연히 그의 견해에 대한 이러한 그리고 다른 관련 있는 결과들을 수용하려고 하지 않는다.

대승불교 사상가들은 긁는 쾌락에 평생을 바친 삶을 어떻게 평가할 것인가? 윤회에 대한 그들의 믿음의 관점에서 봤을 때 그들은 분명히 그와 같은 삶을 쓸모없는 것이라고 간주할 것이다. 모든 상태의 존재의 덧없음을 전제한다면, 미래세에 좋은 결과를 가져올 정신적

---

37 이 쟁점은 Clayton(2006), chap.5에서 적절하게 강조되고 있다.

38 *Gorgias* 495d. Plato(1997), p.839.

39 *Gorgias* 494c. Plato(1997), p.837.

수행에 자신을 바치는 것이 더 좋은 일일 것이다. 그러나 이러한 대답은 긁는 삶이 불교 경전들이 권유하는 종교적 삶보다 본질적인 면에서 열등한 것인지 혹은 단지 수단적으로만 열등한 것인지의 여부를 해결해주지 않는다. 나의 견해에 의하면 대승주의자들은 유덕한 정신적 수행의 삶이 비록 방해받지 않는 달콤한 긁기의 삶보다 덜 쾌락적일지라도 그것을 본질적으로 더 나은 것으로 간주할 것이다. 만일 이 점에서 내가 옳다면 성품 결과주의는 쾌락주의보다 불교 저자들의 생각과 더 일치한다.

덕에 본질적 가치를 부여하는 대승의 해석에 대한 어떤 경전적 증거가 있는가? 내가 위에서 대승 전통은 쾌락에 상당한 긍정적 가치를 부여하고 있다는 사실을 암시하기 위해 소개했던 『금광명경』의 인용절을 떠올려보자. 여기에서 쾌락의 경험은 성취해야만 할 유일한 수단은 결코 아니다. 또한 일부 대승 저자들은 쾌락적인 것과 좋은 것 사이를 명백히 구분하고 있다. 예를 들어, 찬드라고민은 다음과 같이 말한다.

> 다른 사람에게도, 나 자신에게서와 마찬가지로
> 괴로운 것이 이익이 될 수 있으니,
> 이익이 되면서 쾌락적인 것을 행하라.
> 그러나 이익이 되지 않는다면, 쾌락적인 것도 행하지 말라.[40]

---

40 Fu and Wawrytko(1991), pp.83-84에서 인용함.

이 경전을 쾌락은 아무런 중요성을 갖지 않는다는 점을 보여주는 것으로 해석해서는 안 될 것이다. 오히려 우리는 그것을 일시적 쾌락을 가져오는 행위들은 장기적인 관점에서 보면, 전체적으로 해로운 것일 수 있다고 주장하는 것으로 읽어야 할 것이다. 대승의 전통 일반에서 일시적 쾌락은 좋은 것이지만 그리 중요한 것으로 여겨지지는 않는다. 반면 종교적이며 정신적 가치는 매우 중요한 것으로 받아들여진다. 『금광명경』은 덕의 가치를 강조하는데, 특히 이를 보석과 비교하고 있다. "붓다의 덕은 큰 바다, 수많은 보석들로 이루어진 광산과 같다."[41] 이러한 비유는 이 경전이 암암리에 유덕한 성질의 본질적 가치를 인정하고 있다는 상당한 증거라는 점을 나에게 일깨워준다.

성품 결과주의를 불교전통 전체에 대한 하나의 해석으로 여기는 관념의 주요한 측면들은 피터 하비Peter Harvey에게서 나타났다. 불교에서 성 평등의 쟁점을 논의하는 가운데, 하비는 다음과 같이 쓰고 있다.

> 불교적 관점에서 최종적인 결론은 특정한 관념, 태도 혹은 실천이 관대함, 무집착, 침착함, 친절함, 자비, 청정한 마음 그리고 정신적 및 신체적 상태의 본성에 대한 인식 및 통찰력과 같은 성질들에서 — 남성과 여성 모두에게 — 증가 혹은 감소에 기여하는가의 여부이다. 그렇다면 그 목적은 진정한 인간의 복지이다.[42]

41　Emmerick(1970), p.41.
42　Harvey(2000), p.354.

비록 하비는 세속적인 행복의 진정한 중요성을 소홀하게 다루고 있지만, 이것은 성품 결과주의자들이 응용윤리학상의 쟁점들을 해결해줄 평가의 방법에 대한 매우 정확한 기술이다. 그러나 하비는 자신의 평가 방법이 결과주의적인 것이라는 점에 주목하지 않는다. 실제로 자신의 책 전반부에서, 그는 불교윤리에 대한 적절한 해석으로서 공리주의를 거부하고 있다. 이러한 진술들을 고려해볼 때 하비는 내가 제안한 성품 결과주의적 해석에 반대하기 위해 얼마나 많은 공간을 할애하려 할지가 분명하지 않다.

한편, 데미언 키온은 우리가 불교윤리와 성품 결과주의 사이의 유추를 시도할 수도 있을 것이라는 사실을 명백히 인식하고 있다. 그러나 이 유추는 그에게 아무런 도움이 되지 않는다는 생각이 떠오르게 하는데, 왜냐하면 대체로 그는 하나의 윤리이론으로서 성품 결과주의의 일관성을 의심하고 있기 때문이다. 성품 결과주의를 거부하려는 키온의 시도는 대승 윤리의 본질을 더욱 명확하게 하는 것을 도울 수 있는 하나의 일화를 포함하고 있다는 사실이 드러났다. 그는 다음과 같이 주장한다.

어떤 선택들은 도덕 성품을 타락시킬지도 모르지만 사회에는 유익한 결과를 가져올 수도 있다. 예컨대, 어느 황제가 사회적 화합을 증진시키기 위해 자신의 국민들을 속이려는 선택을 할 수도 있을 것이다. 만일 그가 자신의 목적을 이루고 나아가 거짓말을 했다는 사실을 무덤까지 가지고 간다면, 그는 성품 결과주의의 기준으로 볼 때 옳은 일을 한 것인가, 아니면 그른 일을 한 것인가? 만일 그가 옳은 행동을 했다고 간주된다면, 성품은 언제나 사회적 선에 종속되는 것이며 어떠한 본질적 가치도 갖지 않는다. 만일 그가 그릇되게 행동했다고 여겨진다면, 결과는 도덕적 판단에서 전혀 우선성을 갖지 못하며, 따라서 "결과주의"에 대한 모든 신뢰는 간단하게 배제되고 말 수도 있다.[43]

이 사례는 대체로 우리가 대승불교도들이 그것에 어떻게 반응할 것인가를 정확하게 알고 있기 때문에 가치 있는 것이다. 그것은 『화엄경Avataṃsaka Sūtra』에 나오는 무염족왕無厭足王, King Anala의 이야기와 매우 유사하다.[44]

이 이야기에서 보살이 되기를 열망하는 선재동자Sudhana는 스승 가운데 한 사람으로부터 무염족왕을 찾아가서 그에게 가르침을 받으라는 조언을 듣는다. 그러나 선재동자가 그 도시에 도착했을 때 그는 왕이 사납고 포악한 마구니들로 둘러싸여 있었다는 것을 알게 되는데, 그들은 도시의 법을 어긴 자들에게 가혹한 형벌을 끊임없이 내리고 있었다.

선재동자는 죄인들에게 비폭력적이고 관대해야 한다는 불교의 가르침을 이처럼 끔찍하게 위반하고 있는 것을 보고 공포에 사로잡히게 된다. 그러나 무염족왕은 그에게 포악한 관리들과 범죄 희생자들은 둘 다 실제로는 무염족왕의 마법이 만들어낸 환영들이라는 것

---

43 Keown(1996), p.347.
44 Gampopa(1998), pp.348-50에서 인용함.

을 보여준다. 전적으로 허상에 불과한 죄수들에게 가해지는 형벌을 보고, 실제 백성들은 올바른 행동을 해야 한다는 두려움에 휩싸여 있다. 이 왕은 자신의 의도를 이렇게 설명한다.

> 이런 방법으로 나는 백성들이 열 가지 불선의 어느 하나에도 떨어지지 않고, 열 가지 선으로 향하는 길로 나아가라는 용기를 북돋우고 있다. 나는 우리나라의 백성들이 겪고 있는 고통을 종식시키고 그들이 깨우친 상태로 가는 길을 만들어주려는 노력을 하고 있다.[45]

키온 자신의 척도인 무염족왕에 의하면, 그리고 왕의 이야기를 반복적으로 승인하고 있는 경전들은 결과주의적인 것임에 틀림없다. 그러나 이 이야기에는 더 재미있는 교훈이 들어 있다. 자신의 백성들을 속이면서까지 산출하려고 애쓰는 것들 가운데 하나는 바로 **덕**이다. 그는 백성들 사이에서 거짓말을 하지 않는 덕을 포함한, 엄청나게 많은 양의 덕을 낳기 위해 — 어쩌면 이렇게 함으로써, 그 자신의 덕을 해칠지도 모르지만 — 거짓말을 할 마음의 준비가 되어 있다. 물론 그가 하는 거짓말이 자신의 덕을 손상시킬지 어떨지는 명백하게 분명하지 않을 수도 있다. 거짓말들은 단순히 대부분의 사람들에게 적용되는 도덕적 경험 규칙의 구속을 받지 않는 일종의 특별한 덕의 사례에 불과할 것이다. 그러나 이런 관념 — "거짓말을 하지 말라"와 같은 규칙들은 단지 경험 규칙들에 불과하며 이는 그것을 파괴하

---

45 Gampopa(1998), p.350.

는 것이 좋은 결과를 가져올 때에는 파괴될 수 있다 — 은 그 자체가 결과주의적 도덕 관점임을 암시해줄 것이다. 우리는 무염족왕을 (아마도 암묵적인) 성품 결과주의자로 해석할 만한 몇 가지 이유를 갖게 된 것처럼 보인다.[46]

무염족왕의 이야기는 깨달은 존재가 속임수를 사용해 정신적으로 덜 진전된 사람들을 도와서 그 길에서 발전이 있도록 이끄는 대승 경전 속의 많은 구절들 가운데 하나이다. 『법화경Lotus Sūtra, 산.Saddharmapuṇḍarīka-sūtra』에 나오는 아주 유명한 우화들 가운데 '방탕한 아들'과 '불타는 집' 및 '화성化城'과 같은 몇 가지 우화는, 이러한 종류의 속임수를 포함하고 있다. 대승불교도들은 이러한 주제를 발달시킬 수밖에 없었다. 그들은 일체지자一切智者라고 생각했던 역사적인 붓다가 그들 자신의 것보다 더 열등한 것이라고 생각했던 정신적 길, 즉 아라한도와 더불어 그들이 그 가운데 일부를 거부했던 교의를 왜 가르쳤던가를 설명해야만 했다. 초기 대승의 스승들은 붓다가 사람들에게 반드시 진리를 말하지 않는다는 견해를 받아들였다. 대신에 그는 사람들이 그때 듣는 것이 가장 이익이 되는 것은 어떤 것이든 말해주고 있다. 이러한 주장은 확정적인 의미산.neyārtha, 티.nges don와 잠정적인 의미산.nitārtha, 티.drang don 사이의 구분이 필요하다는 것을 말해준다. 잠정적인 의미

---

46 14세기 티베트 민속사인 『수정명감(水晶明鑑, Clear Crystal Mirror)』은 송첸 캄포(Songtsen Gampo) 왕에 대한 이야기를 하는데, 무염족왕의 설명과 매우 비슷하다. 송첸 캄포는 실제 역사적 인물이지만, 문제의 이 이야기는 인도 원본에서 모방한 것에 불과한 것처럼 보인다. Sakyapa Sonam Gyaltsen(1996), pp.189-90을 보라.

를 갖는 구절들은 권위가 없으며, 심지어 글자 그대로 잘못된 것일 수도 있다. 그것들은 특정한 시기의 특정한 대화자를 돕는 것을 의도한 것이다.

이러한 해석상의 차이는 종종 불교도들 사이의 철학적 논쟁에서 커다란 중요성을 가질 수 있다. 여기에서 그 차이의 중요한 의미는 그것이 칸트의 윤리와 대승의 윤리 사이의 중요한 차이점을 함축하고 있다는 점이다. 매우 일반적인 수준에서 보면, 대승주의자들이 그 몫이 높을 때는 도덕 규범에 기꺼이 예외를 두려고 하는데, 이는 칸트의 접근법과 확실히 긴장관계를 이룬다. 그러나 나에게는 사람들에게 이익을 가져다주기 위해 그들에게 거짓말하는 것의 유용성에 관한 대승불교도의 견해는 칸트로 하여금 이를 특히 반대할 것으로 만드는 것처럼 보인다. 그는 이 견해를 이성적 본성의 존엄성에 대해 합당한 존중을 하는 데 실패했다는 증거로 보려고 할 것이다. 우리는 이러한 점을 칸트의 관점과 대승불교 윤리 사이에 거리가 있다는 증거로 볼 수 있다.

이제 나는 대승불교도들이 복지를 어떻게 이해했는가를 더욱 분명하게 밝혀줄 수 있는 마지막 한 가지 이론적 주장을 검토해볼 것이다. 첫째, 성품 결과주의와 쾌락주의는 중요한 무엇인가를 공통적으로 가지고 있다는 데 주목해보자. 복지에 대한 두 가지 견해는 유일하게 본질적 가치가 있는 속성은 정신적 상태라는 것을 함축하고 있다. 비록 많은 서양 철학자들이 이러한 주장을 옹호했지만, 다른 사람들은 이에 대해 의문을 표시했다. 이 주장을 의심하는 잘 알려진

한 가지 경우는 노직의 경험 기계the Experience Machine의 사례이다. 지극히 평범하고 꽤 좋은 삶을 살고 있는 어떤 사람이 그런 삶을 버리고 자신을 경험 기계에 접속시킨다고 가정해보자. 이 기계는 강력한 컴퓨터를 사용해서 매우 모험적이고, 커다란 성취를 느끼며, 황홀한 쾌락을 누리는 삶을 완벽하게 확신시켜주는 환상을 창출해주는 가상현실환경이다. 일단 그 경험 기계에 들어가면, 그 사람은 자신의 이전 삶을 즉시 잊어버리며 결코 환상 속에 있다는 것을 알지 못할 것이다. 이 사람의 삶은 만약 실제 세계보다 경험 기계를 선택한다면 자신에게 더 좋은 삶이 될 것인가?

이런 경우에 직면했을 때 많은 사람은 기계 밖의 삶이 더 좋다고 말하는데, 왜냐하면 그곳에서 자신의 성취는 상상적인 것이 아니라 실제적이기 때문이다. 그들은 외부의 실제적인 세계와의 관계 속에서 살고 있는 삶이 어떤 환상에 기반을 둔 질적으로 똑같은 삶보다 더 나은 것이라고 주장할 것이다. 그런 다음에 그들은 오직 정신 상태만이 본질적인 가치를 지닌다는 주장에 이의를 제기하려고 할 것 같다. 대승불교도들은 이 경우에 대해 어떻게 말할까?

그들은 경험 기계 안에 있는 그 사람의 모든 신념들이 실제로는 거짓이라는 사실을 알기 때문에 최소한 공통적인 직관의 일부를 받아들일 수 있는 것처럼 보인다. 오직 정신적 상태가 가치 있는 것이긴 하더라도, 어떤 신념을 가치 있게 만들 수 있는 것 가운데 하나는 참이라는 속성이다. 기계 밖에 살고 있는 사람들이 더 진실된 신념을 가지고 있는 한, 그들의 삶은 그들에게 더 좋은 것이다.

하지만 놀랍게도, 많은 대승불교도들은 이러한 대답에 만족할 수 없다. 관념주의적 수행자들인 유가행파the Spiritual Practice School, Yogācāra에 따르면, 통상적인 물리적 대상들은 경험 기계에 의해 창출된 환상들과 마찬가지로 비현실적이다. 그들에게 물리적 고층 건물의 건축가가 되는 것은 형이상학적으로 볼 때 경험 기계에 기만당해서 그것이 당신이라고 생각하도록 만드는 것과 결코 다르지 않다. 그러므로 이러한 차이는 당신의 복지 수준을 변화시킬 수 없다. 이 사상가들은 오직 정신적 상태만 중요하다는 명제를 채택할 수밖에 없는데, 왜냐하면 그들에게 정신적 상태는 실제로 존재하는 유일한 실체이기 때문이다.[47] 이러한 결론은 예를 들면, 유가행파의 창시자 가운데 한 사람이었던 아상가의 윤리 사상을 해석하는 것과 관련될 것이다.

한편, 중관학파의 구성원들은 이와 같은 관념적 형이상학을 공유하지 않는다. 그들에게 정신적 상태는 물질적인 것과 똑같은 의미에서 그리고 똑같은 정도로 실재하지 않는 것이다. 나는 중관학파의 가르침이 가지고 있는 윤리적 함의라는 어려운 문제를 6장에서 다룰 것이다. 그러나 우리는 중관학파와 유가행파가 윤리에 대해 동일한 견해를 가지고 있다는 주장에서 인도의 원전이 일치하고 있다는 점을 주목해야 할 것이다. 만일 유가행파가 필연적으로 오직 정신 상태만이 본질적 가치를 갖는다는 입장을 고수한다면, 우리는 똑같은 관

---

47 우리는 또한 그들의 철학이 그들을 복지주의자가 되도록 만든다는 사실을 지적할 수 있다. 마음 밖에는 어떠한 아름다운 바위 형성물도 존재하지 않는다. 따라서 아름다운 바위 형성물은 유정적 존재가 인식하는 것과 별개로 본질적 가치를 지닐 수 없다.

점을 중관학파에도 적용할 몇 가지 이유를 가질 수 있다. 우리가 살펴보았던 경전적 증거와 이론적 논쟁들을 고려해볼 때, 나는 성품 결과주의가 대승불교의 일반적인 철학적 견해와 잘 들어맞는다는 결론에 이르게 된다.

5

산티데바(Śāntideva)와
그 이후

5

산티데바(Śāntideva)와
그 이후

산티데바의 체계

학자들 사이에서 불교전통은 어떠한 체계적인 윤리이론도 산출하지 못했다는 것은 진부한 말이 되었다.[1] 이 주장에는 어느 정도 진실이 포함되어 있다. 테라바다의 전통과 『계품Chapter on Ethics』과 같은 대승 경전들은 이 주제를 다룬 수많은 고대와 현대 서양의 자료들에서 발견되는 일반성의 수준으로 올라가는 특정한 윤리적 규범의 도덕성 이나 본성에 관한 추론을 제기하고 있지 않다. 인도 불교전통의 모든

---

* 이 장의 일부는 Goodman(2008)으로 이미 출판되었다. *Philosophy East and West*의 허락하에 재출판되었다.
1   Premasiri(1975), p.31 참조. 여기에서 이 주장은 초기 불교에 관해 제기된 것이다.

저작들 가운데 하나의 정립된 윤리이론에 가장 가까운 경전은 산티데바의 두 저서이다. 『입보리행론Bodhicaryāvatāra, Introduction to the Bodhisattava's Way of Life』과 『대승집보살학론Śīkṣā-samuccaya, Compendium of the Trainings』이 그것이다.[2] 많은 경우에 산티데바는 초기 경전들에 의존하고 있다. 그러나 이를 종합하는 과정에서 그는 실질적으로 더 풍부한 이론적 일관성으로 이루어진 체계를 구성했다. 산티데바의 논증의 세련됨과 일반성 및 힘은 그에게 불교윤리학자들 중 가장 위대한 사람이라는 정당한 자격을 부여했다.

산티데바의 윤리적 관점의 핵심은 『대승집보살학론』에서 나온 다음의 인용문에 표현되어 있다.

몸과 말과 마음으로 짓는 행위를 통해 보살은 진심으로 모든 존재들을 위한 현재와 미래의 모든 괴로움 및 의기소침을 멈추게 하기 위해, 그리고 모든 존재들을 위한 현재와 미래의 행복 및 기쁨을 산출하기 위해 끊임없는 노력을 하고 있다. 그러나 만일 그가 이를 위한 조건들의 집합을 추구하지 않고, 이에 대한 방해물을 막을 모든 것을 위해 노력하지 않거나 혹은 그가 큰 괴로움과 의기소침을 막기 위한 하나의 방법으로 작은 괴로움과 의기소침을 일어나도록

---

2   다른 두 가지 중요한 인도 대승 경전은, 비록 산티데바가 이룬 이론적 수준에는 근접하지 못했지만, 윤리적 이론과 유사한 무엇을 포함하고 있다. 그중 하나는 아리아데바(Āriyadeva)의 『사백론(Four Hundred Stanzas, Catuḥśataka)』으로 Lang(2003)에서 부분적으로 번역되었는데, 나는 6장에서 이를 간단하게 다룰 것이다. 다른 하나는 나가르주나(Nāgārjuna)의 『보행왕정론(Precious Garland, Ratnāvalī)』이며 나는 이를 9장에서 자세하게 다룰 것이다.

하지 않는다면, 혹은 더 큰 이익을 달성하기 위해 작은 이익을 버리지 않는다면, 그리고 만일 그가 이런 일들을 잠시라도 소홀히 한다면, 그는 잘못하고 있는 것이다.3

고전 행위 공리주의의 주요한 특징들 가운데 하나도 이 인용문에서 빠지지 않았다. 행위에 대한 강조; 행복하고 불행한 마음 상태의 주요한 도덕적 중요성; 모든 존재들로 범위를 확대하는 것; 극단적인 요구; 개인의 도덕적 공간을 위한 어떤 여유의 부재; 비용과 이익의 균형 맞추기; 최대화의 추구: 이와 같은 공리주의의 중요한 특징들의 모든 것이 나타나 있다. 또한 이 구절은 우리가 서로 균형을 맞추려고 하는 이익이나 부담을 누가 받는가에 대해서는 아무것도 말하고 있지 않다는 사실을 주목하자. 만일 이 단락만으로 본다면, 우리는 산티데바가 아상가는 허용하지 않았을 것, 즉 다른 사람의 이익에 대해 어떤 사람의 이익을 균형 맞추는 것을 허용할 준비가 되어 있다는 결론에 도달할 것이다. 그러나 이 인용절은 우리가 계속 다루어야 할

---

3   산스크리트 원문은 다음과 같다.
    "bodhisattavaḥ sarvasattvānāṃ vartamānānāgatasarvaduḥkhadaurmanasyopaśamāya
    vartamānānāgatasukhasaumanasyotpādāya ca niḥśāhyataḥ kāyavān manaḥparākramaiḥ
    prayatnaṃ karoti / yadi tu tatpratyayasamāgrīṃ nānveṣate, tadantarāyapratikārāya na
    ghaṭate, alpaduḥkhadaurmanasyaṃ bahuduḥkhadaurmanasyapra tikārabhūtaṃ
    notpādayati, mahārthasiddhyarthaṃ cālpārthahāniṃ na karoti, kṣaṇamapyupekṣake,
    sāpattiko bhavati." Śāntideva(1961), p.12; 번역은 내가 한 것임. Śāntideva(1961)
    p.16과 비교해보라. 이 책에서의 번역은 몇 가지 중요한 철학적 요점을 불분
    명하게 만들고 있다. 여기에서 산티데바는 아상가가 채택했던 것과 똑같은
    전문적 용어인 "fault(산.āpatti)"를 사용하고 있다는 점에 주목하자.

모든 것은 아니다. 그것은 산티데바의 윤리 철학에 대한 행위 결과주의적 해석을 위해 이용 가능한 증거를 철저하게 밝히고 있는 것도 아니다.

산티데바는 우리들에게 결과주의적 진술뿐만 아니라 그것이 요구하는 고상함에 대한 강력한 수사학적 설명을 제공한다. 『입보리행론』의 3장은 급진적 이타주의와 총체적 자기희생의 자비심에 대한 시적인 표현들로 가득 차 있다.

> 8. 배고픔과 목마름의 고통을 내가 먹을 것과 마실 것의 소나기로 막을 수 있기를. 굶주림이 한창일 때는 내가 마실 것과 먹을 것이 될 수 있기를.
> 9. 내가 가난한 사람들을 위한 소진되지 않는 보물이 될 수 있기를. 내가 여러 가지 형태의 공물을 가지고 그들을 기다릴 수 있기를.
> 10. 자, 나는 각각의 존재를 위한 선을 달성하기 위해 삼 세에 걸쳐 얻은 몸과 쾌락과 공덕을 후회 없이 포기하겠노라.[4]

분명히 산티데바는 개인들에게 보편적 도덕적 고려의 명령을 받지 않는 방식으로 행위할 일정한 도덕 공간을 허용하고 싶어 하는 덕 윤리의 옹호자들이나 다른 버전의 결과주의보다 이타적 자기희생의 최고의 도덕적 중요성을 고수하는 피터 싱어와 같은, 특정한 행위 결과주의 저자들과 훨씬 더 유사하다. 또한 산티데바는 우리가 단지 특별한 시기에만 장엄한 자기희생을 할 준비가 되어 있기를 기대하지

---

4   Śāntideva(1995), p.20.

않는다. 우리는 모든 사소한 오락거리를 포기하면서, 모든 존재들의 복지를 우리의 평생의 과업으로 삼을 수 있을 정도까지 우리의 마음을 발전시키도록 노력해야 할 것이다. "우리는 직접적이거나 간접적으로 살아 있는 존재들에게 이익이 되는 것 외에는 다른 어떤 것도 해서는 안 되며, 나아가 우리는 살아 있는 존재들의 이익을 위해서만 깨달음에 모든 것을 바쳐야 한다."(5.101)[5] 『입보리행론』의 윤리는 ― 적어도 그것이 충분히 높은 수준의 정신적 발달에 도달한 사람들에게 말하고 있다는 점에서 ― 어떤 형식의 결과주의와 마찬가지로, 극단적으로 많은 것을 요구하고 있다.

이 시점에서 앞 장에서 다루었던 것과 유사한 쟁점 ― 산티데바가 높은 수준의 수행자들에게 권고한 인상적인 이타적인 행동은 진정한 자기희생적인 것들로 분류되어야 하는가의 여부 ― 을 제기하는 것이 타당한 일일 것이다. 다시 한번 더 우리는 이 쟁점을 공덕의 회향이라는 렌즈를 통해 접근할 수 있다. 이러한 핵심적인 수행에 대한 산티데바의 논의는 『우바새계경 <이하 '계경'>』에서 나온 간단한 언급보다 훨씬 더 많은 정보를 담고 있다. 『입보리행론 <이하 '입행론'>』의 10장은 이 주제에 전적으로 할애되어 있는데, 이에 관한 언급들은 이 책 전체에 걸쳐 나타나는 것이기도 하다.

『입행론』에는 공덕의 회향은 그 열매를 세속적인 쾌락이나 높은 지위로부터 불성을 향해 나아가기 위한 필수조건들로 바꾸는 것을

---

5 Śāntideva(1995), p.43.

포함하는 것처럼 보이는 여러 구절들이 나타난다. 예를 들면, 산티데바가 방금 인용한 구절(5.101)에서 "우리는 모든 것을 깨닫는 것에 바쳐야 한다."라고 말할 때, 나티에르Nattier의 설명은 확실히 산티데바의 요점을 잘 포착하고 있는 것 같다.

하지만 『입행론』에는 명백히 나티에르가 『욱가라월문보살행경』에서 발견한 이 개념에 대한 이해와 같은 것으로 해석될 수 없는 공덕의 회향을 포함하는 다른 구절들도 존재한다. 다음과 같은 게송들이 10장에서 발견된다.

> 10.2. 나의 공덕을 통해 몸이나 마음속에서 괴로움을 겪고 있는 모든 세상의 중생들이 행복과 즐거움의 바다를 찾을 수 있기를.
>
> 10.31. 나의 이 공덕으로 모든 중생들이 빠짐없이 온갖 사악한 행동을 중단하고 언제나 슬기롭게 행위할 수 있기를.[6]

여기에서 산티데바는 분명히 그 자신의 공덕이 다른 존재들에게 전이되어 그들에게 이익이 되기를 간절히 바라는 것처럼 보인다. 게송 3.6도 어떤 전이를 포함하고 있는 것으로 해석되는 것이 매우 자연스러울 것 같다. "이렇게 기술된 모든 것을 행함으로써 얻는 선과 함께 내가 모든 살아 있는 존재들의 온갖 고통을 덜어줄 수 있기를."[7]

---

6 이 게송의 산스크리트는 다음과 같다. "sarvāsu dikṣu yāvantaḥ kāyacittavyathāturāḥ/ te prāpnuvantu matpunyaiḥ sukhapramodyasāgaram"(10.2); "anena mama puṇyena sarvasattvā aśeṣataḥ/viramya sarvapāpebhyaḥ kurvantu kuśalaṃ sadā"(10.31).

7 산스크리트 원문: "evaṃ sarvamidaṃ kṛtvā yanmayāsāditaṃ śubham Tena syāṃ

182

산티데바는 이 공덕이 그가 붓다가 되는 것을 가능하게 하고, 나아가 붓다가 되면 그 스스로 이러한 괴로움을 덜어줄 수 있다는 것을 의미하는가? 이는 방금 인용한 구절에 대한 가장 자연스러운 해석처럼 보이지는 않는다. 더욱이 다음의 게송에 대한 적절한 해석일 것 같지도 않다. "중생들이 끊임없이 붓다와 붓다의 친족과 만나기를. 중생들이 세상의 스승을 무한한 존경심으로 우러러 받들기를.(10.38)"[8] 이 인용구는 산티데바가 자신이 그의 공덕 회향으로부터 따라 나올 유익한 결과들을 열거하는 맥락에서 나타나고 있다. 여기에서 미래의 붓다로서 저자 자신은 분명히 이익을 베푸는 사람이 아니다. 공덕의 수혜자는 다른 붓다와 보살들을 만나 그들의 가르침에 귀를 기울이고, 그리고 그들을 존경함으로써 더 많은 공덕을 얻게 된다.

10장은 큰 망치와 같은 게송 하나에서 정점에 이른다. "이 세상에 아무리 많은 고통이 쌓여 있다고 하더라도, 그것은 내 안에서 여물어지기를. 이 세상이 보살의 청정한 행위로 행복해지기를.(10.56)"[9] 나

---

sarvasattvānāṃ sarvaduḥkhapraśāntikṛt." 이것은 수동태로 번역될 수도 있다는 점에 주목하자. "모든 살아 있는 존재들의 고통이 누그러질 수 있기를." 이 게송에는 우리에게 억지로 주격형의 표현, 즉 "내가 덜어줄 수 있기를(may I allay)"을 넣어 해석하라고 하는 부분은 어디에서도 찾아볼 수 없다.

8   산스크리트 원문: "buddhabuddhasutairnityaṃ labhantāṃ te samāgamaṃ pūjāmeghairantaiśca pūjayantu jagadgurum." "붓다의 친족(kin)"은 그리 좋은 번역이 아니라는 점에 주목하자. 산스크리트로는 buddhasutair인데, "붓다의 아들들", 즉 보살(bodhisattvas)로 해석된다. "kin(친족)"도 일반칭이다. 붓다의 아버지, 어머니, 숙모 및 삼촌들은 이 단어가 의도한 의미에 포함되지 않는다! 만일 우리가 원전보다 덜 성차별적이기를 바란다면, "붓다의 자식들"을 선택할 것이다. 그러나 이 문제에 철학적인 의미는 아무것도 없다.

9   산스크리트어 원어: "yatkiñcijjagato duḥkhaṃ tatsarvaṃ mayi paccatāṃ bodhisattvaśubhaiḥ

는 이 게송에 대한 행복주의적 해석의 전망이 그다지 좋은 것이라고 생각하지는 않는다. 그것은 공덕의 회향을 그 공덕에서 나오는 열매의 본성상의 변화라는 관점에서 해석되어서도 안 된다.

『욱가라월문보살행경』이 편집되고 난 이후 어느 시점부터 공덕 회향의 의미는 공덕의 형성에서 공덕의 전이로 바뀌었다. 고고학적 증거에 따르면 이러한 변화는 기원후 4세기 무렵에 확립되었다는 것을 강하게 시사하고 있다. 그것은『입행론』이 저술될 무렵에는 확고하게 자리 잡았다. 이러한 변화는 내가 주장해온 일반적 양식, 즉 보살의 이상이 갖는 윤리적 함축이 서서히 전개됨에 따라 인도 대승 전통이 행위 결과주의 방향으로 점차 진화한 것과 부합한다.

내가 생각하기에 산티데바가 우리에게 제공하는 것은 단순히 결과주의의 한 버전일 뿐만아니라, 잘 가다듬어지고 철학적으로 매우 흥미로운 버전이다. 그의 추론 수준에서 한 가지 놀라운 척도는 그가 최근의 서양 윤리이론에서 이루어지고 있는 중요한 발전을 예상할 정도로 뛰어났다는 것이다. 내가 2장에서 밝혔듯이, 파핏은 인격적 정체성에 대한 그의 환원주의적 견해는 윤리학의 결과주의적 관점을 지지하는 데 사용될 수 있다고 주장했다. 비록 파핏은 그가『이성과 개인』을 쓸 무렵에는 이를 인식하지 못했지만, 산티데바는 천 년보다 더 앞서 유사한 철학적 움직임을 보여주었다.『입행론』에서 산티

---

sarvairjagat sukhitamastu ca." 나는 이 게송이 티베트 불교도들에게 통렌(tonglen) 수행법을 발달시키도록 한 영감의 일부라는 점에 강한 의구심을 품고 있는데, 이는 이 장의 두 번째 절에서 기술되고 있다.

데바가 불교의 무아론을 다룬 아비달마논사Abhidhārmika의 양식에 호소하는 윤리적 관점을 정당화하고 있다는 것은 오늘날 매우 잘 알려져 있다.[10] 내가 1장에서 요약했던 이 교의에 따르면, 우리가 우리 자신과 우주의 나머지 부분 사이의 근본적이며, 또한 근본적으로 중요한 구분이라고 간주하는 것은 사실 하나의 환상이다. 실제로는 영혼이나 자아 혹은 심지어 인간의 몸과 같은 것조차도 결코 존재하지 않는다. 실재는 다르마들이라고 불리는, 헤아릴 수 없이 작고 순간적인 실체들로 이루어진 광범위하고 복잡한 하나의 과정인데, 현대의 분석철학자는 이를 트롭tropes: 개별자으로 부르고 싶어 할 것이다.[11] 이러한 트롭의 일부를 "나"와 "나의 것"을 구성하는 것으로 분별하는 과정은 완전히 미혹된 것이다. 그것은 집착과 이기주의, 자만, 탐욕과 증오를 가져오며, 마침내 괴로움에 이르게 한다.

그러나 일단 우리가 자아의 비존재성을 인식한다면, 이기주의는 자아와 타자 사이의 구분에 의존하는 모든 형태의 실천적 추론과 함께 비이성적인 것으로 드러난다.

  8.97. 만일 내가 그들의 괴로움이 나에게 영향을 미치지 않기 때문에 그들을 전혀 보호하지 않는다면, 왜 그것이 나에게 영향을 미치지 않는 미래의 괴로움에 대해서 내 몸을 보호하는가?

---

10 그의 논증은 Williams(1998)에서 길게 논의되고 있다. 이러한 논증들은 또한 윌리엄스와 시더리츠(Siderits)가 서로 주고 받은 중요한 쟁점이기도 하다. Siderits(2000a)와 Siderits(2000b) 및 Williams(2000) 참조.
11 그래서 나는 Goodman(2004)에서 논의하고 있다.

8.99. 만일 그대가 고통을 가진 사람이 그것을 막아야 한다고 생각한다면, 발의 고통은 손의 고통이 아닌데, 왜 전자가 후자의 보호를 받아야 하는가?

8.102. 세상의 모든 사람은 예외 없이 괴로움을 겪는다. 그것은 단지 괴로움이기 때문에 제거되어야만 할 것이다. 왜 어떠한 제한을 여기에 두어야 하는가?[12]

이 게송들에서 산티데바는 사람들의 영속적인 정체성과 어떤 시점에서 어떤 인격체의 단일성, 그리고 정신적 상태의 소유자라고 할 수 있는 어떤 인격체의 실체적 존재를 거부하고 있다. 이러한 주장들은 파핏이 제기한 것과 놀라울 정도로 유사하다. 파핏과 마찬가지로, 산티데바는 인격적 정체성에 관한 사람들의 일상적 견해를 부정하는 것으로 시작해서 모든 유정적 존재들의 선을 위한 자기희생의 윤리를 옹호하기 위해 이러한 부정을 사용하려고 시도한다.

우리가 산티데바의 전략이라고 부를 수 있는 이러한 형식의 논증은 『입행론』의 이 부분에 단순한 역사적 흥미 그 이상을 부여하고 있다. 만일 우리가 무아론을 받아들인다면, 실현 가능한 유일한 윤리적 이론은 어떤 형식의 보편적 결과주의라는 주장에 저항하는 것이 매우 어려울 것이다. 그와 같은 사실을 중요하게 만드는 것은 무아론을 지지하는 수많은 강력한 논증들이 존재한다는 점에 있다. 우리가 이러한 논증을 이해한다면, 사물을 보는 우리의 일상적 방식에 심각한

---

12 Śāntideva(1995).

모순이 존재한다는 사실이 점점 더 명백해진다. 우리가 단일한 실체로 존재한다는 통상적이고 직관적인 믿음은 이성적으로 볼 때 신뢰할 수 없다.

무아론을 지지하는 하나의 논증은 다음과 같다. 모든 구성물들은 모호함vagueness을 보여준다. 모호함은 개념적 구성의 한 표식이다. 그러므로 모든 구성물들은 개념적으로 구축되어 있는 것이다.[13]

첫 번째 전제는 만일 그것을 우리의 일상 속의 중간 크기의 대상물에 적용한다면 확실히 참이다. 식물들과 동물, 인공물과 자연 대상들은 모두 모호한 공간 영역을 지니고 있다. 우리가 그것들을 원자의 수준에서 본다면 그것은 작은 입자들의 덩어리인데, 이것은 특정한 입자가 그것의 일부인지 아닌지의 여부에 관한 문제에 대해 간혹 전혀 사실이 아닌 것과 같은 방식으로 끊임없이 환경과 물질을 교환하고 있다. 더군다나 그것들은 모호하고, 점진적인 방식으로 시작하며, 그리고 종종 끝난다. 한 인간의 존재가 모호하다는 사실은 낙태와 조력 자살에 대한 논쟁들의 주요한 원천이다. 우리의 존재와 우리가 통상적으로 믿고 있거나 말하고 있는 거의 모든 사물들의 존재는 도저히 제거할 수 없을 정도로 모호하다는 주장에 저항하기 위한 옹호가 능한 방법은 결코 존재하지 않는다. 그러나 우리는 왜 이 모호함이 이러한 사물들 및 우리 자신들이 개념적으로 구성되어 있다는 사실을 수반한다고 믿어야만 하는가? 우리는 왜 구성물에 대한 현실적인

---

13 Siderits(1997), pp.469-70을 보라.

태도를 유지하면서 모호함과 더불어 사는 것을 바로 배울 수 없는가?

난점은 모호함과 더불어 사는 것이 쉽지 않다는 점이다. 그것은 계속 짜증을 내게 하다가 접시를 깨뜨리게 만든다. 정의에 따르면 모호함은 거의 연쇄적 궤변the Sorites Paradox, 즉 서양 철학자들이 고전적 고대 이래로 고민해왔던 문제를 낳는다. 예컨대, 우리가 인간의 생명은 수정 순간에 뚜렷하게 시작되지 않는다고 전제하고 있다는 것을 가정해보자. 우리는 수정된 난자와 같은 단일 세포가 인간 존재가 될 복합체의 수준에 이를 수 없을 것이라고 생각할지도 모른다. 16개의 세포로 이루어진 배반포조차 인간 존재가 될 수 있는 것과 같은 사물의 종류처럼 보이지 않는다. 생물학적으로 보면, 그것은 연못의 녹조 수준에 더 가까운 것처럼 보인다. 그리고 우리는 배반포는 인간 존재가 아니라는 사실을 받아들인다고 가정해보자. 우리는 인간 존재가 아닌 사물이 단순히 세포가 하나씩 더 증가한다고 해서, 인간 존재가 될 수 있을 것이라고 생각하는가? 분명히 아닐 것이다. 단일 세포의 추가는 그와 같은 거대하고 중요한 차이를 만들 수 없을 것이다. 그러나 우리가 두 개의 세포를 하나씩 추가한다면, 그중의 어느 것도 결정적인 차이를 만들 수 없는데, 왜냐하면 그것의 각각은 단일한 하나이기 때문이다. 그리고 똑같은 것이 세 개의 세포에도 적용된다. 이에 따르면 당신과 내가 인간 존재가 아니라는 결론에 이르는데, 왜냐하면 우리 각자는 배반포로부터 새로운 세포들의 점진적인 추가 과정에 의해 성장했기 때문이다. 사람들이 자기 자신들의 존재에 대해 믿고 있는 것은 지속적인 것이 아니다.

최근 모호함은 더욱 세련되고 훨씬 더 어려운 종류의 난점을 야기하고 있다. 파핏은 사람들의 인격적 정체성에 대한 개념에 내재하는 모호함은 몇 가지 상상 가능한 경우들에서, 특정한 인격이 살아남는가 혹은 살아남지 못하는가의 여부에 관한 문제는 전혀 존재하지 않을 것이라는 결론에 이른다는 점을 보여주었다.[14] 결합 스펙트럼the Combined Spectrum이라고 알려진 강력한 사례를 살펴보자. 의사들이 갑자기 당신의 신체 질량의 1퍼센트를, 당신을 단지 마릴린 먼로Marilyn Monroe와 약간 더 닮은 것처럼 보이게 하는 방식으로 새로운 물질로 대체하고, 또한 동시에 당신의 기억, 신념 및 욕망의 1퍼센트를 마릴린 먼로의 그것과 닮은 다른 것들로 대체한다고 가정해보자. 확실히 당신은 살아남을 것이다. 의사들이 당신을 총으로 쏘고, 시체를 묻고, 그런 다음 마릴린 먼로의 정확한 복제품을 만들었다고 가정해보자. 확실히 당신은 죽고 말 것이다. 이런 두 가지 경우 사이에는 당신의 신체 질량과 정신 상태의 x퍼센트가 갑자기 대체되고 당신을 마릴린 먼로와 더 닮게 만드는 이어지는 사례들의 영역이 존재한다. 만일 52퍼센트가 대체된다면, 당신은 살아남을까? 48퍼센트는 어떨까? 가령 1퍼센트나 0.1퍼센트와 같은 작은 차이는 당신이 살아남을 것인지 혹은 그렇지 않을 것인지 간의 차이를 만들어낼 수 있을 것인가? 자기 자신의 존재에 대한 사람들의 통상적인 사고방식은 그 안에서 사람들이 어떤 과정을 거치며 살아남을지의 여부에 관한 문제는 전혀 존재하지 않는 경우들을 허용하지 않는다. 결합 스펙트럼은 이와 같

---

14   Parfit(1984), pp.236-43.

은 통상적 사고방식이 잘못되었다는 것을 보여준다.

더군다나 통상적인 대상 영역의 모호함은 피터 응어Peter Unger가 "다수의 문제the Problem of the Many"[15]라고 부른 것과 "1001마리 고양이의 역설the Paradox of 1,001 Cats"[16]로 알려진 매우 골치 아픈 형이상학적 문제들을 야기했다. 어떤 중간 크기의 특정한 구성물에 대해 우리는 그것의 영역에 선을 긋기 위해 약간씩 다른 천문학적으로 많은 숫자의 방법을 구축할 수 있다. 이러한 영역의 집합 각각은 하나의 다른 대상을 규정하고 있다는 결론에 저항하기 어렵다는 것이 밝혀지는데, 그러므로 만일 당신이 집에 한 마리의 고양이를 가지고 있다고 생각한다면 실제로 당신은 1001마리 혹은 어쩌면 짝수 2^{1001}마리의 고양이를 가지고 있는 셈이다.

한편, 모호한 대상을 고려하는 데 반대하는 가레쓰 에반Gareth Evans의 논증이 있다. A=B인지가 불확실하다고 가정해보자. 그러나 A=A라는 것은 확실하다. 그렇다면 A는 B가 결여하고 있는, 결정적으로 A와 동일한 어떤 속성을 갖고 있다. 그러므로 전제와는 반대로 A≠B라는 것은 확실하다.

내 견해에 따르면—비록 시도가 부족했던 것은 확실히 아니지만—모호함과 관련한 문제에 대한 만족스러운 어떠한 현실적 해결책도 존재하지 않았다.[17] 그와 같은 해결책의 부재 속에서 불교도들은 모

---

15 Unger(1980)는 이 문제를 집중적으로 다루고 있다.
16 Lewis(1993), p.166을 참조하라.
17 매우 독창적이지만 내 생각에는 성공하지 못한 시도에 대해서는 Williamson

호함을 모든 종류의 상식적 현실주의 입장을 반대하는 강력한 무기로 사용할 수 있다. 일부 철학자들은 모든 구성적 대상들이 모호함을 드러내고 있다는 이유로 사람들에 대한 환원주의적 견해를 찬성하는 파핏의 논증 수용을 거부할 것이다. 덜 야심적인 환원주의자들과는 달리 불교도들은 모든 구성적 대상물들이 개념적으로 구축되어 있다는 결론을 내릴 것이다. 그것들은 우리가 그것을 어떻게 인식하는 것과는 별개로 그것 자체로 있는 것처럼 세상에 존재하지는 않는다. 그러나 그 대상들은 우리가 구축하고 있는 세상과 일상적 거래의 맥락에서 존재하며, 따라서 그것은 관습적으로 존재한다고 말할 수 있다.

설령 약간의 진보가 모호함에 대해 일어났을 수 있다고 하더라도 구성과 시간 그리고 변화에 대한 쟁점으로부터 직접 나오는 다른 종류의 문제들이 존재한다. 그러므로 우리는 테세우스의 배the Ship of Theseus를 갖게 되는 셈인데, 그 안에서 우리에게 어떤 사물의 연속적인 정체성에 대한 충분조건인 것처럼 보이는 유사한 문제들은 똑같이 훌륭한 두 개의 후보안을 낳는데, 이는 거의 과거의 단일한 대상과 동일한 것이다.[18] 파핏은 우리들에게 인간은 그와 같은 문제로부터 벗어나지 못한다는 것을 보여주었다. 만일 당신이 당신의 몸과 동일하다면, 당신은 나의 부분My Division[19]과 직면해야만 한다. 반면에 만일 당

(1994)을 보라.

18 나는 테세우스의 배를 Goodman(2005)에서 논의하고 있다.

19 Parfit(1984), pp.253-66.

신이 당신을 당신의 마음이라고 생각한다면, 당신은 마음을 어지럽히는 분기선Branch-Line[20] 사례를 다룰 필요가 있다. 이런 각각의 경우 미래의 기술에 대해 과감한 가정을 한다면, 우리는 어떤 한 사람이 두 사람으로 나뉠 수 있고, 그 각각은 원래의 것과 동일한 것이라고 주장할 이유가 충분하다는 사실을 보여줄 수 있다.

나아가 우리는 고대의 소박하지만, 여전히 곤혹스러운 불교 명제를 잊어서는 안 될 것이다. 우리는 전체와 부분은 둘 다 실제로 존재하는 실체라고 믿는다고 가정해보자. 전체는 부분과 동일한가, 아니면 그것과 다른가? 만일 우리가 전체는 하나의 다른 실체라고 말한다면, 우리는 부분과 별도로 그것이 무엇인가를 기술할 수 없을 것이다. 우리는 확실히 고립된 전체를 볼 수 없거나 그것과 인과적으로 상호작용할 수 없을 것이다. 왜냐하면 그것은 부분으로부터 나오는 모든 인과적 힘을 물려받고 있기 때문이다. 그러나 우리는 전체와 부분은 양립불가능한 속성을 가지고 있다는 것을 전제한다면, 어떻게 전체가 부분과 동일하다고 말할 수 있겠는가? 예를 들면, 전체는 하나이고 부분들은 다수이다.

내가 방금 검토한 모든 논증들은 그가 자신의 영혼이고, 몸과 정신 상태와 구분되는, 비물질적이고 영적인 실체이며, 몸과 정신적 상태의 소유자이고, 행위들의 행위자 및 행복과 괴로움의 경험자라고 믿는 어떤 사람들의 저항을 받을 수도 있을 것이다. 그러나 물론 우

---

20   Parfit(1984), pp.200-201.

리는 그와 같은 실체가 존재하는가에 대한 아무런 증거도 가지고 있지 않다. 더욱이 그와 같은 실체는 행위들의 행위자가 되기 위해 자신의 몸을 움직이게 하는 원인이 될 수 있어야 할 것이다 — 그것은 몸이 물리의 법칙을 끊임없이 위반하도록 하고, 엄청난 숫자의 작은 기적들을 불러올 것을 요구할 것이다. 그리고 만일 사람들이 영혼과 함께 생각한다면, 사람들은 실제로 뇌와 함께 생각한다는 광범위한 증거를 설명하기가 매우 어려워질 것이다. 특히 만일 영혼이 생각하는 것의 전부라면 약물이나 알코올, 알츠하이머병 및 뇌의 손상과 같은 물리적 원인은 사람의 사고와 감정에 왜 그와 같은 심각한 영향을 끼치는가? 우리는 이러한 물리적 원인들이 단순히 몸을 통제하는 영혼의 능력을 방해한다고 말할 수 없는데, 왜냐하면 그것은 또한 사물들이 사람에게 어떻게 보여지는지, 그리고 물리적 원인들은 단순히 생각하는 것과 몸의 다른 부분 사이를 잇는 고리에만 간섭한다는 전제와는 일치하지 않는 방식으로 영향을 미치고 있기 때문이다.

종합해서 보면 이러한 논증들과 이와 유사한 다른 논증들은, 이 세상에서 의식의 구성적 활동과 무관하게 사실상 궁극적으로 존재하는 자아가 있다는 가정에 반대하는 하나의 강력한 주장인 것처럼 보인다. 어떤 독자들은 이 말이 그다지 인상적이지 않을지도 모르지만, 오히려 그와 같은 문제들과 역설들은 어느 날 해결될 수도 있을 것이라는 바람으로 우리의 상식에 호소하는 것을 더 선호할 수도 있을 것이다. 이 장은 지금까지 언급해왔던 각각의 논증들에서 나타날 수 있는 가능한 반응들에 대해 내가 끼어들 만한 자리가 아니다. 나의 유일한 의도는 불교의 무아론이 처음 보면 아무리 그럴듯해 보이지 않는다고 하더라도, 하나의 신뢰할 만한 철학적 견해일 뿐만 아니라 현실적으로 폭넓은 고려들의 지지를 받을 수 있다는 사실을 보여주기 위한 것이다. 사람들과 유정적 존재 및 자아가 궁극적으로 존재하지 않는다는 것은 진지하게 고려해볼 만한 가치가 있는 하나의 철학적 입장이다.

키온은 이렇게 쓴 바 있다. "윤리학이란 과목은 한 사람의 개인은 다른 사람과 구분될 수 있다는 점을 요구하고 있을 뿐이다. 이러한 맥락에서 보면 개인 본성의 궁극적이며 존재론적인 구성이란 쟁점을 추구하는 것은 윤리를 형이상학과 혼동하는 것이며, 나아가 유익한 노선의 물음도 되지 못한다."[21] 『입행론』의 8장을 보면 산티데바는 이러한 평가에 동의하지 않을 것이 분명하다. 무아론은 대승 윤리의 핵심이다. 그것은 광범위하고 극적이며 규범적인 함축들을 포함하고 있다. 특히 그것은 누가 이익을 또는 부담을 경험하는가는 중요하지 않다는 점을 함축하고 있다. 왜냐하면 경험하는 어떤 사람들은 궁극적으로 존재하지 않기 때문이다. 이러한 함축은 다시 우리가 행위의 분배적 효과를 무시하고 오직 선을 극대화할 수 있다는 주장으로 이어진다. 우리는 특히 부담과 이익의 균형을 맞추고 난 다음 부담을 뺀 전체적으로 가장 큰 이익을 낳는 행동을 선택하는 가운데 어떤 사람들의 집단에는 전체적으로 작은 해악을 초래하지만 다른 집

---

21   Keown(1992), p.19.

단에게는 전체적으로 더 큰 이익을 가져다주는 행위를 도덕적으로 승인할 수 있다.

나는 앞 장에서 이상가가 서로 다른 유정적 존재의 이익이 다른 존재들의 복지와 균형을 맞추거나 혹은 그것을 위해 희생될 수 있는지, 그리고 어떤 경우에 그럴 수 있는가에 대한 명백하거나 잘 발달시킨 어떠한 논의도 제공하지 않았다는 사실을 보여주었다. 산티데바의 저술들에서 우리는 균형 맞추기와 관련된 쟁점들을 언급하고 있는 많은 구절들을 발견할 수 있다. 자신의 몸을 다른 사람들을 위해 희생할지 어떨지 그리고 언제 그렇게 할 것인가를 논의하는 가운데, 산티데바는 다음과 같이 적고 있다.

> 5.86. 몸은 진실한 다르마에 기여한다. 우리는 어떤 사소한 이유로도 몸에 해로움을 끼쳐서는 안 될 것이다. 왜냐하면 그것은 우리가 살아 있는 존재들의 희망을 빠르게 성취할 수 있는 유일한 길이기 때문이다.
>
> 5.87. 그러므로 우리는 자비의 성향이 그만큼 순수하지 않은 어떤 사람을 위해 목숨을 포기해서는 안 될 것이다. 그러나 그의 성향이 그것에 필적할 만한 어떤 자비로운 사람을 위해서 우리는 목숨을 포기해야 할 것이다. 그와 같은 길은 전체적으로 보면 결코 손해가 아니다.[22]

---

22 Śāntideva(1995), pp.41-42.

이것은 두 사람의 타자 사이가 아니라 자신과 타자 사이에 균형을 맞추는 하나의 사례이다. 왜냐하면 대승 경전들은 종종 행위자와 그 외의 다른 사람들 사이의 차이를 도덕적으로 관련 있는 것으로 다루고 있다는 점을 보여주었기 때문에 위의 인용문은 산티데바가 더 많은 다른 사람들의 이익을 위해 어떤 무고한 사람들에게 해를 끼친다는 것을 묵인할 것이라는 점을 결정적으로 보여주고 있는 것은 아니다. 그러나 그는 자신의 윤리적 관점을 정당화하기 위해 그와 같은 행동을 전략상 허용하는 데 관심이 있는 것처럼 보인다. 산티데바는 명백하게 자기 자신의 괴로움의 경우에는 더 큰 것을 막기 위해 더 적은 양의 괴로움을 감수할 것을 합리적으로 요청받고 있다고 분명히 말하고 있다.[23] 일단 우리가 서로 다른 유정적 존재들 사이에 형이상학적으로 어떠한 중요한 차이도 없다는 가르침을 윤리학과 관련시켜 본다면, 해로움이 동일한 존재나 혹은 다른 존재에게 이익을 가져다 줌으로써 보상되는지의 여부는 궁극적으로 중요할 수 없다. 뿐만 아니라 해악을 가져오는 행위를 누가 수행하는가도 궁극적으로 중요한 문제일 수 없다. 이러한 전략은 필연적으로 균형 맞추기를 허용하는 윤리적 견해에 도달하게 된다.

산티데바 자신이 이 점이 함축하는 모든 것을 완전히 꿰뚫어봤는지 어떤지는 전적으로 분명하지 않다. 그의 저술들에는 이러한 방향

---

23 Śāntideva(1995), p.69. "모든 의사들은 건강을 회복시키기 위해 고통스러운 치료법을 사용한다. 그것은 많은 괴로움을 종식시키기 위해서라면 사소한 하나는 감수해야만 할 것이라는 결론에 이른다."

으로 이어지는 중요한 움직임이 여러 단락에 흩어져 있다. 『대승집
보살학론 (이하 '집학론')』에서 산티데바는 다음과 같은 매혹적인 구
절을 인용한다.

> 더욱이 그〈보살〉는 자기 자신의 짐을 모든 존재들의 이익이 손
> 상될 것이라는 염려 때문에 부적합한 사람에게는 떠넘기지 않는다.
> 그러나 그가 모든 존재들의 이익에 전혀 손실이 없다고 보는 곳에
> 서 세상에 좋은 어떤 것을 자신이 행하든 혹은 다른 사람이 행하든
> 무슨 차이가 있겠는가?[24]

이 구절은 해로운 행동이 아니라 이익이 되는 행동과 관련된다.
그러나 동일한 추론이 그것의 직접적 효과가 해악을 야기하는 행동
들에 어떻게 적용되지 않을지를 아는 것은 어렵다. 그리고 이익이 되
는 것이든 혹은 해로운 것이든, 어떤 행동을 누가 수행하는지가 궁극
적으로 중요하지 않다는 원리는 강력한 형태의 행위자 – 중립적인 원
리인데, 이는 공리주의에 대한 반대 주장으로 제기되어 왔던 가장 문
제되는 많은 주장들을 발생시킬 수 있다. 예를 들면, 이 원리를 따르
는 행위자는 만일 그것이 어떤 다른 행위자가 20명의 무고한 사람을
죽이는 것을 막는 유일한 방법이라면 1명의 무고한 사람을 죽여야만
할 것이다.[25]

---

24 Śāntideva(1971), p.144.
25 산티데바는 어떤 경우에 이러한 종류의 결론에 맞설 자료를 가지고 있었을
    지도 모르겠다. 깨달음으로 나아가는 보살의 발전을 방해하는 마음의 오염

실제로 산티데바는 이상가보다 더 진심이거나 적어도 명백하게 결과주의적 윤리 입장을 받아들이는 것처럼 보인다. 이러한 입장은 『입행론』 5장의 게송84를 글자 그대로 읽는 것으로도 분명해질 것이다. "그것이 이익이 될 것이라는 것을 아는 자비로운 자에게는 금지된 것조차도 허용된다." 우리는 산티데바를 포함한 대승 윤리주의자들이 도덕 규칙을 깨뜨리는 허용을 아무에게나 확장하지 않는다는 것에 주목해야만 할 것이다. 이 구절에서 산티데바는 금지된 행위를 수행하는 사람은 "자비로워야" 한다는 점을 요청하고 있다. 더욱이 이 사람<보살>은 그 행위가 이익이 되리라는 것을 ― 단순히 이론적이 아니라 ― 실제로 알고 있어야만 한다. 사물이 실제로 존재하는 방식을 이해하지도 못하고 적절한 종류의 동기도 갖고 있지 않은 보통 사람들은 이 체계에서는 모든 사람들이 어린아이와 제정신이 아닌 사람들로 여기는 방식 그대로 간주된다. 그들은 자신들의 이익을 위해 고안된 행위 규범들을 엄격하게 따라야만 한다. 하지만 더 큰 자비심과 통찰력을 가진 사람들은 이런 규칙들을 무시하는 것이 이익이 될 때는 그렇게 할 수 있을 것이다.

___

은 이 행동의 모든 다른 이익을 압도하는 것과 같은 나쁜 결과가 될 것이다. 훨씬 더 낮은 것이기는 하지만, 이와 어느 정도 유사한 추론의 양식에 대해서는 Śāntideva(1971), p.162을 보라. "다른 사람의 선을 성취하는 것은 나 자신의 선보다 더 중요하다는 사실을 확신하자. 만일 그가 다른 사람을 훈계할 때조차 분노하는 마음이 일어난다면, 그는 미래에 후회할 결과 때문에 이를 주저한다. … 만일 이것이 그 존재에게 선이라고 하더라도, 그럼에도 불구하고 보살(Boddhisatva[원문대로])의 연민이 소멸됨으로 말미암아 선과 세상의 위대한 고리에 상실을 가져올 것이다."

그렇게 하는 것이 이익이 될 때 도덕 규칙을 무시하라는 보편적인 허용은 ─ 우리가 『입행론』 5장 게송84에서 발견하고 있는 것과 마찬가지로 ─ 행위 결과주의를 직접적으로 함축하고 있다. 어느 주어진 사례에서 우리가 적용하려고 하는 어떤 규칙은 최선의 결과를 낳는 행동을 승인하거나 ─ 이 경우 규칙을 따르는 것이 행위 결과주의와 일치한다 ─ 혹은 그 게송이 우리에게 규칙을 깨뜨리고 나아가 행위 결과주의가 우리에게 행하라고 하는 것을 허용하는 그 외의 다른 행동을 승인할 것이다. 그러므로 산티데바의 관점은 적어도 그것이 진정으로 자비로운 사람에게 적용되는 것으로서의 행위 결과주의와 일치하지 않으면 안 된다. 나는 6장과 7장 및 11장에서 불교윤리가 매우 높은 수준의 수행자들의 도덕적 지위에 대해 어떻게 말해야 할 것인가와 윤리적 원리들이 서로 다른 정신적 발달 수준에 있는 사람들에게 다르게 적용되는 방법에 대해 더 자세하게 다룰 것이다.

『입행론』 5장 게송84에 나오는 이론 수준에서 승인된 유연성은 최소한 『집학론』에 나타나는 두 종류의 실천적 윤리 쟁점에 대한 논의에서 반영되고 있다. 첫째, 산티데바는 이상가가 그 안에서 보살이 다른 사람들의 재산을 사용할 수 있는 환경에 대해 표현하고 있는 것보다 더 폭넓은 개념을 가지고 있다. 그는 다음과 같이 쓰고 있다.

> 만일 그것을 다른 사람의 재산으로 인정하고 그가 이것을 자기 자신을 위해 소비한다면, 그는 절도의 죄를 범한 것이다. 바라제목차Prātimokṣa에 따라 그는 최고의 처벌인 추방을 면하지 못한다. 그러나 만일 그가 몸은 모든 생명체의 하인이며, 또한 그것은 모든 생명

체에게 속한 것을 사용함으로써 보호된다고 생각한다면, 거기에는 어떠한 잘못도 없다. 왜냐하면 자기 주인의 일에 대해 항상 바쁜 하인이 자신의 일로 바쁜 것은 언제나 어떤 것도 소유하고 있지 않기 때문이다. … 그리고 하인은 자기 주인의 이익을 위해 헌신할 때 또 질병이나 그와 같은 다른 어떤 것으로 고통받을 때, 만일 그가 주인의 허락을 구하지 않고 먹었더라도 아무런 잘못이 없다.26

산티데바의 이러한 독창적인 주장은 만일 어떤 보살이 진실로 자비심의 동기로 행동한다면, 그는 그와 같은 것들이 모든 존재들의 이익을 위한 일에 방해될 때는 언제든지 재산권, 즉 불교의 두 번째 계율<불투도계>을 무시할 수도 있다는 사실을 보여주는 하나의 방법으로 제공된 것처럼 보인다. 또한 산티데바는 성적 비행을 금지하는 세 번째 계율<불사음계>이 모든 존재들의 복지라는 보다 더 근본적인 중요성에 압도될 수 있다는 것을 허용할 준비가 되어 있다.

세상에서도 어머니와 아버지가 자신들의 아들이 말뚝 위에 매달려 있는 것을 볼 때 내적인 자비심의 힘으로 인해, 그들에게서 쾌락에 대한 집착이 목격되지 않는다. 그와 같은 때에는 가족에 의한 가르침이나 깃발의 보호를 받고 있거나 그렇지 않거나 기혼이거나 미혼인 [어떤 여성과] 비밀스러운 성적 비행은 일어나지 않을 것이다. [그러나] [그와 같은 행동을] 하는 존재들에게 이익이 되고 아무런 어떠한 해악이 존재하지 않으며, 그리고 그 결과가 확인된 곳에

---

26 Śāntideva(1971), p.140. 이 축자 번역은 현대적으로 약간 다듬었다.

서는 전혀 문제가 되지 않는다.[27]

이 인용문에 나타난 생각은 다음과 같은 것으로 보인다. 아들이 끔찍하게 처형되고 있는 아버지는 이 상황으로 너무 충격받고 또한 당황해서 부인과의 합법적이거나 혹은 다른 여성과의 불법적인 성 관계를 맺는 것에 대해 생각조차 하지 못할 것이다. 보살은 모든 존재를 그들 자신의 가족의 일원으로 간주하기 때문에 윤회적 존재의 엄청난 괴로움에 대한 인식은 그들의 마음으로부터 관능적인 쾌락에 집착하는 모든 생각을 몰아내야 할 것이다. 그러나 예외적인 상황

---

27 나의 번역임. 이와 약간 다른 번역은 Śāntideva(1971), p.163을 보라. "그리고 세상에서 어떤 아들이 어머니와 아버지의 눈앞에서 <창 등으로> 찔렸을 때, 그들은 자연스러운 연민 때문에 그들 자신의 복지에 대한 집착을 생각하지 않는다. 가족이나 종교 혹은 왕실의 기준에 의해 보호되는 부인이나 하녀들과의 비밀스러운 관계는 금지된 사랑은 아닐 것이다. 만일 여기에 사람들에게 좋은 것이 있거나 그들에게 아무런 피해가 없다면, 우리가 그 동기를 이해하고 있을 때는 아무런 죄가 되지 않는다." 여기에서 벤달(Bendall)과 루즈(Rouse)의 번역은 문제가 있다. 그들은 의미론적으로 하나의 문장을 둘로 쪼개고 있는 것인지도 모른다. 이 구절의 산스크리트는 다음과 같다. "loke'pi putre śūlamāropyamāṇe paśyatormātāpitrorna saukhyasaṅgo dṛṣṭaḥ svānurūpakṛpāvaśāt prachannas tarhi sasvāmikāsu niḥsvāmikāsu niḥsvāmikāsu vā kuladharmadhvajarakṣitāsu kāmamithyācāro na syāt / sati sattvārthe sattvānupaghāte cānubandhaṃ nirūpyādoṣaḥ." Śāntideva(1961), p.93. 우리는 단다(daṇḍa, 구두점)를 나타내는 슬래쉬(/) 앞의 전체 내용을 하나의 문장으로 읽어야 할 것으로 보인다. 우리가 만일 그렇게 한다면 이 인용문은 내가 한 것처럼 번역되어야 할 것이다. 내가 제안한 이 번역은 그 두 사람이 두 가지 조건 — 사람들에게 이익이 되고, 그들에게 아무런 피해가 되지 않는 것 — 을 결합된 것이 아니라 분리된 것으로 읽고 있는 것을 제외하고는, 벤달과 로즈의 번역과 철학적으로 동일한 결론을 갖는다. 그러나 우리는 vā "혹은(or)"이 아니라 ca "그리고(and)"를 취한다. 그 행동이 허용되려면 두 가지 조건이 모두 충족되어야 한다.

에서는 어떤 이유로 사회적으로 금지된 성관계를 갖는 것이 좋은 결과를 갖고 어떤 해악도 초래하지 않을 때 자비 자체는 그들에게 세번째 계율<불사음도>을 어길 것을 요구한다.[28] 이상가도 동의할 수 있을 것이다. 다만 그는 그 안에서 보살이 이 계율을 깨뜨릴 수 있는 사례들의 범위에 대해 완전히 분명한 모습을 보여주지는 않는데, 그는 우리에게 그와 같은 위반이 허용될 수 있는 오직 한 가지 사례만 제공한다.[29]

---

28 산티데바의 관점에 따르면, 그와 같은 성관계는 승려에게는 여전히 명백하게 금지되고 있다. 오직 재가 신자만이 그와 같은 관계를 맺을 수 있다.

29 Tatz(1986), p.71을 보라. 이런 인도의 경전들은 티베트 민간 전승에 뚜렷한 영향을 미쳤다. 고대 전설에 따르면, 티베트 사람들은 원숭이와 바위 오그레스(ogress)의 후예이다. 14세기에 성립한 티베트의 민속사인 『왕통세계명감(王統世系明鑑, Clear Crystal Mirror, (Rgyal rabs gsal ba'i me long))』에서 발견된 이 이야기에서 원숭이는 특별한 독신 서원을 한 신심 깊은 한 대승불교도이다. 그러나 그와 사랑에 빠진 오그레스는 이 서원을 지키는 것에 대해 강력히 반발한다.

> "나는 욕망에 따라 나는 이러한 요구를 하게 되었소.
> 만일 당신이 나와 결혼해주지 않는다면
> 나는 바위 오거(ogre)를 남편으로 삼을 것이오.
> 우리는 매일 1만의 살아 있는 존재들을 죽일 것이며,
> 매일밤마다 우리는 1천의 생명들을 먹어치우고 말 것이라오.
> 나는 셀 수 없이 많은 오그레스의 자식들을 낳아
> 이 눈 덮인 지역을 오그레스의 도시로 채울 것이오.
> 살아 있는 모든 생명은 오그레스의 먹이가 될 것이오.
> 비교해보면, 나를 생각해서
> 그대의 자비심을 보여주는 것이 더 좋은 일이 아니겠소?"
> (Sakyapa Sonam Gyaltsen(1996), p.76.)

관세음보살(Avalokiteśvara)의 조언에 따라 이 원숭이는 서원을 했음에도 불구하고, 이에 동의하고 티베트 민족의 조상이 된다.

이 증거는 확실히 시사적이지만, 우리가 산티데바는 행위 결과주의자라고 명확하게 말하는 것을 허용하기에는 충분하지 않을 것이다. 만일 우리가 그를 이런 방식으로 해석한다면, 3장의 게송14와 같은 구절들을 설명해야만 할 것이다. "나 때문에 다른 누군가에게 어떤 해악도 있어서는 안 된다."[30] 행위 결과주의자는 때때로 다른 사람에 대한 더 큰 해악을 방지하기 위해 어떤 사람에게 해를 입히지 않으면 안 된다. 어쩌면 산티데바는 자신이 그와 같은 상황에 결코 놓이지 않아야 한다는 바람이나 희망을 표현하고 있는 것인지도 모른다. 그 대신 그는 대단히 훌륭해서 어떤 사람에게도 해악을 끼치지 않으면서도 어떤 상황에 관련되어 있는 모든 사람들에게 이익이 되는 행동을 발견할 수 있을 정도의 도덕적 기술에 도달하기를 열망하고 있다.

우리는 산티데바를 아상가와는 조금 다른 윤리적 입장을 가진 사람으로 간주할 상당한 이유가 있는 것처럼 보이는데, 이는 현대의 행위 결과주의에 실질적으로 더 가까운 것이다. 그는 어떤 복지 이론을 주장하는가? 내가 인용한 게송들은 우리에게 산티데바의 체계는 아상가의 그것보다 상황윤리에 결코 더 가깝지 않다는 것을 명백히 말해준다. 『입행론』의 3장에서 "배고픔과 목마름의 고통을 먹을 것과 마실 것의 소나기로 막으"려는 산티데바의 바람은 자비로운 사랑의 표현임이 분명하다. 그러나 만일 사랑 그 자체가 유일한 선이라면,

30 Śāntideva(1995), p.21.

이 관대함의 요점이 무엇인가를 묻는 것이 공정한 일일 것이다. 결국 상황윤리에 따르면, 배고픔과 목마름의 고통으로부터 벗어나는 것은 진정한 선이 아니다. 우리는 만일 그렇게 하는 것이 그들에게 아무런 이익이 되지 않는다면 왜 사람들에게 먹을 것과 마실 것을 제공해야 하는가? 우리는 먹을 것과 마실 것이 사람들을 계속 살아 있게 하고 그들이 사랑을 발달시킬 수 있다고 주장할 수도 있겠지만, 그것은 산티데바가 염두에 두었던 것은 아닌 것처럼 보인다. 그는 존재들을 행복하게 만들기 위해 애쓰고 있다. 그러므로 3장의 마지막 부분에서 보리심Awakening Mind을 칭송하는 가운데, 그는 다음과 같이 적고 있다.

32. 행복의 즐거움을 갈망하는 존재의 길을 따라 여행하는 인간들의 대상隊商에게, 이것은 접근하는 모든 존재들에게 휴식으로 제공되는 행복의 향연이다.
33. 나는 오늘 세상을 불성으로 그리고 동시에 세속적인 행복으로 초대한다. 모든 부처님들 앞에서 신들과 아수라와 그리고 모두가 기뻐할지어다.[31]

일반적으로 행복을 하나의 도구적 선으로 간주하기가 어려운 일이라는 것을 인정했기 때문에 우리는 산티데바가 행복을 하나의 본질적인 선이라고 주장했다고 해석해야 할 것이다. 한편, 모든 자아의

---

31 Śāntideva(1995), p.22.

부재에 호소하는 8장의 게송들은 우리들에게 산티데바는 모든 존재들의 괴로움을 덜어주는 일에 관심을 가지고 있었던 것이 분명하다는 사실을 말해준다. 이러한 결론은 내가 이 장의 첫 부분에서 다루었던『집학론』의 인용에서 명확하게 진술되어 있다. 산티데바가 다른 대승불교도들과 마찬가지로 행복을 선 그 자체로 그리고 괴로움을 악으로 간주한다는 것은 거의 의심의 여지가 없는 것처럼 보인다.

그러나 우리는 그의 복지 이론에 관한 이런 주장들이 그가 열반에 대해 말했던 것과 일치할 수 있는지 어떤지를 의아하게 생각할지도 모르겠다. 보살의 목적은 세상의 종식을 가져오는 것이라는 사실은 산티데바가 표현하고 있는, 보살의 이상이 가진 매혹적이면서도 혼란스러운 특징이다. 내가 1장에서 인용한 유명한 구절에서 산티데바는 이러한 열정을 다음과 같이 표현하고 있다.

> 10.55. 이 허공계가 지속되는 한 그리고 이 세상이 지속되는 한, 나는 이 세상의 고통을 타파하면서 오랫동안 이 세상에 머물 것이다.[32]

"세상"이란 단어의 산스크리트는 자가트jagat인데, 이것은 모든 유정적 존재 — 글자 그대로 하면, 모든 움직이는 사물들을 가리킨다. 그런데 이 게송에서 산티데바는 허공계의 모든 유정적 존재들이 소멸될 때까지 세상 속에 남아 있기를 서원한다. 그는 모든 존재들을 윤회적 삶의 사슬로부터 벗어나게 하고, 그렇게 함으로써 윤회적 삶

---

32 Śāntideva(1995), p.143.

자체를 종식시키기를 서원한다. 우리는 지금 산티데바가 이 일에 정말 성공할 것으로 기대하는지 여부가 의심스럽게 여겨질지도 모르겠다. 아마도 그의 과제는 영원히 지속될 것이다. 그러나 3장 게송21에서 그는 이렇게 쓰고 있다. "온 허공계에 걸쳐서 살고 있는 수많은 종류의 존재들이 모두 해탈에 이르기까지, 내가 그들의 바탕이 될 수 있기를."[33] 확실히 산티데바는 모든 존재들이 결국 자유로워질 것이라고 기대한 것처럼 들린다. 그리고 그렇게 되었을 때 우주 자체는 원래 그랬듯이, 더 이상 필요하지 않게 될 것이다. 산티데바에 의하면 존재 그 자체들은 자신의 행위로 인해 지옥의 문지기들을 만들어내며 그곳에는 무시무시한 고문이 존재한다.[34] 그러나 만일 그들이 그와 같이 행동하기를 멈춘다면, 우리가 알고 있는 우주의 다른 영역들과 함께 지옥도 사라지고 말 것이라는 결론에 이르는 것처럼 보인다. 마지막 업장이 제거되고 나면, 보살들로 가득찬 세상은 존재의 개념이 닿는 영역을 넘어 열반으로 들어가게 될 것이다.[35]

이러한 종류의 열망은 비록 낯설고 약간 놀라운 일이기는 하지만

---

33 Śāntideva(1995), p.21. 산스크리트 원어: "ekamākāśaniṣṭhasya sattvadhātoranekadhā / bhaveyam upajīvyo'haṃ yāvat sarve na nirvṛtāḥ." 유감스럽게도 모든 존재의 해탈이 실제로 일어났는지 여부에 대해서는 여전히 애매함이 남아 있다 — 이 애매함은 크로스비(Crosby)와 스킬톤(Skilton)의 영어 번역에서는 나타나지 않는다.

34 Śāntideva(1995), p.34를 보라.

35 이것은 그들이 존재하기를 멈춘다는 것을 의미하는가? 아니다. 내가 1장과 3장에서 논의했듯이, 대부분의 불교 저자들은 우리들에게 열반은 존재하는 것도 아니고 존재하지 않는 것도 아니라고 말하려고 했다. 둘 중에 어느 하나의 개념을 열반에 적용하는 것은 잘못일 것이다.

서구의 맥락에서 보면 전혀 이해하기 어려운 것도 아니다 — 그것은 부정 공리주의negative utilitarianism와 매우 유사한 것처럼 보인다. 이것은 도덕의 유일한 우선성은 부정적 가치를 지닌 괴로움의 제거이며, 행복이나 다른 어떤 것은 아무런 긍정적 가치를 지니지 않는다고 보는 관점이다. 부정 공리주의는 존재의 괴로움을 경감시킨다는 것을 특히 강조하는 점에서 불교와 뜻을 공유하는데, 따라서 키온은 궁극적으로는 거부하지만, 불교윤리를 이와 같은 개념으로 해석하는 것을 고려하고 있다. 부정 공리주의는 어떤 선명한 호소력을 가질 수 있다. 때때로 다른 존재의 괴로움을 덜어주기 위해 그들을 돕는 것은 자신들의 행복을 증진하는 것보다 도덕적으로 훨씬 더 시급한 일인 것처럼 보인다. 그럼에도 불구하고 많은 사람은 이를 전적으로 불가능한 것으로 간주했는데, 무엇보다도 한 가지 반대 때문이다. 만일 부정 공리주의자가 엄청나게 파괴적인 무기, 즉 우주의 모든 유정적 삶을 영원히 절멸시킬 수 있는 제로 폭탄null bomb을 가지게 된다면, 그는 그것을 사용할 기회를 잡으려고 할 것이다. 모든 유정적 존재들의 죽음이 매우 고통스러운 것이라고 하더라도, 그것은 어쩌면 이 우주가 그 속에서 존재할 수 있는 최상의 상태인 괴로움 제로zero suffering의 상태를 즉시 가져오게 될 것이다. 제로 폭탄의 사용을 승인할 준비가 되어 있는 사람은 거의 없을 것이기 때문에 부정 공리주의를 옹호하는 사람도 거의 없을 것이다.

하지만 산티데바는 부정 공리주의자와 목적에는 동의할지 모르지만, 수단에 대해서는 동의하지 않을 것 같다. 산티데바에게 제로 폭탄은 필요 없을 것이다. 왜냐하면 그것을 사용함으로써 발생하는 업은 즉시 그 사용자에게 괴로움을 발생시키게 될 것이며, 또한 죽게 된 존재들의 미처 소멸되지 않은 업은 언젠가는 그와 같은 업의 과보를 경험할 수 있는 또 다른 물리적 우주를 만들어낼 것이기 때문이다. 그러나 우주의 종식을 가져오려는 목적은 이 두 관점이 공유하고 있는 것처럼 보인다.

이와 같은 핵심적인 유사성은 보살의 윤리를 하나의 부정 공리주의 버전으로 이해해야 하며, 나아가 내가 주장하고 있는 것처럼, 선에 관한 복잡한 객관적인 목록 이론을 동반한 결과주의의 한 버전으로 이해해서는 안 된다는 것을 보여주는가? 아마 그렇지 않거나 적어도 반드시 그렇게 할 필요는 없을 것이다. 제로 폭탄을 불러오는 부정 공리주의의 특징은 이 우주가 — 부정 공리주의에 따르면 — 전체적으로 나쁘다는 것이다. 물론 부정 공리주의에서 모든 것은 나쁘거나 도덕적으로 중립적인데, 왜냐하면 그것은 어떠한 선도 인정하지 않기 때문이다. 그러나 어떤 것들을 선으로 간주하는 이론조차도 만일 우주가 포함하고 있는 악이 선을 압도한다면, 여전히 이 우주를 나쁜 것으로 판단할 수 있을 것이다.

산티데바의 저술을 대강 훑어보기만 해도 그가 적어도 현재 존재하는 것과 같은, 이 우주를 나쁜 것으로 간주했다는 사실이 분명해진다. 확실히 그것은 천상의 행복을 포함하고 있지만, 실제로는 당대의 일부 존재들만 이 행복을 향유하게 된다. 천상조차도 매우 미세한 형태의 괴로움을 가지고 있다. 더욱이 거기에서 살고 있는 신들조차 결국 죽게 될 것이며, 나아가 이런 일이 일어났을 때 그들은 크게 괴로워할 것이다. 한편, 대다수의 존재들은 괴로움이 지배하는 다양한 영역에서 존재하는데, 산티데바는 그것의 일부를 굉장히 공포스러운 말로 묘사하고 있다. 우리를 지옥으로 떨어뜨릴 잘못된 어떤 행동을 저지를 커다란 위험성은 인간으로서의 삶을 엄청나게 위험한 사건으로 만든다. 유명한 비유에 의하면, 이와 같은 종류의 우주에서 관능적 쾌락을 추구하는 것은 면도날 끝에 묻은 꿀을 핥는 것과 같다. 그렇다면 우리는 자신의 이론이 어느 정도 선을 포함하고 있는 결과주의자조차도 — 만일 이와 같은 무시무시한 우주와 맞닥뜨린다면 — 그것을 멈추게 하려고 노력해야 할 것이라는 사실에 놀라서는 안 된다.

그리고 산티데바가 이 세상을 멈추기를 원한다는 사실은 그의 견해가 부정 공리주의의 일종으로 해석되어야 한다는 증거는 아니다. 오히려 그것은 그의 견해가 어떤 종류의 결과주의라는 증거이다. 대부분의 서양 덕윤리학자들은 세상의 종말을 야기하는 것을 옹호하지 않으며, 비록 그들이 불교의 기술적 전제들을 받아들인다고 하더라도 또한 그들의 견해 속에는 그들이 이것을 옹호하게 하는 아무런 명백한 특징도 존재하지 않는다. 산티데바의 관점은 현대의 미국 독자들에게는 매우 낯설고 설득력이 없는 것처럼 보일지도 모르겠다. 그러나 우리가 이를 받아들이든 그렇지 않든 간에, 그것은 대승불교 윤리를 결과주의적으로 해석하기 위한 또 다른 종류의 증거이다.

산티데바가 결과주의자라는 사실을 전제한다면, 그는 고전 공리주의자인가 아니면 내가 아상가와 테라바다 전통에 부여했던 것과 동일한 복지 이론을 주장하고 있는가? 이 장의 도입부에서 인용한 구절에서 나타나듯이 산티데바가 자주 고전 공리주의자처럼 보인다는 점은 부정할 수 없다. 다른 한편으로 또한 그는 자주 덕의 중요성을 종종 과장된 말로 강조한다. "만일 하나의 덕이 덕의 바로 그 본질을 갖춘 뛰어난 사람들의 극히 일부atom에게라도 나타난다면, 그것을 경배하기 위해서는 이 삼계를 다 바쳐도 충분하지 않을 것이다."(6.117)[36] 그러나 산티데바 저술에는 그가 덕의 증진과 고통의 제거를 괴로움이 없는 행복에 이르는 수단으로 보고 있다는 여러 암시들이 있다. 그는 5장 게송77에서 분명히 말하고 있다. "확실히 모든 일은 (남의) 만족을 위해 행해져야 한다."[37] 『입행론』에서 그는 반복적으로 고통에 의해 야기된 괴로움과 덕에 의해 산출된 행복을 기술하고 있다.[38] 이러한 증거와는 반대로 우리는 내가 4장에서 간략하게 언급했던 이론적인 주장을 할 수도 있을 텐데, 이는 아상가의 체계만큼 산티데바의 체계에 대해서도 설득력을 가질 것 같다.

대신 산티데바가 니르바나는 선이라는 견해, 즉 내가 테라바다 윤리에 대한 해석으로 거부했던 견해를 받아들인 것으로 이해하는 것은 타당한가?[39] 이러한 주장을 평가하려면, 우리는 붓다 내생의 운명

---

36 Śāntideva(1995), pp.60-61.

37 Śāntideva(1995), p.40. "sarvārambhā hi tuṣṭyarthāḥ." Śāntideva(1988), p.100을 보라.

38 아마도 가장 생생하고 시적인 것은 7장 게송44-게송45에서 볼 수 있을 것이다. Śāntideva(1995), p.71.

39 바브라 클레이튼(Barbra Clayton)은 Clayton(2006)에서 산티데바에 대해 이러한 점을 거듭 주장하고 있다.

에 대한 산티데바의 견해가 테라바다의 전통에서 발견되는 것과 다르다는 점을 명심해야 할 것이다. 후기 대승 전통의 다른 모든 사상가들과 마찬가지로 산티데바에게 있어서 어떤 사람이 불성을 성취하는 현생은 그 인격의 마지막 삶이 아니다. 그때부터 윤회적 존재가 끝날 때까지 이 개인은 다른 모든 존재들이 정신적 진보를 이루는 것을 도우려는 의도를 가지고 여러 영역에서 끊임없이 나투게 될 것이다. 또한 우리는 붓다가 윤회와 열반에 동시에 존재하는 것으로 기술할 수 있다. 더욱이 불성의 성취에 이르게 하는 길과 그것으로부터 결과하는 상태는 쾌락과 행복으로 가득 차 있다.

> 7.28. 몸은 공덕 짓는 행위의 결과로 쾌락을 경험한다. 마음은 배움으로 말미암아 즐거워진다. 그가 다른 사람의 이익을 위해 윤회적 존재에 머문다면 그 자비로운 자는 무엇에 싫증내겠는가?
> 7.30. 이러한 방법으로 행복에서 행복으로 나아가는데, 생각이 깊은 사람은 모든 싫증남과 수고로움을 다한, 보리심이라는 수레에 오르고 나면 무엇에 절망하겠는가?[40]

여기에서 우리가 묻고 싶은 질문은 이런 것이다. 가치 있는 것은 불성에서 나오는 행복인가, 아니면 최고의 본질적 가치를 가진 열반 그 자체인가? 다행스럽게도 산티데바는 우리에게 이 질문에 대해 아주 명백한 답변을 제공하고 있다. "중생들이 해탈할 때 공감의 기쁨

---

40 Śāntideva(1995), p.69.

의 바다에 이른 사람들은 확실히 완성을 이룬 사람들이다. 달콤함이 없는 해탈은 도대체 무슨 의미가 있겠는가?"(8.108)[41] 산티데바에게 열반이 선이라고 말하는 것은 잘못이라는 점이 매우 분명해질 것이다. 우리는 산티데바를 고전 공리주의자나 혹은 성품 결과주의자로 해석 가능할 것이다. 그러나 내가 제시한 증거들에 비추어볼 때 그가 어떤 종류의 결과주의자라는 점을 부정하기는 어려울 것 같다.

티베트의 도차제(道次第) 문헌(Tibetan Path Literature)

티베트 불교전통에서 가장 중요한 텍스트들 가운데 일부는 정신적 수행자가 깨달음에 이르는 길에서 닦아야 할 단계들을 기술하는 것들이다. 겔룩파Geluk sect, dGe lugs에서 가장 존경받는 그와 같은 저술은 쫑카파의 『보리도차제광론菩提道次第廣論, Great Treatise on the Stages of the Path to Enlightenment, Lam rim chen mo <약어 '광론'>』이다. 까규Kagyt, bKa' rgyud 전통은 그 길의 제시를 위해 감뽀빠sGam po pa의 『해탈장엄론Jewel Ornament of Liberation』에 의존한다. 닝마파Nyingma sect, rNying ma에서는 『위대한 스승의 가르침Words of my Perfect Teacher, Kun bzang bla ma'i zhal lung』[42]이 어느 정도

---

41 Śāntideva(1995), p.97.

42 "나의 위대한 스승으로부터 입으로 전해진 것"이 이 책의 제목으로 더 정확한 번역일지도 모르겠다. 그러나 나는 내가 인용할 영어 번역본의 제목을 사용하고 있다. 이 특별한 텍스트는 ngöndro(온도르, 음역으로는 sngon agro)와 밀접한 관련이 있는데, 이는 모든 티베트 불교 종파들의 스승들이 자신의 제

이와 유사한 역할을 한다. 이러한 텍스트들은 주로 그렇게 해야 하는 필요성과 이익들에 관한 웅변적인 표현들과 더불어 그 길을 수행하는 방법에 대한 자세한 설명들로 이루어져 있다. 그러므로 이것들은 서로 다른 형태의 티베트 전통이 승인한 윤리적 견해들에 대해 많은 정보를 담고 있다. 다음에서 나는 특히 내가 고려해온 쟁점들에 대해 조명하고 있는 이러한 텍스트들의 몇몇 구절을 간단히 검토해볼 것이다.

티베트 불교의 모든 종파들은 금강승Vajrayāna의 형태들이며, 또한 탄트라 수행에 관여하기 때문에 여기에서 내가 고려하는 텍스트들은 내가 6장에서 논의하는 탄트라 윤리에서 살펴보는 것이 더 적절할지도 모르겠다고 생각할 수도 있을 것이다. 그러나 예를 들어, 쫑카파의 『광론』은 티베트 사람들에 의해 대승의 비非탄트라 형식인 수트라승Sūtra Vehicle이나 바라밀승Perfection Vehicle에 속하는 텍스트로 간주된다. 한편, 『위대한 스승의 가르침』은 확실한 탄트라 수행법을 기술하고 있다. 그러나 이 텍스트에는 어떤 점에서도 탄트라의 교의에 특별히 의존하지 않는 상당한 양의 자료가 들어 있다. 따라서 나는 비탄트라 대승의 맥락에서 이런 두 가지 텍스트들을 검토하려고 한다.

특히 『보리도차제광론』은 내가 대승에 속한다고 보는 복지 개념

자들에게 분노한 신들을 포함하는 것들과 같은, 고도의 탄트라 의식에 입문하기 전에 요구하는 "예비" 수행이다.

을 지지하는 상당히 흥미로운 증거를 포함하고 있다. 쫑카파는 자비로운 보살이 베풀어야 할 종류의 선물에 대해 간략한 설명을 제공하고 있다. 이러한 논의는 내가 성품 결과주의의 토대가 되는 것으로 파악했던 구조를 갖는 복지 개념 — 이 경우에는 어떤 사람에게 이익이 되는 것은 무엇인가에 관한 것이다 — 에 호소하는 것처럼 보인다. 쫑카파는 다음과 같이 적고 있다.

> 요컨대 보살은 그 수혜자에게 즉시 불행한 재생의 원인으로부터 자유로운 쾌락적인 감정들을 산출하고, 또한 궁극적으로는 그들의 죄를 없애주거나 덕을 갖추게 하여 다른 사람들에게 이익이 될 일을 그들에게 베풀어야만 할 것이다. 이와 같은 일들이 곧바로 행복을 가져다주지는 않더라도 보살은 결과적으로 이익이 되는 것이라면, 그것을 베풀어야 할 것이다.[43]

이 인용문은 세속적으로 "쾌락적인 감정"을 제공하는 데 긍정적인 가치를 부여한다. 그러나 이 인용문에 의하면 다른 존재들을 이롭게 하는 것의 또 다른, 그리고 아마도 더 중요한 측면은 그들이 덕을 계발하고 악을 피하는 것을 돕는 일이다.[44]

---

43 Tsong kha pa(2004), p.130.

44 시즈윅이 빅토리아 시대의 영국의 상식 속에서 유사한 이분법적 이익 개념을 발견한 것처럼 보인다는 점은 흥미롭다. 그는 "사람은 통상 다른 사람들을 더 행복하게 만들거나 더 현명하고 더 유덕한 사람으로 만듦으로써 그들에게 이익을 베푸는 것으로 생각된다."라고 적고 있다. Sidgwick(1981), p.9. 물론 시즈윅은 이런 상식적 믿음을 이론적 차원에서 매우 진지하게 다루고 있지는

같은 저술의 다른 한 구절은 내가 대승불교도들에게 부여하고 싶은 복지 이론을 지지하는 데 지금까지 찾을 수 있었던 최상의 증거를 제공하는 것처럼 보인다. 쫑카파는 이렇게 적고 있다.

붓다의 훌륭한 자질들에 대한 믿음을 함양하는 것으로부터 나오는 불성을 성취하려는 이러한 욕구 이외에, 당신의 평온함만으로도 당신 자신의 목적을 달성하는 데 충분하다고 생각하는 그 만족감을 중단시킬 다른 어떤 방법도 없다. 실제로 당신은 평온함만이 당신 자신의 복지를 이루기에 충분하다는 만족감을 극복할 필요가 있다. 왜냐하면 (1) 단지 윤회적 존재로부터 해방된 것에 불과한 소승 수행자들Hinayana practitioners은 결점들의 부분적인 제거와 부분적인 지식만 갖춘 것에 지나지 않으며, 따라서 그들 자신의 목적을 완전히 성취하지 못하기 때문이다.[45]

열반에 이르는 것은 우리를 탄생과 죽음의 순환으로부터 해방시켜주고 모든 괴로움을 제거하며, 그리고 적어도 일부 불교도들에게는 가능한 최대량의 행복을 포함한다. 그러나 이 매혹적인 구절에서, 쫑카파는 개인의 열반이 최고 수준의 복지라는 사실을 부정한다. 수

않다. 의심할 바 없이 그는 다른 사람들을 더 현명하거나 더 나은 사람이 되도록 돕는 것은 그들에게 간접적으로 이익이 되는 것이라고 주장한다. 그들이 더 큰 지혜와 더 큰 덕을 갖추게 되는 것은 더 높은 정도의 쾌락과 고통의 부재에 이르도록 해줄 텐데, 시즈윅의 견해에 따르면 이는 유일하게 본질적으로 가치 있는 목적이다.

45   Tsong kha pa(2004), p.23.

행자가 붓다의 일체지와 다른 덕을 이루기 전에는, 가능한 최대량의 복지에 도달하지 못한다. 여기에서 우리는 지식과 그 외의 좋은 자질들이 복지의 구성요소들이라는 하나의 명백한 주장에 가까운 어떤 것을 얻게 된다. 만일 우리가 이 구절을 대승이 행복과 괴로움의 제거를 선으로 간주하고 있는 광범위한 증거들과 함께 고려한다면, 우리는 행복과 덕을 결합하는 복지이론을 얻게 된다. 그런 다음 만일 우리가 앞에서 제시한 것처럼 대승 윤리의 구조가 결과주의적이라는 것을 암시하는 논의들을 고려한다면, 우리는 내가 옹호하고 싶은 해석에 도달하게 된다. 여기에서 쫑카파는 아마 다른 곳에서도 그렇듯이, 인도 대승주의자들의 사고에 내재되어 있지만 그들이 단지 불완전하게 파악했을 뿐 명확하게 가다듬지 못한 관념들을 드러내고 있다.

한편, 『위대한 스승의 가르침』은 우리가 에우다이모니즘을 대승불교 전통의 것으로 생각할 수 있는지 여부의 문제와 연관되는 상당한 증거를 포함하고 있다. 여기에서 쟁점은 보살이 수행해야 할 이타적 행위와 그 보살 개인의 복지 사이의 정확한 관계임을 상기해보자. 보살도를 따르는 사람들은 이렇게 함으로써 높은 지위와 함께 더 높은 정도의 확정적인 좋음에 도달한다고 말해지기 때문에 그 길의 수행을 정당화하는 데 보살에게 이러한 이로움들의 역할을 명확하게 밝혀주는 구절을 찾기가 매우 어렵다. 빠뚤 린포체Patrul Rinpoche는 여기에서 다음과 같이 말한다.

보살이 공덕과 지혜를 쌓거나 장애를 없애기 위해 하는 모든 수행에는 오직 한 가지 목적밖에 없다. 허공계를 통틀어 살아 있는 모든 생명체들의 복지가 그것이다. 단지 당신 자신만을 위해 완전한 불성에 이르고자 하는 모든 바람은 이러한 삶의 목적을 달성하는 것을 의도하는 수행은 말할 것도 없고, 대승^{Great Vehicle}과는 어떠한 관계도 없다.[46]

이러한 진술은 매우 명확한 것 같으나, 그것은 여전히 — 내 생각에는 약간 심술궂은 것처럼 보이는데 — 심리적으로 보면 완전한 덕을 달성하기 위해서는 모든 존재들의 복지를 강조할 필요가 있지만, 보살의 행위를 정당화하는 바탕은 여전히 그 자신의 덕이라고 주장하는 것이 가능할 수도 있을 것이다.

에우다이모니즘의 해석에 반하는 가치 있는 증거는 빠뚤 린포체가 제안한 보살이 소유할 수 있는 세 등급의 용기에 관한 논의이다. 그는 먼저 보살 자신이 불성에 이르고 그러고 나서 다른 존재들이 그것에 도달하도록 돕기를 원하는 보살과 다른 모든 존재들과 불성에 동시에 도달하기를 바라는 보살, 그리고 마지막으로 모든 다른 존재들이 불성을 깨닫는 것을 돕고 그러고 난 다음에야 비로소 자신들이 불성에 도달하기를 원하는 보살들 사이를 구분한다. 빠뚤 린포체는 마지막 형태의 열망이 가장 용기 있는 것이라고 주장한다.[47] 만일 우

---

46 Padmakara Translation Gruop(1994), p.295.
47 Padmakara Translation Gruop(1994), p.218.

리가 쫑카파와 마찬가지로 빠뚤 린포체도 불성을 복지에서 궁극적인 것이라고 간주하고 있다고 가정한다면, 우리는 그의 견해에 따라 가장 칭찬할 만한 유형의 보살은 자기 자신의 복지를 가장 오랫동안 뒤로 미루는 보살이라는 결론에 이르게 될 것이다. 이러한 주장을 에우다이모니즘의 해석과 일치시키기는 매우 어려워 보인다.

아마도 우리는 용기가 하나의 덕이며, 또한 가장 높은 등급의 용기를 계발하는 것이 보살에게 이익이라고 주장하고 싶을지도 모르겠다. 그러나 빠뚤 린포체는 다른 사람들을 불성으로 인도하기 전에 그것에 도달하려는 열망은 성공적으로 이루어질 수 있을 것이며, 따라서 불성은 가장 큰 정도의 행복뿐만 아니라 가능한 가장 높은 단계의 모든 덕목들도 포함하고 있다고 생각하는 것 같다. 내가 보기에는, 세 번째 형태의 열망을 보살의 더 훌륭한 덕목에 기여하는 것이라고 볼 어떠한 자연스러운 방법도 없다. 그것의 초점은 다른 사람들의 덕을 증진시키는 것에 있다.

대승을 에우다이모니즘의 방식으로 이해하려는 어떤 시도는 또한 통렌Tonglen, 즉 "들어 마시고 내쉬는 것"이라고 불리는 티베트 불교의 중요한 명상 수행법을 설명할 필요가 있을 것이다.[48] 이 수행법에서 명상하는 사람은 숨을 들이쉴 때마다 뜨겁고 무거우며 검은 물질을 들이마시는 모습을 마음속에 그려본다. 이것은 세상의 모든 고통, 괴

---

48 이런 형태의 명상은 Kongtrul(1987)에서 논의되고 있다. 그것은 오늘날 티베트 불교도들에 의해 폭넓게 수행되고 있다. 예컨대, Chodron(1994), pp.36-43을 보라.

로움, 두려움, 분노, 불안 그리고 다른 부정적인 느낌들과 감정들을 상징하고 있는데, 명상하는 사람은 이것을 자기 자신이 껴안는다고 마음속에 떠올린다. 숨을 내쉴 때마다 명상하는 사람은 시원하고 희고 가벼운 물질을 내뿜는 것을 상상하는데, 이는 그가 소유하고 있는 모든 쾌락, 행복, 침착, 동정심, 평화 및 다른 긍정적 느낌과 감정들을 대표한다. 이렇게 함으로써 그는 마치 그가 이러한 모든 것을 다른 존재의 이익을 위해 넘겨주는 것과 같은 마음의 상태를 계발한다.

이 수행법은 에우다이모니즘의 해석에서 공덕 회향 의식과 동일하지만, 더 명백하고 더 심각한 형태로 철학적 문제를 야기한다. 만일 궁극적인 목적이 수행자 자신의 복지라면, 왜 다른 사람들의 고통 및 심지어 악을 들이마시는가? 또한 통렌 수행은 인간의 정신에 가장 두드러진 많은 습관적이며 심리적인 반응과 직접적으로 부딪힌다. 그것은 우리 자신들을 고통으로부터 보호하고 나아가 가능한 많은 쾌락을 축적하려는 경향에 반대한다. 따라서 이 수행법은 최고의 복지, 즉 붓다의 상태를 달성하는 데 방해가 되는 것들을 제거하려는 것으로 생각된다. 그러나 단지 수행자를 위한 것이 아니라 모든 사람들을 위한 것이다. 우리가 에우다이모니즘에서 발견하는 개인에 대한 강조는 아마도 바로 이와 같은 방해물 가운데 하나로 분류될 수 있을 것이다.

분명히 이와 같은 간략한 논의는 단지 우리가 티베트 불교 문헌으로부터 깨달음에 이르는 길에 대한 윤리에 관해 배울 수 있는 모든 것의 표면만 살짝 건드렸을 뿐이다. 그러나 나는 얼마 되지 않지만 내가 언급한 것이 이러한 티베트 저자들은 자신들의 저술에 지대한 영향을 미친『입행론』의 저자 산티데바의 중요한 계승자라는 것을 암시하기에 충분하기를 희망한다. 티베트의 도차제 문헌에서 우리는 불교윤리의 다른 형태들과 마찬가지로 그 길을 수행하기 위한 윤리적 규범의 원천과 최선의 동기를 단지 수행자 자신이 아니라 모든 유정적 존재들의 행복 및 덕과 동일시하는 윤리적 관점을 발견할 수 있다.

6

윤리를
초월해서

6

윤리를
초월해서

자아를 갖지 않는다는 것에 대해

윤리이론들을 대승불교에서 기인하는 것으로 보는 바로 그 관념에 대해 다소 앞뒤가 맞지 않는 어떤 것이 존재한다. 나는 때로는 매우 진지하고 또한 수사학적 힘을 가지면서도, 도덕적 입장을 취하는 여러 경전들을 제시한 바 있다. 그러나 동아시아의 선禪 문헌은 물론 인도의 대승 경전과 탄트라들의 무수한 구절들은 우리에게 이런 도덕적 진지함은 초심자에게 매우 중요한 하나의 중간 단계지만, 궁극적으로는 우리가 초월하지 않으면 안 될 그 무엇이라는 것을 말해주고 있다. 정신적 수행자가 어떤 의미에서는, 결국 윤리를 초월할 것이라는 관념은 매우 곤혹스럽고 혼란스러운 것일 수 있다. 그것은 상당한 정도로 대승의 공空 사상에 의해 동기부여되는데, 나는 이를 이 장의 두 번째 부분에서 다룰 것이다. 그러나 이미 무아론과 그것으로부터 나오는 윤리적 가르침에서 일어나는 초월의 한 형태가 존재하는데, 이는 공과는 무관한 것이다. 서문의 용어로 요약하면 항상 변화하고 있는 정신적 상태를 그것의 대상으로 간주하는 두 번째 단계의 자비와 공의 무한한 영역에서 작동하는 세 번째이자 가장 높은 단계의 자비는 둘 다 수행자에게 보통 사람들이 윤리적 요구에 연관시키는 방식의 어떤 측면들을 버리도록 요구한다. 그러나 이런 것들은 여전히 자비의 형태들이기 때문에, 그것은 수행자가 다른 사람들에 대한 도덕과 무관하고 이기적이며 전혀 억제되지 않은 착취자가 되도록 만들지는 않는다. 오히려 이 두 가지 자비는 수행자가 모든 존재들에 관한 이익에 대해 훨씬 더 유연하고 창의적이며 효과적인 원천이 되도록 만든다. 이것은 수행자들을 윤리 규범의 아래가 아니라 위에 그리고 그것을 초월한 곳에 자리 잡도록 한다.

나는 윤리를 초월한다는 것은 우리가 자주 도덕 규범을 성찰하고 나아가 신중하게 따르려고 노력하는 상태로부터, 우리가 그 규칙들을 의식적으로는 전혀 생각하지 않지만 더욱더 능숙한 방법으로 그것을 준수하는 상태로 이행하도록 만드는 것이라고 주장하고 있다. 그와 같은 이행은 생각하는 만큼 신비하거나 유별난 것은 아니다. 프란시스코 바렐라Francisco Varela는 동일한 종류의 이행이 체스 게임과 같은, 지극히 평범한 기술을 연습하는 사람들에게도 일어난다는 사실을 지적했다. 체스의 초보자들은 예를 들면, 어떤 움직임이 그 특정한 피스^{piece}에 적합한지를 일깨워주는 규칙에 대해 수시로 생각할 필요가 있다. 그러나 체스의 고수들은 명시적으로는 규칙에 대해 생각하지 않는다. 오랜 연습 덕분에 그들은 피스의 위치에서 양상을 보고, 그리고 직관적으로 위험과 기회를 간파한다. 물론 이런 고수들은 한층 더 체스의 규칙을 완전히 조직화할 수 있다. 그들이 초보자에게 게임을 가르치거나 혹은 자신들의 수준에 도달하지 못한 사람들에게 그들이 피스를 움직인 이유를 설명할 때, 그들은 명시적으로 규칙을 언급할 것이다. 그러나 그들의 전문 기술은 자신들의 결정 과정이 더 이상 체스의 규칙에 대한 명시적인 고려를 포함하지 않아도 될 수준이다. 바렐라는 윤리를 다음과 같이 비유하고 있다. 그는 정신적 고수들은 그들이 윤리 규칙들에 대해 결코 명시적으로 생각하지 않으면서도 모든 존재의 이익을 위해 능숙하게 행동한다는 점에서, 체스 고수와 상당히 유사하다고 주장한다.

규칙의 의식적 준수를 뛰어넘는 이와 같은 윤리 전문가는 높은 수준의 보살이 자아도 갖지 않고 또한 그것을 가지고 있다는 생각도 하지 않는다는 사실과 깊숙이 관련되어 있는 것처럼 보인다. 깨달은 상태의 특징에 대해 지적으로 분석하는 것은 위험한 일이다. 왜냐하면 불교전통 안에서 정신적인 스승들은 우리들에게 보통 사람들은 실제로 그것을 개념적으로 이해할 수 없다고, 한결같이 말하고 있기 때문이다. 깨달음과 자아를 갖지 않는다는 것에 대한 나의 언급들은 일시적이고 잠정적인 것으로 해석되어야 할 것이다. 나는 깨달은 상태가 어떤 것인지에 대해 확신을 가지고 말할 수 없다. 그럼에도 불구하고 그 안에서 윤리를 초월한다는 것이 무아를 실현하는 것과 관련될 수 있는 몇 가지 가능한 방식들은, 만일 우리가 불교 경전들을 찰스 테일러Charles Taylor가 자신의 저서 『자아의 원천들Sources of the Self』에서 제기한 정체성에 관한 언급들의 일부 맥락으로 해석한다면, 보이기 시작할 수 있다. 테일러에게 있어서 모든 인간들은 정체감, 즉 그가 "선의 지향성"이라고 부르는 것에 대한 것에 의존하는 감각을 갖는다.[1] 이러한 지향성은 무엇이 궁극적 중요성을 갖는가와 나의 삶이 어떻게 그와 같은 중요성과 관계되는가에 관한 관점들의 묶음이다. 일단 내가 그러한 지향성을 지니게 되면, 나는 나의 삶에 관한 이야기를 일련의 임의의 사건들이 아니라 이해할 수 있는 어떤 방식으로 실제로 중요한 일들과 관련짓는 하나의 여행이나 서사로 묘사하는 것이라고 말할 수 있다. 테일러에게 있어서 선을 향한 나의 지향성은 나의 정체성과 따라서 나의 자아를 규정하는 모든 것이다.

선의 지향성을 결여하고 있다는 것은 무엇과 같은 것일까? 테일러는 그가 이 단어를 사용하는 의미에서 보면, 자아를 가지고 있지 않은 어떤 사람의 음울한 모습을 그리고 있다.

그러한 사람은 근본적인 중요성을 가진 쟁점에서 자신이 어디에 서 있는가를 모를 것이고, 이러한 쟁점들이 무엇이든 아무런 지향성을 갖지 못할 것이며, 그러한 쟁점들에 대해 스스로의 힘으로는 대답할 수 없을 것이다. 만일 우리가 이 초상화에 그 사람은 이

---

1   Taylor(1989), p.33.

러한 틀의 부재를 하나의 결핍이라고 괴로워하지 않으며, 다시 말해 전혀 위기에 빠져 있지 않다고 말하는 것을 추가하기를 원한다면, 우리는 오히려 놀라울 정도로 분열된 그림을 갖게 되는 셈이다. 실제로 우리는 그와 같은 사람을 매우 혼란스러워 하는 것으로 여길 것이다. 그는 우리가 천박함이라고 생각하는 것의 범위를 넘어섰다. 우리가 천박하다고 판단하는 사람들은 비교할 수 없을 정도로 중요한 것이 무엇인가에 대한 감각을 가지고 있는데, 오직 우리만 그들의 관심사를 하찮거나 관습적인 것에 불과하고, 또는 깊은 생각 끝에 나오거나 선택된 것이 아니라고 생각할 뿐이다. 하지만 틀이 전혀 없는 사람은 우리들의 대화의 공간에서 제외될 것이다. 그는 우리가 존재하는 공간에 서 있지 않게 될 것이다. 우리는 이러한 것을 병리학적인 것으로 볼 것이다.[2]

나의 견해에 따르면, 자아에 대한 테일러의 관점에는 중요한 통찰력이 들어 있다. 그러나 불교적 시각에서 보면, 테일러는 상상력의 실패로 괴로움을 겪고 있다. 그는 정체성을 향한 열망을 하나의 "갈망"[3]으로 기술하고 나아가 그것은 상당한 고통의 원인이 될 수 있다는 점을 인식하고 있다. 그러나 그는 그것을 초월한다는 것이 무엇인가를 깊이 이해하지 못하고 있다.

우리가 어떤 실체적 자아의 궁극적 비존재를 실현해야 할 뿐만 아니라 하나의 정체성을 갖는다는 것의 전반적인 현상을 극복해야 한

2　Taylor(1989), p.31.
3　Taylor(1989), p.44.

227

다는 사실은 대승 경전들의 중요한 메시지이다. 예를 들어,『금강경 Diamond Sūtra, Vajra-cchedika-prajñā-pāramitā-sūtra』에서 붓다의 제자이면서 비대승 수행자인 수보리 존자the Venerable Subhūti는 스승의 칭찬을 받은 것에 대한 적절한 대답을 설명하고 있다.

> 세존이시여, 붓다께서 제가 은둔 속에서 살고, 또한 열정에서 자유로운 상태에서 완전한 적정의 요가Yoga에 든 아라한들 가운데 가장 뛰어나다고 선언하셨을 때, 저는 마음속으로 제가 열정에서 벗어난, 완전한 깨달음을 얻은 아라한이라는 생각을 조금도 하지 않았습니다. 세존이시여, 만일 제가 마음속으로 제가 그런 아라한이라고 생각했다면, 세존께서는 수보리가 평온 속에서 그리고 숲속에서 은둔하는 가운데 행복을 얻었다고 선언하지 않으셨을 것입니다. 이것은 바로 수보리가 어떤 곳에서도 머물지 않기 때문입니다.[4]

자부심과 자만심을 버리는 가장 좋은 방법은 어떠한 자아의 이미지도 전혀 갖지 않으려고 하는 것처럼 보인다. 그러나 이 구절은 우리에게 자기 자신에 대한 어떠한 개념도 갖고 있지 않은 사람이 어떻게 행동해야 하는가에 대해서는 거의 아무것도 말해주고 있지 않다. 그와 같은 인격에 대한 생생한 묘사로 인도 불교전통에서 최고의 원천은 아마도『유마힐소설경Holy Teaching of Vimalakīrti, Vimalakīrti-nirdeśa-sūtra』일 것이다.

---

4   Price and Mou-Lam(1969), p.35. 이 번역은 교정되었다.

역설적이게도 수보리 자신은 이 광범위한 영향력을 가진 대승 경전의 3장 속 한 구절에서 비판의 대상이 된다. 거기에서 수보리는 그가 탁발을 하러 대승의 재가신자인 유마힐Vimalakīrti에게 다가갔을 때 일어난 일들을 자세하게 말하고 있다. 수보리의 발우를 음식물로 채우고 난 다음에, 유마힐은 그에게 다음과 같이 말한다.

> 수보리 존자여, 만일 당신이 온갖 그릇된 견해를 품고 있으면서도, 어떤 극단적인 것도 어떤 중도적인 것도 발견하지 못한다면; 만일 여덟 가지 곤경(팔난)에 묶여 있으면서도, 당신이 유리한 조건들을 구하지 않는다면; 만일 격정을 받아들이고 있으면서도, 청정에 이르지 않는다면; 존자여, 만일 모든 중생들의 냉정함이 당신의 냉정함이라면; 만일 당신에게 공양을 바친 사람들이 그로 인해 청정하게 되지 않는다면; 존자여, 당신에게 음식을 제공한 사람들이 여전히 세 개의 나쁜 거주처(삼악도)에 빠져 있다면; 만일 당신이 모든 마라Māras와 어울린다면; 만일 당신이 모든 격정들을 마음에 품고 있다면; 만일 이 격정의 본성이 존자의 본성이라면; 만일 당신이 모든 중생들에 대해 적대적인 감정을 가지고 있다면; 만일 당신이 모든 붓다를 비방한다면; 만일 당신이 붓다의 모든 가르침을 헐뜯는다면; 만일 당신이 승가에 의존하지 않는다면; 그리고 마지막으로, 만일 당신이 결코 궁극적인 해방에 들지 않는다면, 이 음식을 취해도 좋습니다.[5]

---

5   Thurman(2000), pp.27-28.

이러한 말의 공격은 수보리를 혼란스러우면서도 당황스러운 침묵 속으로 빠져들게 한다. 유마힐은 수보리의 정체성의 모든 측면과 그가 궁극적으로 중요한 것으로 여기는 불교의 정신적 길의 요소들과 자신을 관련 지우는 모든 방식에 도전하고 있다. 또한 수보리가 이러한 도전을 받고 곤란해졌다는 사실은 정신적 수행자로서 그의 한계를 보여준다. 만일 그가 유마힐만큼 깨달았다면, 수보리는 문제가 될 만한 어떠한 정체성도 가지고 있지 않을 것이다.

유마힐이 어떠한 고정된 정체성도 갖고 있지 않다는 것은 그의 말뿐만 아니라 행동에서도 나타나고 있다.

> 그는 모든 일에 관여했지만, 이익이나 소유에는 전혀 관심이 없었다. 중생들을 성숙시키기 위해서 그는 저잣거리에서도 나타날 것이며, 그리고 그들을 보호하기 위해서라면 정사政事에도 참여했다. 사람들이 소승으로부터 벗어나 대승에 참여하도록 하기 위해, 그는 다르마의 청취자와 스승들 가운데 등장했다. 아이들을 깨우쳐주기 위해, 그는 모든 학교를 방문했다. 욕망의 사악함을 보여주기 위해, 그는 심지어 매춘굴에도 출입했다. 주정꾼이 올바른 마음가짐을 갖도록 하기 위해, 그는 모든 술집을 드나들었다.[6]

이처럼 유마힐은 심지어 관습적인 도덕 기준을 위반하는 것을 포함한 광범위한 사회적 역할을 수행할 수 있었다 — 그러나 그는 언제

---

6   Thurman(2000), p.21.

나 이를 모든 중생들을 위한 자비심에서 행했으며, 그리고 그와 같은 역할에서 발생할 수도 있는 어떠한 이익이나 감각적 쾌락에도 집착하지 않았다.

유마힐이 정체성을 가지고 있지 않다는 것의 장점과 여기에서 나오는 유연성으로 윤리적 문제들을 다루는 방식은, 그가 지세보살 Jagatīṃdhara과 만나는 이야기에서 잘 드러나고 있다. 이 서사敍事는 '금욕주의자에 대한 유혹Temptation of the Ascetic'이라고 불릴 수 있는 인도의 종교 문헌에 나오는 매우 흔한 소재의 표준적인 사례로 시작한다. 많은 힌두 원전들에서, 어떤 정신적 수행자의 축적된 힘의 위협을 받고 있다고 느끼는 신들은 매우 관능적인 초자연적 여성을 보내 그를 유혹한다. 만일 수행자가 그 유혹에 굴복한다면, 그는 자신의 힘을 잃게 될 것이다. 이런 종류의 이야기는 다양하게 변형된 모습으로, 불교적 맥락에서도 역시 발견되고 있다. 아마도 가장 유명한 사례는 마라가 자기의 세 딸을 이용해 붓다가 깨달음을 얻기 바로 직전에 그를 유혹하려고 한 시도이다.

문제의 그 이야기에서 마라는 인드라Kauśikā 신으로 가장하고 나타나 지세보살에게 만이천 명의 천녀天女를 하녀로 주겠다고 제안한다. 그러나 보살은 이러한 유혹을 거부한다. "오 인드라여, 신심 깊은 석가Śākya의 아들인 나에게 적당하지 않은 일을 제안하지 말라. 내가 이 하녀들을 거느리는 것은 옳지 않다."[7] 지세보살이 자기의 정체성의

---

7   Thurman(2000), p.37.

관점에서 거부하고 있다는 사실에 주목하자. 수행자로서의 위상에 어울리는 규범은 그가 이러한 선물을 받는 것을 금지하고 있다.

바로 이때 유마힐이 나타나 마라의 가면을 벗긴다. 그러고 나서 이 이야기는 표준적인 인도의 모델에서 벗어나기 시작한다. "그러자 릿차비Licchavi족의 유마힐은 마라에게 '사악한 마라야, 이 천녀들은 이처럼 신심 깊은 귀의자이자 석가의 아들에게는 적절하지 않은 일이니, 그들을 나에게 달라'고 말했다."[8] 유마힐은 이 천녀들을 설득해서 보살로 되는 길로 나아가도록 한다. 그는 그들을 대승불교로 귀의시키고, 그들에게 감각적 쾌락이 아니라 정신적 수행에서 기쁨을 얻을 수 있는 방법에 대해 가르친다. 그러고 나서 그는 천녀들에게 "수많은 신들이 깨달음의 정신을 고취하도록" 격려한 다음에야 비로소 마라의 요구에 따라, 천녀들을 다시 마라에게 돌려 보낸다.[9]

이 상황에 대한 유마힐의 놀라운 대응은 이 경전의 관점에서 보면, 지세보살의 관습적인 반응보다 더 좋은 결과를 낳는 것이 분명하다. 유마힐은 자기 자신의 성적 욕망, 도덕적 지위, 다른 사람들의 견해 혹은 불교의 도덕적 규범과 같은 어떤 것도 중요하게 여기지 않기 때문에, 천녀들을 귀의시킬 수 있었다. 그런 것들로부터 나오는 자기 자신의 위상과 도덕적 지위에 대한 관념에 갇힌 지세보살과는 달리 유마힐은 모든 상황을 다른 사람들을 깨달음으로 이끄는 기회로 간주하는 가운데, 창의적이고 유연하게 반응할 수 있다. 중생들을 윤회

---

8   Thurman(2000), p.37.
9   Thurman(2000), p.39.

적 존재로부터 해방시키는 데 자신의 모든 노력을 기울이고 있는 동안에도 유마힐은 이러한 목적조차 중요한 것으로 여기지 않는다. 궁극적인 실재의 관점에서 보면 해탈시켜야 할 중생은 결국 존재하지 않는다.[10] 그는 선에 대한 어떠한 관점과 선을 향한 지향성도 갖고 있지 않다. 그러므로 테일러의 시각에서 보면, 그는 어떠한 정체성과 어떠한 자아도 갖고 있지 않은 셈이다. 그러나 그는 비록 정상적인 인간도 아니지만 분명히 미친 사람도 아니다. 유마힐은 현대의 불교도들이 "미친 지혜crazy wisdom"로 부르는 바로 그 모델이다.

유마힐이 언제나 유정적 존재들을 위한 최대의 이익을 낳을 행동을 행하기 위해 — 그가 명시적으로 무시하는 것으로 기술되고 있는 여러 가지 특정한 도덕 규칙들과 더불어 — 결과주의의 일반적 도덕 규범을 거부한다고 해석하는 것은 확실히 가능할 것이다. 이러한 해석은 우리가 『유마힐소설경』이 윤리적 특수주의의 한 형태를 제안하는 것으로 기술하도록 만들 것이다. 그러나 이러한 관점의 사고는 우리가 의사결정으로서의 결과주의를 평가의 구조로서의 결과주의와 혼동하지 않는다면 별로 설득력이 없을 것처럼 보인다. 내가 이해하는 한, 유마힐은 의식적으로 결과를 계산하거나 최대량의 복지 총합을 어떻게 가져올 것인가에 대해 명시적으로는 숙고하고 있지 않다. 그러나 그는 다른 존재들의 복지에 대한 충분히 내면화된 관심을 가지고 있어서 그것을 고려하지 않고도 이러한 일들을 행할 수 있기

---

10   Thurman(2000), p.56.

때문에 이에 대해 의식하고 있지 않다. 그는 단지 자애와 연민 그리고 평정의 감정을 표현하는 방식으로 직관적이고 자발적으로 행동할 따름이다. 어떤 관찰자는 그의 행동을 결과주의자의 윤리적 개념에서 해석하고, 평가하며, 정당화할 수 있을 것이다. 왜냐하면 이 경전은 유마힐이 실제로는 모든 존재의 복지를 증진시키기 위해 노력하고 있다는 점을 분명히 하고 있기 때문이다. 따라서 유마힐은 그가 결코 의식적으로는 결과주의적 결정 과정을 적용하고 있지 않다고 하더라도, 결과주의적 행위자로 기술되는 것이 적절할 것이다. 또한 유마힐에 관한 이야기는 세상에서 선에 대한 어떠한 개인적 관계에도 집착하지 않고 행동하는 것이 어떤 것인가에 대한 생생한 감각을 우리에게 제공해준다.

선과의 관계에 집착하지 않은 채 행동하라는 요구는—테일러의 의미에서 보면, 자아를 갖지 말라는 요구—불교윤리의 특유하면서도 특별히 그럴듯하지 않은 특징으로 보일 수도 있을 것이다. 그러나 이러한 시각은 심각하게 잘못일 것이다. 우리가 가능한 어떤 조합의 환경 아래에서, 자아를 버릴 준비가 되어 있어야 한다는 관념은 불교에 국한된 것이 아니다. 그것은 다름 아닌 결과주의의 구조로부터 나온다. 이러한 주장을 뒷받침하는 가장 좋은 방법 가운데 하나는 2장에서 논의했던 화학자 조지의 경우로 시작한다. 이 사례에서 젊은 과학자가 그가 도덕적으로 반대하는 생화학무기를 설계하는 일을 수용해야 할 것인지, 혹은 이 일이 자신보다 더 뛰어나고 동기가 분명한 어떤 사람, 즉 그의 무기가 많은 생명을 앗아갈 사악한 천재가 차지하는 것을 지켜봐야만 할 것인지를 떠올려보자.

만일 조지가 어느 정도의 비결과주의적 도덕적 성실성을 지니고 있다면 — 만일 그가 결과와 관계없이, 어떤 행동을 금지하는 부차적인 제약을 믿고 있다면 — 그는 이와 같은 종류의 성실성을 포기하거나 대참사가 일어나는 것을 허용해야만 한다. 그리고 조지는 결과주의자이며, 자기 정체성에 대한 그의 개념의 일부가 일을 통해서, 다른 존재들에게 이익을 가져다주는 어떤 사람이라고 가정해보자. 일단 그가 무기 연구의 일을 맡는다면, 모든 존재들에게 이익을 주지만 오직 은밀하고 간접적인 방법으로만 그렇게 하고 있다는 것은 사실일 것이다. 그는 끊임없이 지적 노력을 기울여 다른 사람들에게 해를 끼치는 방법을 알아내지 않으면 안 된다. 우리는 조지가 그 자신을 세상을 위해 좋은 것을 행할 목적에서 확실하게 세상을 위해 좋은 것을 행하고 있는 사람이라고 여기는 자신에 대한 개념을 포기해야 한다고 말할 수도 있을 것이다. 모든 존재들에게 이익을 가져다주기 위해 그는 자신의 자아를 포기해야만 한다.

윌리엄스가 제시한 사례의 세부사항을 넘어 더 나아가 조지가 매일같이 이 혐오스러운 일을 하면서, 해를 보내게 됨에 따라 그가 처음에 가졌던 도덕적 성실성은 점차 부식될 것을 알고 있다고 가정해보자. 결과주의 윤리에 대한 그의 확고한 믿음은 공허해질 것이며, 그리고 마침내 그는 그것의 유일한 도덕성의 흔적이란 다른 사람에게 해를 끼치는 것에 반대하는, 취약하고, 파기 가능한 전제들에 불과한 이기주의의 한 버전을 수용하게 될 것이다. 그러나 조지가 궁극적으로 행할 것이라는 사실을 예견하고 있는 이기적인 행위들로 인해 발생할 모든 피해는 그 사악한 천재 화학자가 만일 기회를 가진다면, 개발할 무기들이 야기할 파멸과 비교하면 미미할 정도이다. 따라서 결과주의자인 조지는 결국 그가 결과주의자이기를 그만두게 할 원인이 되는 행위 방식을 행할 강력한 결과주의적 이유를 갖게 된다.

이 사례는 매우 비불교적 정취를 풍긴다고 항의할 수도 있을 것이다. 실제로 만일 조지가 보살이고, 업과 윤회 및 깨달음에 대한 불교의 기술적 가정들을 취한다면, 윌리엄스의 사례에서 옳은 행위 방식은 훨씬 덜 분명해진다. 내가 제안하고 있는 것은 하나의 비유이다. 윤회를 전혀 전제하고 있지 않은 조지가 결과주의적 도덕에 의해 결과주의에 대한 그의 믿음을 파괴할 과정을 시작하라는 요구를 받고 있듯이, 똑같은 방식으로 불교도들은 모든 존재의 복지에 대한 관심에 의해 궁극적으로는 그들이 특정한 도덕 규범에 대한 모든 집착을 포기하고, 또한 의식적으로 어떤 특정한 도덕 이론 심지어 결과주의를 고려함으로써 의사결정하는 것을 그만두게 할 원인이 되는 하나의 발전과정 ― 즉 깨달음에 이르는 길 ― 을 시작하고 추구하라는 요구를 받는다.

따라서 나는 윌리엄스의 부정 논법modus tollens을 긍정 논법modus ponens으로 ― 더 좋게 말해, 조건부 증명proof of a conditional으로 전환한다. 만일 결과주의가 참이라면 어떤 예외적 경우에서 올바로 행동하기 위해, 우리는 모든 집착 심지어 우리 자신이 도덕적으로 행동하고 있다는 생각에 대한 집착도 포기하지 않으면 안 된다. 모든 존재들에게 최대의 이익을 가져다주기 위해, 그리고 그렇게 함으로써 결과주의적 실질적 목적을 완수하기 위해 우리는 최소한 특별한 상황에서는 결과주의 자체를 포기할 준비가 되어 있어야만 한다. 많은 서양 철학자들에게 결과주의적 윤리학의 관점에 끌리는 사람들에게조차도, 이는 그와 같은 견해에 반대하는 진지하면서도 어쩌면 결정적인 고려 사항이기도 하다. 그러나 불교도에게 이런 결론은 수용 가능한 것이며 실제로 환영받고 있고 또한 독자적인 동기가 된다. 그러므로 적어도 이 점에서 있어서 철학적으로 가장 옹호할 만한 형태의 결과주의는 불교적인 것처럼 보일 것이다.

윤리를 어떻게 초월할 수 있는가에 대한 이러한 개념은 불교적 전통의 해석과 옹호에 많은 함축을 지닌다. 특히 윤리적 초월을 내가 제안했던 방식으로 생각하는 것은 우리가 탄트라 윤리를 이해하는 것을 가능하게 만들어줄 것이다. 물론 모든 학자가 탄트라 윤리와 같은 것이 존재한다고 동의할 준비가 되어 있지는 않을 것이다.11 탄트라 경전의 자유분방한 정신과 때로는 충격적인 과도함을 가정해볼 때 금강승(즉 탄트라 불교)의 규범적 관점이, 그것이 존재하는 한에서 테라바다 및 비탄트라 대승 윤리의 훨씬 더 엄격하고, 규범에 바탕을 둔 구조와 이어지는 것으로 보이는지 어떤지를 의심하는 것은

---

11 예를 들어, Wang(1975)은 파드마삼바바(Padmasambhava)를 "윤리를 넘어선" 존재라고 해석하며, 또한 이른바 그의 도덕과 무관한 입장을 어떤 의미에서는 윤리적 참여의 관점을 넘어서는 향상으로 간주하고 있다. 나는 왕과 같은 학자들이 왜 이러한 주장이 그럴듯하다고 보는지를 설명할 일부 구절뿐만 아니라 내 생각에는, 그것을 거부하는 다른 구절들도 제공하려고 한다.

당연한 일이다. 불교윤리적 관점이 결과주의의 형태로 간주되고 있는, 내가 제안한 해석적 틀의 한 가지 장점은 이와 같은 모든 견해들을 동일한 근원을 가진 윤리 관념, 즉 모든 유정적 존재의 복지를 윤리적 관점이 세워져 있는 토대라는 표현으로 서술할 수 있다는 점이다. 높은 수준의 탄트라 수행자들을 — 우리가 그들의 동기에 대한 그들 자신의 수사적 표현을 수용할 수 있는 한 — 행위 결과주의자처럼 행동하는 것으로 간주하는 것이 유용할 수 있지만, 그들은 실제로는 어떠한 윤리적 이론 심지어 행위 결과주의적 이론조차 믿지 않는 것처럼 보인다.

일부 저자들이 왜 탄트라 추종자들을 무도덕주의자로 해석하려고 하는지를 이해하는 것은 어렵지 않다. 로날드 데이비슨Ronald Davidson은 자신들의 문헌에서 "그들은 그룹 섹스로부터 의식 살인ritual homicide에서 식인풍습에 이르는 모든 것을 찬미하는 일련의 의례들을 명시적 언어로 구조화한 성애적 기술을 사용했다."[12]라고 적고 있다. 위대한 기쁨을 지닌, 성취자siddhas로 알려진 탄트라의 상징적인 수행자들은 자신들의 자유를 구속할 수 있는 모든 규범과 원리들 및 제한들을 짓밟는 데에서 쾌락을 얻는 것처럼 보인다. 그러나 그럼에도 불구하고 성취자들은 자신들의 무모한 행위를 다른 사람들의 복지를 효과적으로 증진시키는 방편의 한 형태라고 정당화하려고 한다.[13] 키스 도

---

12 Davidson(2002), p.237.
13 Davidson(2002), p.298를 보자. "성취자들은, 비록 자신들의 행위가 어울리지 않게 강력한 자기 탐닉에 지나지 않는 것으로 보일 때도 있지만, 종종 자신들의 행위가 수사학적으로 보면 존재들의 복지를 위한 것이라는 희극적 영웅

먼Keith Dowman은 이 점을 매우 분명한 어조로 말한다. "붓다의 관점에서 보면 깨달음이 궁극적 목적이라는 점에서 발생하는 모든 사회적 이익 및 도덕적 이익을 지닌 인식을 유도하기 위한 성취자의 "죄가될 만한" 시도들보다 도덕주의자의 고지식한 사회적 규정 및 도덕적 규정들에는 장점이 거의 없다."[14] 가장 충격적인 것조차도 탄트라 수행의 이타적주의적 동기는 금강승의 수사적 기교라는 한결같은 특징을 갖는다. 매튜 캅스타인Matthew Kapstein이 적고 있듯이, "발전된 탄트라 불교는 항상 세속적인 의식의 숙련을 통한 다른 사람에 대한 이익의 달성과 요가의 수행에서 나오는 통찰력을 통한 자기 자신의 깨달음의 성취라는 두 가지 목적을 유지할 것이다."[15] 그리고 물론 이러한 탄트라 수행자들도 대승주의자이기 때문에 개인의 깨달음의 성취는 그 후 깨달음을 실현한 수행자가 계속 환영의 몸으로 나타나 윤회적 존재로 머무는 동안 다른 존재들을 깨달음에 이르게 함에 따라 다른 존재들에게 큰 이익이 될 것이다.

내가 탄트라 윤리와 연관된 특징을 발견한 가장 놀라운 사례들은 『구리사의 삶 이야기Copper Temple Life Story, rnam thar zangs gling ma』라고 불리는 티베트 닝마파 문헌에서 나오는데, 이 책은 티베트를 불교에 귀의하도록 하는 데 중요한 역할을 한 것으로 알려진 탄트라의 큰 스승 파드마삼바바Padmasambhava의 전기이다. 이 문헌은 12세기에 "발견"

이 되기도 한다."

14 Dowman(1985), p.23.
15 Kapstein(2001), pp.238-39.

(그러나 실제로는 편집되었다)되었다고 알려졌다. 그것은 삼예사원 the monastery of bSamyas의 구리사에서 발견되었는데 파드마삼바바의 도 반 가운데 한 사람인 예세초겔Ye shes mtsho rgyal에 의해 9세기에 쓰인 것 으로 추정된다.[16] 하나의 역사적 자료로서『구리사의 삶 이야기』는 본질적인 가치가 없다. 우리는 이 책에서 밝히고 있는 어떠한 사건도 기술된 것처럼 실제로 일어났다고 믿을 아무런 이유가 없다. 그럼에 도 불구하고 이 책은 우리들에게 12세기 티베트의 닝마파가 깨달음 을 얻은 정신적 지도자에게서 받아들일 만한 것이라고 간주했던 행 위 형태들에 대한 매우 훌륭한 암시를 제공해줄 수 있다.

이 문헌에 등장하는 스승 파드마삼바바의 모습은 목적에서는 매 우 이타적이지만, 수단에서는 끔찍할 정도로 무자비한 사람이다. 젊 은 시절 파드마삼바바는 궁정에서 왕자로 살고 있다. 왕과 대신들은 그가 궁정을 떠나 종교적 유행자가 되는 것을 허락하고 싶어 하지 않 았다. 그래서 그는 가장 영향력이 큰 대신의 아들을 죽이고 그 처벌 로 추방되는데, 이는 그가 승려로서 출가하는 것을 가능하게 만든 다.[17] 굶주림에서 살아남기 위해 파드마삼바바는 시체안치소 바닥에 서 인육을 먹고 사람의 껍질을 벗겨 만든 옷을 입고 산다.[18] 그는 사 호르Sahor의 왕인 아르샤다라Arshadhara의 딸을 유혹해서 그녀 아버지의 동의를 받지 않은 채 달아나 그녀를 탄트라의 성(性)적 의례의 파트너

---

16 Kunsang(1993), p.3을 보라.

17 Kunsang(1993), p.37. 또 다른 문헌의 대안적 버전에 대해서는 p.9를 보라.

18 Kunsang(1993), p.39.

로 삼는다.[19] 그는 저항하는 4명의 반불교도 지도자들을 유성우流星雨로 내리쳐 죽인다.[20] 이러한 행동은 아무리 충격적으로 보인다고 하더라도 샤크라라자Shakraraja 왕의 이야기와 비교해보면 아무것도 아니다. 어떤 사람들은 이러한 구절이 이른바 불교 문헌 속에서 등장할 수 있을 것이라고 믿기 어렵다고 생각할지도 모르기 때문에 나는 이 이야기 전체를 인용하려고 한다.

이 시기에 가오슈Gaushö로 알려진 우디야나Uddiyana 지방에 샤크라라자라는 이름을 가진 사악한 왕이 있었다. 그는 자기 지배하에 있는 백성들을 나중에 더 낮은 영역으로 떨어질 잘못된 길을 걷도록 강요하고 있었다. 왕자[파드마삼바바]는 억압하고 격노한 행동을 통하지 않고는 그들을 귀의시킬 아무런 방법도 없다고 생각했다. 그는 자신의 머리카락을 뱀으로 묶어 올리고, 사람의 가죽을 웃옷으로 걸쳤으며, 호랑이 껍질을 치마로 두르고 있었다. 그는 손에 다섯 개의 쇠화살과 활을 지니고, 사악한 행동이 만연한 그 나라로 갔다. 왕자는 그가 만난 모든 남성들을 죽여서 그들의 살을 먹고, 그들의 피를 마셨으며, 그리고 모든 여성들과 관계를 맺었다. 그는 모든 사람을 자신의 지배 아래 놓고 성적 결합과 해방의 타나가나 tanagana <tana-union, gana-liberation> 의식을 행했다. 그러므로 그는 나찰 Rakshasa Demon이라는 이름을 얻었다.[21]

---

19 Kunsang(1993), p.45.

20 Kunsang(1993), p.51.

21 Kunsang(1993), p.39. 나는 Kunsang의 저서에 나오는 정밀하지 않은 음역 (transliterations)을 교정하지 않았다.

이 인용구에서만 보면 우리는 적어도 닝마파에 따르면 깨달음을 얻은 탄트라 스승에게 허용되는 파괴적 행동들에는 어떠한 제한도 없었다는 정당한 결론을 내릴 수 있을 것이다.[22]

그러나 이 문헌은 파드마삼바바가 실제로는 악마가 아니라는 점을 애써 강조하려고 하지만, 무지한 사람들은 그를 악마로 잘못 볼 수도 있을 것이다. 그의 극도로 공포스러운 모든 행동들은 그렇게 함으로써 그가 성취하는 좀 더 큰 선으로 정당화된다. 티베트에 도착한 그는 선언한다. "위대한 믿음을 지닌 사람들의 목적을 구체화하고 있는 나는, 그들의 현재와 미래의 복지를 달성시켜줄 것이다."[23] 불교적 기준에서 판단하면 궁극적으로 성취된 결과는 우리가 스승 파드마삼바바 자신의 것으로 여겨지는 다음과 같은 시구에서 보는 것처럼, 매우 인상적이다.

> 나, 파드마카라Padmakara는 티베트에 이익을 베풀기 위해 왔다.
> 불가사의한 모습을 통해, 나는 사악한 영혼들을 항복시켰으며
> 운명이 정해진 많은 사람을 성숙과 해탈의 길로 이끌었다.
> 심오한 터마terma의 가르침은 티베트와 캄Kham 지역을 성취자로
> 채울 것이다.[24]

---

22 물론 후대의 티베트 스승들, 특히 겔룩파의 스승들은 이 인용구가 글자 그대로 읽혀서는 안 되며, 복합적이고 비유적인 해석이 이루어져야 할 것이라고 주장했다. 탄트라 전통에서는 승원의 학구적인 승려 주석자가 탄트라 문헌의 지나칠 정도로 보이는 도덕폐기론적 특징을 내면적 명상 과정에 대한 비유로 재해석하려고 애쓰는 조직적인 경향이 있다.

23 Kunsang(1993), p.66.

24 Kunsang(1993), p.23. 이 시구들은 실제로는 파드마삼바바의 이른바 "발견된"

242

파드마삼바바는 자신의 행위가 많은 사람에게 이익을 가져다준
다고 주장할 뿐만 아니라, 또한 그는 다른 사람들에게 <자기와> 똑같
은 일을 하라고 촉구한다. 티베트 사람들에게 자기가 떠난 뒤 어떻게
행동해야 할 것인가에 대해 권고할 때, 그는 그들에게 다음과 같이
가르친다. "너희들 자신의 욕구를 놓치지 않으면서도, 다른 사람의
전체 복지를 너희들의 삶과 함께 보호하라."25

『구리사의 삶 이야기』에 나오는 사건들은 명백히 허구적인 것이
분명하지만 논의의 목적상 그것은 사실이라고 가정해보자. 만일 우
리가 행위 결과주의자라면, 그리고 불교의 확산과 불교의 정신적 목
적의 성취를 선으로 간주한다면, 우리는 파드마삼바바를 비록 그의
수많은 행동이 무모하고 혼란스러우며 무자비한 성격을 지니고 있
다고 하더라도, 도덕적으로 칭찬받을 만한 가치가 있는 방식으로 행
동한 것으로 보지 않으면 안 된다. 만일 우리가 파드마삼바바를 행위
결과주의자로 간주하지 않는다면, 우리는 그를 전적으로 부도덕하
거나 어쩌면 무도덕적인 사람으로 여기는 것 외에 다른 선택의 여지
가 없을 것이다. 또한 이러한 해석은 우리에게 그 문헌이 그의 행위
들은 궁극적으로 해악보다는 더 많은 선을 낳았다는 것을 얼마나 조
심스럽게 지적하고 있는가를 무시하라고 요구할 것이다.

탄트라의 전통은 성취자가 유익하고 매우 비관습적인 행위를 수

계시(티베트어로 terma)이기도 한 또 다른 문헌인 『보행왕정론(Precious Garland
of Gold)』에서 인용한 것이다.
25 Kunsang(1993), p.172.

행할 때 그들의 정신적 자세를 어떻게 기술하고 있는가? 키스 도먼은
다음과 같이 호의적인 요약을 제공하고 있다.

성취자들의 행위는 무한하고 자발적이며, 비이기적이고 자비적
인 것으로 성격규정된다. 입문자가 신비한 합일의 경험 속에서 순
수한 자각과 공성空性을 깨달은 경험이 지속적이고 비자발적인 자비
행의 발산을 결정한 이후에 그 성취자의 행위 영역에는 어떠한 제
약들도 존재하지 않는다. 이 경험으로 말미암아 상대적 세계는 모
두 공허하며, 모든 세속적인 욕심은 이 소중한 몸에 의해 자신과 다
른 사람의 결합 및 그 결과 일어나는 따뜻한 공감의 실현과 함께 정
신적 해탈에 이르는 것을 돕는 기회의 헛된 낭비라는 확신에 바탕
을 둔다면, 그 성취자는 자기 자신과 다른 사람의 이익을 동시에 추
구할 수밖에 없다. 그러므로 보살의 서원이 그의 존재 속으로 스며
들고 있는 한, 이 성취자는 어떠한 사회적 규범이나 도덕적 규범의
제한을 받지 않고도 행동하게 된다.[26]

나는 불교전통에서 처음으로 우리가 행위 결과주의의 함의에 대

---

26 Dowman(1985), p.21. 도먼이 성취자가 자신의 이익과 다른 사람의 이익을 동
시에 추구한다고 단언하는 것은 낯설어 보인다. 이러한 주장은 우리가 타당
해 보이지 않는 어떤 종류의 이해의 동시발생을 전제하지 않는다면, 행위 결
과주의적 해석을 의문스럽게 만드는 것으로 보일 것이다. 내가 다른 곳에서
아라한과 붓다에 대해 주장했듯이, 성취자는 이미 자기 이익이 최대한 충족
된 상태에 있으며, 따라서 그가 하는 것, 그리고 실제로는 일어나거나 일어날
수 있는 어떠한 것도 그의 복지에는 아무런 영향도 미치지 않을 것이라고 주
장하는 것이 더 나을 것이라고 생각한다.

한 분명하고 정돈된 이해를 갖는 문헌들을 만나는 것은, 바로 여기라고 주장하려고 한다. 산티데바의 전략이 이 인용절에서 하고 있는 역할을 주목해보자. 모든 개인의 자아의 부재는 다시 한번 소환되어 윤리에 영향을 미치고 있다. 그러나 여기에서 이 전략의 함의는 그것이 완전히 전개되는 것을 허용하고 있다. 우리가 아상가의 대승 윤리 형식에서 발견하는, 규범을 해치는 것에 대한 억제와 그것에 대한 강력한 강조는 제거되며, 따라서 모든 규범은 그렇게 하는 것이 존재들의 복지를 증진한다면 파기될 수 있다. 예를 들면, 만일 파드마삼바바나 도면이 언급하는 성취자들 가운데 어떤 한 사람이 화학자 조지로 다시 태어난다면, 그는 화학 무기를 만드는 데 참여하는 것을 망설이지 않을 것처럼 보인다 — 아마도 그럴 것 같지만, 그가 만일 그와 같은 상황에 대한 좀 더 창의적인 대답을 발견할 수 없는 한 말이다.

방금 인용한 구절은 또한 성취자의 심리에 대해 매우 흥미로운 견해를 보여준다. 도면에 따르면, 성취자의 행위는 "비자발적"이다. 그것은 그들이 하도록 "충동되며", 하지 "않을 수 없는" 모든 것을 대표하고 있다. 이러한 개념들은 비록 암시적이긴 하지만, 무엇을 의미하고 있는지 전적으로 분명한 것은 아니다. 깨달음을 얻은 마음을 기술하려고 노력하는 것에 포함된 위험들을 무시하고, 나는 이제 성취자들이 어떻게 소위 그들의 행동이라고 부르는 것과 관계하는가에 대해 철학적으로 조명하는 설명을 제공하려고 할 것이다.

나는 『근본중송Fundamental Verses on the Middle Way』에 나오는 나가르주나Nāgārjuna의 말로 시작하려고 한다.

윤회적 존재의 뿌리는 조건지어짐이다.
그러므로 어리석은 사람들은 조건지음을 만든다.
따라서 어리석은 사람은 행위자이다.
현명한 사람은 행위자가 아니다. 왜냐하면 그는 실재를 보기 때
문이다.[27]

분명한 것은 나가르주나가 텔레비전 앞의 소파 위에 무기력하게
누워 있는 삶을 옹호하고 있지 않다는 점이다. 그에게 그것은 다른
형태의 행위이며, 오히려 파괴적인 행위이다. 다른 불교 철학자들과
마찬가지로 나가르주나는 붓다나 아라한과 같은 깨달은 존재들을,
세상에 영향을 미치는 그러한 방식으로 행위하는 존재라고 생각한
다. 그러나 그들은 아무런 행위를 하지 않고 그렇게 한다. 왜냐하면
그들의 행동을 이끄는 정신적 과정은 보통 사람들이 하는 숙고와는
완전히 다르기 때문이다. 깨달은 존재는 보통 사람들의 행동을 결정
하는 습관과 감정, 즉 조건지음산.saṃskāra을 갖지 않는다. 더욱이 깨달
은 존재들은 자아에 대한 헛된 믿음이 없다. 그들의 몸은 모든 존재
들에게 이익을 주는 그와 같은 방식으로 움직이며, 또한 그들은 무엇
이 일어나는가를 알고 있지만, 결코 행동하지 않는다. 왜냐하면 그들

---

27 『Mūla-madhyamaka-kārikā』 26.10. 필자의 번역. 산스크리트: "saṃsaramūlān saṃskārān
avidvān saṃskaroty ataḥ / avidān kārakaḥ tasmān na vidvāṃs tattva-darśanāt." Kalupahana
(1986), p.374 참조. Garfield(1995), p.78에서는 "윤회적 존재의 뿌리는 행위이
다. 따라서 현명한 사람은 행위하지 않는다. 그러므로 현명하지 않은 사람은
행위자이다. 현명한 사람은 자신의 통찰력 때문에 행위자가 아니다."라고 번
역되어 있다. 가필드는 티베트본을 번역하고 있는 중이다.

은 숙고하지 않으며, 또한 그들은 어떠한 결정 절차나 장기적인 계획에 관여하지 않기 때문이다. 그들에게는 선택을 하는 자아조차 존재하지 않는 것처럼 보인다. 그들은 다만 청정하고 위대한 자비심으로부터 자발적으로 상황에 반응할 뿐이다.[28]

내가 깨달은 존재는 숙고하지 않는다고 말하는 것은 무슨 뜻인가? 나는 그들의 몸이 완전히 임의적이거나 이해할 수 없는 방식으로 움직인다고 주장하고 있지 않다. 외부에서 보면, 우리는 그들이 모든 존재들의 이익을 위해 행동하고 있는 것으로 이해할 수 있다. 그러나 내가 제안하고 있는 설명에 따르면, 깨달은 존재들은 결코 보통 사람들이 "무엇을 할 것인가를 결정하는 것"이라고 부르는 과정을 경험하지 않는다. 그들은 — 비록 그들은 통상 단순히 최선의 행위가 무엇인가를 직관적으로 볼 것이기 때문에 너무 자주 그렇게 할 필요는 없지만, 확실히 어떤 상황에 대한 사실을 이론적으로 탐구하는 데 시간을 보낼 수 있으며, 그렇게 함으로써 그들 몸의 어떤 움직임이 유정적 존재들에게 최선의 결과를 낳을 것인가를 확인할 수 있다. 그러나 그들에게 자유의지의 환상이 사라질 것이기 때문에 그들에게는 더 이상 최선이 되는 것 이외에 어떤 것도 할 수 없을 것처럼 보인다. 일단 무엇이 최선의 결과인가를 알게 되면, 결정 및 의도의 형성과

---

28 나는 이러한 관념들을 대승의 한 저자로부터 인용한 것에 근거해서 제시하고 있지만, 많은 학자들은 적어도 이러한 장면의 일부를 테라바다에서도 발견했다. 그래서 마틴 아담(Martin Adam)은 빨리 경전에 따라 "정확하게 말하면, 아라한의 행위는 전혀 '행위'(karma)로 간주될 수 없다. 그것은 업과 무관한 것이다."라고 적고 있다. Adam(2005), p.72.

같은 상태에 개입하지 않고도 <그들에게는> 곧바로 상응하는 움직임이 일어난다. 이러한 움직임의 원인은 자연적인 대자비심의 방해받지 않는 흐름이다. 이기적인 모든 욕망의 포기는 이러한 자비심의 작동에 대한 모든 장애물들을 제거시키는데, 그것은 이제 행복의 원인이 되며 다른 존재의 고통을 덜어주는 몸과 입의 움직임을 자발적으로 가져오게 된다.

탄트라 불교도 자신들에 의하면, 금강승의 수행자들이 항상 이와 같은 자발적이고 위대한 자비심의 상태에 도달하는 데 성공하는 것은 아니다. 더욱이 탄트라의 길을 잘못 따르면, 그 결과는 재앙적일 수 있다. 탄트라 수행이 위험한 주된 이유는 심리적인 것이다. 성적이며 폭력적인 이미지와 의례를 사용하는 것은 모든 억압들을 극복하고, 완벽한 자발성에 대한 모든 장애물들을 파괴하며, 나아가 완전한 자비의 공간을 만들기 위해 의도된 것이다. 이 과정에서 그들의 에너지가 그것의 전 과정에 동력을 불어넣기 위해 쓰이는 동안, 모든 형태의 이기적 욕망은 청정하게 되며 덕으로 바뀔 것이라고 전제된다. 달라이 라마 성하His Holiness the Dalai Lama는 탄트라의 길에서 욕망의 역할에 대해 다음과 같이 설명한 바 있다.

대승 경전에 따르면, 만일 어떤 상황이 다른 사람에게 이익을 베푼다는 관점에서 긍정적인 결과를 암시한다면, 욕망이나 집착의 자발적인 사용이 허용될 수 있다. 그러나 탄트라에서는 단순히 그와 같은 욕망이나 집착이 이익이 된다고 해서 허용되지는 않으며, 여기에서 우리는 자신들의 에너지를 혼란스러운 상태 자체를 청정하

게 하고 소멸시키는 길로 의도적으로 사용한다.[29]

그러나 이런 종류의 수행은 심각하게 잘못될 수 있다. 만일 탄트라 수행자가 그의 모든 억압을 파괴하지만 이기적인 욕망을 하나라도 간직하고 있다면, 그는 전혀 억제되지 않고 파괴적인 충동의 지배를 받는 괴물이 되고 말 것이다. 왜 실패한 탄트라주의자들만을 위한 특별하고도 엄청나게 공포스러운 지옥이 있는가를 이해하기는 쉽다.

만일 우리가 내가 제안한 탄트라 윤리에 대한 행위 결과주의적 이해를 받아들인다면, 우리는 왜 탄트라의 길이 위험하다는 말을 듣는가에 대한 또 다른 보충적인 이유를 제공할 수 있다. 행위 결과주의 자체는 위험하다. 그것은 모든 존재들의 복지를 가져오는 것을 방해할지도 모를 온갖 도덕 규범들을 제거하기 때문에 이는 그것을 실천하는 행위자들에게 더 큰 해악을 막거나 혹은 매우 중요한 선을 산출하기 위해서라면, 유정적 존재들에게 직접적으로 심각한 해악이나 죽음을 야기하는 행위를 하라고 요구할 수 있다. 만일 행위자가 이와 같은 무모한 행동들에 대해 집착을 일으킨다면, 그는 쉽게 괴물로 변할 수 있을 것이다. 그리고 만일 행위자의 정보가 정확하지 않다면, 그는 실제로 어떤 사람에게 아무런 이익도 가져다주지 못한 채 엄청난 피해를 끼치는 위험을 감수하게 된다. 그러나 정확한 정보를 가진 유능한 행위 결과주의자는 다른 부류의 행위자들이 너무 신중해서할 수 없는 경우에도 대재앙을 막고, 또한 큰 선을 달성할 수 있다. 그

---

29 Dorje(2006)의 서문, p.xxiv.

렇게 하는 것은 정확하게 금강승의 길이 제거하려고 의도했던 우리의 도덕적 결벽증과 우리 자신의 성실성 — 실제로 인간 본성에 대한 모든 억압 — 에 대한 집착을 극복할 것을 요구한다.

나는 탄트라 윤리에 대한 이러한 간략한 논의가 보편적 결과주의에서 일시적인 마음의 상태를 그것의 대상과 결과로 간주하는, 두 번째 유형의 자비와 결합한 형태의 도덕적 초월성에 대해 우리가 이해함으로써 탄트라의 도덕적 중요성에 대한 통찰력을 얻을 수 있다는 사실을 보여주었기를 바란다. 그러나 이와 같은 설명은 이야기의 전부가 될 수 없는데, 왜냐하면 탄트라의 길의 핵심적인 부분은 모든 존재가 공성을 실현하는 것이기 때문이다. 그러므로 탄트라의 도덕적 초월성은 또한 세 번째 유형의 자비를 포함해야만 한다. 비록 나의 지혜가 이 과제를 다루기에 충분하지는 않지만, 나는 자비를 공성의 실현과 결합하는 것이 무엇인가에 대해 내가 할 수 있는 설명을 제공하려고 시도할 것이다. 내가 그렇게 할 수 있기 전에, 나는 어떤 사람의 자비심과 윤리적 규율을 향상시키기는커녕 공성이 그 모든 것을 완전히 파괴할지도 모른다는 매우 자연스러운 두려움을 제거해야만 한다.

공 성

나는 이 장과 앞 장에서 대승 윤리는 서양 결과주의의 어떤 버전과 밀접한 유사성을 갖는, 영감을 불러일으키며 철학적으로 강력한 종류의 윤리적 관념을 구체화하고 있다고 주장했다. 그러나 이러한 관념들, 즉 실제로 윤리에 대한 어떤 개념은 매우 핵심적인 또 다른 대승의 가르침인 공성의 교의와 갈등을 빚을 수도 있을 것이다. 이 교의는 『반야바라밀다경Perfection of Wisdom Sūtras』에서 제시되고 있으며 또한 철학적으로 중관학파의 옹호를 받고 있는데, 많은 철학자들은 이를 가장 중요하고 가장 영향력 있는 형태의 대승철학이라고 여기고 있다. 공성이 윤리에 위협을 가할 가능성은 현대적인 오해만은 아니다. 대승 전통의 주요한 인물들은 여기에 논의될 필요가 있는 문제가 있다는 사실을 인식했다. 예를 들어, 중관학파의 창시자인 나가르주나는 공성의 어떤 측면에 대한 설명과 옹호를 한 다음에 자신의 독자들에게 다음과 같이 경고하고 있다.

> 이 교의는 잘못 이해되면
> 현명하지 않은 사람들을 파멸에 빠뜨리게 하는 원인이 된다.
> 왜냐하면 그들은 허무주의적 견해의
> 부정不淨함 속으로 빠져들고 말 것이기 때문이다.[30]

　나가르주나는 분명히 공성이 윤리적 관심사를 파괴할 것이라는 생각을 인정하지 않지만, 그는 그것을 올바르게 알지 못하는 "현명하지 않은 사람들"이 이와 같은 결론에 이르고 싶은 유혹에 빠질지도 모른다고 보고 있다.

30　Hopkins(1998), p.11.

"현명하지 않은 사람들"에게 장애물이 될 수도 있는 구절들을 발견하는 일은 어렵지 않다. 많은 대승 경전들은 유정적 존재들은 존재하지 않으며 또한 어떠한 행동, 하물며 옳거나 그른 행동들은 존재하지 않는다고 말하고 있다. 종종 우리는 이러한 가르침들을 불교윤리에 적용하는 명시적인 언급들을 만난다. 예를 들면, 『대보적경Great Heap of Jewels Sūtra』의 한 장인 ≪결정비니경Definitive Vinaya≫에서 붓다는 청중들에게 이렇게 말한다.

> 나는 자주 청정한 계율의 준수를 칭찬한다.
> 그러나 어떠한 존재도 결코 계율을 어기지 않는다.
> 계율을 어기는 것은 본래 공하다.
> 따라서 그렇게 하는 것이야말로 계율을 지키는 것이다.[31]

만일 계율을 지키는 것과 같은 어떤 것이 전혀 존재하지 않는다면, 사람들은 왜 붓다가 이와 같은 비존재적 활동을 칭찬해야 하는가를 의아하게 생각한다. 그러나 이 경전은 우리가 이와 같은 결론을 내리기를 바라지 않는다. 같은 경전은 만일 어떤 사람이 "'모든 다르마가 공하다면, 도대체 수행이 무슨 소용이 있는가?'라고 말한다면, 그는 또한 교만한 것이다."[32]라는 명제를 포함하고 있다. 하지만 이러한 결론을 어떻게 피할 것인가는 분명하지 않다.

---

31 Chang(1983), p.274.
32 Chang(1983), p.272. 나는 구두점을 조금 바꾸었다.

예컨대, 만일 우리가 공성을 절대적인 비존재라고 해석한다면, 도덕은 무의미하다는 결론을 피할 수 없을 것이다. 공성의 허무주의적 해석에 따르면, 궁극적 진리는 어떤 것도 존재하지 않는다는 것이다. 만일 아무것도 존재하지 않는다면, 행위는 어떠한 결과도 갖지 못한다. 실제로 행위란 존재하지 않으며, 따라서 어떠한 윤리적 규범도 존재할 수 없다는 것은 분명하다. 저명한 서구 학자들이 이러한 해석을 옹호했는데,33 이를 뒷받침하는 것처럼 보이는 적지 않은 경전 구절들이 있다. 그러나 나가르주나와 찬드라끼르띠Candrakīrti 같은 중관학파는 많은 곳에서 이런 것이 그들의 입장이라는 것을 애써 부인하려고 한다. 오늘날 대부분의 중관학파 학자들은 허무주의적 해석을 거부한다.

그렇다면 우리가 필요로 하는 것은 공성의 옹호자들이 계속하여 개진하려고 하는 윤리적 주장들과 일치할 수 있는 대안적 공성 교의의 해석이다. 이 책은 인도와 티베트 및 서구의 학자들이 제기한 공성에 대한 광범위하고 다양한 철학적 해석의 미묘한 차이를 논의할 자리는 아니다. 그러나 나는 윤리에 상당한 공간을 허용할 것으로 보이는 하나의 특정한 해석, 즉 해석의 범위를 암시하기에 충분할 몇 가지 언급을 하고자 한다.

사물들이 공하다면, 공한 것은 무엇인가? 많은 중관학파 문헌에서 발견할 수 있는 대답은, 그것들은 — 영어에는 정확히 일치하는 단어

---

33 Oetke(1992), p.317을 보라. Wood(1994)는 이러한 해석을 길게 옹호하고 있다.

가 하나도 없는 산스크리트 개념 — 스바바바svabhāva, 自性가 없다는 것이다. 그것의 어원은 "에센스essence"의 라틴어 기원과 유사한데, 실제로 스바바바는 자주 서구의 에센스 개념과 매우 닮은 어떤 것을 의미하는 것으로 사용된다. 그러므로 공성의 교의는 반본질주의의 한 형태로 간주될 수 있다. 그러나 이 교의는 본질essence의 부정을 넘어선다. 자성은 또한 "본질적 특징"을 의미할 수도 있다. 따라서 사물이 스바바바가 없다는 것은 부분적으로는, 그것의 모든 특징들이 그것들이 다른 어떤 것과는 무관하게 그 자체 속에 존재하는 것이 아니라 그것들이 다른 사물들과 관계하는 것으로 정의되고 구성되어 있다는 것이다.

스바바바는 너무 복잡해서 어떤 단순한 영어 어구로는 표현될 수 없는 또 다른 의미를 가질 수 있다. 이 세 번째 의미에서 스바바바를 갖는다는 것은 지배적인 담론의 가정이 되는 것인데, 이는 실재의 진정한 본질을 표현하고 본질을 그 접점들 위에 새기는 것이다. 그 개념의 이러한 의미의 시각에서 보면, 스바바바를 갖는 것은 궁극적으로 존재하는 사물이다. 다시 말해 그것들은 마음의 구체적 활동과는 별도로 그 자체로서 세계 속에 존재하는 것이다. 모든 사물이 공하다고 말하는 것은 어떠한 것도 이와 같은 종류의 객관적이고 독립적이며 궁극적인 존재를 갖지 않는다고 말하는 것이다. 대신 우리가 <존재한다고> 믿는 모든 것은, 부분적으로는 개념적 구성에 의존하는 방식으로 존재한다. 이것은 그에 따르면 의자와 나무 그리고 사람과 같은 일상적인 사물들이 완전히 비존재적이라는 관점이 아니다. 실제로 그것들은 존재하지만, 궁극적으로가 아니라 관습적으로 존재한다. 중관학파의 견해에 따르면, 관습적인 존재는 존재의 한 유형인데, 그것은 어떤 것이 가질 수 있는 존재의 한 유형에 불과하다.

이러한 견해들은 어떤 의미에서 보면, 매우 급진적이지만, 그것들은 서구 철학자들에게 전혀 익숙하지 않은 것은 아닐 것이다. 이견해들은 리처드 로티Richard Rorty와 같은 미국의 현대 신실용주의자neopragmatist와 그의 경력의 일정 기간 동안 힐러리 퍼트남Hilary Putnam이 주장했던 것과 놀라울 정도로 유사성을 지닌다. 이러한 사상가들은 본질의 개념에 대해 회의적이며 실체의 관계적 성질을 긍정하고, 나아가 실재를 있는 그대로 독특하게 기술하는 어떤 특별하며 지배적인 담론의 개념을 거부한다. 지금까지 모든 사물들의 공성을 주장하면서, 우리는 서구의 분석적 형이상학에서 통용되는 견해들의 범위를 벗어나지 않았다.

그러나 공성의 가르침에는 또 다른 특징들이 있는데, 이는 적어도 처음에는 굉장히 낯설게 보인다. 예를 들어, 중관학파의 문헌들은 흔히 모든 실체들을 신기루와 같은 기망적 현상과 대비시킨다.[34] 이런 비유는 허무한 것으로 해석되어서는 안 될 것이다. 신기루는 절대적으로 존재하지 않는 그 무엇은 아니다. 오히려 그것은 존재하지 않는 방식으로 실재하는 것처럼 여겨지는 하나의 실체이다. 그 속에서 그것이 존재하는 것처럼 보이는 방식은 그 안에서 그것이 존재하는 방식과 똑같은 것은 아니다. 마찬가지로 중관학파의 가르침에 따르면,

---

34 예컨대, Huntington(1989), p.170, v.109 참조. 유사한 진술들은 많은 대승 경전들에서 발견된다. Thurman(2000), p.31과 Emmerick(1970), p.101을 보라.

의자나 사람과 같은 일상적인 대상들은 완전히 비존재적인 것은 아니지만 그 어떤 것도 우리가 그것이 실재한다고 생각하는 방식으로 존재하는 것은 아니다. 우리는 그것들을 인간의 개념과 무관하게 존재하는 것으로 여긴다. 그러나 그것들은 존재하지 않는다. 사실 대상들은 하나 혹은 그 이상의 개념적 구성과 관련해서만 존재한다. 우리는 그것들을 존재하는 것보다 더 실재적인 것으로 여기기 때문에 속는다. 이런 기망은 미묘한 종류의 집착과 괴로움의 원인이며, 불성에 이르는 길의 장애물이다.

따라서 우리가 『반야바라밀다경』에서 발견하는 끊임없는 부정의 반복이 허무주의로 이어지는 것은 아니다. ≪결정비니경≫과 같은 경전에서 "어떤 존재도 결코 계율을 어기지 않는다."라고 말할 때 이는 궁극적인 수준에서 말하고 있는 것이다. 이 경전은 우리들에게 계율을 어기는 사건은 의자, 바위, 기본 입자, 사람들 및 마음의 상태처럼 우리가 본능적으로 그것을 가진다고 여기는 것과 같은 종류의 객관적이고 독립적이며 궁극적인 존재를 갖지 않는다고 말하고 있다. 대신 그것들은 ─ 모든 다른 것들과 마찬가지로 ─ 개념적으로 구성되어 있으며, 관점에 의존적이고, 관습적인 존재를 갖는다.

일부 중관학파도 역시 실용주의자들의 저술들에서는 발견되지 않는 다른 종류의 주장을 할 준비가 되어 있다. 그들의 견해에 따르면 어떤 개념을 갖지 않는 것과 같은 방식으로 당신의 마음을 유지하는 것은 가능한 일이다. 이렇게 하는 사람은 더 이상 어떤 사물을 인식하지 않는다. 왜냐하면 그 사물들은 오직 특정한 개념적 구성과 관련해서만 존재하기 때문이다. 오히려 비개념적 방식으로 인식하는 사람은 의식의 어떤 대상을 인식하지 않고도 의식하게 될 것이다. 이는 궁극적으로 존재하는 절대적인 것에 대한 인식은 아니다. 그것은 공성의 공함에 의해 배제된다. 그러나 비개념적으로 보는 경험을 가지는 것은 우리를 특정한 개념들에 대한 집착으로부터 해방시켜줄 수 있고, 또한 이렇게 하는 것이 적절할 때마다 개념적 구성을 변화시키는 것을 융통성 있게 만들어줄 수 있다.

이 견해에 따르면 윤리의 지위는 무엇인가? 만일 우리가 공성에 대한 이러한 해석을 수용한다면, 우리는 윤리적 판단이 우리가 그것에 부여하고 싶어 할지 모를 종류의 강력하고 완전한 객관성을 갖지 못한다고 말하지 않으면 안 된다. 다른 한편, 우리는 윤리가 어떤 개념적 구성이 가지는 만큼 객관적이라고 말할 수 있다. 실제로 윤리는 물리학만큼 객관적이다. 이 관념은 윤리의 개념적 구성이 어떤 목적에 관해 답변하고 있다는 것일 수 있다. 만일 우리가 이러한 목적들을 달성하고 싶다면, 우리는 윤리적으로 생각해야만 한다. 그러나 우리가 그렇게 하는 것으로부터 얻는 통찰력은 거기에서 그것들이 처음 나온 맥락을 초월할 수 있다. 윤리는 인간 사회를 경이로운 방향으로 이끌 수 있는 종류의 공평성과 보편성을 요구한다.

윤리의 개념적 구성은 어떤 목적에 기여하는가? 가장 중요한 그와 같은 목적들 가운데 하나는 자신의 행동을 다른 사람들에게 정당화하는 것으로 여겨질 것이다. 내가 앞서 논의한 프란시스코 바렐라의 견해가 이 쟁점을 밝혀줄 수 있다. 바렐라에게 어떤 실천의 전문가들은 종종 그들이 따르고 있는 규칙들을 명시적으로 성찰할 필요도 없이 행동할 수 있다. 그러나 만일 어떤 다른 사람이 그들에게 왜 특정한 방식으로 행위하는가를 설명하라고 요구한다면, 그들은 말로 설명할 수 있다. 마찬가지로 내가 지금 논의하고 있는 설명에 따르면, 깨달음을 얻은 존재는 실천적인 추론에 참여할 필요도 없이 타고난 대자비심으로부터 완전히 자발적으로 행동한다. 그러나 만일 어떤 사람이 그들이 왜 특정한 방식으로 행동했는가에 대한 설명을 요구한다면, 이 존재들은 그와 같은 설명을 제공하기 위해 불교윤리의 개념적 구성을 채택할 수 있을 것이다. 윤리적으로 생각하는 또 다른 목적은 아직 모든 상황에서 자발적이고 올바르게 행동할 수 있는 단계에 있지 않은 다른 사람들에 대한 도덕적 충고와 그들의 행동을 비판하는 것을 포함할 수 있을 것이다. 공성을 실현한 사람들은 만일 그들이 이러한 목적을 달성할 필요가 있다면, 여전히 윤리적으로 생각하려고 할 것이다. 그러나 그들은 윤리적으로 생각하는 것에 집착하지 않을 것이다. 왜냐하면 그들은 이를 관습적인 관점에 의존하는 것이며, 결국 선택적인 것이라고 보고 있기 때문이다.

중관학파는 윤리의 개념적 틀을 사용할 수 있지만, 그들이 그것을 수정하려고 할 수 있는가의 여부에 대해서는 이견의 여지가 있다. 내가 주장했듯이 산티데바와 같은 불교 사상가들은 무아론에 토대를 둔 도덕에 관한 일상적인 직관을 비판하는 전략을 중시한다. 이러한 전략은 대승 윤리에 대한 나의 설명에 핵심적인 것이며, 따라서 이러한 전략의 사용이 어떤 의미에서 그리고 어느 정도의 진리 수준에서 중관학파의 승인을 받을 수 있는가라는 해석에 있어서 중요하다. 그러나 불교의 일부 주석가들은 찬드라끼르띠가 옹호한 중관학파의 철학 버전 — 티베트 전통이 그 철학의 가장 심오한 버전으로 간주하

는 것 ― 은 이러한 전략과 일치하지 않는다고 주장할 것이다. 그의『입
중론Introduction to the Middle Way School, Madhyamaka-avatāra』은 관습적 진리를
구성하게 되는 일상적인 상식과 실천적 경험의 모음집을 능가하는
것을 허용하는 것은 철학 이론에 결코 받아들여질 수 없다는 것을 암
시하는 것처럼 보이는 구절들을 포함하고 있다. "만일 일상적인 경험
이 당신에게 아무런 위협도 제기하지 않는다면, 그와 같은 경험이 제
공한 증거를 계속 부정하려고 할지도 모른다. 일상적인 경험의 증거
와 씨름하고 난 다음에 우리는 승자에 의존할 것이다."[35]

　　인도 중관학파의 몇몇 철학자들은 관습적 진리를 "성찰 없이 만
족하는" 것과 동일시한다.[36] 다시 말해 우리가 사물들이 존재하는 방
식에 대해 추론하려고 시도하지 않는 한, 우리는 관습적 진리에 따라
움직이는 것에 만족할 것이다. 그러나 일단 이 문제를 검토하고 나면,
우리는 일상적인 사물의 존재는 비판적 검토를 견뎌낼 수 없을 것이
라는 점을 알기 시작할 것이다. 이렇게 함으로써 우리는 그것들의 존
재를 승인하는 개념적 구성에 대한 집착을 초월할 수 있으며, 궁극적
인 진리의 수준으로 나아갈 수 있다. 그러나 찬드라끼르띠에게 궁극
적인 진리는 말이나 개념으로 표현될 수 있는 어떤 것이 아니다. 만
일 우리가 그것을 완전하게 인식할 수 있다면, 이것은 비개념적이며
매개되지 않은 인식을 통해서만 기능할 수 있다.

　　이와 같은 철학적 접근의 한 가지 문제는 그것이 공통적으로 가지

35　『Madhyamaka-avatāra』 6.83, Huntington(1989), p.167에서 인용함.
36　토론을 위해 Eckel(2003)을 참조하라.

고 있는 윤리적 신념에 대한 합리적 비판의 여지를 전혀 두지 않는 것처럼 보인다는 점이다. 관습적 진리의 수준에서는, 어떠한 철학적 이론도 보통 사람들의 상식적 믿음을 뒤엎을 수 없다. 그러나 어떠한 도덕적 비판도 궁극적인 진리의 수준에서는 일어날 수 없는데, 왜냐하면 이 수준에서는 행복이나 괴로움에 대한 개념도 선과 악 사이의 어떠한 구분도 존재하지 않기 때문이다. 실제로 거기서는 인간의 어떤 개념도 작동하지 않는다. 따라서 그것으로부터 보통 사람들의 상식적 도덕 관점을 비판할 수 있는 어떠한 시각도 존재하지 않는다.

이러한 추론 방식은 찬드라끼르띠의 철학적 관심사의 함의를 밝히는 데 억지스러운 것으로 보일 수 있기 때문에, 그것은 찬드라끼르띠 자신이 취할 수 있었던 방식은 아니다. 아리야데바Āryadeva의『사백론Four Hundred Stanzas, Catuḥśataka』의 주석서에서 찬드라끼르띠는 그가 살고 있던 사회에서는 당연한 것으로 여겨질 규범적 견해들에 대한 많은 비판을 하고 있다. 이 주석서의 한 장인 4장에서 찬드라끼르띠는 왕들이 잘난 척할 이유가 있다는 것,[37] 범죄자들은 가혹하게 처벌받아야 한다는 것,[38] 전쟁에서 자신의 목숨을 바치는 것은 영광스러운 것[39]이라는 사실을 부정한다. 각각의 경우에서 그는 이러한 신념들을 합리적 논증의 바탕 위에서 거부하고 있다.

그러므로 우리는 찬드라끼르띠를 — 공통적으로 가지고 있는 도

---

37 Lang(2003), p.187.

38 Lang(2003), p.193.

39 Lang(2003), p.200.

덕 신념들을 비판하는 것은 관습적 진리를 거부하는 것과 동일하지 않다고 주장하는 것으로 — 해석할 필요가 있다. 찬드라끼르띠의 견해에 따르면 우리는 우리에게 외부적 대상들과 인과적 관계의 존재와 같은, 일상생활의 경험에 대한 기술적 측면들을 거부하도록 요구하는 어떤 철학적 이론을 주장해서는 안 될 것이다. 비록 이러한 문제들은 우리가 일단 궁극적인 관점을 취한다면 더 이상 존재하지 않게 되지만, 그것들은 관습적으로 받아들여져야 한다. 그러나 우리가 규범적 신념들을 비판해야만 한다는 것은 찬드라끼르띠의 철학과 완전히 일치한다. 이러한 신념들은 동일한 방식으로 일상적인 경험의 승인을 받지 못하며, 또한 관습적 수준에서와 동일한 비판의 면제를 받지 못한다.

더군다나 찬드라끼르띠는 관습적 진리와 관습적 거짓 사이를 구분한다. 만일 많은 사람이 지구는 평평하다고 믿는다고 하더라도, 그들의 신념은 실제로 지구가 평평하게 되도록 만들지는 못한다. 이는 상대주의의 일부 버전들이 함축하고 있는 것이지만, 그것은 중관학파에서 나오는 것은 아니다. 만일 관습적인 진리를 규명하는 것에 관계되는 것과 같은 종류의 증거와 논증들이 지구가 둥글다는 것을 입증할 수 있다면, 비록 아무도 아직 이 진리를 깨닫지 못했다고 하더라도 지구가 둥글다는 사실은 관습적으로 참일 것이다. 마찬가지로 사람들의 규범적 신념들은 관습적 진리의 기준에 부합하는 추론에 의해 논박당할 수도 있을 것이다. 이러한 추론은 이 신념들을 직접 비판하거나 혹은 그것이 의존하고 있는 기술적 전제들을 무너뜨리는 데 사용될 수 있을지도 모른다. 이러한 숙고들은 우리가 처음 생각했던 것과는 반대로, 실제로 중관학파의 논사가 불교 철학적 관점에서 상식의 도덕을 분석하고 또한 거부할 수 있다는 점을 보여준다.

하지만 그와 같은 분석이 산티데바의 전략을 포함하는 것이 가능할까? 엄밀하게 고려한다면 그 대답은 '아니오'라는 것을 암시한다. 마음 상태가 더 현실적이라면, 그것의 존재가 인격의 존재보다 더 근본적이라면, 그와 같은 주장으로부터 진정한 도덕적 중요성은 인격이 아니라 마음의 상태에 달려 있어야만 한다고 추론하는 것은 타당한 일일 것이다. 그러나 만일 어떠한 부조화도 존재하지 않는다면 — 마음의 상태와 인격 둘 다 실제적이고 궁극적인 존재를 결여하고 있다면 — 그 전략은 쓸모 없어질 것처럼 보인다.

우리는 일단 산티데바 자신이 중관학파였다는 사실을 주목한다면 이 문제를 더 어렵게 보도록 유도될지도 모르겠다. 만일 그의 전략이 중도적 관점과 양립불가능한 것이 아니라면, 그의 입장은 일관성이 없어진다. 물론 이러한 상황은 실제로 사람들이 정신적인 진보를 하고 또한 그들의 고통을 덜어주는 것에 도움이 될 것처럼 보이는 어떤 형태의 말을, 적절한 것이든 그렇지 않든, 사용하는 것을 허용가능하다고 보았던 산티데바에게 받아들여질 수 있을 것이다.

그러나 산티데바의 전략을 심지어 중관학파 내부로부터 재확인하는 방법이 있을 수 있다. 우리는 자아의 개념이 만일 그것을 궁극적으로 정립되어 있는 것처럼 매우 심각하게 받아들인다면, 이기심과 편파성을 창출함으로써 자비심을 방해할 수 있다고 주장할 수 있을 것이다. 다른 한편, 행복과 괴로움은 설사 그것들이 단순히 관습적인 것으로 여겨진다고 하더라도 자비로운 반응을 불러일으킬 수 있다. 결국 중도적 견해에 따르면, 관습적인 존재도 존재의 한 종류이다. 궁극적으로 실재하지 않은 고통은 여전히 해를 끼친다. 고통을 공한 것이라고 보는 사람들도 여전히 그것을 덜어내려고 움직일 수 있다.

공성에 대해서는 고려될 필요가 있으며, 또한 나의 불교윤리의 해석에 대한 반대라는 관점에서 고안될 수 있는 또 다른 쟁점이 있다. 모든 형태의 결과주의는 본질적 가치라는 개념을 중요한 것으로 간주하는데, 왜냐하면 그들이 그것을 무엇이라고 여기든 간에, 결과주의자들이 극대화하려고 하는 것은 이 본질적 가치이기 때문이다. 따라서 나는 본질적 가치에 대한 어떤 특정한 관점을 불교 사상가들에게 부여하려고 노력해오고 있다. 그러나 본질적 가치와 도구적 가치 간의 구분은 인도 문헌에서는, 적어도 명시적으로 나타나고 있는 것 같지는 않다. 산스크리트어로 "본질적으로 가치 있는" 것을 어떻게 말할 것인가는 결코 분명하지 않다.[40] 아마도 우리가 할 수 있는 가장

---

40 *artha*는 "본질적인 가치"에 해당하는 산스크리트어일 수 있는가? 몇 가지 맥락에서 그것은 어쩌면 이와 같은 방식으로 기능할 수 있을 것이다. 그러나 *artha*는 종종 재산, 물질적인 소유물 혹은 이윤을 가리키기도 한다. 실제로 유럽과 아시아의 모든 윤리학자들은 이러한 것들은 기껏해야 도구적 선이라고 주장할 것이다. 그리고 물론 *artha*는 "어떤 사고의 대상" 및 "어떤 단어의 지시대상"과 같은 많은 다른 의미를 가지고 있다. *artha*는 적어도 명백하게 본질적 가치를 지시하지는 않는다. 그러므로 이 단어의 적용 가능성은 인도 철학자들이 어떤 방식으로 논의하든 이 특정한 개념을 분리하는 것을 불가능하게 만들었다.

좋은 것은 svabhāvataḥ kuśalaṃ 혹은 svataḥ kuśalam과 같은 것이다. 이러한 제안에서 보면, 중관학파는 만일 그들이 제안을 받는다면 본질적 가치의 전체 개념을 거부하려는 경향이 있는 것으로 보일 수도 있다.

kuśala와 svabhāva라는 개념은 나가르주나의 『회쟁론Vigraha-vyāvartanī』의 게송 52-56에서 눈에 띌 정도로 서로 연관되어 있다.[41] 여기에서 나가르주나는 우주, 즉 다르마dharmas의 기본적인 구성요소들 중 일부가 그것의 본질svabhāva에 의해 선kuśala이거나 불선akuśala이라고 주장하는 익명의 논적論敵의 공격을 반박하고 있다. 이 게송에 나오는 논적은 대승에 반대하는 아비다르마Abhidharma 옹호자인 것이 거의 확실하다. 대체로 나가르주나는 간결하고 난해하지만, 이러한 관점에 대한 그의 기본적인 반대 입장은 단호하다. 나가르주나에 따르면, 본질이란 영원하고 변하지 않는 어떤 것이다. 그에게 반대하는 설일체유부 Sarvāstivādin 논사들은 이러한 입장을 명시적으로 고수하고 있는데, 나가르주나는 본질을 수용하는 모든 사람은 암묵적으로 그와 같은 견해에 동조하고 있다는 것을 보여주려고 시도한다. 그러나 나가르주나에 의하면 만일 다르마들이 그와 같은 본질을 갖는다면, 그것들 역시 그 논적의 견해와는 반대로 영원하고 변하지 않을 것이다.

우리는 여기에서 나가르주나 논증의 성공을 평가할 필요는 없을 것이다. 오히려 나는 그가 확립하려고 애썼던 것이 무엇인가에 관심을 갖는다. 그는 좋은 본질이란 개념은 궁극적인 진리로 존재 가능한

---

41   이 산스크리트 문헌과 번역에 대해서는 Wood(1994), pp.318-19를 보라.

것은 아니지만, 여전히 관습적인 수준에서는 유지될 수 있다는 것을 보여주기 위해 애쓰고 있는가? 아니면 그는 본질의 개념은 궁극적이든 관습적이든 둘 다 폐기되어야만 한다고 주장하는가? 주지하다시피 티베트의 위대한 철학자 쫑카파는 바바비베카Bhāvaviveka, 청변와 같은 이른바 자립논증중관학파El.dbu ma rang rgyud pa에 속하는 인도 철학자들이 첫 번째 입장을 주장하는 것으로 해석하며, 그리고 찬드라끼르띠와 같은 이른바 귀류논증중관학파El.dbu ma 'thal 'gyur pa에 속하는 인도 철학자들은 두 번째 입장을 주장하는 것으로 해석한다. 쫑카파가 이러한 해석적 주장을 한 것이 옳았는지 여부는 명백하지 않다.[42] 만일 우리가 그가 옳았다고 가정한다면, 귀류파는 본질적 가치의 개념을 거부할 것이다. 그러나 윤리를 어떤 경우에는 관습적인 수준에서 작동하고 있는 것으로 여기는 자립파는, 본질적 가치에 궁극적인 타당성을 허용하지 않는 반면, 그것을 하나의 윤리적 개념으로 받아들이는 것이 행복했을 것이다.

이러한 추론 방식은 매력적이긴 하지만, 나는 그것을 채택하는 것은 잘못이라고 생각한다. 결과주의에 필요한 "본질적으로 가치 있는" 것의 의미는 중관학파가 비판했던 것과는 매우 다르다. 결과주의는 세계의 특징들이 하나의 생산수단으로 어떻게 사용될 수 있는가와는 별도로 가치를 갖는 그것들에 호소할 필요가 있다. 중관학파가

---

42 이 주제에 대한 매우 많은 정보를 담고 있는 몇 개의 논문들은 Dreyfus and McClintock(2003)에 나와 있다. 특히 William L. Ames의 논문 "Bhāvaviveka's Own View of His Difference with Buddhapālita", pp.41-66과 Tom J. F. Tillemans의 논문 "Metaphysics for Mādhyamikas" pp.93-123을 비교해보라.

반대하려고 하는 것은 어떤 개념적 구도와 무관하게 가치가 있는 특징들이란 관념이다. 어떤 종류의 가치가 첫 번째 의미에서는 본질적이지만 두 번째 의미에서는 본질적이지 않은 것이 완전히 가능한 것처럼 보인다.

하나의 비유가 이 점을 설명하는 데 도움이 될 것이다. 조선공학에 관한 토론에서, 어떤 기술자가 다음과 같이 주장한다고 가정해보자. "목선木船은 가라앉기 쉽지 않다. 왜냐하면 그것을 구성하고 있는 물질은 물보다 밀도가 낮으며, 목재의 본질적인 부력이 목선을 떠 있게 하기 때문이다. 그러나 철선鐵船의 측면들은 물보다 밀도가 더 높다. 그것들은 어떠한 본질적 부력도 갖지 않는다. 철선은 오직 그 안에 갇힌 공기 때문에 떠 있을 수 있는데, 그것은 물보다 밀도가 더 낮으며 따라서 배가 가라앉는 것을 막아준다." 이러한 주장들은 공성과 갈등을 일으키는가? 나는 중관학파가 "본질적"이라는 단순한 단어를 두려워해서는 안 될 것이라고 대답하겠다. 이 기술자의 진술은 관습적으로 참일 수 있다는 사실을 부정할 아무런 이유가 없다. 목재의 부력은 어떤 의미에서는 본질적일 수 있는데, 왜냐하면 그것은 목재 안에 들어 있는 어떤 다른 물질에 의존하고 있는 것이 아니기 때문이다. 그러나 다른 의미에서는 본질적인 것이 아닐 수 있는데, 왜냐하면 부력은 수많은 개념들을 포함하고 있는 어떤 개념적 틀의 관점 안에서만 정의될 수 있으며, 그와 같은 모든 것은 질량, 용적, 중력, 힘 등등과 같은 서로 간의 관계 속에서만 이해될 수 있기 때문이다. 이와 마찬가지로 비록 행복은 윤리의 개념적 틀과의 관계 속에서만 정립된다는 의미에서 본질적인 것은 아니지만, 그것의 가치는 행복해지는 것의 인과적 결과에 의존하지 않는다는 의미에서 본질적일 수 있다.

본질적인 가치와 수단적인 가치의 구분이 불교윤리를 이해하는데 합당하게 사용될 수 있는가의 문제에 대해 더 많은 연구가 필요하다. 만일 그렇지 않다고 하더라도 대승불교의 견해는 적어도 그 정도까지는, 현대의 모든 결과주의 이론과 매우 달랐다. 물론 그와 같은 견해는 본질적인 / 도구적인 구분을 수용하고 또한 자주 여기에 호소하는 아리스토텔레스의 견해와 같은 선상에 놓이게 될 것이다. 그러나 나는 우리가 여기에서 하고 있는 것처럼 "본질적인" 것의 두 가지 연관된 의미 사이를 구분할 때 중관학파가 이 구별을 반대해야 될 어떤 특별한 이유가 없다는 것이 분명해진다고 생각한다. 그리고 그 두 가지 의미 사이의 혼동 가능성은 왜 서구적인 구분이 불교 원전에서는 명시적으로 발견되지 않는가를 설명하는 데 크게 도움이 될 것이다. 중요한 점은 공성이 도구적인 선과 본질적인 선을 구분하는 우리의 능력에 아무런 위협도 되지 않는다는 점인데, 이 구분은 우리가 결과주의 윤리를 행하기 위해서는 반드시 해야만 하는 것이다.

자, 그렇다면 내가 올바로 이해된 공성과 불교윤리 사이에는 아무런 갈등도 없다는 것을 보여주는 데 성공했다고 가정해보자. 그럼에도 불구하고 대승불교도들이 주장하듯이, 공성의 실현은 실제로 어떻게 우리를 도덕적으로 더 낫게 만들 수 있는가에 대한 설명을 시작하지 않았다. 공성과 도덕적 완성 사이의 관계에 대한 설명의 중요한 일부분은 다음과 같이 이어질 수 있다. 우리가 일상생활을 영위하기 위해 사용하는 개념적 구조들은 궁극적으로가 아니라 단순히 관습적으로 타당하다는 사실을 보여줌으로써, 공성의 실현은 우리로 하여금 그와 같은 구조에 훨씬 덜 집착하도록 만든다. 그러므로 그것은 우리가 로버트 노직Robert Nozick의 말을 빌리면, "틀을 깨뜨리는 것"을 허용하게 함으로써 우리를 더욱 독창적으로 만들 수 있게 된다. 노직은 다음과 같이 쓰고 있다.

> 기존의 사고나 인식의 틀을 깨뜨리는 것은 이론이나 예술 대상을 창조하는 일 속에서 일어나지만, 그것은 이러한 것에만 한정되는 것은 아니다. 우리의 일상생활 속에서도 "틀을 깰 수" 있어야 한다는 점이 중요하다. 때때로 틀을 깨는 것은 어떤 행동들이 허용가능하거나 또는 일어나는 것이 인정받을 수 있지만, 어떤 것들이 가장 기능적인 행동 또는 가장 효과적인 행동조차 배제하는가를 규정한 이전의 기대틀을 위반하는 직접적인 행동이 될 것이다.[43]

물론 이것은 유마힐이 마라에게 천녀를 보내 달라고 요구했을 때 한 행동과 똑같다. 잘 알려진 경전 속의 ≪금욕의 유혹 이야기Temptation of the Ascetic Story≫를 따르는 대신, 유마힐은 새롭고도 예상치 못한 방향으로 움직임으로써, 더 좋은 결과를 낳고 있다.

한편, 우리에게 다른 모든 것과 마찬가지로 윤리와 관련된 속성들

43　Nozick(1989), p.43.

은 궁극적으로 존재하지 않는다는 것을 보여줌으로써, 공성의 실현은 세상 속에 있는 엄청난 양의 괴로움을 성찰하는 것으로부터 나올 수 있는 지나치게 음울하고 심각한 태도를 떨쳐버릴 수 있다. 윈스턴 처칠Winston Churchill이 말했듯이 "광신도란 자기 마음을 바꿀 수 없으며, 화제를 바꾸지 않으려고 하는 사람이다." 도덕적 광신은 어떤 다른 형태의 광신과 마찬가지로 어떠한 호소력도 지니지 못할 수 있으며, 따라서 모든 존재들의 복지를 달성하는 데 유용한 도구도 아니다. 더욱이 그것은 소모적이다. 공성을 깨닫지 못한 채 이 세상의 엄청난 괴로움을 대상으로 싸우는 것은 자비 피로증으로 알려진 탈진의 형태로 이어질 것이다. 그러나 『유마경』이 우리에게 말해주고 있듯이 공성을 보는 것에서 나오는 대자비심은 수행자를 지치게 만들지 않으며, 정확하게 말해 그것은 자비심 자체를 심각한 것으로 여기지 않기 때문이다. 그 때문에 대자비심을 소유한 사람들은 모든 유정적 존재들의 이익을 위한 다양하고도 제한이 없는 보살행을 행할 수 있다.

윤리를 완성하기 위해 우리는 윤리 규범과 윤리이론의 명시적 사용을 초월하지 않으면 안 된다. 이러한 초월의 실현은 이미 결과주의의 구조 속에 내재되어 있는데, 결과주의의 확고한 선의 추구는 여러 가지 당혹스러운 방식으로 스스로를 무너뜨리게 된다. 서구의 결과주의자들과 그 반대자들은 전형적으로 이와 같은 자기 파멸을 결과주의를 거부하는 중요한 이유의 원천으로 간주해왔다. 그러나 불교의 관점에서 보면, 초월이라는 요구조건은 흠bug이 아니라 하나의 특징이다. 불교도들은 만일 우리가 될 수 있는 최선의 사람이 되고자 한다면, 윤리 규범과 이론에 대한 집착을 극복해야만 한다는 관념을 수용할 수 있으며 또한 수용하고 있다. 이를 올바른 방법으로 수행하기 위해 우리는 먼저 어떤 자아의 비존재를, 그리고 모든 존재의 공성을 깨달아야 한다. 실재에 대한 통찰력과 해탈의 기술technique을 완전히 통합한 다음, 이와 같은 진리를 깨달은 사람들은 모든 존재들을 선으로 인도할 수 있다.

7

불교윤리와 결과주의의
요구사항

7

불교윤리와 결과주의의
요구사항

공리주의는 한때 영어권 세계의 윤리적 사고에서 유력한 것이었지만, 이 이론은 동류의 결과주의적 입장들과 더불어 많은 심각한 반대들로 인해 지금은 인기가 하락했다. 이러한 반대들 가운데 가장 중요한 것 중의 하나는 결과주의 이론들이 지나치게 많은 것을 요구한다는 것인데, 이는 그 이론이 우리들에게 우리가 할 것으로 합리적으로 기대하는 것보다 더 많은 희생을 요구한다는 것이다. 결과주의의 매우 엄격한 요구사항들의 원천은 도덕적 사고의 심오한 특징, 즉 모든 유정적 존재들에 대한 동등한 관심이란 관념이 그것이다.[1] 결과주의가 이러한 관념을 해석하고 있듯이, 그것은 우리가 멀리 떨어져 사는

---

[1] 모든 사람들, 즉 지적인 존재들에 대한 동등한 관심을 요구하는 공리주의의 버전들조차도 종종 너무 많은 것을 요구하는 것으로 생각된다.

이방인에게 동등한 혜택을 부여하는 것보다 우리 자신이나 우리가 사랑하는 사람들에 대한 혜택에 더 많은 중요성을 부여해서는 안 된다는 것을 함축한다. 피터 싱어가 논의했듯이,[2] 결과주의의 이러한 특징은 어쩔 수 없이 우리들 대부분이 절실한 요구를 하고 있는 사람들을 돕는 데 시간과 돈을 너무 적게 쓰고 있다는 결론에 이르도록 하는 것처럼 보인다. 이는 심지어 우리가 세계의 다른 지역에 있는 기근 희생자들에게 혜택을 주기 위해 그들과 거의 같은 정도로 빈곤한 상태에 떨어질 만큼 우리들의 많은 자원을 제공하라는 도덕적인 요구를 받고 있다는 것을 함축할 수 있을 것이다.

서구의 결과주의자들과 마찬가지로 불교도들도 대부분의 사람들이 기꺼이 하려고 하는 것보다 더 많은 노력과 희생을 요구하는 어떤 윤리이론이 낳은 문제들과 싸워야만 할 것이다. 3장의 『마하사뜨바 자타카』의 논의를 상기해보자. 도덕적 완성에 이르기를 바라는 사람들은 다른 존재들의 이익을 위해 자신의 몸과 생명을 희생할 준비가 되어 있지 않으면 안 되는 것처럼 보인다.

서구 전통의 결과주의 사상가들이 이러한 입장의 난점들을 다루기 위해 어떻게 노력했는지, 그리고 그들의 도덕 이론이 표방하고 있는 것처럼 보이는 극단적이고, 상식적으로 지나친 요구사항들에 대한 현실적인 대답을 어떻게 산출하려고 노력했는지를 검토해보자. 이러한 강력한 요구를 무디게 만들기 위해 종종 두 가지 접근법이 사용된다. 첫째, 만일 우리가 결과주의적 기준을 칭찬과 비난의 행동에

---

2   Singer(1972) 참조.

직접 적용한다면, 이는 옳지 않은 일을 한 모든 사람들이 그것 때문에 비난받아서는 안 된다는 결론을 수반할 것이 확실하다. 중요하지만 일상적이지 않을 정도의 관대함과 자기희생을 보여주는 사람들을, 전체의 복지를 극대화하기 위해 필수적인 이러한 성질들을 훨씬 더 큰 정도로 보여주지 못했다는 이유로 극도로 비난하고 비판하는 것은 역효과를 낳을 것이다. 가장 좋은 결과는 평균보다 더 잘하는 사람들을 칭찬하고 또한 통상적인 기준 훨씬 밑으로 떨어지는 사람들만 비난하는 데에서 얻을 수 있을 것이다. 따라서 비록 결과주의자들은 대다수의 사람들이 도덕적 의무를 다하지 못하고 있다고 주장하지만, 대부분의 사람들이 이에 대해 죄책감을 느껴야 한다는 것은 결과주의자들의 견해의 몫이 결코 아니다.

서구 사상가들이 결과주의의 극단적인 요구 문제에 대해 흔히 제안하고 있는 두 번째 해결책은 자기 자신의 특정한 목적이나 욕망으로부터 행동하는 사람들, 즉 자신과 가깝거나 소중한 사람들에게 이익을 가져다주기 위해 행동하는 사람들은 종종 그들이 보편적인 자비심으로부터 행동하려고 애쓰는 것보다 더 많은 선을 행할 수 있다는 사실에 주목하는 것을 포함하고 있다. 결과주의자들이 언제나 자신의 행위 동기로서 도덕 의무에 일치하는 것을 옹호하는 것은 아니라는 사실은 잘 알려져 있다. 우리가 우리와 가까운 사람들의 요구에 대해 가지고 있는 월등한 정보와 더불어 우리가 사랑하는 사람에게 이익을 주려고 하는 것의 더 큰 자발성과 진정성은 결과주의자들이 가족애와 같은 보다 더 특정한 동기로부터 나오는 행동을 승인하도록 유도할 수 있다. 실제로 종종 지적되고 있듯이 만일 우리가 그 안에서 사람들이 상식의 도덕을 위반하는 것을 삼가고 자신과 가까운 사람들에게 친절한 사회를 그 안에서 모든 사람들이 사심 없는 선행자들이 되기 위해 애쓰는 사회와 비교한다면, 당연히 첫 번째 사회가 두 번째 사회보다 훨씬 더 좋은 선을 실현할 수 있을 것이다. 따라서 결과주의자들이 모든 사람을 위하여 끊임없이 행동하는 삶과 반대되는 것으로서 가까운 사람에 대한 애착을 포함하는 삶의 방식을 권고하는 것은 타당한 일일 수 있다.

그러나 이러한 비교는 올바로 도출된 것인가? 스카Scarre와 같은 공리주의 저자들은 유일한 선택이란 그 안에서 마치 모든 사람이 도덕적 성인이 되려고 노력하는 사회와 그 안에서 어떠한 사람도 전혀 이러한 시도를 하지 않는 사회 사이의 선택인 것처럼 일관되게 쓰고 있다.[3] 중간적인 사례, 다시 말해 그 안에서 모든 사람들의 복지를 위해 하루 종일 헌신하는 소수의 예외적인 개인들과 더불어 상식적 도덕 규칙을 따르고 가까운 사람에 대한 애착을 가진 대다수의 보통 사람이 존재하는 사회를 고려해보자. 아마도 보다 더 일상적인 비교를 해봤을 때 이러한 사회가 두 가지 모델 중 어느 하나보다 더 좋은 곳일 것이다. 이러한 종류의 사회에서는 사랑하는 가족과 돈독한 우정에서 나오는 행복감이 훨씬 더 풍부할 것이다. 동시에 문제들을 해결하고 사회를 더 좋은 곳으로 만들기 위해 자신의 이익을 떠나 언제나 노력하는 소수의 사람들도 존재할 것이다. 대부분의 사람들은 모든

---

3   Scarre(1996) 참조.

존재들에 대해 그와 같은 헌신을 할 수 없다는 것은 당연한 일일 것이다. 그러나 일부의 사람들은 확실히 그렇게 할 수 있을 것이며, 또한 만일 그들이 이와 같은 잠재력을 실현하려고 한다면 아마도 사회는 더 나아질 것이다. 만일 이와 같은 종류의 사회를 선택할 수 있다면, 결과주의자는 그렇게 하려고 할 것 같다.

물론 이러한 요소를 그 비교에 도입하는 것은 세련된 결과주의조차도 여전히 극단적으로 많은 것을 요구할 것이라는 점을 암시하고 있는 것처럼 보인다. 왜냐하면 만일 당신이 지극히 이타적인 엘리트층 가운데 한 사람일 수 있다는 것을, 나아가 당신의 사회에서는 그런 사람들이 부족한 것처럼 보인다는 점을 깨닫는다면, 당신은 그런 사람이 되도록 노력해야 하는 것처럼 여겨지기 때문이다. 그러므로 그들이 이타주의의 귀감일 수 있다고 생각할 만한 이유를 가지고 있는 사람들에게 세련된 결과주의도 평범한 종류의 결과주의만큼 너무 많은 것을 요구하는 것일지도 모르겠다.

사실 과도하게 많은 것을 요구하는 결과주의의 본성은 그것을 어떤 도덕 엘리트의 창조를 옹호하는 방향으로 밀어붙이는 것처럼 보이는 견해의 유일한 특징은 아니다. 만일 보통 사람들이 유일한 도덕적 명령은 최선의 결과를 가져오는 것이라는 말을 듣는다면, 그들은 그 당시에 행하는 것이 그들이 이익이라고 인식한 것은 무엇이든지 하기 위한 외견상 그럴 듯하고 또한 자기 이익에 도움이 되는 유사결과주의적 정당화를 산출하기 시작할 것이다. 많은 윤리학자들은 만일 결과주의적 척도를 적용하라고 배운 사람들만이 그것을 합리적이고 공평한 방식으로 적용할 수 있는 사람들이라면, 최선의 결과를 낳을 것이라고 추론해왔다.[4] 따라서 데릭 파핏의 용어를 빌리면, 결과주의 이론은 "한편으로는 자기 부정적이며, 다른 한편으로는 비밀스럽게 전해지는"[5] 것이어야 한다. 소수의 엘리트에게 결과주의는 비전秘傳적일 것이다. 그들이 이를 믿는 것은 허용되어야 하지만, 대중으로부터 그 교의의 비밀을 유지해야만 할 것이다. 그러나 대다수 사람들은 다소 생소한 입장에 처해 있다. 그들에게 결과주의는 자기 부정적이다. 만일 어쩌다 그들이 결과주의를 믿는 데 이르게 된다면, 결과주의는 그들에게 그것을 믿는 것을 중단하라고 말할 것이다. 대신 결과주의는 그들에게 자발적으로 어떤 다른 이론, 아마도 어떤 버전의 상식도덕을 믿으라고 요구할 것이다.

여러 가지 이유에서 결과주의는 그 속에서 어떤 도덕 엘리트가 윤리에 관한 진리를 아는 그 사회의 유일한 사람이라는 제도를 승인하는 것처럼 보인다. 그러나 많은 저자들은 이러한 관념이 거의 호소력이 없다는 것과 또한 그 이유를 아는 것이 어렵지 않다는 것을 알게 되었다. 엘리트층의 구성원들은 속임수에 개입하지 않으면 안 되는데, 왜냐하면 그들은 의심하지 않는 다수로부터 자신들의 진정한 도

---

4   예를 들어, 왈처(Walzer)를 보라. "왜냐하면 결과들은 도덕적 계산이 그것과 어긋나는 것처럼 보일 때마다 규칙들을 무시한다면 실제로는 매우 나쁜 것일 수 있기 때문이다. 아마도 대부분의 사람들이 너무 꼼꼼하게 계산하지 않고, 단지 그 규칙을 따르기만 한다면 가장 좋을 것이다. 그들은 그렇게 하는 것이 대체로 실수를 적게 할 것 같다." Walzer(2004), p.68.

5   Parfit(1984), p.41. 이탤릭체는 생략함.

덕적 신념을 숨기고 있기 때문이다. 다수가 그것을 궁극적으로 정당화하는 것은 결과주의적인 개혁과 더불어 함께 가도록 하기 위해 그들은 어떤 종류의 강제를 사용해야만 할 것처럼 보일 것이다. 이는 결과주의적 엘리트들을 무지한 원주민들을 폭압적으로 다스리는 고립된 식민지 지배자 계급의 이미지를 갖도록 만든다. 이러한 "총독관저 공리주의" 이미지는 오직 — 예컨대, 존 스튜어트 밀과 그의 아버지 제임스 밀James Mill과 같은 — 어떤 뛰어난 19세기 공리주의 옹호자가 실제로 영국의 동인도 회사가 고용한 식민지 행정가들이었다는 사실에 의해서만 강화될 뿐이다.[6]

그래서 분석 윤리학의 전통에 있는 철학자들은 결과주의의 너무 많은 것을 요구하는 본성과 결합해 있는 문제들을 완화시킬 수 있는 방법들을 찾기 위해 노력해왔다. 결과주의를 자기 부정적인 것으로 해석함에 따라 결과주의적 척도를 직접적으로 적용하려는 편향되었거나 혹은 무모한 시도들에서 나오는 문제들을 피하면서도 그것을 대부분의 사람들에게 통용되게 하는 것이 가능하다. 그러나 이러한 해결책은 많은 윤리학자들에게 수용될 수 없는 정도의 강제와 속임수를 요구하고 있다. 더욱이 어떤 사람들은 자기 부정적인 이론이라는 바로 그 개념이 문제된다는 것을 발견할 수도 있을 것이다. 모든 자기 부정적 이론이 수용 가능할 수 있는지의 여부에 대한 면밀한 검토가 필요하다. 따라서 서구의 결과주의자들은 결과주의의 요구사항들의 문제에 대답하는 데 완전히 성공하지는 못했다. 더 좋은 대답

---

6   Rapaport의 편집자 서문을 보라. Mill(1978), p.ix.

을 하는 것이 가능한가?

우리가 두 종류의 규칙을 지닌 규칙 공리주의 버전을 가지고 있다고 가정해보자. 오직 모든 사람에게 적용되는 하나의 압도적인 규칙만 존재하게 될 것이다. "리스트 A에 있는 규칙이나 혹은 리스트 B에 있는 규칙 가운데 어느 한쪽을 선택하라, 그런 다음 언제나 당신이 선택한 규칙은 어떤 것이든 따르라." 어떤 혹은 다른 종류의 규칙들 사이의 선택은 완전히 자유로운 상태로 남아 있거나 혹은 그것은 이미 어떤 선택 그 외의 선택을 한 다른 구성원들에 의해 어떤 방식으로 강요될 수도 있을 것이다. 이것은 도덕 이론을 정립하기 위한 생소한 방식처럼 보일지도 모르겠지만, 내가 아는 한 지금까지 어떠한 서구 사상가도 그것을 제안한 적이 없다. 그러나 나는 그것이 테라바다 불교윤리와 아상가의 대승불교 윤리버전에 적절한 모델이라고 주장하려고 한다. 더욱이 이 모델은 우리들에게 이러한 관점들이 도덕의 요구를 어떻게 다룰 것인가에 대한 통찰력을 제공해줄 수 있다.

물론 두 종류의 규칙들은 재가자에게 적용되는 오계와 비구 및 비구니의 삶을 규정하는 바라제목차Prātimokṣa 양식이다. 이상적인 사회에서 이런 두 가지 종류의 규칙을 따르는 사람들 사이에는 노동분업이 존재하는데, 불교도들에 의해 기술되는 노동의 구분은 다음과 같다. 재가자들은 일을 하고, 자원을 생산하며, 친밀한 인간관계를 형성하고, 또한 가족을 부양한다. 그들은 대부분의 건강한 인간적 삶을 성격규정짓는 특별한 애착과 깊이 관련되어 있다. 그들은 살생과 도둑질과 성적 비행과 거짓말과 정신을 흐리게 하는 물질의 남용을 금지하는 오계를 준수하려고 애쓴다. 재가자들은 가족의 삶과 양립가능한 제한적이지만 중요한 형태의 관대함을 함양하며, 그렇게 하는 가운데 그들은 비구와 비구니가 생존할 수 있게 하는 물질 자원을 제공하게 된다.

반면, 비구와 비구니들은 정신적 수행과 모든 유정적 존재의 복지에 스스로 헌신한다. 모든 개인 재산을 포기함으로써 그들은 물질적 소유의 욕망과 자기 자신을 분리한다. 결혼을 포기하고 독신의 서원을 함으로써 그들은 특정한 사람들에 대한 애정적 집착의 가능성을 제거하고, 그렇게 함으로써 모든 생명을 품는 대자비심mahākaruṇā을 위한 감정적 공간을 남겨두게 된다. 세속적 관심사를 포기함으로써, 그들은 자신들의 에너지를 그들 자신을 위한 축복받는 행복의 토대가 되고, 나아가 그들이 다른 사람들에게 행복에 이르는 길을 가르쳐 줄 수 있는 정신적 성취를 추구하는 데 바칠 수 있다. 한편, 승원 제도는 절망적으로 가난한 사람들을 구원하고, 부모가 그들을 지원할 수 없는 아이들의 피난처를 제공하며, 또한 인간이 아닌 동물들의 이익을 보장하는, 보다 세속적인 역할을 한다. 만일 사회의 하부구조가 의학적 치료와 교육을 제공하기에 충분히 발달하지 않았다면, 승려들은 의사와 교육자로 발을 내디딜 수도 있을 것이다.[7] 이런 방식으

---

7 이처럼, 예컨대 "동남아시아와 그 외의 지역에서 불교가 확산된 이유들 중의 하나는 불교 승려들의 의학 지식이었다고 주장되어 왔다." Crawford(1991), p.191, De Bary(1958), p.115에서 인용함. 근대 이전의 동남아시아와 관련해서, 안드레 윙크(André Wink)는 "승원들은 병원, 학교, 가난한 사람들을 위한 복지 기관, 여행자들의 숙소, 사교 센터, 오락과 행사 센터, 법정, 예술 센터 혹

로 그들은 가장 취약한 사회 구성원들의 행복과 심지어 가깝게 살고 있는 동물들의 행복도 증진시키고자 한다.

만일 이러한 두 집단을 가진 사회가 최고 수준의 복지를 달성할 것이라는 사실이 밝혀진다면, 규칙 공리주의자들은 모든 사람들에게 정확하게 똑같은 행위 지침을 제공하는 단순한 규칙을 추구하는 대신, 선언選言적인 형식을 가진 하나의 압도적인 규칙을 채택할 이유를 가질 것이다. 이 사회의 모든 시민들은 재가자이든 혹은 출가자이든, 그들이 받아들이겠다고 선택한 특정한 종류의 규칙을 따름으로써 이 압도적인 규칙을 준수할 수 있다. 이러한 체계는 그들이 최고 형태의 삶을 영위할 수 있든 그렇지 않든 간에 모든 사람을 위한 공간을 만들어줄 수 있다.[8]

이러한 견해의 대승 버전들에서는 일단 수행자들이 자신들의 정신적 발달에서 충분히 높은 수준에 이르렀다면, 그들은 어떤 극단적인 환경에서 규칙을 어기는 것에 권위를 부여받게 될 것이라는 사실이 드러나는데, 이때 그렇게 하는 것은 유정적 존재들에게 이익이 될 것이다. 테라바다에서는 진정으로 높은 수준에 이른 수행자들은 결

은 공동소유재산의 저장소로 기여했으며, 또한 그것들은 행정 체계의 일부였다."라고 적고 있다. Wink(1997), pp.366-67.

8 물론 재가의 계율을 따름으로써, 보통 사람들은 결과적으로 그들이 보다 호의적인 환경과 보다 유덕한 상태의 마음 속에서 재생하는 것을 가능하게 만들어 줄 긍정적인 업을 쌓을 수 있으며, 그런 다음에야 그들은 비구나 비구니가 될 수 있다고 하는 것은 전통적인 불교적 견해의 한 특징이기도 하다. 그러므로 궁극적으로, 모든 사람들은 가장 좋은 종류의 삶을 영위하게 될 것이다. 만일 우리가 윤회를 거부한다면, 그 견해의 이런 측면은 더 이상 소용없을 것이다.

코 의도적으로 규칙을 어기지 않는다. 그러나 그들은 거기에서 그들이 더 이상 의식적으로 그것을 따를 필요가 없는 지점에 도달할 것인데, 왜냐하면 그들은 자신들의 행동이 그 규칙이 규정한 것과 자동적으로 일치하는 높은 덕의 수준을 발달시켰기 때문이다. 그러므로 비록 그 체계에는 두 가지 종류의 규칙만 존재한다고 하더라도, 규칙을 따르는 것에 대한 서로 다른 태도와 방식이 있게 될 텐데, 이는 해당되는 수행자들의 정신적 발달의 수준에 달려 있다.

물론 결과주의의 극단적인 요구의 문제에 대한 이러한 접근법은 그들의 윤리의 형식이 규칙 공리주의적인 불교도들에게만 적용될 수 있다. 산티데바와 같은 불교의 행위 공리주의자들은 이 문제를 어떻게 다룰 수 있을까? 여기에서 불교도의 사회는 그 안에서 승려의 수행에서 나오는 업의 공덕이 재가자들과 나누어진다는, "공덕의 회향"이라는 이데올로기를 발달시키는 경향이 있다는 점을 주목할 필요가 있다. 만일 우리가 윤회라는 주제를 벗어나 그 상황을 도덕적 관점에서 바라본다면, 이러한 가르침에 불가사의한 것은 아무것도 없다. 승원 제도는 재가 공동체의 지원이 없다면 계속 존속할 수 없을 것이다. 만일 실제로 이러한 제도들이 사회에 더 큰 이익을 가져다주는 것이 사실이라면, 이러한 이익이 일어날 것이라는 믿음은 그것을 가능하게 만드는 지원과 자원을 제공한 재가자들과 공유되어야만 한다.[9]

---

9 찰스 테일러에 따르면, 기독교 수사와 평신도 사이의 상호 의존이라는 유사한 개념은 중세 유럽 사상의 한 특징이다. Taylor(1989), p.217을 보라.

재가 불자들은 일반적으로 그들이 할 수 있는 만큼 도덕적으로 선해지기 위한 인상적인 노력을 그다지 하지 않는다. 그러나 그들은 만일 그와 같은 노력을 하는 사람들에게 필수적인 지원을 제공한다면, 죄책감을 느낄 만한 어떠한 이유도 갖지 않게 된다. 그리고 보답으로 그들은 자신들에게 의지하고 있는 비구와 비구니들로부터 안내, 조언 및 우애를 얻게 될 것이다. 동시에 대승의 전통에 따르면 방 거사 P'ang와 유마힐과 같은 보기 드문 모범적인 재가 수행자들은, 어쨌든 세속적인 혼란의 와중에서도 자신들의 자비심과 지혜를 눈부신 성취 수준으로까지 발달시킬 시간을 찾고 있다.

불교 행위 결과주의자들은 세련된 서구 결과주의의 또 다른 특징인 결과주의적 엘리트의 개념을 수용할 수 있을 것이다. 불교도들에게 결과주의는 강제적이거나 기만적이지 않으면서도 부분적으로 자기 부정적일 수 있다. 그들은 결과주의적 엘리트의 구성원들을 다른 방식으로 인식할 수 있다. 나머지 사람들을 폭압적으로 다스리는 총독들의 비밀스러운 결사라기보다는, 이 엘리트 구성원들은 사원의 종교적 전문가들일 수도 있다.

대승불교적 행위 결과주의자들의 관점에서 보면, 결과주의적 기준의 직접적인 적용은 일차적으로 비구, 비구니 및 작은 규모의 정신적으로 높은 수준에 이른 재가자들에게 해당하는 문제이다. 특정한 세속적인 애착에 의해 강력하게 동기부여되는 대다수의 재가자는 결과주의적 원리를 잘못 해석해서 그와 같은 애착에 의해 형성된 행동을 허용할 강력한 경향성을 가질 것이다. 통찰력이 부족한 그들은 다른 사람들의 필요와 이해를 제대로 이해하지 못할 것이다. 비悲, 자慈, 희喜가 부족한 그들은 그와 같은 요구와 이해에 적절한 비중을 부여할 만큼 충분한 동기부여를 얻지 못할 것이다. 사捨가 부족한 그들은 자신들과 가까운 친척이나 친구들의 복지를 낯선 사람이나 외국인의 그것보다 훨씬 더 비중 있는 것으로 계산하는 경향이 있을 것이다. 이와 같은 모든 이유들 때문에 대부분의 재가자들은 이용가능한 많은 행위들 중에서 어떤 것이 최선의 결과를 가져올 것인가를 결정하는 능숙한 일을 할 것이라고 기대되지 않을 것이다. 불교 경전들에 의하면 그들의 최선의 행보는 오계와 십선업도와 같은 숫자 목록으로 요약된, 이해하고 적용하기 쉬운 간단한 도덕 규칙에 의존하는 것임을 분명하게 해주고 있다.[10] 이러한 규칙은 많은 세대의 축적된 윤리 지식을 표현하고 있다. 종종 그것들은 다른 종교와 세속적 전통들이 제공한 유사한 규칙들과 닮아 있다. 그와 같은 직선적인 안내는 고도로 추상적이면서 잘못 적용되기 쉬운 결과주의적 원리들이 할 수 있는 것보다 도덕 및 정신적 성취가 제한적인 사람들에게 훨씬 더 많은 도움을 줄 수 있다.

그러나 비록 이러한 사회분업이 그 외의 모든 사람들과 다른 도덕적 견해를 수용하는 엘리트를 함축하고 있다고 하더라도, 그것은 자신을 유지하기 위한 어떠한 속임수도 요청하지 않는다. 재가자들은 명시적으로 비구와 비구니들이 자신들보다 붓다의 가르침에 대한

---

10 십선업도(*dasa-kusala-kamma-patha*)에 대해서는 Keown(2001), p.30을 보라. 또한 이 책의 2장을 보라.

더 많은 뉘앙스와 더 정확한 이해를 하고 있다는 말을 들을 수 있다. 불교전통은 깨달은 사람이 실현한 진리는 "심오하고, 알기 어렵고 이해하기 어려우며 ⋯ 미묘해서 현자가 경험하는 것"이라고 처음부터 주장해왔다.[11] 자신들의 전통에 대한 더 깊은 이해를 얻고 싶어 하는 재가자들은 그렇게 할 기회를 거부당할 필요가 없다. 많은 불교 경전들이 촉구하고 있듯이 승려들은 오직 그 가르침들이 올바른 순서대로 주어져 있다는 점을 분명하게 하지 않으면 안 된다. 불교도들은 일단 자신들이 이러한 토대를 어떻게 실천할 것인가에 대해 성숙한 방법으로 성찰할 준비가 되기만 한다면 자신들의 윤리적 경험 규칙의 결과주의적 토대를 배워야 할 것이다.

자기 부정적인 결과주의의 불교 버전은 어쩌면 총독 관저 공리주의라고 불렸던 것의 전혀 매력적이지 않은 특징인 강제의 요소를 결코 포함하고 있지 않다. 그것은 정확하게 말해 불교는 사람들이 권위 있는 경전들의 도덕적 지침을 따르도록 권유하기 위한, 합리적이면서도 비합리적인 효과적 설득의 형식들을 발달시켜온 종교이기 때문이다. 재가신자들이 자기가 배운 단순한 규범의 토대 위에서는 해결할 수 없는 도덕적 딜레마를 만났을 때, 그들은 많은 종교 전통의 신자들이 항상 해왔던 모든 것, 즉 도덕적 지침을 얻기 위해 자발적으로 성직자들을 찾아가 상담했던 것을 할 수 있다. 만일 이러한 도덕적 지침이 기본적인 결과주의 윤리이론의 토대 위에서 제공된다

---

11 『성스러운 구함의 경(*Ariyapariyesanā Sutta: The Noble Search*)』. Ñāṇamoli and Bodhi(1995), p.260 참조.

면, 결과주의는 그 규정들이 강제력에 의해 부과되도록 조정될 필요 없이 사회의 도덕적 관습을 형성하고 또 개혁할 수 있을 것이다.[12]

나는 이러한 제안들이 많은 독자들에게 확실히 전근대적인 느낌을 받도록 할 것이라고 예상한다. 그러나 곰곰이 생각해보면, 그것들에 대해 무엇이 반대할 만한 것인가를 지적하는 것은 어려운 일일 것이다. 하지만 대부분의 미국 시민들은 칸트의 정언명법 공식의 어떠한 것도 인용할 수 없는 것이 분명하다. 그러나 미국의 교육이 칸트의 윤리이론을 가르치는 데 실패했다고 해서, 칸트의 관점에서 보더라도, 우리의 사회 제도를 불법적인 것으로 만든 것은 분명히 아니다. 우리의 학교들은 학생들에게 권리의 중요성, 시민의 평등, 법의 존중 및 기타 등등과 같은 칸트의 윤리에서 반영되고 있는 수많은 가치들을 가르치고 있다. 그들이 이러한 가치들에 대해 심오한 이론적 정당화를 제공하지 못한다는 사실이 우리의 교육 체계에 대한 심각한 반대를 낳는 것은 아니다. 모든 사람들이 심오한 이론적 정당화가 무엇인가를 알 필요는 없다.

이성에 의해 시민들에게 정당화되는 한 국가의 민주적 프로젝트는 고등학교 윤리이론 수업의 존재를 미리 전제하고 수행되어서는

---

12 실제 역사적으로 일부 불교 승려들은 이러한 종류의 개혁은 최소한 자신들의 역할의 일부였다고 믿었다. 쉬바락사(Sivaraksa)는 "평화와 안정을 확산시키기 위해 승가는 국가에 대한 도덕적 주도권을 확립하고, 사회복지의 관점에서 비폭력 윤리 규범을 수단으로 공동체를 지도하기 위해 힘썼다." Sivaraksa (1991), p.161. 이러한 맥락에서 불교 사원 공동체인 승가가 더 좋은 세상을 형성하는 데 어느 정도나 성공했는가는 또 다른 문제이다.

안 될 것이다. 나는 기본적인 윤리적 정당화를 보류한 채 초발심자에게 간단한 도덕 지침을 제공하는 불교의 교육 시스템이 왜 현대 물리학을 이해시키기 위해 수학을 모르는 사람들에게 뉴턴의 역학과 같은 그릇된 이론들을 가르치는 것보다 훨씬 더 반대할 만한 것이어야 하는가를 알지 못한다. 또한 내가 제안했던 불교 사회는 재가신자들에게 규칙을 지키도록 하기 위해 강제를 요구하지 않기 때문에 그것은 특히 정부 권위의 범위가 제한되고 개인의 자유로운 선택의 영역이 광범위하기만 하다면, 민주적 거버넌스와 충분히 양립가능할 것이다.

나는 출가자와 재가자 사이의 관계에 대한 매우 이상적인 기술을 제공했는데, <그렇다고 해서> 모든 현실적 불교 국가의 역사적 실재에 대한 정확한 기술을 주장하는 것은 아니다. 물론 사원에는 언제나 정신적으로 인상적이지 않고, 타락했으며, 권력에 굶주린 개인들도 있었다. 어쩌면 인간의 모든 제도들은 그 자신의 이상을 달성하는 데 실패할지도 모른다. 그러나 나는 이러한 이상을 기술하는 것이 우리가 또한 인간 존재이자 나아가 자신들의 도덕 이론의 요구 조건에 그것으로 인해 모든 존중을 부여하는 진실한 결과주의자들로 이루어진 사회의 존재가 상상가능하다는 것을 알게 해준다고 주장하고 싶다.

실제로 제안된 노동 분업이 만일 그대로 실행된다면, 왜 대체로 그 이상에 미치지 못하는 경향이 있는가에 대한 체계적인 이유가 존재할 수 있을 것이다. 스스로 도덕적 엘리트의 구성원이라고 선언한 사람들은 바로 그 선언으로 인해 모든 실제적 도덕의 우월성을 자발적으로 훼손하게 될 일종의 자만심을 발전시킬 수도 있을 것이다. 그리고 이러한 엘리트 구성원들이 하나의 특권적 지위인 한, 엘리트 구성원들은 심지어 자신들의 지위를 위협하는 것으로 보이는 필요한 사회적 변화에 저항하는 적절하지 못한 보수 세력이 될지도 모른다. 나는 이들이 불교의 사회적 비전에서 현실적 문제라는 것을 부정하고 싶지는 않다. 그러나 그것들은 둘 다 총독관저 공리주의와 공유되고 있는데, 이는 자기 부정적 성격의 결과주의로부터 나오는 것으로 생각되어 왔다. 불교윤리는 결과주의가 직면한 모든 혹은 대부분의 문제들조차 해결할 수 없을지도 모른다. 그러나 내가 보기에 결과주의적 도덕 엘리트를 가진 사회의 이상은 반대들에 덜 직면할 것이며, 그리고 그것의 불교적 버전에서는 적어도 호소력이 더 있을 것처럼 보인다.

여전히 논의가 필요한 쟁점의 매우 중요한 측면은 신체의 보시捨身에 관한 이야기들을 통해 이상적 보살의 완전히 자기희생적인 사랑을 표현하는 경전들에 대한 올바른 태도의 문제인데, 여기에서 보살은 다른 존재들을 이롭게 하기 위해 자기 자신의 살과 피, 팔다리 혹은 자신의 생명조차 바친다. 수많은 불교 경전들이 신체의 보시를 칭송하지만, 그 외의 다른 많은 경전들은 이러한 이상이 압도적인 대다수 인간들의 행위를 위한 모델로서는 현실적이지 않다는 점을 인식하고 있다.[13] 보살의 신체 보시 이야기에 대한 주석가들의 태도는 "집

---

13 Ohnuma(2000), pp.65-66을 보라.

에서는 이것을 따라하지 마시오."라는 텔레비전 슬로건으로 요약될 수 있다. 이 주석가들에 따르면, 그와 같은 보시를 자유롭고 자발적인 자비행으로 만드는 고도의 발전된 마음 상태를 닦기 전에 자신의 신체나 신체의 일부를 제공하는 것은 어리석고 지나친 행위일 것이다. 따라서 불교 윤리주의자들은 실제로는 대부분의 사람들이 그와 같은 행동을 행할 것이라고 기대하지 않으면서도, 다른 사람의 이익을 위한 자신의 희생과 같은 장엄한 행동에 아낌없이 찬사를 보내고 싶어 하는 대부분의 서구적 결과주의자들과 유사한 입장에 서 있는 것으로 보인다.

실제로 산티데바의 관점에서 보면, 우리가 준비되어 있기 전에 극단적인 보시행위에 참여하려고 애쓰는 것은 보살의 길에 명백하게 파괴적이다. 그는 다음과 같이 적고 있다.

그것으로 인해 당신이 기진맥진하게 되는 기분 좋은 인욕이란 도대체 무엇인가? 그것은 아무런 힘도 없는 사람이 비중이 있거나 오랜 시간이 걸리는 행동을 떠맡게 될 때이다. 아니면 충분히 성숙한 믿음이 부족한 사람들이 예컨대, 자기 자신의 살 등을 바치는 것과 같은 어려운 일을 떠맡을 때이다. 이러한 초발심 보살들이 자기 자신의 신체를 모든 존재들에게 내어주었지만, 그들은 여전히 그것을 제때 사용하지 못했다는 것으로부터 고개를 돌린다. 그렇게 하지 않으면 그들은 살을 요구하는 이런 존재들에 대해 절망할 것이며, 나아가 큰 덩어리의 선한 결과를 탕진함으로 인해 깨달음의 정신적 씨앗을 허비하게 될 것이다. 그러므로 『허공장보살소문경Questions of

Sky Treasure Sutra』에서는 이렇게 말한다. "때가 아닐 때 하려고 하는 것은 마구니나 하는 행위이다."[14]

내가 이미 종종 언급한 바 있듯이, 산티데바는 행위의 간접적인 효과에 호소하는 일에서 세련된 서구의 결과주의를 반영하고 있다는 사실을 주목하자. 산티데바의 관점에서 보면, 우리가 지금 당장 도덕적 성인처럼 행동하려고 하는 것은 적절하지 않은 일인 것처럼 여겨진다. 대신 도덕이 우리에게 요구하는 것은 우리가 자신의 심리를 변화시켜서 좀 더 도덕적인 성인처럼 되게 하도록 노력하라는 것이다.

우리는 이러한 변화를 실행하기 위해 어떻게 시작해야 할 것인가? 산티데바는 우리에게 이 질문에 대한 명확한 답변을 제공하고 있다. 풀 같은 것<하찮은 것>으로 시작하라. 그는 『입보리행론』에서 다음과 같이 적고 있다.

> 7.23. 모든 의사들은 건강을 회복시키기 위해 고통스러운 치료법을 사용한다. 많은 괴로움을 종식시키기 위해 약간의 괴로움은 감수되어야만 한다.
>
> 7.24. 그와 같은 치료법이 적절하다고 하더라도, 최고의 의사가 처방하는 전부는 아니다. 그는 부드러운 행동으로 가장 큰 질병을 가진 사람들을 치료한다.

---

14 Tsong kha pa(2004), p.131. Śāntideva(1971), p.51에서 인용함; Śāntideva(1961), p.32 참조. Tsong kha pa(2004)에서 산티데바 인용은 잘못된 것이다.

7.25. 지도자〈붓다〉는 처음에는 오직 풀 같은 것만 주라고 명한다. 그 다음에는, 우리는 점차 자기가 심지어 자신의 살을 포기할 수 있는 것과 같은 방식으로 행위하게 된다!

7.26. 자기 자신의 살이 풀 같은 것에 지나지 않는다는 인식이 일어났을 때, 자신의 살과 뼈를 보시하는 데 무슨 어려움이 있겠는가?[15]

그러므로 보살의 길은 어떠한 단계에서도 우리에게 자신이 감내할 수 없는 것을 요구하지 않는다. 처음에 우리는 우리가 줄 수 있는 것을 준다. 우리는 그렇게 하는 것이 쉬운 일이 되었을 때만 우리 자신의 살을 내어준다. 만일 우리가 아직 이러한 변화를 완성하지 못했다면, 우리가 그 길을 가고 있는 동안에는 우리 자신을 비난하거나 죄책감을 느낄 아무런 이유가 없다.

나는 상이한 형태의 불교윤리들이 결과주의의 요구와 보통 사람들의 현실적인 삶 사이의 긴장을 타협하기 위한 다양한 전략을 가지고 있다고 주장해왔다. 이러한 전략들은 우리에게 도덕적 성인을 하나의 이상으로 치켜세우는 방법과 죄책감이나 개인적 무기력감을 마비시키지 않고도 윤리의 결과주의적 이해를 유지하는 방법을 제공한다. 그러나 도덕적 성인이라는 것은 최선의 인간적 삶에 대한 호소력 있는, 혹은 심지어 옹호할 만한 모델인가? 대부분의 사람들에게 내면적 평화를 찾았고, 이기적인 욕망을 포기했으며, 모든 존재를 위한 위대한 사랑에 동기부여되는 사람은 매우 매력적인 인간상일 것

---

15 Śāntideva(1995), p.69.

이다. 이와 같은 사실은 세계의 위대한 종교들이 계속 인기를 누리는 이유의 작은 부분일 것이다. 그러나 모든 사람은 이러한 종류의 삶이 정말 가치 있는 것이라는 데 동의하지 않는다. 오늘날 많은 분석 철학자들은 이것이 추구할 만한 가치가 있는 목적은 아니라고 인정하는데, 이는 수잔 올프Susan Wolf가 제안한 특정 논증들의 영향을 받고 있다.[16]

올프는 단지 내가 기술했던 그 이상을 거부하지는 않는데, 그는 이를 친절한 성인the Loving Saint이라고 부른다. 그의 논증은 또한 그 외의 그리고 훨씬 더 높은 이론적 수준에서 작동한다. 실제로 올프는 모든 사람이 가능한 도덕적으로 선해야 한다거나 혹은 대부분 그렇게 해야 할 이유를 가지고 있다는 사실을 부정한다. "도덕적 완성은 도덕적 성인다움이라는 의미에서 보면, 그것을 향해 한 인간 존재가 노력하는 것이 특별히 합리적이거나 선하거나 바람직하게 될 인격적 복지의 모델을 구성하지는 않는다."[17] 이것은 도덕의 주권이라는 관념, 즉 도덕적 이성은 다른 종류의 고려들을 압도하거나 제압할 수 있다는 관념에 끌리는 어떤 사람에게는 하나의 역설적 주장인 것처럼 느껴질 것이다. 도덕이 이와 같은 종류의 압도적인 힘을 가지고 있다면, 도덕적 성인에 대한 올프의 있는 그대로의 묘사는 무언가를 빠뜨린 것이 분명하다. 불교도들은 도덕의 주권을 지지할 수 있음이 드러난다. 불교전통은 올프보다 훨씬 더 호소력 있는 도덕적 성인이

---

16 Wolf(1982).
17 Wolf(1982), p.419.

되는 것이 어떤 것인가에 대한 수많은 기술들을 포함하고 있다. 또한 이런 기술들은 불교의 특징적인 덕목들이 사실상 본질적인 선이라는 관점의 설득가능성을 높여 줄 수 있을 것이다.

철학적으로 보면, 도덕적 성인의 이상에 반대하여 올프가 제기하는 가장 강력한 고려는 그것 자체의 가치를 갖는 그 외의 도덕과 무관한 성격의 탁월함이 존재한다는 주장인데, 이는 만일 그러한 탁월함이 도덕적 이유 때문에 폐기되거나 혹은 심지어 그것들이 도덕적 이유로 추구된다고 하더라도 상실되거나 비하되는 가치이다. 그러나 대신 올프의 주장이 갖는 감정적 힘의 상당 부분은 내가 볼 때는 그가 도덕적 성인과 시간을 보내는 것은 유쾌하지 않은 일이며, 그와 같은 사람들을 "메스꺼운 친구"[18]라고 암시하는 방식으로부터 일어나는 것처럼 보인다. 도덕적 성인들은 단지 다른 사람들이 그들 자신의 사적 목적을 추구하는 것에 대해 불편하게 만드는 것만은 아니다. 올프가 묘사하고 있듯이, 그들은 또한 전혀 유머 감각을 가지고 있지 않다. "도덕적 성인들은 매우, 매우 훌륭해야 할 것이다. 그는 무례하지 않는 것이 중요하다. 걱정되는 것은, 결과적으로 도덕적 성인은 위트에 둔감하거나 유머가 없거나 지루한 사람이어야 한다는 점이다."[19] 그리고 이처럼 유머가 부족한 것은 실제로 그와 같은 성인을 도덕적 모범으로서는 덜 매력적인 사람으로 만든다. "우리는 성 프란시스의 고결하고 차별하지 않는 사랑보다 체스터튼Chesterton의 브라

---

18   Wolf(1982), p.228.
19   Wolf(1982), p.422.

운 신부Father Brown의 짓궂음과 풍자를 더 좋아한다."20

올프의 도덕적 성인에 대한 설명은 데이비드 흄과 애덤 스미스Adam Smith와 같은 계몽주의 인물이 만든, 그리고 궁극적으로는 프로테스탄트 종교 개혁으로부터 나오는 "수도사의 덕목monkish virtues"을 거부하는 것에서 나타나는 앵글로 - 아메리카 전통의 표현으로 이해될 수 있다.21 그가 도덕적 성인들을 묘사하는 것처럼, 현대 미국인들은 실제로 그들을 매력적인 모방 대상으로 보지 않을 것이다. 그러나 성인이 되는 것이 어떤 것인가라고 상상하는 것에 대한 또 다른, 그리고 훨씬 더 설득력 있는 방법들이 존재한다.

뻬마 차드론Pema Chodron이 말하고 있는, 『나의 위대한 스승의 가르침』의 저자인 빠뚤 린포체에 관한 이야기를 살펴보자.

고행으로 잘 알려진 한 은둔자가 20년 동안 동굴 안에서 수행을 하고 있었다. 빠뚤 린포체라는 이름을 가진 관습에 얽매이지 않은 한 스승이 동굴에 나타났고, 그리고 그 은둔자는 그를 공손하고 따뜻하게 동굴 안으로 맞이했다. 빠뚤 린포체가 말했다. "나에게 말해 보시오. 당신은 여기에서 무엇을 하고 있었는가?" 그 은둔자는 "인욕 바라밀을 닦고 있었습니다."라고 대답했다. 자기의 얼굴을 그 은둔자의 얼굴에 가까이 갖다 댄 채, 빠뚤 린포체는 말했다. "늙은 불한당인, 우리 둘은 인욕에 대해서는 실제로 아무런 것도 신경 쓰고

---

20 Wolf(1982), p.423.
21 이처럼 수도원 제도를 거부하는 것의 원천은 Taylor(1989)에서 깊이 있게 논의되고 있다. 특히 p.185를 보라.

있지 않지. 우리는 단지 다른 사람의 존경을 얻기 위해서 이렇게 하고 있지, 그렇지? 우리는 그저 사람들이 우리가 대단한 인물이라고 생각하도록 하기 위해 이렇게 하고 있는 것이지, 그렇지 않소?" 그러자 이 은둔자는 슬슬 짜증을 내기 시작했다. 그러나 빠뚤 린포체는 멈추려고 하지 않았다. 그는 다만 웃음을 머금은 채 그의 등을 툭툭 치면서 이렇게 이야기했다. "그렇지, 우리는 확실히 사람들을 속이는 방법을 알고 있지, 그렇지 않소? 우리는 진짜 알고 있소. 나는 사람들이 당신에게 많은 선물을 가져올 것이라는 데 내기를 걸겠소. 그들은 그렇게 하지 않나?" 이 순간 그 은둔자는 일어서서 소리를 질렀다. "당신은 왜 여기 왔습니까? 왜 나를 괴롭힙니까? 당장 나가시오, 그리고 나를 평화롭게 내버려 두시오!" 그러자 린포체는 이렇게 이야기했다. "자, 이제 당신의 인욕 바라밀은 어디에 있는가?"[22]

이 이야기의 주인공은 올프가 묘사한 무미건조하고 악의 없는 인물은 아니다. 그러나 티베트의 전통은 빠뚤 린포체를 인간 정신의 가장 높은 표현 가운데 하나로 ― 그리고 인류의 위대한 은인으로 추켜세운다. 만일 보통 사람의 마음이라는 한계의 제약을 받는다면, 어떠한 사회 사업가나 옥스팜Oxfam 직원도 빠뚤 린포체가 그의 가르침을 공부한 여러 세대의 불교도들에게 준 것으로 여겨지는 혜택의 평가할 만한 어떤 부분도 성취할 수 없을 것이다. 그리고 린포체의 무례함은 우연한 것이 아니다. 불교 스승의 행동의 중요한 목적은 생생하

---

22 Chodron(1994), p.125.

고 반복적으로, 우리가 우리 자신에게서도 속이기를 더 좋아하는 성품의 약점들 및 이해의 한계를 보여주기 위한 것이다. 우리 자신 안에서 이러한 결점들을 보는 것은 매우 불쾌할 수 있지만, 그것은 정신적 성장 과정의 중요한 일부이다. 불교 스승들은 적절한 때에 상냥하고 점잖을 수 있다. 그들은 또한 필요한 때에는 거칠고 비판적일 수 있다.

불교 스승들의 유머 사용은 단지 그들이 도덕적 성인이 아니라는 것을 암시하고 있을 뿐이라고 대답하는 것은 쉬운 일일 것이다. 이것은 그들 자신들이 재치 있고 세련된 것으로 보이도록 만들기 위해 제자들의 감정을 무시하는 것처럼 보일 수도 있다. 그러나 선 전통과 마찬가지로 티베트 전통은 이와 같은 유머의 사용이 마음 수행 프로젝트에 해로운 것도 아니고 이와 무관한 것도 아니라고 이해하고 있다. 욕심, 화냄, 자만과 같은 도덕에 반대되는 대부분 인간들의 성격의 기본적인 경향들은 불교도들이 보기에, 우리와 우주의 관계에 대한 기본적인 오해에 달려 있다. 그것들은 수많은 시간 동안의 진지한 도덕적 훈계보다는 웃음에 의해 훨씬 더 강력하게 무력화될 수 있다. 제자들에게 ─ 그리고 그들을 통해 미래 세대들에게 ─ 그들 자신의 미혹에 대해 어떻게 웃게하는가를 보여줌으로써 티베트 탄트라와 동아시아 선의 위대한 스승들은 제자들을 훨씬 덜 폭력적이고, 덜 이기적이거나 혹은 자만심이 더 적은 사람들로 만들었다. 또한 내가 6장의 유마힐 사례에서 지적했듯이, 깨달음의 결정적인 측면은 자기 자신을 너무 진지한 것으로 간주하지 않는 능력이다. 다른 사람을 도와서 이러한 마음 상태를 계발하도록 애쓰는 사람은 유머가 많은 가르침에서 가장 자연스러운 수단이라는 것을 발견할 수 있을 것이다. 물론 일반적인 광대나 코미디언이 연출한 것과 같은 웃음은 반드시 이와 똑같은 유익한 결과를 가져오지는 않을 것이다. 선과 같은 전통들에서 흔하게 발견되는 짓궂은 유머 감각은 심오한 직관적 지혜와 결합되었을 때에만 비로소 마음과 삶을 바꾸게 할 수 있다. 따라서 불교전통에서 모든 유정적 존재의 친구가 되기를 원하는 사람은 먼저 바로 이러한 지혜를 얻으려고 나서야 할 것이다.

보살의 길은 결코 사람들의 미적 감각을 포기하도록 요구하지도 않는다. 많은 불교 스승들은 시와 회화 및 한자 서예와 같은 분야에서 뛰어났다. 이러한 예술들을 통해 그들은 깨달음 자체를 반영하고, 나아가 그렇게 함으로써 우리들을 그것으로 이끌게 하는 기량과 자연스러움의 조화를 표현할 수 있었다. 그러나 스승들 자신의 삶 속에서 예술적 아름다움의 평가는, 이 전통에 의하면 평범하고 일상적인 것들의 아름다움에 대한 끊임없는 자각에 비해 그다지 중요하지 않은 것으로 간주되고 있다. 평범한 것 속에서 위대한 아름다움을 발견하는 스승들의 능력은 불교도들이 그들의 덕택이라고 여기는 최상의 행복에서 중요한 구성 요소이다. 산티데바가 쓰고 있는 것처럼, "오늘 나는 세상 사람들을 불성과 동시에 세속적인 행복으로 불러들였다."[23] 나는 불교전통이 제자들을 거기에 이르는 것을 가능하게 만드는 활동들을 그처

---

23 Śāntideva(1995), p.22.

럼 중요하게 생각하는 까닭은 바로 깨달음이 비할 수 없을 정도로 큰 복지를 대표하고 있기 때문이라고 주장할 것이다.

올프가 도덕적 성인들은 어떤 사람들인가라고 상상하는 방식은 사실 우리가 자신의 자식들이 그들의 대열에 합류하기를 원하지 않을 것이라는 생각을 정당화해주는 것처럼 보인다. 그러나 나는 우리 자식들이 빠뚤 린포체를 닮기를 원하지 않는 어떠한 납득할 만한 이유도 알지 못한다. 불교 스승의 삶의 가치는 부분적으로 논쟁의 여지가 매우 큰 불교 서술적 전제에 달려 있는 것일 수도 있다. 그러나 만일 논의의 목적상 우리가 그와 같은 전제들을 허용한다면, 불교 성인의 삶은 가장 좋은 삶으로 영위할 만하다는 결론에 이르는 것을 피하기 어려울 것 같다. 그리고 비록 우리가 윤회와 같은 문제의 여지가 더 많은 서술적 주장을 버린다고 하더라도, 유머로 가득 찬 삶, 아름다움의 평가, 행복 그리고 다른 사람에 대한 봉사라는 관념은 설사 그것을 추구하는 것이 가족과 재산과 같은 선들을 포기하도록 요구한다고 하더라도 확실히 설득력 있는 것임에 틀림없다. 한편, 재가 신자들은 후자의 선을 계속 유지하면서도 비난을 피할 수 있다. 테라바다 불교인들은 재가 신자들을, 각각의 규범을 어떤 사회 구성원들이 추구할 때, 최선의 결과를 산출할 두 가지 종류의 규범들 가운데 하나를 추구하는 것으로 여길 수 있다. 대승불교도들은 재가자들이 정신적 스승의 삶을 물질적으로 가능하게 만들어줄 도덕적 공덕의 자기 몫을 수용해야 할 것이라는 점을 지적할 수 있다. 따라서 불교는 우리가 추구할 모든 이유를 가지고 있는 한편 — 만일 우리 자신이 스스로 그것을 추구할 수 없거나 기꺼이 추구하고 싶지 않다고 하더라도 죄책감과 비난에서 면책되는 것을 가능하게 만들어주는 도덕적 성인의 개념을 제공할 수 있다.

대부분의 서양 윤리학자들은 불교 문헌이 자신들에게 제공할 중요한 공헌들을 전혀 인식하지 못하고 있는 것처럼 보인다. 모든 존재의 복지에 바탕을 둔 윤리이론과 윤리적 감수성을 형성하는 프로젝트는 서양보다 아시아에서 훨씬 더 오래된 것인데, 그곳에서는 풍부하고도 광범위한 문헌들을 가지고 있다. 특히 만일 서양의 결과주의자들이 더 좋은 시인들이라면, 확실히 그들은 산티데바처럼 노래할 것이다. 만일 어떤 결과주의자가 영웅적인 자비행에 필수적인 이타적인 동기를 일깨우기를 진정으로 원한다면, 『입행론』의 시구들을 읊는 것보다 더 나은 것을 할 수는 없을 것이다.

> 3.17. 나는 보호받지 못한 사람들의 보호자이며 여행자들을 위한 대상隊商의 안내자 되기를. 저 먼 강가에 도달하기를 간절히 바라는 사람들을 위한 배, 둑방길과 다리가 되기를.
>
> 3.18. 빛이 필요한 사람들에게 등불이 되기를. 휴식이 필요한 사람에게 침상이 되기를. 몸을 가진 모든 존재를 위해, 돌봄이 필요한 사람에게 하인이 될 수 있기를.
>
> 3.20. 대지와 그 외의 다른 요소들이 허공에 걸쳐 살고 있는 셀 수도 없이 많은 존재들에게 여러 가지 방식으로 이익이 되는 것과 마찬가지로,
>
> 3.21. 나도 그렇게 허공에 걸쳐 수많은 종류의 존재 영역의 자양분

이 될 수 있기를, 모든 존재들이 해탈에 이를 때까지.[24]

실제로 도덕적인 성인이 되기를 열망하는 모든 사람들은 이와 같은 감흥을 일으키는 시어들 속에서 영감을 발견할 수 있다. 어쩌면 불교도들은 자신들의 명상의 기술이 오랜 시간에 걸쳐 수행자들의 동기론적 구조에 심오한 변화를 가져올 힘을 지니고 있으며, 결과적으로 그들 중 몇몇은 실제로 결과주의자가 요구하고 있는 것으로 보이는 성인다운 이타주의에 이르게 될 것이라고 주장한다는 점이 더욱 중요하다.

모든 사람들이 이러한 수준의 도덕적 발달을 달성하지는 못할 것이다. 심지어 모든 사람들이 그렇게 하려고 노력하지도 않을 것이다. 그러나 성인이 아닌 대부분의 사람들과 관련해서, 불교는 결과주의와 공유하고 있는 극단적인 요구들을 완화시킬 전략을 가지고 있다. 이러한 주장을 옹호함으로써, 나는 불교윤리가 현대의 많은 윤리주의자들이 전제하는 것보다 훨씬 더 흥미롭다는 것을 제안할 수 있기를 바란다. 그것은 중요하면서도 어려운 철학적 문제들에 대해, 심지어 일부 저자들이 결과주의를 완전히 거부하도록 이끈 문제들에 대해서조차 가능한 해결책을 제공할 수 있다. 이러한 문제들에 관심을 가진 분석 윤리학자들은 불교 경전들을 읽음으로써 그들 대부분이 기대했던 것보다 더 많은 것을 배울 수 있을 것이다.

---

24 Śāntideva(1995), p.21.

8

불교와
도덕적 책임

8

불교와
도덕적 책임

불교도들은 언제나 자유에 관심을 가지고 있었지만, 최근에 와서야 비로소 그들은 자유의지에 대해 생각하기 시작했다.[1] 자유와 밀접한 관계가 있는 개념들 — 자발성, 독립성, 자제력 — 은 처음부터 계속 불교에 핵심적인 것이었다. 그러나 자유의지와 결정론의 문제에 관한 불교의 진지한 성찰은 아시아와 서구 문화 사이에 이루어진 대화의 산물이다. 안타깝게도 이러한 대화는 이제 막 시작되었으며, 자유의지에 대한 불교의 입장이 어떤 것인가에 대해서는 알려진 것이 거의 없다. 따라서 갈렌 스트로슨Galen Strawson은 적어도 "어떤 학파의 불교도들"은 자유의지의 부재와 도덕적 책임의 비일관성에 몰두하고

---

1   이 장의 이전 버전은 Goodman(2002)으로 출판되었다. *American Philosophy Quarterly*의 허락하에 다시 실었음.

있다고 주장했다.[2] 반면에, 마크 시더리츠Mark Siderits는 적어도 "초기 불교도들"은 특정한 종류의 양립주의의 옹호자이거나 옹호자였을 것이라고 주장한다.[3] 그리고 폴 그리피스Paul Griffiths는 불교가 자유주의의 한 버전을 포함하고 있다고 주장한다.[4] 우리는 이 가운데 하나가 철학적 관점에서 볼 때, 불교가 여전히 잘못 이해되고 있는 것처럼, 그렇게 잘못 이해된다면 두 가지 전통을 비교하는 것은 거의 기대할 수 없다.

비록 불교 경전들과 철학 저술들은 결코 자유의지의 쟁점에 명시적으로 직면하고 있지 않지만, 적어도 우리가 그것을 알고 있는 형태로 이러한 다양한 저술들에는 관련된 쟁점을 다루는 구절들이 존재한다. 방식에 있어서 매우 다른 수많은 경전들에서 가져온 이러한 구절들은 자유의지의 문제에 대한 불교적 입장을 구성하는 데 사용될 수 있다. 자유의지에 대한 이러한 견해는 이 전통의 서로 다른 이론 작업에서 대부분 공통적으로 널리 유지되어 온 불교 사상의 심오한 특징으로부터 비롯될 것이다. 그러므로 매우 다양한 불교전통 안에 속한 대부분 혹은 모든 철학자들은 아마도 그것에 동의할 준비가 되어 있을 것이다. 이러한 입장은 대부분의 서양 사상가들이 말하는 것과는 중요한 점에서 다르지만, 이 문제에 대한 완전히 새로운 답변을 대표하지는 않는다. 오히려 불교 저자들은 자유의지 부재의 실천적

---

2   Strawson(1986), pp.117-20.

3   Siderits(1987), p.149.

4   Griffiths(1982).

결과와 더불어 살아가는 방식을 기술하고 있다. 스트로슨이 반복적으로 지적하고 있듯이, 자유의지의 실재를 부정한 서구 사상가들은 계속하여 도덕적 책임의 개념을 그들 자신의 삶에 적용해왔다. 따라서 그들의 실천은 불가피하게 자신들의 이론과 일치하지 않는다. 그러나 불교적 관념에 따르면, 완전한 사람들은 그 위에서 도덕적 책임을 인정하지 않는 견해를 발전시키는 것이 가능해진다.

이러한 종류의 관점을 검토하는 것이 왜 의미있는가를 알기 위해서, 자유의지에 관한 가장 뛰어난 저자 중의 한 사람인 피터 반 인워겐Peter van Inwagen이 직면한 딜레마를 고려해보자. 반 인워겐은 양립불가주의자이다. 그는 일어나는 모든 것이 과거와 자연법칙에 의해 완전히 결정된다면 — 즉, 결정론이 참이라면 — 결코 자유의지는 존재하지 않는다고 생각한다.[5] 그리고 실제로 당신이 하는 모든 것이 선행 조건, 다시 말해 자연의 법칙과 당신이 태어나기 전에 일어난 여러 가지 사건들에 의해 결정된다면, 또한 당신이 이러한 선행 조건들에 대해 어떠한 통제력도 갖고 있지 않다면, 당신은 당신 자신의 행동과 결정들의 궁극적인 원천이라고 어떻게 주장할 수 있겠는가? 물론 양립주의자라고 불리는 다양한 철학자들이 있는데, 이들은 자유의지가 결정론과 양립가능하다고 말한다. 대체로 그들은 만일 당신이 하고 싶은 것을 하고, 그리고 억압이나 강요를 받지 않는다면 당신은 자유롭다고 말한다. 그렇다면 이제 억압이나 강요를 받지 않는

---

5 Peter Van Inwagen(1983)은 양립불가주의의 한 고전적 옹호론이다. 이 장에서 반 인워겐에 대한 설명은 기본적으로 이 책에 바탕을 두고 있다.

것은 일종의 자유이며, 나아가 매우 바람직한 것임이 확실하다. 그러나 많은 사람은 자신들이 자유의지를 원할 때 그들은 뭔가 다른 것, 즉 그들이 한 것과 심지어 그들이 누구인가에 대한 일종의 궁극적 책임을 원한다고 생각한다. 나아가 당신은 만일 당신이 하는 모든 것이 그것에 대해 당신이 전혀 통제력을 갖고 있지 못한 어떤 것에 의해 결정된다면, 그와 같은 종류의 궁극적인 책임을 질 수 없게 된다. 이러한 종류의 논증은 강한 결정론의 토대인데, 이는 결정론이 참이기 때문에 자유의지는 존재하지 않는다는 관점이다.

비록 반 인워겐은 자유의지를 믿지만, 그는 만일 결정론이 참이라면, 자유의지는 불가능하다는 강한 결정론자들에게 동의한다. 자유의지는 그의 견해에 따르면, 세상이 결정적인 것이 아니기 때문에 비로소 존재할 수 있다. 그러나 반 인워겐은 설사 결정론이 거짓이고, 세상에는 상당한 양의 완전한 무작위성이나 우연이 있다고 하더라도, 자유의지의 존재는 여전히 하나의 완전한 미스터리라는 점을 인정한다. 결국 만일 당신이 하는 일이 뇌에서 일어나는 어떤 무작위적인 양자역학적 사건에 의해 야기된다면, 당신은 어떻게 그것에 대해 책임을 질 수 있겠는가? 자유주의자로 불리는 철학자들은 자유의지는 존재하며, 나아가 세상의 비결정론은 그것이 존재하는 데 핵심적이라고 주장한다. 그러나 대부분의 자유주의자들은 행위자 인과관계의 힘을 갖는 매우 특별한 실재, 즉 자아 혹은 영혼의 존재를 전제함으로써 이러한 주장을 옹호하는데, 행위자 인과관계는 그것이 통상적인 자연 질서와 무관하게 그리고 사건 인과관계의 흐름과 무관하게 행위의 원인이 되는 것을 가능하게 한다.

이러한 종류의 자아 혹은 영혼은 과학적 세계관과 잘 들어맞지 않으며, 설사 그것이 존재한다고 하더라도, 그것이 어떻게 몸에 영향을 미치는지, 그것이 어떻게 다른 결정보다 이런 결정을 하기에 이르도록 하는지, 그것의 행위가 어떻게 단순한 무작위성과 구분될 수 있는지에 대해 아무도 알지 못한다. 어떤 영혼의 관점에서 자유의지를 설명하는 것은 미스터리 속에 빠지게 될 것이 분명하다.

그렇다면 분명한 것은 만일 결정론이 참이라면, 자유의지는 불가능하다는 것이다. 그러나 만일 결정론이 거짓이라면, 자유의지는 이해할 수 없는 것이다. 반 인워겐은 이러한 상황을 인정하고 있지만, 자유의지를 믿는 것 외에 어떠한 선택도 존재하지 않는다고 주장한다.[6] 만일 자유의지가 존재하지 않는다면, 사람들을 자신들의 행위에 대해 책임을 지게 하는 관행은 정당화되지 않는다. 그러나 이러한 관행은 일상생활 속에 뿌리 깊이 박혀 있다. 실제로 모든 사람은 그것을 포기할 수 있을까? 확실히 자유의지의 존재를 부정했던 서양 철학자들은 그것을 포기하지 않았으며, 나아가 실제로 이를 시도조차 하지 않았다. 반 인워겐은 자신의 책이 도둑맞았을 때, "그것은 형편없는 짓이었어."라고 불평했던 강한 결정론 철학자인 지인을 언급한다. 그러나 만일 이 철학자가 도덕적 책임은 존재하지 않는다고 생각한다면, 그는 왜 그 도둑질에 대해 실제로 책임이 없는 그 도둑에게 화를

---

6   Van Inwagen(1983), chap. 5.

내야 하는가? 이 사례는 도덕적 책임의 개념 그리고 성냄과 분노와 같은 우리의 일부 태도 사이의 밀접한 관계를 설명해준다.

P. F. 스트로슨P. F. Strawson은 우리의 자유의지와 일부 감정들이나 태도들 사이의 관계 때문에 자유의지를 받아들이는 것 외에 다른 어떤 선택을 하지 못한다는 관념을 강력하게 옹호했다.[7] 스트로슨은 양립주의의 한 버전을 옹호하고 있는데, 이는 결정론의 형이상학적 명제 일반의 진리는 그가 "참여자의 반응 태도participant reactive attitudes"라고 부르는 것에 대한 우리의 관심에 영향을 미칠 수도 없고 미쳐서도 안 된다는 데 바탕를 두고 있다. 이러한 태도는 분노, 감사, 화냄 및 어떤 다른 감정들을 포함하고 있는데, 스트로슨은 이것을 우리의 사회적 삶이 그 위에 토대를 두고 있는 사람들 간의 관계에 중심적인 것으로 간주한다. 직관적으로 예컨대, 우리는 그 사람에 대해 우리가 작인作因과 도덕적 책임을 부여할 수 없는 존재에 대해서는 분노를 느낄 수 없는 것처럼 생각된다. 실제로 환경이 논란의 여지가 없을 정도로 사람들의 작인을 압도하는 특별한 사례들에서는, 아무도 그 사람의 의지가 압도당한 행위에 대해서 분노를 느끼지 않는다.[8] 만일 결정론이 작인과 도덕적 책임에 대한 위협이라면, 이러한 태도의 적절성에 의문을 제기하게 될 것이다.

스트로슨에 따르면 이러한 태도를 버리는 것은 현실적 가능성이

7　Strawson(1973).

8　매우 분명한 하나의 사례는 마치 어떤 사람이 다른 어떤 사람의 손가락에 연결된 실을 당김으로써, 그 사람이 총의 방아쇠를 당기게 하는 원인이 되는 것처럼, 어떤 사람의 동작이 물리적으로 외부로부터 통제되는 경우일 것이다.

없기 때문에, 결정론은 그다지 위협이 될 수 없다. 결정론의 일반적 수용이 참여자의 반응 태도를 약화시킬지도 모를 가능성에 대해 그는 다음과 같이 말한다.

> 나는 우리에게 그렇듯이, 그것은 실제로 상상할 수 없는 것이라고 생각하고 싶은 마음이 강하게 든다. 내가 생각하기에 사람들 간의 일상적 관계에 참여하려는 인간의 관심은, 우리에게 너무나 철저하게 깊이 뿌리 박혀 있는 것이어서 어떤 일반적인 이론적 확신이 우리의 세상을 변화시킬 수도 있다는 생각을 진지하게 갖지 못하도록 하는데, 그 안에서 우리가 통상 이해하고 있는 것과 같은 사람 간의 관계라는 어떤 것은 결코 더 이상 존재하지 않는다. 그리고 우리가 일반적으로 이를 정확하게 이해하고 있는 것처럼 사람 간의 관계 속에 들어간다는 것은 문제의 반응적 태도와 감정의 영역에 노출된다는 것이다.[9]

이러한 논증은 자유의지가 존재하거나 혹은 결정론이 도덕적 책임과 양립가능하다는 것을 보여주는 것은 아니다. 그것이 보여주는 것은 기껏해야, 인간들이 어느 정도 자유롭다는 것을 믿는 것 외에 다른 선택이 없다는 것인데, 왜냐하면 그와 반대되는 믿음은 사람들이 자신들과 다른 사람에게 대해 갖거나, 가져야만 하는 입장과 어쩔 수 없이 긴장 관계에 놓이게 될 것이기 때문이다. 그럼에도 불구하고

---

9   Strawson(1973), p.11.

만일 스트로슨이 옳다면, 자유의지를 믿지 않는 어떤 사람의 입장은 매우 불확실한 것이 된다.

자유의지를 믿지 않는 사람은 이론과 실천 사이의 해결할 수 없는 갈등에 직면하게 되는 것처럼 보인다. 자유의지를 믿는 사람은 어떠한 사람도 결코 정당화하거나, 심지어 이해할 수 없는 하나의 완전한 미스터리를 수용하지 않으면 안 된다. 불교전통은 이처럼 어려운 곤경으로부터 벗어나는 길, 즉 도덕적 책임의 이론과 실제를 둘 다 포기하고, 나아가 그렇게 함으로써 옹호할 수 없는 자유의지 개념을 믿을 필요성을 벗어날 수 있는 방법을 제공해준다.

자유의지 문제에 대한 이러한 접근은 불교의 무아론에 의존한다. 이 교의는 미묘하고 복잡하며, 따라서 서로 다른 불교 철학자들이 이를 다르게 해석한다. 특히 초기 불교도에 의해 옹호되었고 아비달마[10]에서 설명되었던 버전의 무아론은 훨씬 더 복잡미묘하고 더욱 일반화된 공의 이론과는 상당히 다른 것인데, 이는 나가르주나와 내가 6장에서 논의했던 중관학파 철학자들이 가르친 것이다. 그러나 초기 불교의 무아론도 자유의지라는 주제에 대한 심오한 함의를 가지고 있었다. 5세기의 아비달마 논사Vaibhāsika Abhidarma의 전통에서 나온『아비달마구사론Treasury of Metaphsics』은 이 이론을 설명하고 있는 불교 경전 하나를 인용하고 있다.

---

10 아비달마(Abhidarma)는 면밀한 경전 해석과 형이상학적 분석을 결합하고 있는 불교의 철학적 전통이다. 아비달마의 목적은 실제로 존재하는 실체의 가능한 최소한의 범위를 전제하는 가운데, 붓다 가르침의 진리를 설명할 수 있는 존재론적 이론을 발견하려는 것이다.

세상에는 각자 서로 원인을 갖는 단일한 실체를 제외한, 어떠한 유정적 존재도, 어떠한 자아도 존재하지 않는다. 12가지 범주의 존재, 영역들 그리고 덩어리들 및 구성요소들이 존재한다. 이러한 것을 모두 생각한다고 하더라도, 우리는 여전히 어떤 인격을 인식하지 못한다. 당신에게 속한 모든 것은 공하다. 그것을 공하다고 인식하라. 그것을 외적인 것으로 인식하라. 공성을 숙고하는 사람조차도 존재하지 않는다.[11]

그리고 초기 불교도들에 따르면 세상은 당신이 생각하는 대로 존재하는 것이 아니다. 일반 사람들은 세상이 대체로 바위, 탁자, 고양이 및 사람들처럼 시간을 거치면서 지속되고 또한 변화를 겪을 수 있는 복합적이고 눈으로 보이는 실체들로 구성되어 있다고 믿는다. 그러나 불교도들은 이러한 실체들은 궁극적으로 존재하지 않는다고 주장한다. 이러한 불교도들에 따르면 실제로 존재하는 실체들이란 인과적 연관성의 그물망에 의해 상호연관 되어 있는 단일하고, 순간적이며, 국한된 장소를 갖는 사물들이다. 이 견해에 의하면 세상은 작고, 순간적인 실체들로 이루어져 있는데, 그것의 예들은 색깔, 소리, 생각들 및 감각들이 될 것이다. 이러한 실체들은 무수한 방법들 다시 말해, 덩어리들, 영역들, 구성요소들 외 기타 등등으로 분류될 수 있다. 그러나 이 순간적인 사물들의 우주 속 어디에서도 영혼, 지속하는 자아 혹은 유정적 존재를 위한 공간은 존재하지 않는다. 특히 당신은 실제로 존

---

11 Vasubandhu(1970), 8장. 필자의 해석. 같은 인용문의 다른 해석에 대해서는 Duerlinger(2003)의 p.107을 보라.

재하지 않으며, 또한 다른 어떤 사람도 결코 존재하지 않는다.

우리는 제정신을 가진 사람이, 더욱이 완전한 종교적 전통이 어떻게 이와 같은 이상한 관점을 간직할 수 있는지 의아하게 생각할 수 있을 것이다. 그와 같은 반직관적 결과를 가진 견해를 거부하고, 심지어 일축해 버릴 매우 강력한 이유가 존재하지 있지 않을까? 실제로 그와 같은 관점을 옹호하는 사람은 자기 자신, 자기의 청중, 다른 저자들, 다양한 경전들 및 그 외의 존재하지 않는 실체들을 언급하는 것만으로도 저절로 모순에 빠지지 않을까?

불교적 대답은 궁극적인 진리와 관습적 진리 간의 구별에 의존하고 있다. 이러한 구분에 대한 가장 설득력 있는 해석에 따르면 궁극적인 진리야말로 진리이다. 세상을 형성하고 있는 작고, 순간적인 실체들을 정확하게 기술하고 있는 명제는 궁극적으로 참이다. 복합적이고, 눈에 보이는, 지속적인 물체들에 대해 말하는 명제는 궁극적으로 참이 아니다. 그러나 그 가운데 일부는 관습적인 진리를 갖는데, 이는 대강의 진리와 허구적 진리와 같은 어떤 것이다. 현실적 목적상, 거짓이지만 관습적으로 참인 어떤 것을 말하는 것은 궁극적으로 참인 것을 말하는 것보다 더욱 유용하고 효과적인 것일 수 있는데, 이는 너무 길고, 세부적인 것이며, 이해하기 어려운 것이어서 유용하지 않을 수도 있다. 따라서 깨달음을 얻은 존재들조차 때로는 관습적으로 참인 표현들을 사용하려고 할 것이다.

대승에 찬성하는 철학자들은 상식을 거부하는 데 있어서 이보다 훨씬 더 멀리 나아간다. 그들은 존재의 순간적인 요소들 그 자체도 공이며 어떠한 본질적 본성도 갖고 있지 않다고 주장한다. 이러한 공성의 가르침이 정확하게 무엇을 가리키는 것인지를 이해하는 것은 어려운 일이다. 나는 6장에서 하나의 해석에 대한 개요를 제안한 바 있다. 그러나 내가 뒤에서 보여주겠지만, 산티데바와 같은 중관학파의 철학자들은 자유의지를 논할 때, 초기 불교의 무아론에 의존하고 있다. 그들의 보다 급진적인 버전에 포함되어 있는 추가적인 주장들은 자유의지와 직접적인 관계가 없는 것처럼 보인다. 서로 다른 불교 철학자들 사이에서 무아에 대한 의견의 불일치를 제외한다면, 중요한 요점은 그들이 무엇에 동의하고 있는가이다. 사람들 및 주체와 행위자들은 실제로 존재하는 실체들이 아니다.

자아의 비존재에 대해 불교도들이 옳다고 가정해보자. 자유의지에 대해서는 어떤 결과가 나올까? 여기에 하나의 소박한 답변이 있다. 만일 당신이 존재하지 않는다면, 당신에게 달려 있는 것은 아무것도 없다. 어떠한 자율적인 자아가 없다면, 자율성이란 것도 없다. 만일 자기와 타자 사이에 진정한 경계가 결코 존재하지 않는다면, 자기로부터 나온 행위와 외부에서 자기에게 강요된 활동 사이에 진정한 구분이란 결코 있을 수 없다. 갈렌 스트로슨은 이러한 종류의 고려를 이용해 다음과 같은 관념, 즉 불교도들에 따르면, 자유의지의 개념은 미혹된 자아에 대한 믿음으로부터 나오는 하나의 신화라는 관념을 옹호한다. 안타깝게도 스트로슨은 자신의 강한 결정론적 해석에 대한 어떠한 뒷받침을 불교 경전으로부터 제공하려는 시도를 하지 않는다. 더욱이 많은 사람은 불교도들이 자유의지를 부정한다는 생각에 거부감을 보일 것이다. 불교도들은 우리가 우리 자신의 운명에 대해 어느 정도 통제력을 갖고 있다는 것을 믿지 않는가? 사람들의 마음과 삶을 정화시키기 위한 어떤 종류의 개인적 노력을 하는 것이 필요하지 않을까? 이러한 직관적 반응에서 출발하고 있는, 폴 그리피스는 불교도들이 자유주의의 한 형식을 지니고 있다고 주장한다. 그러나 그의 논증은 면밀히 검토해보면 제대로 버티지 못한다.

그리피스는 자유의지의 불교적 관점을 다음과 같이 설명하고 있다.

> 개인의 외모, 신체적 결함, 정신적 능력, 출생장소, 사회적 계급, 부모의 도덕적 성품과 같은 것 — 이러한 모든 것들은 업의 결과에 의해 결정된다. 그러나 이러한 조건 안에서도 행동을 잘하거나 못하는 것, 자기에게 결정되어 있는 것을 가능한 한 최선으로 이용하는 것 혹은 자신의 한계에 굴복함으로써 일을 더욱 악화시키는 것이 여전히 가능하다. 따라서 불교의 업 이론은 확실히 엄격한 결정론은 아니다.[12]

이러한 주장은 그리피스를 어려운 입장에 놓이게 한다. 만일 이 조건들이 전적으로 업에 의해 결정된다면, 사람들의 행위는 그 조건들이나 다른 어떤 것에 의해 일어나거나 혹은 어떤 것에 의해서도 일어나지 않아야만 한다. 만일 행위가 조건들에 의해 일어난다면, 그것은 결정되어 있는 것이다. 만일 행위가 어떤 원인에 의해서도 일어나지 않는다면, 그것은 완전히 임의적인 것이며, 따라서 자유로운 것이 아니다. 만일 그것이 어떤 다른 것에 의해 일어난다면, 이 어떤 다른

---

12 Griffiths(1982), p.287.

것은 자아이거나 자아 이외의 어떤 다른 것이어야만 한다. 만일 어떤 다른 것이 자아가 아니라면, 결정론이나 혹은 임의성 가운데 하나가 초래될 것이다. 그러나 어떤 다른 것은 자아일 수 없다. 왜냐하면 불교도들에 따르면, 자아는 존재하지 않기 때문이다. 그러므로 그리피스의 해석은 지지받을 수 없다.

그리피스는 불교도들이 결정론을 받아들이지 못한다고 주장하지만, 이러한 주장에 대한 그의 입장은 취약하다. 그는 다만 하나의 논증을 제시하고 있을 뿐이다.

> 어떤 주어진 사례에서 어떤 특정한 행위의 업보를 계산하는 것은 매우 어려울 것이다. ― 물론 붓다를 제외하고 ― 어떠한 사람도 필요한 계산을 하기 위해 자신이 처리할 수 있는 데이터를 충분히 가지고 있을 것 같지 않다. 이는 나아가 불교의 업 이론은 결코 그 안에서 어떤 특정한 개인의 현재 업의 계좌를 정확하게 계산하는 것이 가능한, 단순한 결정론이 아니라는 것을 일깨워주게 될 것이다.[13]

이제 이 논증은 원리상 예측가능성과 실천상 예측가능성 사이의 기본적인 혼동에 달려 있는 것처럼 보인다. 일반적으로 가지고 있는 종류의 지식을 갖춘 인간들이 복잡계가 무엇을 할 것인가를 예측하는 것은 대체로 가능한 일이라고 주장하는 결정론자들은 만일 있다고 해도, 거의 없었다. 예측가능성의 관점에서 자신들의 견해를 설명했던 결정론자들조차도 그들의 인지적 자원과 인식적 자원이 보통

---

13 Griffiths(1982), p.289.

사람들의 그것보다 훨씬 뛰어난 가정 속 존재들의 원리상 예측가능성의 관점에서 그렇게 했다.

더욱이 붓다들에게 예외를 인정함으로써, 그리피스는 자신의 주장을 심각하게 훼손한다. 대승불교 경전에서 석가모니와 다른 붓다들은 그들의 주변에 있는 다양한 사람들의 미래 지위와 성취들에 대해서 끊임없이 예언하고 있다. 만일 그리피스가 옳다면, 그와 같은 사실은 기독교에서 신의 예지와 인간의 자유 사이의 갈등과 매우 유사한 심각한 철학적 문제를 야기하게 될 것이다. 대승불교도들이 이 문제를 결코 그 정도로 많이 언급하지 않는다는 사실은 그것이 자신들에게는 일어나지 않으며, 따라서 그들은 어떠한 종류의 결정론자들이라는 점을 암시하고 있다.

물론 깨달음의 예언은 테라바다의 빨리 경전에 의해 전해진 초기 불교 경전의 공통적인 특징은 아니다. 그리고『아비달마구사론』과 같은 아비달마 경전들은 붓다를 미래에 대해 다 알고 있는 것으로 기술하고 있지만, 빨리 경전에 나오는 그의 지혜의 본성은 그다지 명확하게 드러나지 않는다. 그러므로 예컨대,『왓차곳따 삼명경Tevijja-vacchagotta Sutta』에서 붓다는 그 자신의 지혜를 첫째, 과거의 삶을 기억하는 능력, 둘째, 그에게 존재들의 죽음과 재생을 보도록 해주는 "천안天眼", 그리고 셋째, 그를 모든 괴로움으로부터 벗어나게 해주는 직접적인 깨달음에 본질이 있는 것으로 설명하고 있다.[14] 이러한 설명은 붓다에게 미래에 대한 어떤 특별한 지혜를 부여하고 있는 것처럼

---

14   『Majjhima Nikāya』 71.7-9. Ñānamoli and Bodhi(1995), p.588에서 인용함.

보이지 않는다. 나탄 카츠Nathan Katz는 이와 같은 구절들을 사용해서 붓다의 신통력에 대한 다소 제한적인 설명을 전개하는데, 이는 자유주의자들의 자유의지에서 일어나는 문제를 야기하지 않을 것이다.[15] 그러나 『사꿀루다이 짧은 경Cūlasakuludāyi Sutta』에서 붓다는 자신이나 천안을 가진 어떤 다른 누구라도 미래에 대한 어떤 문제에 답변할 수 있다고 주장한다.[16] 테라바다의 사상가들은 붓다의 신통력을 그가 과거와 현재 혹은 미래에 대해 바라는 어떤 사실이라도 상기시키는 능력이라고 해석하는 경향이 있었다. 그들이 붓다가 모든 사실에 대한 동시발생적 지혜를 지니고 있다는 점을 부정한 것은 여기에서 우리의 관심사와 무관해 보인다. 그렇다면 불교 사상가들은 대승이든 대승이 아니든 간에, 붓다의 신통력에 대한 교의를 주장했고, 이는 그들에게 자유주의자의 자유의지에 의문을 품을 이유를 제공했을 것이 분명한 것처럼 보인다.

그 외에도 우리는 이와 별개로 불교도들이 자유주의자들처럼 해석되어서는 안 된다는 사실을 확신할 수 있다. 시더리츠가 지적하고 있듯이[17] 그들은 결정론의 한 버전, 즉 모든 심리적 혹은 물리적 사건은 어떤 원인을 갖는다는 사실을 분명하게 인정했다. 실제로 그들은 시작을 가진 모든 것은 원인을 지니고 있는데, 기껏해야 몇 개의 특별한 실체들(허공과 열반 같은 것)만 어떠한 시작도 갖지 않는다고

---

15 Katz(1982), 3장.
16 『Majjhima Nikāya』 79.7. Ñāṇamoli and Bodhi(1995), p.655에서 인용함.
17 Siderits(1987), p.153.

주장했다. 비록 보편적 인과성이 "결정론"이라고 불리는 다른 명제들을 야기하는지의 여부는 논란의 여지가 있다고 하더라도, 나는 불교도들이 이와 다른 버전의 결정론을 거부하려고 했다는 사실을 믿을 아무런 이유를 알지 못한다.

더욱이 불교 철학 문헌들에는 자유주의에 매우 중요한 행위자 인과관계의 개념을 명시적으로 거부하는 많은 구절들이 존재한다. 예컨대, 『구사론』의 저자인 바수반두Vasubandhu는 과학적으로는 무의미하지만, 사건 인과관계의 보편성에 대한 즉각적으로 인식 가능한 관심을 보여주는 행위에 대해 설명하고 있다. "기억으로부터 의도가 일어난다. 의도로부터 생각이 일어난다. 생각으로부터 노력이 일어난다. 노력으로부터 신체 안의 흐름이 일어난다. 이러한 흐름으로부터 행위가 나온다. 자아는 이러한 과정에서 무엇을 하는가?"[18] 한편, 흔히 C. D. 브로드C. D. Broad의 것으로 여겨지는 행위자 인과관계에 대한 "시의적절한 반대"는[19] 여러 불교 경전에도 나타나고 있다. 이러한 반대는 — 이는 영속적인 자아나 영혼은 어떤 행동이 일어나는 구체적인 시간을 확정할 수 없을 것이라는 주장을 포함하고 있다 — 영혼[20]과 신[21]에 대한 불교의 부정에 핵심적이다. 그렇다면 불교도들은

---

18 Vasubandhu(1970), 9장. 필자의 해석. Duerlinger(2003), p.107과 비교해보라.
19 예컨대, Pereboom(2001), p.63. Pereboom은 Broad(1952), p.169를 인용하고 있다.
20 예를 들어, 『섭진실론 Compendium of Theories about Reality, Tattvasaṃgraha』 7.197. Jha(1986)에서 인용함.
21 『아비달마구사론』 2장, v.64d에 나와 있음.

행위자 인과관계는 명시적으로 거부하고 있지만, 보편적 인과성과 원리상 예측가능성 형태의 결정론을 둘 다 받아들이고 있다는 것이 분명하다. 그러므로 만일 불교적 관점이 서양의 분류법으로 완전하게 분류될 수 있다면, 그것은 양립주의의 한 버전이거나 혹은 강한 결정론의 한 버전이 틀림없다.[22]

시더리츠에 따르면, 초기 불교도들은 명시적이든 명시적이지 않든 양립주의적 선택에 기울어져 있었다. 그는 관습적 진리와 궁극적 진리 사이의 구분을 이용해서 그가 불교적 입장이라고 여기는 것을 기술하고 있다. 관습적 진리의 수준에서 보면, 사람들은 존재하며 또한 그들은 행위를 하고 있다고 말하는 것은 적절하다. 궁극적인 진리에서 보면, 어떠한 사람도 존재하지 않으며, 존재하는 유일한 실체는 순간적으로 단일한 것들이며, 그리고 존재하는 모든 것은 원인들의 결과라고 말하는 것은 적절하다. 시더리츠는 자유의지에 대한 강한 결정론적 거부는 이러한 두 가지 수준을 혼합한 결과라고 주장한다. 관습적 수준의 진리에서는 자유의지가 존재한다. 왜냐하면 사람들은 자신들의 구성요소로 분해되는 것이 아니라 상식의 관점에서 보

---

22 그럼에도 불구하고 불교 사상의 자유주의적 해석은 현대의 일부 불교 저자들에게서 찾아볼 수 있다. 예를 들면, L. P. N. 페레라(L. P. N. Perera)는 불교적 관점에서 "인간 존재는 완전한 자유와 책임을 지닌 채 태어난다. 조물주의 피조물이 아닌 그들은 오직 비결정론적 인과법칙에만 지배를 받으며, 따라서 그들의 운명은 그들 자신의 손에 들어 있다."라고 쓰고 있다. 페레라가 어떤 의미에서 이러한 인과법칙이 "비결정론적"이라고 생각하는지 그리고 그가 이것이 불교적 입장이라는 것을 어떻게 아는가를 알아보는 것은 흥미로운 일일 것이다. 어떤 경우이든 그리피스에 대한 나의 비판은 페레라의 주장에도 똑같이 적용되고 있다.

면 책임있는 행위자로 간주되고 있기 때문이다. 그리고 궁극적인 수준의 진리에서는 어떠한 사람도 존재하지 않기 때문에 자유롭지 않은 어떠한 사람도 존재하지 않는다. 시더리츠는 "심리적 결정론은 사람에게는 참이 아니기 때문에 그것의 진리는 사람들의 자유에 아무런 위협도 되지 않는다."[23]라고 쓰고 있다. 그의 주장에 따르면 심리적 결정론은 오직 궁극적 수준에서만 참이며, 관습적 수준에서는 참이 아니다. 그는 또한 인과성이 자유의지에 제기하는 문제는 오직 인과적 연속의 조건 가운데 하나가 사람일 때에만 일어난다고 주장한다. "그러나 심리적 결정론이 어떤 심리적 사건 및 정신적 사건 속에서 얻어진다고 주장하는 인과적 관계는 관계항關係項으로서의 인격을 갖지 않는다. 그러므로 심리적 결정론이 참이라는 것으로부터 어떤 사람의 행위가 자유롭게 수행되지 않는다는 결론이 나오지는 않는다."[24]

시더리츠는 양립주의적 해석이 적절하다는 것을 어떻게 아는가? 자신의 견해를 구체적으로 언급하면서, 그는 "내 스스로 생각하기에 이 쟁점에 관해서는 불교 경전이 침묵하고 있기 때문이다."라는 점을 인정한다. 그러나 그는 "초기 불교도들은 어떤 형태의 양립주의에 기울어져 있었다는 것은 확실하다."[25]라고 주장한다. 이것은 시더리츠가 지적하고 있듯이, 불교도들은 "숙명론자들fatalists에게 반대하여 인간은 자신들이 숙고를 통해 도달한 선택들에 따라 행위할 수 있다는 점

---

23 Siderits(1987), p.155.
24 Ibid., p.157.
25 Ibid., p.153.

에서 자유롭다."[26]라고 주장하고 있기 때문이다. 이 숙명론자들은 마칼리 고살라(Makkhali Gosāla)와 같은 사상가들이다. 우리가 빨리 경전의 『사문과경(沙門果經, Sāmaññaphala Sutta)』[27]에서 발견하는 이 스승의 견해에 대한 비호의적인 설명에 따르면, 그는 종교적 삶은 쓸모없는 것이라고 주장하는데, 왜냐하면 인간의 행위는 어떤 인과적 효력도 갖지 못하기 때문이다. 우리의 행동이 어떤 것이든 간에 그 결과는 동일하다. 현명하든 어리석든 간에 우리는 동일한 양의 시간 동안 윤회적 존재로 남아 있게 된다. 이와 같은 숙명론적 관점은 빨리 경전인 『맛지마 니까야』의 한 경에서 종종 비판받고 있는데, 여기에서 그것은 다음과 같은 말로 표현되어 있다.

> 존재의 오염에는 어떠한 원인도 어떠한 조건도 없다. 존재들은 원인도 조건도 없이 오염된다. 존재들의 청정에는 어떠한 원인도 어떠한 조건도 없다. 존재들은 원인도 조건도 없이 청정하게 된다. 어떠한 힘도, 어떠한 에너지도, 어떠한 남자의 능력도, 어떠한 남자의 인내력도 없다. 모든 존재들과 모든 살아 있는 것들과 모든 피조물들과 모든 영혼들은 지배도 없고 힘도 없고 에너지도 없다. 운명과 환경과 자연에 의해 형성된 그것들은 여섯 가지 부류로 쾌락과 고통을 경험한다.[28]

---

26 Ibid., p.153.

27 『Dīgha Nikāya』 2, 19-21. Walshe(1995), pp.91-110에서 인용함.

28 『Majjhima Nikāya』 60.21. Ñānamoli and Bodhi(1995), p.513에서 인용함. 똑같은 말이 『Majjhima Nikāya』 76.13에서도 나온다.

안타깝게도 시더리츠의 논증에 의하면, 불교 경전에서 비판되고 있는 숙명론적 견해는 현대의 강한 결정론과는 매우 다르다. 오염과 청정이 원인 없이 일어난다는 주장은, 그것에 따르면 모든 사건은 원인을 갖는다는 결정론과 곧바로 부딪힌다. 강한 결정론자들은 또한 인간의 행위가 어떠한 인과적 효력도 갖지 못한다는 견해를 부정하려고 할 것이다. 그들은 인간의 행위가 효력을 갖는다는 것을 알고 있다. 오히려 그들은 그러한 행동들 역시 원인을 갖기 때문에 그것들은 진정으로 자유로운 것이 아니라고 주장한다. 고대 인도의 사실적 전제를 받아들였던 강한 결정론자는 "선한 행위는 우리의 미래 복지를 증진하는 데 매우 효과적이지만, 오직 일부의 사람들만 그것을 수행하기로 결정되기에 충분할 만큼 행운을 갖는다."와 같은 말을 할 수 있을 것이다. 강한 결정론자들은 또한 시더리츠가 생각하기에 불교를 숙명론과 구분하고 있는 견해를 유지하고 있다. 인간은 자신들이 하기로 선택한 모든 것을 할 수 있다. 사실 자유로운 행위자는 그가 선택한 모든 것을 할 수 있다는 것은 자유에 대한 양립주의적 설명의 핵심적인 부분이다. 그러나 강한 결정론자들은 사람들이 스스로 선택한 모든 것을 할 수 있다는 데 동의한다. 그들은 사람들의 선택이 결정되어 있기 때문에, 그들은 자신이 선택한 것을 할 때조차도 자유롭지 못하다고 주장한다. 불교도들이 숙명론을 즉각적으로 거부하는 이유가 강한 결정론을 거부할 이유는 아니다. 그러므로 양립주의적 해석에 대한 시더리츠의 논증은 강한 결정론과 숙명론 사이를 명료하게 구분하지 못하는 것에 의존한다.

일단 이러한 논증이 거부되고, 나아가 불교 경전에서 자유의지의 문제에 대한 어떤 명시적 고려의 부재를 전제한다면, 자유의지에 관한 어떤 견해를 — 만약 있다면 — 불교 사상가들의 것으로 돌려야 할 것인가를 결정하는 것은 쉽지 않다. 이를 해결하기 위한 가장 좋은 방법은 만일 자유의지가 없다면, 도덕적 책임의 귀속이 정당화되지 않는다는 사실을 상기시키는 것이다. 그렇다면 자유의지에 관한 불교의 견해를 발견하는 한 가지 방법은 불교도들이 도덕적 책임과 이와 관련된 반응적 태도에 대해 어떻게 말하고 있는가를 살펴보는 것이다.

도덕적 책임의 개념을 거부한 결과는 어떻게 될까? 그와 같은 거부가 도덕을 무너뜨리지는 않을 것이다. 행위는 만일 그것에 대해 어떤 사람도 궁극적인 책임이 없다고 하더라도 좋거나 나쁜 것일 수 있다. 물론 우리가 도덕적 책임을 거부한다면 누군가는 어떤 행위를 좋은 것이라고 부르고 다른 어떤 것을 나쁘다고 부르는 것은 도대체 무슨 의미가 있냐고 물을 수 있을 것이다. 그 대답은 그렇게 하는 가운데 우리는 그것이 객관적으로 가지고 있는 어떤 속성을 그와 같은 행동에 부여하고 있는 것일 수 있다. 만일 우리가 이 문제를 중관학파의 관점에서 보고 있다면, 이것은 철학자들이 제안한 도덕적 속성은 오직 물리학에서 말하는 속성만큼만 객관적이라는, 가장 강력한 형태의 객관성은 아니다. 그러나 어떤 행위를 좋거나 나쁘다고 기술하는 것이 그것에 어떤 객관적 속성을 부여하는 것이라는 주장은 단지 도덕적 책임에 대한 불교적 관점에 대한 나의 해석에서뿐만 아니라 불교윤리를 결과주의적인 것으로 보는 나의 보다 일반적인 해석에 의해서도 요청받고 있다. 이는 결과주의가 직관적으로 결합되어 있기를 기대하는 특정한 개념들을 분리하도록 강요하기 때문이다. 그러므로 예컨대, 결과주의적 관점에서 보면, 모든 그른 행동이 비난받을 만한 것은 아니며, 또한 모든 옳은 행동이 칭찬받을 만한 것도 아니다. 비난받을 만한 행동은 그른 행위가 아니라 그것은 좋은 결과를 갖지만 비난을 받을 만한 행위이다. 도덕적 책임을 거부하는 것은 결과주의를 받아들인다고 해서 그 개념에서 완전히 제거되지 않는 어떤 좋은 행위라는 개념으로부터 아무것도 빼앗아 가지는 못한다.

우리의 도덕성이 결과주의적인 한, 도덕적 책임을 부정하는 것은 그것을 훼손하는 것이 아닐 것이다. 대신 도덕적 책임을 거부하는 것은 정서적인 결과를 가질 것이다. 그것은 성냄과 분노와 같은 비합리적이고 적절하지 못한 어떤 감정을 불러일으킬 것이다. 이는 반 인워겐의 이야기에서 "자신의 책이 도둑맞은 것이 확실해졌을 때, '그것은 형편없는 짓이었어!'라고 말했던"[29] 강한 결정론 철학자의 말에 철학적 관심을 갖게 만드는 것이다.

이제 대부분의 사람들은 불교도들이 성냄과 분노와 같은 감정을 승인하지 않는다는 것을 알고 있다. 불교 경전들은 종종 "성냄과 원한을 가진" 사람은 해탈과는 거리가 멀다고 말한다.[30] 붓다가 제자들

---

29 Van Inwagen(1983), p.207.

30 『Majjhima Nikāya』 103.11-14는 언급되어도 좋을 많은 구절들 가운데 하나이다. Ñānamoli and Bodhi(1995), p.850-51에서 인용함.

에게 제시했던 이상은 반대 방향으로 더 멀리 나아간다.

> 만일 어떤 사람이 당신을 손으로, 흙덩어리로, 몽둥이로 때리고 혹은 칼로 내리치더라도 … 당신은 이렇게 수행해야 할 것이다. "내 마음은 영향을 받지 않을 것이며, 또한 나는 어떠한 나쁜 말도 내뱉지 않을 것이다. 나는 마음속으로 미움을 내지 않은 채, 자애로운 마음으로, 그의 복지를 위해 자비로운 마음에 머물 것이다." … 비구들이여, 만일 도적들이 양 끝에 손잡이가 달린 톱으로 당신의 사지를 잔인하게 자르려고 하더라도, 그들에게 증오심을 낸 사람은 나의 가르침을 따르는 제자가 아닐 것이다.[31]

여러 불교 경전들은 제자들에게 이와 같은 거의 초인간적인 정도의 자비와 인내심으로 나아가는 것을 돕도록 의도된 명상 수행법을 기술하고 있다. 이와 같은 명상 수행의 내용은 자유의지와 도덕적 책임에 대한 불교의 태도를 이해하는 데 많은 도움이 된다.

5세기의 테라바다 불교 철학자이자 『청정도론Path of Purification』의 저자인 붓다고사는 반 인워겐의 친구에게 몇 가지 충고를 한다.

> 만일 그가 그 사람이 자신에게 행한 잘못을 기억하고 있기 때문에 자신의 마음을 적대적인 사람에게 적용하려고 할 때 분노가 일어난다면, 그는 반복적으로 자애 명상에 듦으로써 분노를 제거해야 할 것이다. … 그러나 만일 노력에도 불구하고 자신에게 노여움이 여전

---

31 『Majjhima Nikāya』 21.6, 21.20. Ñāṇamoli and Bodhi(1995), p.218, 223에서 인용함.

히 일어난다면, 그는 다음과 같이 자신을 타일러야 할 것이다. …

> 상태는 단지 한순간만 지속하기 때문에
> 그것으로 인해 그 그릇된 행동이 야기된
> 그와 같은 덩어리들이 종식되었는데, 그렇다면 이제
> 당신은 무엇에 대해 화를 내고 있는가?[32]

　궁극적인 진리에서 책을 훔치는 행위는 순간적인 정신적 단일자 및 물리적 단일자의 집합에 의해 야기되는데, 그 후 이 모든 것들은 소멸한다. 이 텍스트에서 "덩어리들"의 개념은 단지 이와 같은 단일한 실체들을 — 그것으로부터 구성된 어떤 복합적 실체가 아니라 — 언급하는 것으로 이해되어야 할 것인데, 왜냐하면 붓다고사는 복합체의 실제적 존재를 믿지 않기 때문이다. 그리고 이 단일한 실체가 실재를 남김없이 규명하고 있기 때문에 그 행동을 한 사람도, 책임을 질 수 있는 사람도, 실제로 자유의지를 지닐 수 있는 사람도 아무도 없게 된다.

　분노를 제거하는 이러한 전략은 시간 속에서 지속되는 개인의 궁극적 실체를 거부하는 것에 의존한다. 붓다고사에서 발견되는 또 다른 전략은 그 대신 특정한 순간 개인의 단일성을 거부하는 것에 의존한다.

32　Ñāṇamoli(1956), 9.14, 22.

그러나 만일 그가 이러한 방법으로도 그것을 멈추게 할 수 없다면, 그는 요소들을 분석하려고 해야만 할 것이다. 어떻게? 집을 버리고 나온 당신이, 그에게 화를 낼 때, 당신은 무엇에 대해 화를 내고 있는가? 머리칼에 대해 화를 내고 있는가, 아니면 몸의 털 혹은 손톱에 대해 화를 내고 있는가? … 혹은 다섯 가지 덩어리(오온) 혹은 열두 가지 토대(12처) 혹은 열여덟 가지 요소(18계)와 관련하여 이 존경할 만한 사람은 이런저런 이름으로 불린다. 그렇다면 당신은 이 물질의 덩어리에 대해 화를 내는가? … 왜냐하면 그가 요소들을 분석하려고 할 때, 그의 성냄은 마치 송곳 끝에 달린 겨자씨처럼 혹은 허공 중의 그림처럼 어떠한 발판도 발견하지 못한다.[33]

개인의 어떠한 부분도 적절한 분노의 대상이 되는 것 같지는 않다. 오직 개인 전체, 즉 어떤 개인의 자아만이 그것을 향해 분노가 적절하게 지향될 수 있는 종류의 것일 수 있다. (아마도 분노의 대상이 될 수 있는 몸의 유일한 부분은 뇌일 것이다 — 그리고 오직 그 뇌가 하나의 자아로 생각될 때에만 그러하다.) 만일 궁극적인 진리에서 사람도 없고 따라서 자아도 없다면, 개인의 어떠한 부분도 분노를 할 수 없기 때문에, 분노해야 할 것은 아무것도 없다.

비록 이러한 논증이 적어도 어떤 사람에게는, 설득력 있는 것일지 모른다고 하더라도, 여기에서 단지 사람들에게 이러한 생각을 일어나게 하는 것만으로는 깊이 뿌리박힌 인간의 성냄과 분노의 경향을

---

33 Ñāṇamoli(1956), 9.38.

극복하는 데 충분하지 않을 것이라고 반박하기는 쉬운 일일 것이다. 그러나 붓다고사는 철학적인 논쟁을 제안하고 있을 뿐만 아니라 명상 수행을 기술하고 있다는 사실이 중요하다. 만일 마음챙김 명상을 통해 어떤 개인이 일어나는 생각에 집중하고 또한 성찰하는 능력에 도달한다면, 그리고 만일 이 능력을 사용하여, 그가 어떤 자아의 부재를 성찰함으로써 화가 나거나 분노하는 생각에 언제든지 반응한다면, 그는 오랜 시간에 걸쳐 자신의 성내는 충동을 약화시키거나 심지어 제거할 수도 있을 것이다. 이와 같은 것은 불교 사상가와 수행자들의 바람이다.

따라서 붓다고사는 수행을 위한 가르침으로 사용되는 철학적 논증의 전통을 보여주고 있다. 두 가지 목적을 지닌 같은 종류의 텍스트는 중관학파 철학자인 산티데바의 훨씬 후대의 저술인 『입보리행론』에서 발견된다. 제목이 암시하고 있듯이, 산티데바는 보살의 특징인 무한한 자비와 자기희생의 이타주의적 삶을 기술하고 또 옹호하는 데 관심이 있는데, 보살은 열반에 드는 대신 윤회적 존재 속에 머물면서 모든 존재의 이익을 위해 일하는 깨달은 존재이다. 그러나 산티데바는 또한 독자들에게 오랜 세월을 거치면서 그들 또한 어떻게 보살이 될 수 있으며 나아가 대승불교의 최고 이상을 어떻게 구체화할 수 있는지를 말해주려는 목적도 가지고 있다.

보살의 삶의 방식에 가장 파괴적인 단 하나의 감정은 증오이다. 그러므로 "인욕품"에서 산티데바는 독자들에게 성냄과 분노의 부적절함과 합리적 옹호불가능성에 대해 명상 주제의 역할도 하는, 일련의 논증들을 제공하고 있다. 비록 그것들은 붓다고사가 제안한 것과는 매우 다르지만, 그 논증들은 유사한 구조와 유사한 토대, 곧 자유의지의 개념이라고 인식가능할 만한 것을 부정하고 있다. 산티데바는 다음과 같이 적고 있다.

> 6.22. 나는 비록 그것이 엄청난 괴로움을 가져온다고 하더라도, 담즙과 같은 것에 대해서는 결코 화내지 않는다. 왜 나는 유정적 존재에게 화를 내는가?
>   그들 역시 그들의 성냄에 대한 원인들[34]을 가지고 있다.
> 6.25. 여러 가지 종류의 위반과 사악한 행위들이 무엇이든, 모든 것은 조건지어지는 요인들의 힘을 통해 일어난다. 이에 반해 독립적으로 일어나는 것은 아무것도 없다.
> 6.33. 그러므로 우리가 친구나 적이 나쁘게 행동하는 것을 본다고 하더라도, 이것을 결정하는 특정한 조건지어지는 요인들이 존재한다는 것을 성찰할 수 있으며, 그렇게 함으로써 우리는 여전히 행복한 상태로 남는다.
> 6.39. 만일 다른 사람들에게 심통을 야기하는 것이 바로 그들의 본성이라면, 그와 같은 어리석은 사람들에 대한 나의 성냄은 불태우는 것이 그것의 본성인 불에 대해 화를 내는 것만큼이나 부적

---

34 크로스비(Crosby)와 스킬톤(Skilton)이 산스크리트어 'pratyaya'를 "이유들(reasons)" (Śāntideva(1995))이라고 잘못 번역한 것은 "원인들(causes)"로 대체되었다. 일반적으로 pratyaya라는 용어는 인과적 조건을 의미하며, 따라서 "이유"는 거의 뜻하지 않을 것이다. 인도 저자라면 "이유"를 말하기 위해서 'hetu'나 'nibandhana'라는 말을 더 사용하려고 할 것이다. 더욱이 담즙과 같은 비유정적인 것들은 이유로부터 행위하지 않는다.

절한 일일 것이다.

6.41. 만일 몽둥이나 다른 무기와 같은, 주요한 원인을 고려하지 않
은 채, 내가 그것을 휘두르도록 재촉한 사람에게 화를 내게 된
다면, 그 역시 증오에 사로잡히게 된다. 나는 그 증오를 미워하
는 것이 더 낫다.[35]

산티데바는 서구의 강한 결정론자들과 정확하게 똑같은 논증을
하고 있다. 그러나 그들과 달리 그는 독자들에게 이러한 감정들을 거
부하기 위한 철학적 이유들에 대한 반복적이고, 심지어 끊임없는 성
찰들에 의해 마음에서 일어나는 성냄과 분노를 제거하려고 노력할
것을 충고한다. 동시에 그는 다른 사람들에 대한 적절한 태도를 대부
분의 사람들이 담즙이나 불 혹은 몽둥이와 같은 비유정적인 것들에
대해 취하고 싶은 태도와 비교한다. 설사 그것들이 해를 끼친다고 하
더라도, 사람들은 화를 내지 않는데 왜냐하면 아무도 그것에 작인을
부여하지 않기 때문이다. 사람들에게 진정한 작인이나 자기 결정성
을 부여하기를 중단한 사람은 더 이상 그들에게 화를 내지 않을 것이
다. 그리고 산티데바는 자신의 독자들이 마음 속으로 이러한 변화를
도모하기를 촉구하고 있다.

시더리츠의 해석은 어떻게 이러한 구절들에 앞에서도 유지되는
가? 분명히 불교전통은 적어도 참여자의 반응 태도의 상당 부분은 결
코 합리적이지도 않고 적절하지도 않다고 주장하는 것처럼 보인다.

---

35 Śāntideva(1995), pp.52-53. 원전에 대해서는 Vaidya(1960)를 보라.

실제로 산티데바의 어조로 보면 그가 도덕적 감정의 분노를 매우 심각한 위험으로 기술하려고 했다는 것은 명백하다. "마음이 어떤 것과 접촉한 결과로 증오의 불길에 휩싸여 있을 때, 그것은 우리의 공덕의 몸이 불길에 타오를지도 모른다는 두려움 때문에 즉시 제거되지 않으면 안 된다. … 성냄으로 인해, 나는 몇천 번이나 지옥에 떨어져 있었다."[36] 산티데바에 따르면 자유의지의 환상에서 일어나는 분노를 제거하는 것은 단지 지적 요구일 뿐만 아니라, 절박한 실천적 필요성이기도 하다.

다른 한편, 『입행론』에는 산티데바가 반응적 태도를 자극하는 것처럼 보이는 특정한 구절들이 있다. 비록 그는 결코 독자들에게 다른 어떤 사람에 대한 분노를 품으라고 하지는 않고 있지만, 앞에서 인용한 6.41에서 그는 "나는 그 증오를 미워하는 것이 더 낫다."라고 말한다. 이 구절은 반드시 그 증오를 미워하는 것이 전적으로 정당화된다는 것을 의미하지는 않지만, 그것은 분명히 이러한 감정이 그 괴로움을 야기한 다른 사람을 미워하는 것보다는 더 나은 것이라는 것을 말해준다. 더욱이 6.42에서 그는 "이전에 나 역시 살아 있는 존재들에게 바로 그와 같은 고통을 주었다. 그러므로 이것은 다른 존재에게 괴로움을 야기했던 내가 감당해야 할 바로 그것이다."라고 말한다. 또한 산티데바가 그 책에서 명확하게 후회의 감정을 일으키고자 하는 그 외의 다른 구절들도 있다. 2장 "죄업참회품"에서, 그는 이러한 명상

---

36 Śāntideva(1995), 6.71, 6.74.

을 자신의 독자들에게 제공한다.

> 2.28. 시작이 없는 존재의 윤회 속에서, 그리고 또한 바로 이 금생
> 에서, 내가 짐승으로서, 저질렀거나 야기시켰던 죄악,
> 2.29. 혹은 내가 미혹에 빠져, 나 자신이 손해를 보는데도 기뻐했던
> 어떤 것에 대해 나는 그와 같은 위반을 후회하는 마음으로 고통
> 스럽게 참회합니다.[37]

위의 구절로부터 우리는 산티데바의 양립주의적 해석이 요청된
다는 결론에 도달해야 하는가?

우선 산티데바가 어떤 반응적 태도들은 영적인 길<깨달음의 길>
에서 유용한 반면, 다른 태도들은 그렇지 않다고 주장하는 것은 완벽
하게 일관된 것이라는 사실에 주목해보자. 유용한 감정들은 후회, 감
사 및 나쁜 정신적 상태를 향한 어떤 형태의 공격성을 포함할 수 있
을 것이다.[38] 영적 여행의 초기 단계에서, 우리는 이러한 감정들을 제
거하려고 애써서는 안 될 것이며, 나아가 실제로는 그것들을 증장시
키는 것이 도움이 될 수도 있을 것이다. 그것들은 수행자의 마음가짐

---

37 Śāntideva(1995), p.16.
38 우리는 『입행론』 4장 말미에 기술된 이러한 형태의 공격성을 발견할 수 있을
    것이다. 예컨대, 4.43-44를 보자. "나는 오염을 죽이는 것으로부터 나오는 오
    염의 종류와 싸우는 것을 제외하고는, 여기에 저항할 것이며, 또한 증오심을
    품으면서 전쟁을 벌일 것이다. 나는 내 오장육부가 밖으로 흘러나온다고 하
    더라도 개의치 않을 것이다! 내 머리를 잘라라! 그러나 결코 나는 이 적, 다시
    말해 오염 앞에 굴복하지 않을 것이다!" Śāntideva(1995), p.29.

속에서 깨달음으로 나아가는 것을 촉진시키는 방식으로 작동하며, 따라서 이러한 감정들을 유지하는 것은 그렇게 한 것의 결과에 의해 정당화될 수 있다. 한편, 성냄과 분노와 같은 다른 반응적 태도들은 아무런 도움도 되지 않으며, 가차 없이 제거되어야 할 것이다. 그리고 유용한 감정들 그 자체는 절제되지 않으면 안 되는데, 결과적으로 예를 들어, 건강한 후회는 병적인 죄책감으로 발전하지 않는다.

이러한 종류의 입장은 특정한 반응적 태도를 보이는 것이 이치에 맞는 것일 수 있다는 사실을 함축하기 때문에, 그것은 어느 정도 양립주의적인 요소를 갖는다. 그러나 그것은 보통 사람들이 지니고 있는 일련의 반응적 태도에 대한 근본적인 수정의 제안을 포함하고 있다. 따라서 이는 통상 도덕적 책임의 부과로부터 일어나는 감정의 영역들이 전체적으로 행위 인과관계에 대한 진리와 양립가능하다는 것을 함축하지는 않는다. 일상적 삶에 대한 이처럼 수정주의적인 입장을 어떤 형태의 강한 결정론이라고 기술하는 것은 합당한 일일 것이다.

더욱이 이 길의 초기 단계에서 반응적 태도들의 부분집합 가운데 실용적 유용성을 받아들이는 입장은 그 길의 최종 단계에서, 모든 반응적 태도들이 폐기되었다는 견해와 매우 일치한다. 전통적인 불교 믿음에 따르면, 붓다는 과거의 수많은 삶들을 기억할 수 있다. 이 가운데 많은 삶, 특히 아주 오래전 과거의 삶 속에서, 그는 자신이 저지른 파괴적이고 끔찍한 행위들을 기억할 수 있다. 그러나 이 붓다가 이런 행위들에 대한 "후회로 고통을 받는다."라고 말하는 것은 이 전통의 불성에 대한 이해와 완전히 일치하지 않을 것이다. 붓다는 결코 감사함을 느끼거나 누군가의 고통에 대한 어떤 종류의 공격적 감정 반응을 갖지 않을 것이다. 붓다의 관점에서 보면, 모든 반응적 태도 들은 전적으로 불합리하며 정당화되지도 않는다.

나는 후회와 감사 같은 반응적 태도들이 언제나 비합리적이고 정 당화되지 않는다고, 그리고 동시에 특정한 사람들이 그런 태도들을 갖는 것은 좋은 일이라고 어떻게 주장할 수 있는가? 나는 감정에 대 한 불교적 관점이 그 중심에는 세상에 대한 기술적이고 규범적 판단 을 포함하고 있다고 해석한다. 스토아학파와 마찬가지로 불교도들 은 마르타 누스바움Martha Nussbaum이 감정에 대한 "인지적" 혹은 "평가 적" 관점이라고 부르는 것을 주장하고 있다.[39] 또한 스토아학파와 마 찬가지로 불교도들은 보통 사람이 경험하는 거의 모든 감정들을 포 함한 폭넓은 영역의 감정들 속에 내재되어 있는 판단들은, 광범위하 게 그릇된 것이라고 주장한다. 이러한 감정들 가운데 어떤 것을 경험 하는 사람은 바로 그와 같은 사실로 인해, 사물이 존재하는 방식에 대해 혼란스러워한다. 이 반응적인 태도들은 특히 어떤 깊은 심리적 단계에서는, 자유의지의 망상에 대한 지대한 관심을 전제하고 있다. 물론 전형적으로 감정들은 또한 다른 많은 보다 특별한 그릇된 신념 들을 포함하고 있기도 하다. 예를 들면, 증오심은 나를 속여 나에게 해를 끼친 어떤 사람이 매우 나쁜 사람이라는 생각을 하게 만들지도 모르는데, 이는 내가 가진 증거로는 조금도 입증하기 어려운 결론이

---

39 이와 같은 견해는 Nussbaum(2001)에서 아주 구체적으로 설명되고 또한 옹호 되고 있다.

다. 이러한 사고는 산티데바가 왜 증오심을 "사기꾼"이라고 기술하고 있는가를 설명해준다.[40]

깨달은 존재는 모든 기만으로부터 자유로우며, 따라서 우리에게 익숙한 대부분의 감정들을 갖지 않는다. 깨달은 존재가 어쩌면 느낄지도 모르는 유일한 감정은 사무량심이다. (다른 존재에 대한) 사랑이 담긴 친절慈, (다른 존재에 대한) 연민悲, (다른 존재에 대한) 공감하며 기뻐함喜, (다른 존재에 대한) 평정심捨. 이것은 자유의지의 환상처럼 세상에 대한 잘못된 개념에 바탕을 둔 감정들이 아니다.[41]

깨달음을 얻은 영적 스승은 종종 다른 사람들을 칭찬하거나 비판할 수 있는데, 이는 그들이 그 길의 단계에서 자신들에게 도움이 될 감정을 느끼도록 하기 위한 것이다. 그러나 그는 그들의 잘못에 대해 어떠한 분노를 느끼거나 그들의 성공이 진정으로 그들 자신의 덕분이라고 간주하지도 않을 것이다. 그러한 스승에게 모든 칭찬과 비난은 단지 능숙한 수단upāya의 표현에 지나지 않는다. 일단 제자들이 충분히 따라오면, 스승은 그들에게 어떤 방식으로든 칭찬 및 비난과 관련되어 있는 모든 감정들의 부적절함을 어떻게 볼 것인가를 알려줄

---

40 『입행론』 6.8. "그러므로 나는 이 사기꾼의 식량을 없애 버릴 것이다. 왜냐하면 이 증오는 나를 죽이는 것 외에 다른 어떤 목적도 가지고 있지 않기 때문이다." Śāntideva(1995), p.50.

41 이런 감정들은 만일 공성이 사물이 실제로 존재하는 방식이라면 어떻게 망상으로부터 자유로울 수 있는가? 내가 보여주었듯이, 공성을 완전히 인식하는 형태의 연민이 존재한다. 또한 예컨대, 다른 존재들에 대한 사랑이 담긴 친절을 느끼는 동시에 그와 같은 다른 존재는 오직 관습적으로만 존재하며 본성은 비어 있다고 인식하는 것도 가능하다.

것이다. 나는 이러한 진술들이 이상하게 보일 수 있다는 것을 알기 때문에 다음과 같은 질문을 제기한다. 당신이 어떤 특정한 주제나 기술을 절실하게 배울 필요가 있고, 또한 당신이 두 사람의 스승 사이를 선택해야 한다고 가정해보자. 첫 번째 스승은 제자들이 잘할 때에는 언제나 칭찬하고 제대로 하지 못할 때마다 비난한다. 두 번째 스승은 훨씬 더 섬세하고 능수능란하다. 그는 심지어 때때로 그 과정에서 잘못된 진술을 하기도 하지만, 그들이 배우는 정도를 극대화하는 바로 그런 방식으로 학생들을 칭찬하고 비난한다. 만일 주제나 기술이 중요한 것이라면, 두 번째 스승과 공부하는 것이 더 합리적일 수 있을 것이다. 그리고 산티데바와 같은 불교도들에게 있어서 깨달음을 향한 당신의 발전보다 당신에게 개인적으로나 혹은 다른 사람들을 돕는 당신의 능력에 더 중요한 것은 어떤 것도 있을 수 없을 것이다.

그러므로 나는 우리가 『광론』과 『입행론』은 시더리츠의 양립주의적 해석과 일치하지 않는 방식으로 읽어야 할 구절들을 포함하고 있다고 주장한다. 시더리츠는 자신의 관점을 지지하는 것으로 여겨지는 불교 경전 하나, 즉 『밀린다 팡하』를 인용한다.[42] 내가 1장에서 논의했던 상대적으로 초기의 이 저서에서 그리스 왕 밀린다는 불교 승려 나가세나에게 불교 사상의 여러 가지 문제들에 대해 질문한다. 이 가운데 하나는 개인의 정체성이 하나의 환상이라면, 어떤 개인이 전

---

42 『밀린다 팡하』는 테라바다와 설일체유부 및 아마도 그 외의 다른 몇몇 아비달마 학파도 받아들였을 것이다. 이 경전의 버전은 산스크리트, 빨리 및 쁘라끄리뜨어와 많은 한문 번역본으로도 존재하고 있다.

생에서 한 그의 행위 때문에 부정적인 결과를 경험한다는 것이 어떻게 가능할 수 있는가이다. 나가세나는 책임이란, 사실이 그렇듯이, 인과의 흐름에 따라 이어져 온 것이라는 관념을 설명하기 위해 일련의 비유들로 대답하고 있다. 여기에 그와 같은 한 가지 사례가 있다.

> 오 대왕이시여, 그것은 램프에 불을 붙이고 그것을 자기 집의 옥상으로 가져와 거기에서 저녁을 먹으려는 어떤 사람의 경우와 같습니다. 그리고 이 램프가 타오름에 따라 그것이 자기 집 지붕 위의 짚에 옮겨붙었고, 그 불이 집의 나머지 부분으로 번졌으며 이 집으로부터 그 불이 마을의 다른 집들로 확대되었다고 가정해보십시오. 그러자 마을 사람들은 그를 붙잡아 임금 앞에 데리고 왔고, 그들은 "폐하, 여기 이 사람이 우리 마을에 불을 질렀습니다."라고 말할 것입니다. [첫 번째 사람은] "폐하, 나는 마을에 불을 지르지 않았습니다. 그 불빛 아래에서 내가 저녁을 먹었던 램프의 불꽃과 마을을 태웠던 불은 서로 다른 것입니다. 나는 어떠한 죄도 저지르지 않았습니다."라고 말했습니다.[라고 상상해보십시오.]43

이 사례를 어떻게 결정할 것인가라는 질문을 받은 밀린다 대왕은 마을 사람들의 편을 들 것이라고 말한다. 그러자 나가세나는, 같은 방식으로, 과거의 삶에서 생긴 업은 우리의 현재 삶에 적용된다고 주장한다. 책임을 다루는 불교적 태도에 대한 시더리츠의 해석은 위의 인용문과 같은 구절에 근거를 두고 있다. 그럼에도 불구하고 나는 『밀

---

43 Gómez n.d.(발행연도 미상).

린다 팡하』가 붓다고사와 산티데바의 강한 결정론적 관점과 일치하고 있다고 해석하는 것이 가능하다고 믿는다. (이렇게 보는 것이 가능할 텐데, 왜냐하면 붓다고사와 산티데바는 둘 다 윤회에 대해서는 『밀린다 팡하』의 저자와 동일한 문제에 직면하기 때문이다.) 이 구절의 핵심은 그것이 그 경전 속의 관련된 나머지 구절들과 마찬가지로, 도덕적 책임을 직접 다루는 것이 아니라 법률적 책임을 다루고 있다는 것이다. 나가세나는 "그 왕의 법은 적절한 인과적 연쇄를 통해 어떤 사람과 연관된 사건에 대해 그를 처벌하려는 것과 꼭 마찬가지로 업의 법칙도 그럴 것입니다."와 같은 것을 말하는 것으로 읽힐 수 있다.[44]

이러한 해석은 인도 불교도들이 그들의 많은 교의들에 대해 현대 철학자들이 과학이 발견한 자연의 법칙에 대해 갖는 것과 동일한 종류의 태도를 갖는다는 것을 관찰함으로써 한층 더 강화된다. 연기법이 하나의 사례이다. 많은 학자들은 업의 법칙도 동일한 범주 안에 있다고 주장할 것이다.[45] 그것은 결국 인과관계의 한 형태로 간주된

---

44 시더리츠는 오직 비양립주의자들만이 이 논증이 요구하고 있는 도덕적 책임과 법적 책임 사이의 동일한 종류의 뚜렷한 구분을 수용한다고 대답할 수 있을 것이다. 그러나 일부 법률들은 정당화되지 않는다는 사실을 인정하는 어떤 철학자는 도덕적 책임과 법적 책임 사이를 구분할 수 있다. 만일 당신이 (법을) 위반한다면 그 왕이 당신에게 하려고 하는 모든 것은 순수하게 사실적 문제이다. 그것은 반드시 사회의 복지를 증진하는 가장 좋은 방식이나 혹은 어떤 사람의 공평성 개념을 증진하는 가장 좋은 방식 가운데 하나를 따르는 것은 아니다. 그리고 내가 아래에서 논의하고 있듯이 처음에 본 것과는 달리, 업은 필연적으로 공평한 것은 아니다.

45 예를 들면, 피터 하비는 이렇게 말한다. "업의 법칙은 마치 물리학의 법칙처럼, 사물의 본성에 내재 되어 있는 하나의 자연법칙으로 여겨진다." Harvey (2000), p.16. 데미언 키온은 "업은 가치와 무관한 기술"이라고 말함으로써, 이

다. 따라서 업의 법칙은 그 왕이 제정한 규범 법률과 유사한 것이 아
니라 만일 당신이 위반한다면 왕이 취하려고 하는 것에 대한 신뢰할
만한 기술과 유사하다. 그런데 만일 업의 법칙이, 그와 같은 개념이
전혀 존재하지 않기 때문에, 도덕적 책임이라는 확고한 개념을 따르
는 것에 실패한다면 어떻게 되는가? 글쎄, 어렵다. 아무도 업의 법칙
을 만들지 않았다. 따라서 만일 그것이 공적에 따라 운명을 배당하지
않는다면 어떤 사람도 비난받아서는 안 된다. 여기에는 유신론자들
이 직면했던 악의 문제와 유사한 것은 어디에서도 찾아 볼 수 없다.
불교도들에게 업의 법칙은 우주가 어떻게 움직이는가에 대한 정확
한 기술이며, 나아가 사람들이 자신들의 미래 삶에 대해 관심을 가지
고 있는 한, 그것의 작동을 인식하는 것은 그들에게 옳은 일을 하도
록 만드는 동기가 될 것이다.[46]

에 동의한다. Keown(1992), p.127.

46 업이 하나의 사실적 문제이며 공적과 밀접하게 일치하지 않는다는 더 많은
증거는 티베트의 일부 경전들이 수용하고 있는 "업의 장소(las gyi sa pa)"라는
특이한 교의로부터 나온다. 이 가르침에 따르면, 업력은 이 세계의 4대륙 가
운데 다른 세 대륙에서보다 염부제(Jambudvīpa)라고 불리는 한 대륙에서 더
크다. 인도와 티베트를 포함하고 있는 것으로 믿어지는 이 대륙에서 행해지
는 행위들은 더 강력한 결과를 갖는데, 이는 더 빨리 나타날 수도 있을 것이
다. Patrul Rinpoche(1994), p.381 n.57을 보라. 나는 오늘날 살고 있는 불교도들
이 이 교의에 어떤 신빙성을 부여해야만 한다고 제안하려고 하는 것은 아니
다. 결국 그것은 우리가 잘못되었다는 것을 지극히 잘 알고 있는 전통적인 우
주론에 의존하고 있다. 그러나 이 교의를 수용했던 인도와 티베트의 불교도
들은 업을 공적과 밀접하게 연관된 것으로 생각할 필요는 없었다. 어떤 행동
에 대한 공적이나 도덕적 책임의 정도가 어떻게 그것이 일어난 대륙에 의존
할 수 있단 말인가? 나는 이와 유사한 언급이 그 해의 특정한 날과 특정한 달
에 행해진 긍정적인 행동은 그것들이 통상적인 것보다 더 큰 업의 결과를 갖

왜 불교도들은 업이 칸트주의 철학자들이 옹호했던 노선을 따라 강력한 의미의 공적을 쫓는 것이라고 여겨서는 안 되는가라는 또 다른 중요한 이유, 즉 도덕적인 이유가 있다. 공적을 하나의 도덕적 개념과 같은 본질적 중요성을 가진 것이라고 간주하는 사람들은 전형적으로 만일 우리가 어떤 사람의 괴로움이 그럴 만한 이유가 있는 것이라는 것을 안다면 그것에 대해서, 우리는 겪지 않아도 될 괴로움에 대한 것과는 다른 태도를 취해야만 한다고 생각한다. 이 견해의 온건한 버전에 따르면, 그럴 만한 이유가 있는 괴로움은 그렇지 않은 것보다 덜 나쁘며, 따라서 우리는 그것을 완화해줄 이유가 더 적다. 일부의 철학자들은 그럴 만한 이유가 있는 괴로움은 실제로 좋은 것이라는 더욱 강력한 명제를 주장했다. 만일 사악한 자들이 행복하기보다 고통을 겪는다면 더 좋은 일이다. 물론 결과주의자들은 동의하지 않을 것이다. 그들은 "공적"이라는 단어를 전적으로 이러한 반응들의 결과에 토대를 두고 있는 비판 및 처벌 등과 같은 어떤 종류의 적절함을 가리키기 위해 사용할 수도 있을 것이다. 그러나 그들은 비판이나 처벌에 의해 가해진 괴로움은 그 자체로서 좋은 것이 아니라 이는 단지 그것의 좋은 결과에 의해 정당화되는 하나의 필요악이었을 뿐이라고 생각할 것이다.

만일 우리가 강력한, 칸트주의적 유형의 공적 관점을 업의 결과라고 여기는 주장과 결합시킨다면, 그와 같은 주장은 우리의 자비심을

는다는 티베트의 믿음에도 적용된다고 생각하고 싶다.

훼손하는 것임이 드러나게 될 것이다. 서로 다른 불교도들은 우리가 보는 모든 괴로움이나 혹은 그것의 중요한 부분만이 업에 의해 야기되는 것인가의 문제에 대해 상이한 태도를 취한다.[47] 그러나 어느 관점에서든, 우리는 다른 사람의 고통을 완화시켜야 한다고 생각할 이유가 거의 없는데, 왜냐하면 직관적으로 볼 때 그럴 만한 이유가 없다고 생각한 많은 혹은 모든 고통들이 실제로 그럴 만한 이유가 있기 때문이다. 내가 업에 대한 오해에 근거한 것이라고 여기는, 이러한 태도의 버전들은 역사의 일부 시기에서 매우 불행한 결과를 초래했다. 따라서 불교권 아시아의 특정 지역에서 장애인들은 나쁜 대우를 받거나 심지어 추방되었는데, 왜냐하면 친척들과 다른 사람들이 그들의 장애를 전생의 잘못에 근거해본다면 그럴 만한 것이라고 해석했기 때문이다. 자비심은 특히 대승에서 불교윤리의 핵심이다. 그래서 나는 — 특히 우리가 이와 같은 결과를 갖지 않는 어떤 더 나은 설명을 할 수 있을 때 — 이처럼 자비심에 어긋나는 어떠한 교의도 불교의 일부로 간주되어서는 안 된다고 주장할 것이다.

---

47 역사적 붓다는 분명히 업 외에도 괴로움에는 다른 원인들이 존재한다고 주장했다. 그러나 대승철학의 유가행파(Yogācāra school)주의자들은 관념론자들이기 때문에, 본성상 물질적인 원인이라는 관념을 수용할 수 없다. 그들에게 있어서 온갖 괴로움을 포함한, 모든 경험은 의식의 저장창고에서 머물고 있는 "종자"라고 불리는 잠재태를 원인으로 하여 일어날 것이다. 이러한 종자들은 업에 의해 심어진다. 일반적으로 대승불교도들은 종종 모든 괴로움은 업에 의해 야기된다고 주장하고 있는 것 같다. Patrul Rinpoche(1994), p.118을 보자. "상상할 수 없을 정도의 많고 다양하게 각 개인이 경험하고 있는 즐거움과 비참함 — 존재의 맨꼭대기로부터 지옥의 가장 깊은 곳에 이르기까지 — 은 오직 각자가 과거에 축적했던 긍정적이거나 부정적인 행위들로부터만 일어난다."

게다가 위에서 인용된 불교 경전들은 그것들이 시더리츠의 양립주의적 해석보다 스트로슨의 강한 결정론적 해석을 훨씬 더 지지하는 것처럼 보인다. 특히 불교도들은 만일 자유의지가 존재하지 않는다면, 도덕적 책임을 부과하는 관습을 버리는 것이 필요할 것이라는 반대에 대한 답변을 갖고 있는 것처럼 생각된다. 다시 말해 이러한 관습을 버리는 것은 실제로 사람들이 자기 자신들과 나아가 다른 사람들을 행복하게 만드는 데 필요한 자비심, 관대함 및 인내심을 성취하는 것을 돕게 될 것이다. 비록 불교도들이 성냄과 분노를 버리는 일이 어렵다는 것을 인정한다고 하더라도, 그들은 그것이 누가 보더라도 이러한 감정들의 적합성에 대해 철학적인 반대를 하는 명상을 통해 달성될 수 있다고 생각한다.

　　자유의지에 대한 이러한 관점은 서로 다른 다양한 불교 경전들로부터 지지를 받고 있으며, 따라서 그것은 이 전통을 전반적으로 대표할 만한 자격을 가지고 있다. 그것은 대부분의 서양 철학자들이 이 문제에 대해 취했던 태도와는 매우 다르다. 그러나 그것은 최근에 더크 페레붐Derk Pereboom이 자신의 『자유의지 없이 살기Living without Free Will』에서 전개했던 관점과 유사하다. 페레붐은 결정론자는 아니지만, 자유의지를 거부한다. 그는 결정론도 양자 무작위성도 결코 자유의지를 위한 공간을 남겨 놓고 있지 않으며, 따라서 행위자 인과관계가 존재한다는 어떠한 증거도 없다고 주장한다. 그는 자신의 관점을 강한 결정론이 아니라 강한 양립불가능주의라고 부르고 있지만, 그 차이는 감정과 도덕적 책임에 관한 문제의 시각에서 보면 그렇게 중요한 것이 아니다. 페레붐은 분노와 성냄의 감정을 완전히 극복하는 것은 불가능할지 모른다고 생각하지만, 그것이 가능한 정도에서, 그는 이러한 감정들의 쇠퇴가 균형을 이룬다면 하나의 좋은 일로 간주하고 있다. 그는 잘못을 저지른 사람의 행위가 자신이 통제하지 못하는 사건과 환경에 의해 전적으로 결정된다는 사실을 깊이 고려하면서 다음과 같이 주장한다.

> 분개심은 점차 일종의 도덕적 슬픔 ― 자신의 과거뿐만 아니라 성격과 끔찍한 행위에 대한 슬픔 ― 에 길을 내준다. 이러한 종류의 도덕적 슬픔은 결정론에 대한 신념에 의해서는 무너지지 않을 유형의 태도이다. 더욱이 나는 분노와 분개심은 인간관계에 있어서 보다 더 전형적으로 갖는 많은 역할을 할 수 있다는 점을 의아하게 생각한다.[48]

또한 페레붐은 성냄과 분노의 감소가 개인 간의 더 나은 관계와 보다 더 정의롭고 자비로운 사회 정책으로 귀결될 수 있을 것이라고 주장한다. 페레붐이 옹호하는 도덕적 감정의 개혁은 불교도들이 지향하는 마음의 전환보다 다소 덜 야심찬 것이긴 하지만, 이는 그것과 같은 방향으로 상당한 거리를 간 것처럼 보인다.

마지막으로 이러한 종류의 심리적 전환을 옹호하는 사람은, 사람들이 실제로 영위하는 삶의 방식을 전제해볼 때, 그들은 심리적으로

---

48   Pereboom(2001), pp.95-96.

참여자 반응 태도를 거부할 수 없다는 P. F. 스트로슨의 주장에 대해 어떻게 대답할 것인가? 페레붐은 스트로슨이 논의하는 많은 태도들은 강한 결정론의 수용을 견뎌낼 수 있으며, 주로 성냄과 분노를 넘어서지 못하는 태도도 스트로슨이 생각하는 만큼 개인 간의 관계에 중심적인 것이 아니라고 주장하는데, 이는 상당한 설득력을 갖는다. 그러나 스트로슨이 자유의지를 거부하는 데 지불해야 할 대가에 대해 옳았다고 하더라도, 불교도들은 여전히 이를 기꺼이 지불하려고 할 것이다. 현대의 많은 분석 철학자들은 철학이 사회의 있는 그대로의 삶의 방식을 받아들여야만 하며, 나아가 그 자체를 그러한 삶의 방식에 대한 개념적 전제들을 규명하는 데 국한시켜야 한다고 생각하는 것 같다. 그러나 불교에서 이성적 사고는 사람들을 자신들이 알고 있는 삶의 방식을 반대로 돌려 놓게 하고, 또한 세속적 가치 대신 영적 가치를 추구하도록 이끄는 과정의 일부일 수 있다. 테라바다 불교도들에게 있어서 자신의 마음을 실재와 일치시키기를 바라고, 그렇게 함으로써 진정한 내적 평화에 이르기를 바라는 사람들은 통상적으로 비구나 비구니가 되어야 할 것이며, 결과적으로 그들은 자신들이 세속적인 삶 속에서 맺었던 개인 간의 관계를 끊는다. 그러나 대승불교도들에게는 재가신자로서, 일과 가정생활의 요구 및 혼란함 속에 살면서도 증오를 깨뜨리고 완전한 자비심에 이르는 완벽한 지혜에 도달하는 것이 가능하다. 불교적 관점에서 보면 개인 간의 일상적 관계들은 어느 정도 가치를 지닐 수는 있지만, 욕심과 성냄 및 미혹으로 가득 차 있다. 가장 좋은 종류의 삶을 살기 위해서 불교도는, 다른 사람들과 세상에 대한 자신의 관계뿐만 아니라 자기 마음의 기능들을 바꾸어야만 한다. 불교도들이 명상 수행의 힘에 대해 갖는 확신은 그들을 그와 같은 변환의 실천적 가능성에 있어 비록 이 과제가 어려운 것은 분명하지만, 매우 낙관하도록 이끈다.

서양의 일부 철학자들은 자유의지에 대한 철학적 비판을 종교와 도덕에 대한 하나의 위험으로 간주해왔다. 그러나 불교도들에 따르면 이러한 비판은 자비와 내적 평화에 이를 수 있는 명상 방법론으로 통합될 수 있다. 불교 철학자들의 신념과 가치를 발견하는 것 자체가 자유의지의 문제를 해결해줄 수는 없을 것이다. 그러나 그것은 만약 그렇지 않았다면 발견될 수 없었거나 혹은 만약 그렇지 않았다면 훨씬 더 설득력이 없는 것처럼 여겨졌을지도 모를 선택지들을 제안할 수 있다. 이러한 과정은 비교철학이 어떻게 문화 간의 이해뿐만 아니라 철학적 이해에 도달할 수 있는가를 설명해준다.

9

처벌

9

처 벌

나가르주나와 처벌

불교윤리학자들은 거의 아무도 형사법과 그것이 정해놓은 처벌에 관한 문제에는 큰 관심을 보이지 않았다. 하지만 몇몇 인도 불교 경전들은 처벌에 관한 매우 흥미로운 언급들을 포함하고 있다. 이 가운데, 가장 구체적이고 두드러진 처리 방법은 대승의 중요한 저서인 나가르주나의 『보행왕정론Precious Garland(Ratnāvalī; Rin po che'i phreng ba)』에서 발견되는데, 산스크리트본은 산실散失되었고 티베트본으로만 보존되어 있다. 이 경전은 왕에게 조언을 전하는 편지이다. 사냥의 불이익으로부터 가장 섬세한 불교 형이상학의 원리에까지 이르는 논의들과 함께 나가르주나는 왕에게 사회 정책을 어떻게 수행할 것인가와 특히 범죄자들을 어떻게 다룰 것인가에 대해 조언을 하고 있다. 이러한 언급들은 그것이 불교윤리의 일반 쟁점들에 드리운 빛 때문에 매우 흥미롭다. 그것들은 우리가 어쨌든 별도의 근거에서 믿어야만 하는 두 가지 해석적 명제, 즉 인도 불교도들은 결과주의자들이라는 것과 그들은 강한 결정론자들이라는 것에 대한 추가적인 증거를 제공한다.

더욱이 처벌에 관한 나가르주나의 관점은 현대 사회의 처벌에 대한 쟁점들과 실천적인 관련성을 갖는다. 나가르주나의 원리를 따르는 비판가는 미국의 형벌 제도에 대해 혹독한 평가를 할 것이 분명하다. 불교적 관점에서 보면 우리의 형사 사법 제도는 종종 잘못한 사람을, 적절하지 않은 정도로 그리고 부당한 이유로 처벌한다. 불교도들은 미국의 형사법을 실제로는 증오와 무지에 의해 만들어졌던 것으로 간주할 것이다. 그 대신 자비와 통찰력에 의해 구상된 법률 체계도 여전히 처벌은 하겠지만, 그러나 그것은 현재 우리가 살고 있는 사회와는 매우 다르게 처벌할 것이다.

처벌의 관행에 대해 성찰해왔던 서양 철학자들은 일차적으로 처벌의 정당성과 처벌할 권리라는 두 가지 문제에 관심을 가졌는데, 그것은 서로 관계가 있거나 혹은 독립적인 것으로 다루어질 수 있다. 처벌은 때때로 죄지은 사람에 대해 커다란 괴로움을 야기하는 것을 포함하고 있다. 그와 같은 해악적인 관행에 대해 어떤 이유가 부여될 수 있는가? 설사 우리가 어떤 사람들은 처벌되어야 마땅하다는 사실을 입증할 수 있다고 하더라도, 모든 사람이 똑같이 그들을 처벌할 권리를 가지고 있는 것은 아니다. 누가 합법적으로 처벌을 할 수 있는가, 그리고 무엇이 그들에게 그렇게 할 권리를 부여하는가?

불교 저자들은 처벌할 권리의 문제를 직접 언급하지는 않는다. 이것은 이해할 수 있는 생략인데, 왜냐하면 권리의 개념은 그들이 한 도덕적 대화의 특징은 아니기 때문이다. 그들은 이 쟁점과 관련된 정치 이론을 제안한다. 빨리 경전으로 거슬러 올라가는 불교 원전들에 따르면, 왕권의 원천은 피지배자들의 동의이다. 마하삼마따Mahāsammata; "위대한 피지명자(great appointee)"로 알려진 첫 번째 왕은 들판을 보호하기 위해 사람들에 의해 선출되었다. 오늘날 다스리고 있는 왕들은 비록 글자 그대로 자신의 국민들에 의해 선출된 것은 아니지만, 여전히 도덕적으로는 국민들의 피고용인으로, 그리고 그들이 거두는 세금은 자신들의 임금으로 간주되어야 할 것이다.[1] 이러한 견해를 사회계약이론이라고 성격규정하는 것은 부적절하게도 시대착오적인 것인지의 여부에 대해 상당한 논쟁이 있었지만,[2] 불교적 관점과 서양의 사회계약이론 사이의 어떠한 차이점도 처벌할 권리의 문제에 영향을 미칠 것 같지는 않다. 정치적 정당성에 대한 앞서의 설명을 제공하는 것 외에, 불교도들은 이 문제와 관련된 것은 더 이상 아무것도 제공하지 않는다. 그러므로 나는 처벌의 정당성이라는 쟁점에 초점을 맞출 것을 제안하는데, 왜냐하면 이 쟁점과 직접적이거나 간접적으로 관련

1   Lang(2003), pp.91-94 참조. Collins(1993)도 보라.
2   랑(Lang)은 이러한 성격규정이 완전히 타당하다는 것을 발견한다. 그러나 Hexley (1996)와 Collins(1996)도 보라.

되는 수많은 구절들을 발견할 수 있기 때문이다.

　법 철학자들은 오랫동안 처벌이 정당화될 수 있는 몇 가지 주요한 방법을 인정해왔다. 가장 간단한 것은 자격 박탈이다. 처벌을 받고 있는 범죄자는 그 때문에 더 이상의 범죄를 저지르지 못하게 될 것이다. 교도소에 갇힌 사람들은, 물론 그들이 여러 가지 방법으로 서로에게 해악을 끼칠 수 있을지 모르지만, 대체로 일반 국민들에 대한 범죄를 저지를 수 없다. 사형은 훨씬 더 효과적인 방법의 자격 박탈이다. 아마도 많은 처벌들에 대한 가장 중요한 정당화는 억제일 것이다. 처벌받은 적이 있는 사람들은 더 이상의 처벌에 대한 두려움 때문에 미래에는 범법을 저지르지 못할 것이다. 그리고 범죄를 한 번도 저지르지 않은 사람들은 다른 사람들에게 가해진 결과들을 성찰함으로써 그렇게 하는 것을 피할 수 있을 것이다. 또한 처벌은 낙관적인 사회복귀를 고려하는 것으로 정당화될 수 있을 것이다. 아마도 형벌 제도들은 재소자들의 성격을 개조하기 위해 마련될 수 있을 텐데, 그렇게 함으로써 그들이 범죄를 저지르도록 만들었던 해악적인 특성들은 사회적으로 보다 더 유익한 것으로 교정된다. 이렇게 시도된 세 가지 정당화는 모두 처벌의 시행으로부터 나오는 유익한 결과들에 호소한다. 그러므로 이 세 가지 가운데 일부 혹은 전부를 모두 처벌의 시행을 위한 충분한 정당화를 제공하는 것으로 간주하는 것은 그와 같은 관행에 대해 결과주의적 태도를 취하는 것이다.

　처벌에 대한 결과주의적 이유 세 가지는 모두 본질적으로 미래 지향적인 것이다. 그것들은 처벌이 미래에 가져올 좋은 결과에 호소하고 있으며, 과거에 어떤 일이 일어났는가에 대한 본질적인 언급을 하고 있는 것 같지는 않다. 따라서 많은 윤리주의자들과 정치 철학자들은 그것들을 처벌의 정당성에 본질적인 요소 한 가지를 빠뜨리고 있는 것으로 생각했다. 처벌이 적절한 것이 되려면, 그 범죄자는 그 자신의 과거 행위로 인해 어쨌든 처벌을 받을 만하거나 받아 마땅해야만 한다. 그와 같은 일부의 과거 지향적인 고려들이 처벌을 정당화하기 위해 요구된다는 견해를 응보주의라고 부른다.

응보주의는 처벌에 관한 단일한 견해가 아니라 복합적인 계보를 가진 견해이다. 예컨대, 일부의 응보주의자들은 처벌의 선한 결과가 그 관행을 정당화하는 데 그 길의 일부를 갈 수도 있지만, 그 길 전체를 갈 수 있는 것은 아니라고 주장하는 반면에, 다른 응보주의자들은 오직 과거 지향적인 고려들만 합법적으로 처벌을 정당화할 수 있다는 입장을 고수한다.[3] 후자의 응보주의자들은 다른 사람들이 범죄를 저지르는 것을 억제하기 위해 어떤 사람을 처벌하는 것은 그 사람을 사회 질서와 화합을 증진하기 위한 수단으로 사용하는 것이며, 그리고 사람들을 이처럼 수단으로 사용하는 것은 인간의 존엄성에 대한 적절한 존중과는 상반된다고 주장할 수도 있을 것이다.[4]

---

[3]   그래서 혼데리치(Honderich)는 응보주의의 한 버전을 이런 식으로 정리하고 있다. "부분적으로 처벌의 척도를 고정시킴으로써 처벌의 관행을 규정하는 입법자들은 그런 사람들에게 그들의 행동의 잘못을 고려할 때, 단지 그것을 받아 마땅하기 때문에 그들이 받을 만한 것을 받도록 제정할 의무가 있다. 입법자들은 이 점에서, 범죄자들이나 사회 전체의 복지를 고려하지 않는다." Honderich(1969), p.14.

[4]   Murphy(1973), p.5 참조.

응보주의와 관련된 태도를 유지하는 많은 일반 미국인들은 적어도 부분적으로는, 범죄자를 향한 성냄이 그 동기가 되고 있는 것처럼 보인다. 그들은 범죄자들이 괴로움을 겪어야 마땅할 뿐만 아니라 만일 이러한 괴로움이 적합한 행위자에 의해 부과된다면 더 좋은 것이며, 나아가 그러한 행위자가 부분적으로라도 그 범죄자를 향한 정당한 분개에 의해 동기유발되는 것은 옳다고 주장하고 있는 것 같다.[5] 여러 버전들의 응보주의를 인정하는 사람들을 포함하여 대부분의 철학자들은 이러한 종류의 주장과 스스로 거리를 두고 싶어 할 것이다. 그러나 빅토리아 시대의 법률 이론가인 제임스 피츠제임스 스티픈James Fitzjames Stephen과 같은 소수의 응보주의자들은 이를 받아들였는데, 그는 범죄 행위들에 대해 다음과 같이 쓰고 있다.

그러나 이러한 행동들은 그것이 사회에 위험하며, 따라서 방지되어야 하기 때문일 뿐만 아니라, 건전하게 형성된 마음의 소유자들을 자극하는 그와 같은 행위의 숙고인 증오의 감정 ─ 그것을 복수, 분노 혹은 당신이 무엇이라고 부르든 간에 ─ 을 충족시키기 위해서라도 실제로 금지되어 왔으며 또한 처벌을 받지 않으면 안 된다는 것을 입증하는 것은 어려운 일이 아니다.[6]

스티픈은 별로 눈에 띄지 않는 인물이었는데, 존 스튜어트 밀의

---

5   예컨대, Berns(2008)을 보라.
6   Stephen(1874), pp.161-62. Honderich(1969), p.14에서 인용함.

비판으로 잘 알려지게 되었다. 서구 전통에서 이러한 견해를 또한 명확하게 주장했던 보다 중심적인 인물은 경제학자이자 도덕 철학자인 애덤 스미스였다. 나는 앞으로도 스미스가 그의 『도덕 감정론 Theory of Moral Sentiments』에서 제공했던 것보다 문제의 이 입장에 대해 더 명확하거나 더 웅변적인 표현을 읽기를 기대하지 않는다.

> 그와 같은 행동의 공포와 무시무시한 잔학성에 대한 우리의 감정, 그것이 적절하게 처벌받았다는 것을 들었을 때 우리가 얻게 되는 기쁨, 그것이 이와 같은 합당한 보복을 피했을 때 우리가 느끼는 분개심, 간단하게 말해, 그것의 잘못된 처분에 대한, 그것에 대한 죄가 있는 사람에게 해악을 가하는 것의 적절성과 적합성에 대한, 그리고 그를 자기 차례에 맞게 슬프도록 만드는 것에 대한 우리의 전반적인 감각과 감정은, 관찰자가 철저하게 피해자의 입장이 되어 있을 때에 언제나 가슴 속에서 더 자연스럽게 형성되는 공감적인 분개심으로부터 나온다.[7]

그리고 나서, 애덤 스미스는 응분應分의 처벌을 그 범죄가 공정한 관찰자의 마음속에서 불러 일으키는 성냄 및 정당한 분개심과 긴밀하게 연결시켰다. 그러나 이러한 입장은 응보주의자에게 의무적인 견해는 아니다. 다른 응보주의자들은 도덕적 감정에 대한 이러한 관점을 거부할 수도 있을 것이다. 그러나 그들은 그럼에도 불구하고 범

---

7   Pojman and MeLeod, eds., (1999), p.30에서 인용함.

죄자들은 처벌을 받는 것이 마땅하며, 또한 그들이 받은 처분은 그들을 처벌하기 위한 이유를 발생시키는데, 이는 그렇게 하는 것의 결과와는 무관하다고 주장한다. 예를 들어, 이러한 철학자들은 사회적 협력을 지배하는 규범을 파괴함으로써, 범죄자들은 동료 시민들에 대해 부당한 이익을 취하며, 이는 처벌에 의해 교정될 필요가 있는 도덕적 불균형을 낳는다고 말할 수 있을 것이다.

공리주의적 법률 개혁가들은 언제나 여러 가지 형태의 응보주의를 반대해왔다. 시즈윅은 그가 "그것에 대해 본능적이며 강력한 도덕적 반감"[8]을 지니고 있다고 썼다. 왜 그런지 아는 것은 어렵지 않다. 결과주의자들은 단지 과거에 일어난 일 때문에 괴로움을 주는 것이 합리적일 수 있다는 관념과 대립한다. 결과주의자에게 괴로움의 부과를 정당화할 수 있는 이유들은 미래에 얻게 될 이익이거나 피해야 할 해악에 호소하지 않으면 안 되는 것이다. 시즈윅도 "만일 우리가 응보주의적 정의라는 공통적인 도덕적 개념을 면밀하게 검토해보면, 엄격하게 말해 형이상학적 자유의지론을 함축하고 있는 것처럼 보인다."[9]는 점을 지적했다. 특히 처벌의 응보주의적 설명과 가장 일치하는 것처럼 보이는 자유의지에 관한 견해는 칸트주의적 버전의 자유주의이거나 혹은 그것과 유사한 것들 가운데 하나이다. 정의 definition상 자유주의를 거부하기 때문에, 강한 결정론자들은 응보적 처벌에 반대할 이유를 가질 것이다. 그러나 그들은 형벌 제도들에 대

---

8   Sidgwick(1981), p.281.
9   Sidgwick(1981), p.349.

한 정당화를 제공하기 위해 다른 세 가지 유형의 이유들 ― 억제, 자격 박탈 그리고 사회복귀 ― 을 사용할 수 있을 것이다.

도덕 철학과 처벌의 정당화 사이의 이러한 관계들은 처벌에 대한 불교 저자들의 언급을 그것의 윤리적 공헌에 대한 해석과 연관된 증거로 사용하는 것을 가능하게 해준다. 처벌에 대한 나가르주나와 다른 저자들의 주석은 그 자체으로서는 윤리적 이론이나 의지의 자유에 관한 불교적 견해에 대한 어떤 특정한 설명을 정립하기에 충분하지 않을 것이다. 그러나 내가 앞 장들에서 주장한 바 있듯이, 만일 우리가 불교 사상가들을 결과주의자와 강한 결정론자로 보는 견해를 뒷받침하는 별도의 증거를 가지고 있다면, 처벌에 대한 불교적 관점을 검토하는 것은 이와 같은 주장을 강화시켜줄 수 있다.

강한 결과주의 자체는 불교적 개념이 아니며, 이에 해당하는 산스크리트어도 존재하지 않는다. 그러나 내가 8장에서 논의했듯이, 불교도들은 우리가 결정론의 보편적 인과성과 예측가능성의 원리 형식이라고 성격규정할 수 있는 주장을 받아들인다. 그들은 자유의지에 대한 자유주의자들의 관점에서 중심적인 역할을 하는 행위자 인과관계의 개념을 명시적으로 거부한다. 불교도들은 특히 양립주의자들이 아니라 강한 결정론자들인데, 왜냐하면 그들은 성냄과 분노는 결코 정당화되지 않으며, 또한 이러한 부정적 감정들은 다른 사람들의 해악적인 행동의 발생 이면에 있는 인격과 무관한 인과적 관계에 대한 성찰에 의해 약화될 수 있다고 주장하기 때문이다.

영어 단어 결과주의consequentialism도 이에 해당하는 산스크리트어가 존재하지 않는다. 그러나 내가 앞 장들에서 논의했듯이, 그럼에도 불구하고 남아시아와 티베트 경전들에서 발견되는 다양한 형태의 불교윤리들은 결과주의의 상이한 변형들로 적절하게 해석될 수 있다. 가장 근본적으로, 그 이유는 이러한 윤리적 체계들이 모두 모든 유정적 존재들의 복지를 윤리적 규범의 궁극적인 원천으로 간주하고 있기 때문이다. 그러나 나는 또한 이러한 부류의 해석들을 뒷받침하는 다양한 형태의 지지 증거들을 제공하려고 노력해왔다.

만일 내가 이러한 해석적 명제들에서 옳다면, 불교도들은 처벌의 응보적 정당화를 거부해야 할 것이다. 그리고 이것은 실제로 우리가 『보행왕정론』과 같은 인도 불교 경전들에서 발견하는 태도이기도 하다. 특히 나가르주나는 다음과 같은 조언을 하고 있다.

> 331. 오 대왕이시여, 당신은 언제나 자비심을 통해
> 오직 이타주의의 태도만 일으키시기 바랍니다.
> 무섭고 나쁜 행동을 저지른
> 모든 몸을 가진 존재들에게조차도…

나가르주나는 처벌의 필요성을 인정하고 있다. 그는 왕에게 "당신 자신의 그리고 다른 나라들에서 / 강도와 도둑들을 제거하라."[10]라고 조언한다. 그러나 그는 분명히 처벌을 가능하다면 완화되어야 할 하나의 필요악으로 간주한다. 왕은 범죄자들에 대해 이타주의를 불

---

10   Hopkins(1998), p.127.

러일으켜야 한다는 주장은 아마도 그를 처벌할 때 그 범죄자의 이익을 고려해야만 한다는 결과를 가져올지도 모른다 — 물론 이는 공리주의자들이 동의할 주장이다. 범죄자를 처벌하려는 우리의 동기가 그 범죄자 자신이든 혹은 사회의 다른 구성원들에 대해서든 간에, 자비심이라는 관념은 또한 공리주의자의 견해와 전적으로 일치하지만, 보다 극단적인 버전의 응보주의와는 대립한다. 나가르주나 역시 다음과 같이 쓰고 있다.

> 336. 부족한 아이들을 꾸짖는 것은
>   그들이 제대로 하기를 바라는 마음에서 그렇게 하는 것처럼,
>   처벌은 증오나 재물을 얻으려는 욕망이 아니라,
>   자비심으로 이루어져야 할 것입니다.[11]

일부 응보주의자들은 이러한 비유에 반대할 것이다. 그들이 보기에 부모들의 규범을 깨뜨린 아이들은 자신들이 한 행동의 도덕적 함의를 충분히 이해하지 못한다. 어린 아이들은 또한 보통의 성인들이 소유하고 있는 정도의 자유의지도 발달하지 않았다. 그러므로 그들은 성인 범죄자가 받는 것과 똑같은 방식으로 괴로움을 겪을 수는 없다. 따라서 잘못을 저지른 아이들의 처벌을 정당화하는 추론은 성인 범죄자들의 처벌을 정당화하는 것과는 크게 다르지 않으면 안 된다.

---

11   Hopkins(1998), p.138.

우리는 불교도들이 정당한 분개심의 관념을 승인하는 버전들에서조차도, 응보주의에 호의적이지 않을 것이라고 믿을 만한 선행하는 이유들을 갖고 있다. 성냄은 종종 보상받을 수 있다는 주장은 불교적 사고에는 낯선 것이며, 따라서 대승과 테라바다 사상가들도 모두 거부한다.12 예컨대, 비구 나나몰리Bhikkhu Ñānamoli가 가르쳤듯이, "붓다의 가르침에는 정당한 화냄이라는 것은 결코 존재하지 않는다."13 또한 우리는 『수망갈라 자타카Sumangala Jātaka』에서도 다음과 같은 것을 본다.

> 왕인 나는, 내 국민들의 군주이다,
> 성냄이 나의 성향을 가로막아서는 안 될 것이다.

---

12 많은 학자들은 ― 그들이 업을 개별 행위자에게 그가 받아야 마땅한 것을 돌려주는 하나의 과정으로 이해하고 있다는 점에서 ― 업의 개념 속에서 응보주의에 상응하는 것을 발견할 것이다. 마크 시더리츠가 쓰고 있듯이, "불교윤리는 응보주의를 암시하는 일부 요소들을 포함하고 있으며, 이러한 것들은 불교적 환원주의와 양립하지 않는다." Siderits(2000b), p.457. 그러나 나의 관점은 업이 실제로는 윤리의 일부가 전혀 아니라는 것이다. 그것은 자연법의 일종인 하나의 사실적 문제로 이해되지 않으면 안 된다. 나는 이와 같은 입장을 8장에서 옹호하고 있다.

13 King(1964), p.123에서 인용함. 불교는 응보주의에 반대한다는 관점과 처벌의 정당화는 일차적으로 사회 복귀에 토대를 두어야 한다는 관점은 현대의 테라바다 불교 저자인 L. P. N. 페레라의 지지를 받고 있는데, 그는 다음과 같이 적고 있다. "불교는 잘못을 범한 개인을, 수용 가능한 규범 안에서 그나 그녀를 사회 복귀시키려는 목적을 가진 교정적 조치로 처벌의 필요성을 수용할 것인데, 이는 저지른 위반에 대한 법률적 보복 조치나 혹은 단순히 화난 감정의 표현으로만 처벌의 필요성을 받아들이는 것은 아닐 것이다." Perera(1991), p.38.

내가 악에 맞서 휘두를 때에도,
연민의 마음이 처벌을 부른다.[14]

　『보행왕정론』은 성냄에 대한 이와 같은 거부를 공유하고 있는데,
그것은 특히 자기 자신에게 행한 잘못에 의해 유발될 때 그렇다. 나
가르주나의 조언은 다음과 같다. "다른 사람이 당신에게 행한 해악을 /
당신의 이전 행위가 낳은 것이라고 생각한다면, 화가 나지 않는다."[15]
그릇된 행동의 원인을 살펴봄으로써 성냄을 떨쳐버리라는 이러한 제
안은, 업은 그와 같은 원인들에서 중요한 것으로 여겨진다는 차이점이
있음에도 불구하고, 분명히 우리에게 서구의 강한 결정론을 상기시
켜줄 것이다. 내가 8장에서 보여주었듯이, 훨씬 더 유사한 언급들이
불교의 다른 경전들에서도 발견될 수 있다.

　내가 불교적 전통은 이를 거부하고 있다고 주장하는, 응보주의적
관점은 그것이 죄수들을 다루게 될 때 중요한 실천적 결과를 갖는다.
만일 죄수들이 괴로움을 당하는 것이 마땅하며, 그들을 처벌하는 것
이 응분의 몫이라는 이러한 특징에 상응한다는 이유로 정당화된다
면, 그들의 처벌은 가혹한 조건 아래에서 일어날 것이며, 이는 실제
로 요구받고 있던 괴로움이 발생한다는 것을 확신시켜주기 위한 것
이다. 한편, 처벌의 결과주의적 정당화는 죄수들이 억제와 자격 박탈
을 당하기 위해 요구되는 것보다 한층 더 가혹하게 다루어져서는 안

14　King(1964), p.178에서 인용함.
15　Hopkins(1998), p.129.

363

된다는 것을 함축하고 있다. 만일 감옥이 밖에서의 삶보다 더 즐겁다면, 어떤 누구도 감옥의 위협으로 억제되지 않을 것이다. 감옥 안에서의 어떤 안전 조치들은 탈옥하는 것을 막고 그렇게 함으로써 죄수들이 형기를 살고 있는 동안 그들이 일반 국민들에게 해악을 끼치지 못한다는 것을 분명히 하기 위해 필수적인 것이다. 그러나 감옥들을 이러한 목적들이 그것을 그렇게 존재하기를 요구하는 것보다 더 나쁘게 만드는 것은 불필요한 괴로움을 가하는 것인데, 이는 아무런 도덕적 정당화도 얻지 못한다.

불교 사상가들이 이러한 논쟁의 어떤 측면을 지지할 것인가를 발견하는 것은 어렵지 않다. 나가르주나는 이렇게 쓰고 있다.

> 335. 죄수들이 자유롭지 못한 동안에도,
> 그들은 이발, 목욕, 음식, 마실 것,
> 의약품 및 의복을 갖추고
> 편안한 상태로 있어야 할 것입니다.[16]

이것은 우리에게 매우 야심찬 종류의 제안들인 것처럼 보이지는 않지만, 물질적으로 훨씬 더 빈곤했던 고대 인도 사회에서, 이러한 제안들은 아마도 실제로 대부분의 감옥에서 제공되고 있었던 것 이상이었을 것이다. 어쨌든 나가르주나는 분명히 자비심은 왕에게 죄수들을 편안하게 해주고, 그들을 불필요하게 고문하지 않을 것을 요

---

16 Hopkins(1998), p.138.

구하고 있다고 생각한다.

그는 또한 가능하다면 언제나 관대할 것을 옹호한다.

333. 병약한 죄수들은
하루나 5일이 지나면 석방해주십시오.
그 외의 다른 사람들이 어떤 조건에서도
풀려나서는 안 된다고 생각하지 마십시오.

따라서 긴 형기보다 짧은 형기가 선호되어야 한다. 나가르주나가
신체적 허약을 누구를 일찍 석방해야 할 것인가를 결정하는 데 하나
의 관련 요소로 열거하고 있다는 사실을 주목하는 것이 중요하다. 대
부분의 폭력이 활이나 칼과 같은 무기로 이루어졌던 그의 사회에서,
신체적 힘은 사회에 위험을 가하기 위한 유효한 대용물이었다. 하지
만 모든 응보주의자들은 처벌의 정도가 범죄의 심각성이나 범죄자
의 유죄성 정도보다는, 그 범죄자가 사회에 대해 얼마나 위험한가에
근거를 두어야 한다는 관념에 반대할 것이다.

나아가 이러한 권유로 이어지는 자비로운 관심은 최악의 범죄를
저지른 사람들에게까지 확장된다.

332. 특히 그들의 죄가 끔찍한 살인자들에게,
자비를 불러 일으키십시오.
타락한 본성을 가진 사람들은
자신의 본성이 관대한 사람들로부터 나오는 자비를 담고 있는

그릇입니다.

이 게송은 강력한 주장을 하고 있지만, 아시아와 서구의 자비심에 대한 이해와 완전히 일치하는 것이다. 예를 들어, 엘리자베스 앤더슨 Elizabeth Anderson은 "자비심은 괴로움이 존재하는 곳에는 어디에서나 괴로움을 겪는 사람이 누구인가에 대한 도덕적 판단을 내리지 않은 채, 그것을 완화시키려고 애쓴다. 적십자the Red Cross와 같은 국제적인 인도주의 조직은 심지어 침략자도 포함한, 모든 전쟁 희생자들에 대한 원조를 제공한다."[17]라고 말했다.

비록 그 왕은 모든 죄수들에 대해 자비심을 느껴야 하지만, 나가르주나는 현실적으로 그들의 전부가 변화되기를 기대할 수 없다는 사실을 인정한다. 교정하기 어려운 죄수들을 다루기 위한 그의 충고는 다음과 같다.

> 337. 당신이 일단 화난 살인자들을
> 분석하고 철저하게 인식한 다음에는,
> 그들을 죽이거나 고문하지 말고
> 추방하십시오.

그러므로 나가르주나는 사형제도의 반대자이다. 이와 같은 범죄자들을 추방하는 것은 이웃 나라들의 거주자에 대한 자비심의 결여

---

17   Anderson(1999), p.307.

를 보여주고 있는 것처럼 여겨질 것이다. 그러나 영구 추방은 적어도 원시적인 교통 및 소통 수단 그리고 지역 공동체와의 강력한 유대감을 가진 사회에서 매우 효과적인 억제책이라는 장점을 가질 수 있을 것이다.

나가르주나가 왕에게 죄수들에 대해 신중하게 생각하고 그들을 이해하기 위해 노력하라고 조언했다는 점에 주목해보자. 불교 경전들은 종종 당신을 곤란하게 만들 수도 있는 다른 사람들의 견해를 포함한 다양한 관점으로부터 상황을 보도록 노력하라고 조언한다.[18] 불교도들은 그렇게 하는 것이 당신의 화냄을 줄이고, 이에 따라 화냄으로부터 일어나는 가혹하게 징벌하려는 태도를 완화시켜줄 수 있다고 주장할 것이다.

이러한 그림은 최근 경험적 연구로부터 상당한 지지를 받고 있다. 심리학자 아서 G. 밀러Arthur G. Miller, 앤 K. 고든Anne K. Gordon 및 에이미 M. 버디Amy M. Buddie는 피실험자들에게 범죄에 대한 해설을 읽고 나서 범죄자의 행위의 원인에 대한 설명을 적어보라고 요청했다. 피실험자들은 또한 수치로 표현된, 범죄자들에 대한 판단을 제출하라는 요구를 받았다. 어떤 사람들은 설명을 적어내기 전에, 그리고 또 다른 사람들은 그것을 적고 난 후에 그렇게 하라는 요청을 받았다. 그 결과는 다음과 같다.

---

18 예컨대, 8장의 『입보리행론』에서 기술된 "자신과 남을 바꾸는" 명상을 참조하라. Śāntideva(1995), pp.100-103.

평가 척도의 판단을 표시하기 전에 설명을 한 참가자들은 범죄자에 대해 상대적으로 더 결백을 주장하려는 입장을 취했다. 그들은 더 많은 동정심을 보여주었고, 범죄자의 사회 경제적 지위가 더 많은 영향력을 미친다고 여겼으며, 나아가 시나리오를 읽자마자 이런 평가를 한 참여자보다 그 범죄자를 더 좋은 사람으로 평가했다. 또한 그들은 더 적은 처벌을 권유했으며 이 범죄자가 사회에 대한 위협이 덜한 것으로 보았다.[19]

같은 저자들은 피실험자들이 화난 표정을 흉내 내 보라는 요구를 받는 것과 같은 실험방식 때문에 화가 나게 되었을 때, 그리고 그 후 결국 어떤 사람에게 해악을 끼치는 결과가 된 시나리오에 노출되었을 때, 그들은 시나리오 속의 행위자들에 대한 부정적인 결과들을 더 비난하며, 그러한 행위자들에 대한 징벌적 태도를 더 채택하는 것 같다는 것을 암시하는 그 외의 최근 실험들을 인용하고 있다.[20] 심리학적 증거는 이해하는 것이 곧 용서하는 것이라는 불교전통의 관점과 가혹한 처벌을 부과하려는 욕망은 종종 합리적 검토를 견딜 수 없는 성냄의 한 형태로부터 나온다는 점을 지지하는 것처럼 보이기 시작한 것 같다.

미국의 정치에서, 종교적 목소리는 종종 사형제와 감옥 개혁에 관한 논쟁의 양쪽 입장 모두에서 들린다. 불교전통은 처벌에 있어서 관

---

19 Miller et al.(1999), p.260.
20 Miller et al.(1999), p.259.

대함과 온건함의 측면에 가중치를 두고 있다는 사실이 분명하며, 따라서 이에 놀라지 않아야 할 것이다. 하지만 일부의 불교학자들은 나가르주나가 왕에게 어떤 상황 아래에서는, 어쨌든 처벌을 사용하라고 말하고 있다는 사실에 놀랄 수도 있을 것이다. 비폭력의 개념에 대한 매우 엄격하고, 절대적인 해석은 결국 범죄자들의 처벌을 허용하지 않을 것이다. 실제로 남아시아 불교 경전들의 일부는 이러한 종류의 극단적인 태도를 채택한다. 테라바다 불교 경전 속에 표현된 처벌과 비폭력에 관한 서로 다른 견해들은 스티븐 콜린스Steven Collins에 의해 능숙하게 논의된 바 있다.[21] 예컨대, 그는 시리 상가 보디Siri Sangha Bodhi의 이야기를 인용하고 있는데, 처벌하는 것을 완전히 멈춘 이 스리랑카 국왕은

> 비밀스럽게 죄수들에게 돈을 쥐어준 후 석방했으며, 사람을 시켜 그들이 있던 장소에서 공개적으로 시신을 태웠다. 그러나 재상 고타바야Gothābhaya는 석방된 죄수들을 모아 군대를 만들고 시리 상가 보디를 위협했는데, 그는 전쟁을 피하기 위해 자신의 왕위를 포기했을 뿐만 아니라 훗날 고타바야가 그의 머리에 현상금을 걸었을 때, 가난한 사람 앞에서 스스로 자기 목을 베어서 그 가난한 사람이 자신의 머리를 가져가 보상을 받을 수 있도록 했다. … 이 경전은 그가 "일체지Omniscience(즉 불성)를 얻기 위한 목적에서" 특별히 이렇게 하도록 만든다.[22]

---

21 Collins(1998), pp.451-59.
22 Collins(1998), p.459.

시리 상가 보디는 비폭력과 세속적 관심사로부터의 초연함에 대한 일종의 이상으로 받들어지고 있다. 그러나 이 이야기로부터, 남아시아의 원전들은 처벌의 관행을 폐기하면 사회에 잠재적으로 위험한 결과가 초래된다는 점을 인정하고 있다는 사실이 분명해진다. 스리랑카의 백성들은 범죄자들로 이루어진 군대에 의해 지탱되는 파렴치한 독재자의 지배를 받게 되었다. 일반적으로 만일 국가가 처벌하는 데 실패한다면, 범죄는 사회 질서가 완전히 무너지는 지점까지 증가할 것이다. 이 점을 매우 중요하게 여기는 불교 경전들이 있다. 예를 들어, 우리는 『금광명경』에서 다음과 같은 구절을 읽게 된다.

> 왕이 자기의 영역 안에서 사악한 행동을 눈 감고 사악한 사람들에 대해 적절한 처벌을 하지 않을 때, 사악한 행동을 모른 척하는 것에서 무법 천지가 크게 증가하고, 부도덕한 행동과 싸움들이 그 영역 안에서 무수하게 일어나며… 재산을 축적한 사람은 누구나 여러 가지 사악한 행동을 통해 서로에게서 그 부를 빼앗는다.[23]

이 경전은 분명히 억제의 필요성과 그것의 부재로 인한 재앙적인 결과를 인식하고 있다. 이러한 종류의 혼란이 정점에 이르기도 전에 정부로서 기능하기를 거부한 정권은 이를 대체하려고 하는 다른 정권에 의해 교체되고 말 것이다.

---

23 Emmerick(1970), p.59. 이 경전은 또한 처벌에 실패한 결과로 여러 가지 자연적이며 초자연적인 재앙을 예언한다.

시리 상가 보디의 행동은, 그가 경험한 출리出離 상태에서의 수행은 그가 한 사람의 붓다로서 유정적 존재들에게 가져다줄 수 있는 한량없는 이익을 가능하게 할, 더 광대한 우주적 맥락에서만 의미를 갖는다. 아마도 더 넓은 관점에서 본 이러한 결과들은 무조건적인 비폭력의 파국적인 사회적 효과보다 더 중요한 것일 수 있다. 그러나 대승의 영감을 받은 저자는 만일 한 사람의 보살로서 시리 상가 보디가 실제로 자기 왕국의 사람들에 대한 자비를 느낀다면, 이 자비는 그로 하여금 사람들의 불행이 아니라 복지를 증진시켜주는 선택을 하도록 이끌 것이라는 데 반대할 것 같다. 이런 관점에서 보면, 무조건적인 비폭력은 스펙트럼 위의 한 극단을 대표하는데, 그것의 다른 한쪽 끝에는 복수심에 가득 찬 더욱 가혹한 버전의 응보주의가 놓여 있다. 나가르주나는 여기에서 다른 곳에서와 마찬가지로 이 극단들 사이의 중간길中道을 걷는다.

무조건적인 비폭력을 옹호하는 불교도는 그 경전을 이런 방식으로 읽는 것을 애써 피하려고 할 것이다. 아마도 나가르주나가 처벌을 온건하고 자비롭게 적용하기를 옹호한 것은 능숙한 수단, 즉 방편upāya을 발휘하는 것에 지나지 않는다. 어쩌면 『보행왕정론』은 영적으로 덜 발전한 재가자의 이익을 위한 다르마라는 제한적이고 덜 세련된 해석을 제시하고 있는, 잠정적인 의미neyārtha, 不了義를 가진 경전이다. 이것은 그 전통의 다른 원전들과 대립하는 것처럼 보이는 경전들의 문자 그대로의 의미를 받아들이기를 피하기 위해 불교도들이 사용한 표준적인 해석 전략이다.

그러나 『보행왕정론』을 이처럼 열등한 지위로 격하시키는 것에 대해서는 하나의 큰 빗장이 존재한다. 이 책은 공성의 교의에 대한 광범위한 설명을 담고 있다. 나가르주나와 중관학파의 다른 논사들은 우리가 공성을 듣는 데 영적으로 덜 준비된 사람들에게 그것을 설명해서는 안 된다는 점을 분명히 하고 있다. 따라서 『보행왕정론』을 듣는 왕은 영적으로 매우 높은 수준의 수행자여야만 한다. 그는 왕이 어떻게 행동해야 하는가에 관해 나가르주나가 해줄 수 있는 가능한 최선의 설명보다 못한 어떤 것을 얻고 있는 것 같지는 않다. 물론 이러한 설명은 비구가 어떻게 행동해야 하는가에 대한 기술과는 실질적으로 상당히 다를 수도 있을 것이다.[24] 그럼에도 불구하고 『보행왕정론』은 완전한 비폭력을 무조건적으로 주장하는 것이 남아시아 불교 전통의 동의를 표현하지 않는다는 중요한 증거를 구성하고 있다.[25]

---

24 또한 나가르주나는 다음과 같이 주장한다. "세상이 옳은 것이 아니기 때문에 / 종교적으로 통치하는 것이 어렵다면 / 당신은 출가자가 되는 것이 옳다." Hopkins(1998), p.148. 그러나 나가르주나는 분명한 어조로 진정으로 종교적인 통치가 불가능하다는 주장을 표명하고 있는 것은 아니다.

25 어떤 형태의 처벌을 정당화하는 것을 받아들이는 또 다른 경전은 『우바새계경』이다. 여기에서 우리는 만일 보살이 한 나라의 왕이 된다면, "다른 사람들이 잘못하는 것을 볼 때, 그는 그들을 매질하거나 비난할 수 있지만, 결코 그들을 죽이지는 않을 것이다."라는 구절을 읽게 된다. Shih(1994), p.68. 티베트 전통은 확실히 붓다의 가르침이 무조건적인 비폭력을 요구하는 것으로 해석하지 않았다는 점을 주목해보자. 『구리 사원의 삶 이야기』에서 관리들에게 조언을 하는 가운데, 파드마삼바바는 그들에게 "나라를 평화롭게 유지하면서도 법을 엄정하게 집행하고… 군대는 외부의 적에 대해 경계를 하게 하며, 왕궁과 나라 및 정부를 보호하라."라고 가르친다. Kunsang(1993), p.158. 이와 동일한 요점에 대한 훨씬 더 극적인 확신에 대해서는 내가 5장에서 인용한 같은 저서의 구절들을 참조할 것.

372

좀 더 이론적인 입장에서 보면, 첫 번째 계율에서 구체화되어 있는 폭력에 대한 금지를 전제해볼 때, 우리는 여전히 합법적으로 불교적이었던 어떤 견해가 어떻게 처벌의 실행을 확립하고 유지하는 데 필요한 종류의 폭력을 일찍이 승인할 수 있었을까라고 물을 수 있다. 그러나 그 대답은, 만일 우리가 다시 계율을 어기는 것이 언제 정당화될 수 있는가에 대한 아상가의 설명을 참고한다면, 그렇게 찾기 어려운 것은 아니다. 4장에서 나는 아상가에게 있어서 계율은 그렇게 하는 것이, 얼핏 계율 파기의 희생자라고 여겨질 수도 있는 어떤 사람을 포함한, 모든 사람에게 이익이 될 때마다 파기될 수 있다는 점을 보여주었다. 그러나 불교적 관점에서 보면, 구체적인 억제와 격리는 범죄자에게 이익이다. 만일 우리가 강제로 어떤 사람이 업을 가져올 수 있는 파괴적 행위를 저지르는 것을 막는다면, 우리는 그 사람을 미래의 삶에서 그와 같은 행위의 결과로 괴로움을 겪어야 하는 것으로부터 보호하게 된다. 만일 우리가 그것을 달성할 수 있다면, 사회 복귀는 범죄자에게 한층 더 큰 이익이다. 왜냐하면 그것은 그 사람을 악의 상태로부터 덕이 더 많은 상태로 데려다주는 것이기 때문에, 따라서 (내가 불교전통에 부여했던 복지 이론에 의하면) 그를 상당히 더 좋은 사람으로 만들게 된다. 아상가의 견해에 따르면, 우리는 그에게 이런 방식으로 이익을 가져다주기 위해 어떤 사람에 대해 폭력을 사용하는 것을 허용할 수 있을 것처럼 보인다.

이러한 처벌의 관점은 흥미롭게도 『고르기아스』에서 플라톤이 제안한 것과 비슷하다.[26] 두 관점 모두에서 처벌은 범죄자가 그것으로 인해 아무리 많은 해악을 당하는 것처럼 보이더라도 그에게 이익이 된다. 만일 내가 앞장들에서 논의한 바 있듯이, 플라톤과 불교전통이 덕은 본질적으로 선이며 인간 복지의 중요한 요소라는 사실에 동의한다면, 이러한 유사성이 왜 존재하는가를 이해하는 것은 어렵지 않다. 또한 플라톤과 불교도들은 모두 우리의 운명이 현재의 삶 속에서 우리가 한 행위의 도덕적 질에 의해 결정될 미래의 삶이 존재할 것이라고 주장하는 것은 서로 관련 있는 것일지도 모른다.

처벌에 대한 이러한 설명은 훗날 인도 불교전통이 붓다 자신의 것으로 귀속시키는 행동 속에서 인상적인 사례를 발견한다. 나는 (수많은 다른 불교 서사들과 함께) 인도의 마하라슈트라Maharashtra주에 있는 엘로라Ellora와 아잔타Ajaṇṭā의 마애사원들에서 극적으로 묘사된 하리티Hariti의 이야기를 소개한다. 수백 명의 자식을 가진 귀자모신鬼子母神인 하리티는 인간의 자식들을 빼앗아 와 죽이는 것을 스스로 즐겼다. 붓다는 이런 행동을 고쳐주려고, 하리티의 자식 중 한 명을 납치했다. 격분한 그 귀자모신은 붓다를 찾아가 그를 죽이려고 시도했지만, 붓다의 초자연적인 힘을 이길 수 없었다. 그러자 붓다는 그녀의 격분과 비통의 감정은 그녀가 죽였던 인간 아이들의 어머니들이 경험했던 것과 똑같은 것이었다는 사실을 지적했다. 크게 뉘우치게 된 하리티는 사악한 행위를 중단하고, 대신 아이들의 수호여신이 되라는 붓다의 요청을 받아들였다.

---

26 『Gorgias』 476a-479c. Plato(1997), pp.822-24 참조.

종교 역사의 시각에서 보면, 이 이야기는 영아 사망률과 관련 있는 인도의 민속신앙이 불교 경전으로 편입된 과정을 반영하고 있다. 하지만 만일 우리가 이 이야기를 윤리적 이론의 관점에서 본다면, 그것은 좀 더 표준적인 (그리고 주술과 무관한) 처벌의 사례와 매우 유사한 것처럼 보인다. 붓다는 강력한 힘을 사용해 잘못을 저지른 그녀에게 왜 자신의 행동이 도덕적으로 비난받아야 하는 것인지를 보여준 다음, 나아가 그녀가 자신의 행동 방식을 바꾸고 교정하도록 유도하고 있다. 범죄자와 그 외의 다른 유정적 존재들 모두에게 이익을 주려는 동기에서 나온 처벌을 시행함에 있어서, 바로 이 전통을 받아들이는 불교도는 그 자신들이 가능한 모든 모델들 가운데 가장 좋은 것을 따르고 있다고 여길 수 있다.

아상가의 견해는 처벌의 정당화를 가능하게 해줄 뿐만 아니라 처벌의 결과주의적 관점에 대한 표준적인 반대, 즉 그것은 무고한 사람의 처벌을 정당화할 수도 있다는 것을 매우 우아하게 다룬다. 무고한 사람들은 결코 교정될 필요가 없다. 그러므로 이 사람들을 처벌하는 것은 그들에게 이익이 될 수 없으며, 다른 사람의 이익을 위해 그들에게 해악을 끼칠 뿐이다. 실제로 자신들이 저지르지 않은 범죄로 처벌받는 것은 당연히 그들이 억울해하고 분개하며 당국을 비난하는 가운데, 전체적으로 덕을 상실하게 될 원인이 될 것이다. 아상가의 규칙 결과주의 버전에서 보면, 이런 종류의 균형 맞추기는 일반적으로 허용되지 않는다. 따라서 우리는 죄지은 자가 처벌받아야 마땅하다는 사실을 수용하지 않은 채 무고한 사람을 처벌할 가능성을 배제할 수 있다. 아상가의 복합적인 규칙 결과주의는 직접적인 서구적 양식의 결과주의나 혹은 간접적인 서구적 양식의 결과주의보다 일관된 처벌의 정당화를 제공하는 데 더 나은 입장에 서게 되는 것처럼 보인다.

초기 불교전통과 산티데바의 체계는 이와 같은 장점을 공유하지 않는다. 도덕적으로 이상적인 사람은 결코 계율을 파기하지 않는다는 것을 함축하고 있는 테라바다의 관점에 따르면, 처벌에 내재되어 있는 폭력은 언제나 우리가 실제로 어떻게 살아야만 하는가와 의문의 여지가 있는 타협을 대표할 것이다. 이러한 사실은 시리 상가 보디의 이야기가 그 전통 안에서 유통되는 것을 설명해줄 수 있을 것이다. 산티데바의 행위 결과주의 양식은 특수한 경우, 무고한 사람의 처벌을 요구할 수도 있다는 문제점을 서구의 유사한 양식들과 공유한다. 산티데바는 아마도 그와 같은 사례들은 매우 드물 것이라는 사실에 의존할 필요가 있을 것이다. 조금 전에 언급했듯이, 사회 복귀는 무고한 사람의 처벌을 정당화해줄 가능성이 거의 없을 것이다. 더욱이 무고한 사람은 격리될 필요가 없다. 그리고 만일 무고한 사람에게 처벌이 가해진다는 사실이 일반적으로 알려지게 되면, 억지력은 심각하게 훼손될 것이다. 만일 사람들이 자신들은 법을 위반하든 그렇지 않든 간에 처벌의 위험에 처해 있다고 믿는다면 억지력은 작동될 수 없다. 광범위하게 퍼진 어떤 사회관습은 결국 전체적으로 알려지게 될 것이다. 따라서 산티데바는 무고한 사람들의 처벌이 어떤 끔찍한 재앙을 방지하기 위해 필수적인 극히 드문 경우에만 그렇게 하는 것을 승인해야 할 것이다. 어떤 사람들은 여전히 이 점을 하나의 심각한 반대로 간주할 수도 있지만, 또 다른 사람들은 여기에서 수용 가능한 산티데바의 견해의 결과를 발견할 수도 있을 것이다.

실천적 함의들

내가 논의해왔던 증거는 우리가 어떻게 서로 관계를 맺어야 할 것인가에 대한 불교의 일반적 관점을 해석하는 것과 매우 밀접한 관계가 있다. 그러나 그것의 관련성은 이와 같은 역사적 맥락을 초월한다. 『보행왕정론』의 도덕적 관점은 곧바로 미국의 형법 제도에 대한 구체적인 비판을 발생시킨다.

　　이러한 비판들은 독특하게도 불교의 규범적이고 기술적인 전제들 위에 바탕을 두고 있다. 어떤 것들은 비불교도들에게 거의 혹은 전혀 영향을 끼치지 못할 것이다. 그러므로 불교도들이 소수인 국가에서 이런 비판들을 법률 제도를 둘러싼 공개적인 논쟁에 대한 기고문으로 제출하는 것은 쓸모가 없을 것이다. 불교도가 다수인 곳에서도 다른 신념을 가진 동료 시민들에 대한 존중은 그들로 하여금 공적 영역 안에서 전적으로 세속적인 토대 위에서만 옹호될 수 있는 논증들을 제기하도록 강요할 것이다. 따라서 내가 제기할 비판들은 불교의 광범위한 교학의 맥락 안에서 롤즈의 의미로 고찰되어야 할 것이다.[27]

27　나는 Rawls(1993)의 용어를 사용하고 있다. 나는 이 주제를 결론에서 더 자세

한 가지 명백한 점은 나가르주나의 지지자라면 미국이 사형 제도를 폐기하는 데 대부분의 다른 선진국들에 합류하라고 권유하고 싶어 할 것이라는 사실이다. 아상가의 체계가 처벌을 정당화할 수 있다고 한 방금 살펴본 논증은 명백하게 사형으로까지 확대되지는 않는다. 우리가 어떤 범죄자를 처형함으로써 그를 교정시킬 수 있을 것처럼 보이지는 않는다. 더욱이 독방에 종신 감금하는 것은 매우 효과적인 격리의 한 형태로 이용가능하기 때문에, 만일 어떤 죄수가 경찰서에 감금된다면, 우리는 그가 더 많은 범죄를 저지름으로써 더 많은 악업을 초래하는 것을 막을 필요성에 호소하는 것으로 그를 죽이는 것을 정당화할 수 없다. 미국에서 사형 제도에 대한 대중의 지지는 주로 불교 사상가들이 거부하는 응보주의적 태도 위에 바탕을 두고 있는 것처럼 보인다.[28]

아상가와 달리 행위 결과주의자들인 불교도는, 사형 제도가 실제로 어떤 대안적인 처벌보다 더 효과적인 억제책일 수 있다는 것을 주장하고 있는 최근의 경험적 연구를 고려할 필요가 있다.[29] 행위 결과주의자인 불교도에게, 억제를 통해서 많은 잠재적인 희생자들의 생

하게 다루었다.

28 1970년대 및 1980년대의 조사연구에 바탕을 두고, 로버트 봄(Robert Bohm)은 "보복이 사형 제도를 지지하는 일차적인 근거라는 증거가 있다."라고 주장한다. Bohm(1987), p.387. 사형 제도를 지지하는 많은 사람은 사형 제도의 억제적 효과가 자신들의 의견에 대한 주요한 이유라고 말하고 있지만, "더 이상의 질문을 받으면, 그들은 전혀 억지력이 없다는 증거가 자신들의 입장에 큰 영향력을 미치지 못할 것이라는 사실을 보여주고 있다." Berns(2008)도 참고하라.

29 그 증거는 Sunstein and Vermeule(2005)에 요약되어 있다.

명을 구하는 것은 그 범죄자에게 해악을 가하는 것을 정당화하기에 충분한 가치가 있는 목적일 것이다. 이에 대해 불교도들은 "생명 문화"를 창출하는 것의 가치를 지적하는 가톨릭 사형제 폐지론자들의 주장을 지지하고 싶어 할지도 모르는데, 이 생명 문화 안에서 정부는 가능하다면 항상 죽이는 것을 삼감으로써 생명의 존중을 권장한다. 또한 불교도들은 처형되는 대신 평생 동안 감금되어 있는 죄수는 자신의 죄를 참회할 기회를 가질 수 있다는 가능성에 커다란 중요성을 부여하려고 할 것이다. 역설적이게도, 전통적인 불교 세계관을 받아들이고 있는 어떤 사람에게 살인자의 생명을 구해주는 것은 억제를 통해 희생자의 생명을 구해주는 것보다 심지어 더 중요할 수도 있을 것이다. 그가 해칠 가능성이 있는 희생자들은 만일 살해된다면, 인간으로 다시 태어날 합리적인 기회를 가질 수 있을 것이다. 반면에 살인자는 만일 그가 참회하지 않는다면, 극도로 오랜 (유한하기는 하지만) 시간을 끔찍하고, 지옥과 같은 고통의 영역에서 보내야 할 것이 거의 확실하다. 그 살인자에게 이와 같은 운명을 피할 어떤 실제적인 기회를 제공하는 처벌은 따라서 도덕적으로 매우 중요하다.

나가르주나의 견해와 현대 사회의 관련성은 사형 제도를 훨씬 뛰어넘는다. 미국의 형사사법제도를 심사숙고하고 있는 불교 사상가는 아마도 2002년, 미국의 주 및 연방 교도소가 55세 혹은 그 이상 나이의 수감자 54,400명을 수용하고 있다는 사실에 놀랄 것이다.[30] 대

---

30 Harrison and Karberg(2003), p.11.

다수의 범죄들은 젊은 사람들에 의해 저질러진다. 이와 같은 수감자들의 대부분은 아마도 그들의 이전 범죄가 아무리 끔찍했다고 하더라도, 사회에 대한 심각한 위험을 대변하지는 않는다. "허약한 죄수들을 석방하라."라는 나가르주나의 명령은 이러한 나이 많은 수감자들의 대부분에게 분명히 적용될 것이다.

그들은 어쩌면 사면 행정조치에 의해 석방될 수도 있을 것이다. 그와 같은 사면을 실시하는 것은 현대의 여론 분위기에서 정치적으로 어려운 일일 것이다. 사회적 행동에 참여한 불교도들은 그와 같은 분위기를 바꿀 과제를 떠맡을 수도 있을 것이다. 그러나 더 좋은 해결책은 확실히 현재의 상황에 책임이 있는 가혹한 법을 바꾸는 것이 될 것이다. 나가르주나가 "다른 사람들이 결코 석방되어서는 안 된다고 / 생각하지 말라."라고 말할 때, 우리는 그가 가석방의 가능성이 없는 종신형의 선고를 부과하는 데 반대할 것이라고 추론할 수 있다. 예컨대, 사회에 너무 위험해서 사실상 평생 동안 감옥에 갇혀 있어야 하는 범죄자들과 소시오패스적인 대량 학살자들도 일부 있을 수 있다. 가석방 심의위원회는 특별한 경우 그와 같은 결정을 내릴 수 있다. 그러나 『보행왕정론』의 가치에 영감을 받은 형법 제도는 사전에 죄수가 결코 석방될 수 없다고 결정함으로써 사회 복귀의 가능성을 배제하려고 하지 않을 것이다.

이러한 고려는 많은 주의 "삼진 아웃"법 — 이는 중범죄를 세 번 저지른 사람은 가석방 없이 평생 동안 감옥에 갇혀 있어야 한다고 규정하고 있다 — 을 윤리적으로 받아들일 수 없다는 것을 함축할 것이다. 캘리포니아의 법은 특히 잘못된 것인데, 왜냐하면 그것은 세 번째 "스트라이크"가 폭력적이지 않은 범죄도 허용하기 때문이다. 곰곰이 생각해보면, 대부분의 사람들은, 예컨대 수표를 위조했다는 이유로 유죄 판결을 세 번 받고 나서 평생 동안 감옥에 갇힐 수 있다는 것을 적절하다고 간주하지 않는다. 그러나 실제로, "삼진 아웃"법은 큰 대중적 지지를 받고 있다. 하나의 그럴듯한 설명은 이 법을 지지하는 사람들은 범죄자들의 복지에 대해서는 거의 관심이 없으며, 또한 일차적으로 그들에 대한 증오와 두려움으로 인해 촉발된다는 것이다. 물론 이러한 문제들은 미국 사회의 해묵은 문제를 드러내는 인종차별주의적 형태의 범죄 행위와 감금에 의해 악화되고 있다.

불교도들이 비폭력적인 범죄보다 폭력적인 범죄에 대한 더 가혹한 처벌을 옹호해야 하는 이유를 성찰해보는 것은 유익한 일이다. 한 가지 명백한 이유는 통상 폭력적인 범죄가 더 많은 해악을 야기하며, 따라서 잠재적 희생자의 관점에서 보면 그것을 저지를 가능성이 큰 사람들을 억제하거나 격리하는 것은 더 중요하다는 것이다. 그러나 불교도들은 일반적으로 폭력적인 범죄가 그것이 동일한 해악을 야기할 때조차도, 비폭력적인 범죄보다 더 크게 처벌받아야 한다고 주장할 이유를 가지고 있다. 불교도들에게 억제는 또한 잠재적 범죄자들에게 이익이라는 사실을 상기해보자. 만일 그가 범죄를 저지르는 것을 멈춘다면, 그는 그렇게 하는 것의 업의 결과로부터 고통받지 않을 것이다. 현재 불교도들은 증오로부터 발생한 행위가 탐욕으로부터 발생한 행위보다 까르마적으로 훨씬 더 큰 손해를 끼치고 있다고 믿는다. 폭력적인 범죄는 증오에서 일어날 가능성이 더 크기 때문에 그것은 더욱 엄격하게 처벌되어야 한다.

　나는 나가르주나가 여기에서 재판관으로 활약하는, 왕의 입장에서 그 왕이 일부 범죄자들에게 연민을 보여주도록 허용하는 실질적인 양의 재량권을 옹호하고 있는 것처럼 여겨진다는 사실을 보여주었다. 나는 불교도들이 가혹한 강제적 최소(형량) 선고에 반대해야만 한다고 추론하는 것이 타당할 것이라고 생각하는데, 이는 자비로운 재판관들이 사면권을 행사하는 것을 의도적으로 막기 위해 고안된 것이다. 강제적인 최소(형량) 선고의 일부 옹호자들은 그것을 판결하는 데 있어서 일관성을 산출하기 위해 필수적인 것이라고 주장했다. 이러한 추론은 하나의 법률적 논증으로서는 힘을 가질 수 있을지 모르지만, 이것이 불교윤리학의 맥락에서 제공된다면 강력한 것으로 여겨지지는 않을 것이다. 불교 경전들은 도덕적 판단에서 공정성에 어떤 본질적 중요성을 부여하는 것으로는 보이지 않는다. 동일한 범죄를 저지른 사람들의 일부는 걸맞은 처벌을 받고 그 외의 다른 사람들은 과도하게 처벌받는 상황이 불교적 관점에서 보면, 모든 사람들이 똑같이 지나칠 정도로 처벌받는 상황보다 더 좋은 일일 것이다.

　응보주의적 처벌 개념을 가지고 있는 사람들은 당연히 어떤 범죄를 저지른 모든 사람들은 최소한의 확실한 처벌을 받아야만 한다고 믿을 것이다. 왜냐하면 그 범죄자들은 자신들의 잘못된 행위에 따르는 처벌을 받는 것이 마땅할 것이기 때문이다. 그러나 사회 복귀와 억제 및 격리를 통해 처벌을 정당화하기를 원하는 사람들은 그 대신 환경은 사례를 바꾸며, 또한 이러한 목적들은 모든 범죄자들이 똑같이 가혹하게 처벌되기를 요구하지 않는다고 말하려고 할 것이다. 그러나 이와 같은 결과주의적 목적들은 처벌을 적용하는 데 전혀 아무런 규칙성이 없는, 전적으로 예측불가능한 체계를 배제하려고 한다. 만일 죄수들이 할당된 형기에 결코 근거가 없다는 것을 안다면, 그들은 처벌이 단지 그렇게 할 힘을 가진 사람들이 자신들에게 가한 정당화되지 않은 괴로움에 불과하다고 믿게 될 것이다.[31] 이러한 신념은 처벌이 어떤 사회 복귀적 효과를 갖지 못하도록 할 것이다. 더욱이 범죄에 대한 처벌의 정도가 매우 예측불가능하다면, 사람들은 만일 잡히더라도 약한 처벌을 받는 데 그칠 수 있을 것이라고 생각함으로써 억제가 덜 될 수도 있을 것이다. 이러한 고려들은 일정한 정도의 일관성이 반드시 필요하다는 것을 보여주지만, 그것들은 나에게 법률적이고 강제적인 최소(형량) 선고로 구체화된 높은 정도의 엄격성을 요구하는 것으로 보이지는 않는다.

불교도들에게 재판관이 된다는 것은 도덕적으로 위험한 자리이다. 자신들이 처벌하는 사람들에 대한 증오에서 판결을 내리는 사람들은 그렇게 판결하는 데서 나오는 나쁜 업을 받게 될 것이다. 재판관 자신들은 만일 그들이 그들 자신의 심리적이고 도덕적인 복지를 보존하려고 한다면 연민과 자비를 보여줄 어느 정도의 법률적 공간을 필요로 한다. 그리고 불교도들과 서구의 공리주의자들은 범죄자

---

31 나는 이 중요한 점에 대해 익명의 논평자에게 빚을 지고 있다.

들을 필요 이상으로 가혹하게 처벌하는 것은 불필요한 괴로움을 야기하는 데 지나지 않는다고 주장할 것이다.

강제적인 최소(형량) 선고의 대중적 지지를 강화하는 것에 이어 많은 미국인들의 응보주의적 신념도 교도소 교육 프로그램의 가치에 대한 신뢰성을 훼손하고 있는 것처럼 보인다. 응보주의자들은 죄수들에게 교육의 기회를 제공할 아무런 시급한 필요성이 존재하지 않는다고 주장하는 것이 당연할 것이다. 실제로 만일 그러한 기회가 특히 수감되지 않은 모든 사람들에게 가치 있는 것이지만 이용할 수 없다면, 그 죄수들은 그와 같은 기회를 가질 자격이 없어야 할 것이다. 이와 같은 정서의 만연은 이러한 프로그램들이 존재하는 곳에서 종종 심각한 자금난을 겪는다는 것을 의미했다. 다른 한편, 처벌 기능의 불교적 개념에 따르면, GED(미국) 대학 입학 자격 검정시험 코스와 교도소 도서관 같은 프로그램들은 매우 바람직한 자원의 사용이다. 한편, 경험적 증거는 교도소 교육 프로그램이 상습 범행을 감소시키며, 따라서 범죄를 줄이는 중요한 목적에 매우 실질적으로 기여하게 된다는 것을 보여준다.[32] 더욱이 이러한 프로그램들은 사회가 사회 복귀라는 달성하기 쉽지 않은 목적을 성취하기 위해 갖는 최고의 희망이다. 현행 체계는 죄수들을 사회 복귀시키는 데 절망적일 정도로 실패하고 있을 뿐만 아니라 아쉽게도 많은 경우에 죄수들을 더 나쁘게 만들고 있는 것처럼 보인다. 장기간 상습범들과의 교제로 인한 불가피

---

32   Harer(1994), pp.23-25.

한 결과와 감옥 안의 일반적인 폭력 및 공포 분위기 그리고 출소 이후 더 나은 삶에 대한 현실적 희망의 부재는 모두 사회 복귀를 거의 불가능한 것으로 만드는 데 기여한다. 설사 광범위한 교육 기회가 죄수들에게 제공된다고 하더라도, 어쩌면 단지 소수의 사람들만 그것을 충분히 이용하게 될 것이다. 냉엄한 현실은 마음 속으로부터의 변화가 없다면 실제로 어떤 사람도 우리의 교도소가 여전히 죄수들을 더 좋은 사람들로 만들기보다 더 나쁜 사람들로 만들 가능성이 더욱 크다는 것을 어떻게 해결해야 할지 모르고 있는 것처럼 보인다. 그러나 교도소 교육 프로그램이 부분적으로나마 그러한 일반적 추세를 막을 수 있는 한 불교도들은 이를 지지하고 또한 그들이 거기에 기여하기 위해 할 수 있는 모든 것을 해야만 한다.

이러한 미국 교도소의 끔찍한 상황은 교도소를 마약 정책의 수단으로 사용하는 것에 반대하는 강력한 논증을 제공한다. 불교적 토대에서 보면 현재 불법 약물, 특히 마리화나와 특정한 환각제들은 결코 불법적인 것이어서는 안 된다는 어떤 사례가 있을 수 있다. 그러나 만일 이러한 약물들의 소지가 처벌받아야 한다면 — 약물을 시험 삼아 시도해본 더할 나위 없이 평범한 젊은 사람들은 일단 징역형에 처해지면, 상습적인 장기수로 바뀔 수 있다는 점을 고려할 때 — 치료가 교도소보다 훨씬 더 적절한 형태의 판결인 것처럼 여겨질 것이다. 약물을 판매하려는 동기는 증오가 아니라 탐욕에서 비롯된다. 따라서 위에서 살펴본 추론은 불교적 관점에서 보면, 약물의 판매에 대한 현재의 종종 극단적으로 가혹한 처벌은 감소되어야 하며, 나아가 약물의 판매는 최소한 폭력 범죄보다는 덜 가혹한 처벌을 받아야 할 것이라는 점을 시사하고 있다.

나는 특히 『보행왕정론』에서 발견된 것과 같은, 불교적 가치와 신념을 현재의 미국 형사사법체계로 적용하는 것에서 나오는 몇 가지 결과들을 설명했다. 이러한 가치와 신념을 공유하지 않는 사람들은 그것의 세부적인 결과들을 승인할 이유를 거의 갖지 못할 것이다. 그러나 응보주의에 대한 불교도들의 거부, 즉 이 분야에서 그들의 핵심적인 입장은 자신들의 설득력이 떨어지는 전통적 신념들과는 별개로 정당화될 수 있다. 응보주의는 강력한 자유의지의 관념이 없다면 지속가능하지 않은데, 그와 같은 자유의지의 개념을 옹호하는 것은 지극히 어려운 일이다. 어떤 사람들은 응분의 대가와 도덕적 책임의 개념이 없다면 처벌의 관행은 붕괴되고, 재앙과 사회적 혼돈으로 이어질 것이라고 주장할 수 있을 것이다. 처벌을 완전히 거부하는 것처럼 보이는 불교 경전들은 이러한 인상을 강화시켜줄 수 있을 뿐이다. 그러나 나가르주나와 같은, 일부 불교도들이 자유의지와 응분의 대가 및 응보의 개념이 없는 사회에서 처벌의 역할에 대한 일관된 견해를 전개할 수 있는 한, 그들은 우리에게 강력한 이론적 논증으로 옹호될 수 있는 자비로운 세계관의 실천적 타당성을 알게 하는 것을 도와줄 수 있을 것이다.

10

반대와
답변

10

반대와
답변

해석상의 반대

이 장에서 나는 내가 지금까지 주장해온 점들에 대해 제기될 수 있는 몇 가지 다른 반대들을 고려하고 있다. 우선 나는 그 목적이 불교의 전통을 결과주의적으로 해석할 가능성에 대해 의문을 던지려고 하는 몇몇 해석상의 반대들을 고려한다. 다음으로, 나는 고전 공리주의에 대해 제기되어 왔던 하나의 실질적인 반대를 언급한다. 내가 그렇게 해석하고 있듯이, 불교의 윤리적 관점은 이 반대에서 벗어나 있다는 것을 보여줌으로써, 나는 이러한 견해가 어떤 점에서는 적어도 일부 서구적 버전의 결과주의보다 선호될 수 있다는 것을 보여주기를 희망한다. 마지막으로, 나는 특히 성품 결과주의에 대해 제기될 수 있는 실질적 반대들을 논의한다. 이러한 반대들에 대답하려고 노력하는 가운데, 우리는 그 이론의 본질을 해명하고 그것의 설득력을 평가할 수 있을 것이다.

『불교 윤리학의 본질』의 7장에서, 키온은 불교윤리가 결과주의로 가장 잘 이해된다는 해석상의 주장에 대한 일련의 반대들을 제공한다. 이러한 반대들의 대부분은 거의 영향력을 갖지 못한다. 만일 우리가 결과주의에 대한 충분히 일반적이고 호의적인 이해를 받아들인다면, 적절한 사실적 전제들을 수용한 결과주의자는 키온이 일치하지 않는 것으로 본 각각의 사례에서 불교도들과 의견이 같을 수 있다는 사실을 알게 된다. 키온이 가져온 증거와 내가 결과주의적 해석을 지지하는 것으로 제시했던 경전들 사이에는 어떠한 갈등도 존재하지 않는다.

키온의 반대들에 대답하는 데 있어서, 나는 객관적인 것과 주관적인 것 두 가지 종류의 행위 결과주의 사이의 구분을 사용할 필요가 있을 것이다. 객관적인 행위 결과주의자들은 행위자가 어떤 상황에서 하는 옳은 일은, 실제로, 행위가 무엇이든 그 상황에서 최선의 결과를 산출하는 것이라고 말한다. 그러나 많은 저자들은 그 이론의 이러한 버전은 대안보다 설득력이 떨어진다고 믿는다. 이는 그것에 따르면 어떤 상황에서 하는 옳은 일이란 무엇이든, 그 행위자의 신념을 전제해볼 때, 그가 최선의 결과를 가져올 것을 기대하는 행위라는 주관적 행위 결과주의이다. 주관적 버전의 행위 결과주의는 더욱 강력한데, 왜냐하면 객관적 버전의 도덕성은 종종 사람들에게 그들이 갖고 있지 않은 정보에 따라 행위하라고 말한다는 것을 함축하고 있는 것처럼 보이기 때문이다.

공리주의적 이론들 간의 이러한 구분은 우리가 불교윤리에 대한 공리주의적 설명에 반대하는 키온의 "형식적 고려들"을 처리할 수 있게 해준다. 키온은 불교도들에 따르면 "옳지 않은akusala 행위들은 '그 사건 안에서' 그것의 가깝거나 먼 결과들에 의해 옳았다는 것이 밝혀질 수도 없고, 옳은kusala 행위들은 그것의 결과라는 관점에서 옳지 않았다는 것이 밝혀질 수도 없다."[1]는 점을 지적한다. 비록 객관적 공리주의자들은 옳은 것으로 여겨졌던 행위가 어쩌다 나쁜 결과들을 가져오기도 하기 때문에, 나중에 옳지 않은 것으로 밝혀질 수 있다고도 생각하지만, 불교도들과 같은 주관적 공리주의자들은 만일 당신이 기대하기에 전체적으로 최선의 결과를 가져오기 위해 행위한다면, 당신의 행위는 그것의 현실적 결과가 어떻든 간에 도덕적으로 옳다고 주장할 것이다.

키온의 또 다른 "형식적 고려"는 초보적인 오해에 바탕을 두고 있다. 키온에 따르면 "불교는 옳은 것을 좋은 것과 무관하게 정의하지 않는다."[2] — 그러나 옳은 행동을 좋은 것을 최대화할 것으로 기대되는 행동들로 정의하는 공리주의도 옳은 것을 좋은 것과 무관하게 정의하지 않는다. 실제로 옳은 것을 좋은 것의 관점에서 정의하는 이러한 방식은 결과주의에서 특히 두드러진다.

---

1   Keown(1992), p.177.
2   Keown(1992), p.177.

훗날 키온은 천상의 존재가 누리는 최상의 즐거움에 대한 불교의 사실적 전제들을 받아들인 공리주의자라면 "이것은 윤리를 통해 달성가능한 최고의 선이자 그것을 산출하는 행위들은 정의상 옳은 것이라고 판단할 것이다."[3]라고 말한다. 그러나 키온은 빨리 경전에서 붓다가 『리그 베다Rg Veda』로 거슬러 올라가 아수라asuras를 물리침으로써 천상의 즐거움을 얻었던 신들에 관한, 불교와 무관한 이야기를 논의하는 하나의 사례를 제시한다. 붓다는 신들이 이 싸움에서 사용했던 폭력에 찬성하지 않았기 때문에 그는 그들의 행위에 대해 부정적인 평가를 내렸다. 따라서 키온은 "유쾌하거나 유쾌하지 않은 결과들은 불교적 도덕 평가의 밑바탕에 놓여 있지 않다."[4]라고 결론 내린다.

이 사례는 매우 취약하다. 불교도는 신들이 일시적으로 천상을 얻었지만, 아수라에 대한 그들의 폭력이 자신들에게 천상에서 죽고 난 다음 지옥에서의 수많은 삶들을 가져다줄 것이며, 지옥의 고통은 영원하지 않은 천상에서의 행복을 능가하는 것 이상이 될 것이라고 확실히 말할 수 있을 것이다. 더욱이 키온은 신들이 경험한 결과에만 초점을 맞추고 있을 뿐, 전투 동안과 전투 이후에, 아수라들에게 가해진 고통에 대해서는 잊고 있다. 보편적 결과주의자는 신의 행동을 평가할 때 이 고통을 고려할 것이다.

키온은 결과주의자가 깨달은 존재들의 행위를 어떻게 설명할 수 있을 것인가에 대해 우려한다. 그는 다음과 같이 묻는다.

---

3   Keown(1992), p.181.
4   Keown(1992), p.182.

아라한Arahat이 일단 업을 초월하고 나면, 이제 그의 도덕적 행위를 결정하기 위해 무엇이 존재하는가? 만일 도덕적 행위가 더 이상 그에게 결과를 낳지 않는다면, 결과는 옳음의 기준이 될 수 없다. 따라서 그는 왜 계속해서 그가 더 이상 어떠한 이익도 갖지 않는 공리성에 토대를 두고 만들어진 규칙을 따라야만 하는가?[5]

보편적 결과주의의 해석에 지향된 이러한 반대는 놀라울 정도로 단호하다. 아라한의 행위는 더 이상 그에게 어떠한 결과도 가져다주지 않는데, 왜냐하면 그는 자신에게 무슨 일이 일어나든 완전히 행복하고 또 평화롭기 때문이다. 아라한은 그의 반복적인 사무량심(자, 비, 희, 사)의 실천으로 인해 완벽하게 자비로워졌기 때문에, 그는 이와 같은 결과에 관심을 기울일 것이다. 실제로 자기 자신의 욕망은 어떠한 것도 갖지 않는, 그는 자신의 마지막 존재의 나머지 기간 동안 모든 노력을 다해 다르마를 가르치는 것과 다른 존재들의 선을 증진시키는 데 바칠 것이다. 확실히 아라한의 행위에 대한 경전의 기술은 보편적 결과주의자들이 기대하는 바로 그것이다.

그렇다면 『불교 윤리학의 본질』에서 키온이 보여준 불교 사상에 대한 결과주의적 해석을 불신하려는 시도들은 그다지 성공적이지 못하다. 그것의 일부는 주관적인 공리주의와 객관적인 공리주의 사이의 구분을 인식하지 못하는 것에 의존하고 있다. 또 다른 시도들은 불교를 해석하기 위해 설득력 있게 사용될 수 있는 결과주의 이론들

의 보편주의적 본성을 주목하지 않을 것을 요구하고 있는 것처럼 보인다. 보다 최근의 논문인 "까르마, 성품 및 결과주의Karma, Character, and Consequentialism"6에서 키온은 결과주의적 해석에 반대하는 더 많은 논증을 제시하고 있는데, 그 가운데 일부는 내가 옹호하고 있는 것과 완전히 유사한 견해를 지향하고 있었다. 비록 그가 자신의 책에서 발견되는 것과 동일한 오해들의 일부를 반복하고 있지만, 여기에는 고려해볼 필요가 있는 추가적인 요점들이 있다.

키온이 관심을 가지고 공격하는 이론은 아이반호의 논문 "성품 결과주의Character Consequentialism"7에서 나온 관념들을 불교윤리에 적용하는 것이다. 아이반호가 이 논문에서 제안하는 이론은 다소 복잡하며, 3장에서 설명했듯이, 내가 믿기에 불교가 간직하기를 원하는 결과주의의 특정한 특징들을 거부하는 것을 포함하고 있다. 그러나 그것의 핵심에서, 성품 결과주의의 이론은 덕을 갖는 것을 본질적으로 가치 있다는 것 — 다시 말해, 그것을 객관적인 목록의 본질적 선들에 추가하는 것 — 과 그리고 나서 그와 같이 정의된 선들을 극대화하는 것을 포함하고 있다. 키온은 이러한 관점이 잘못 정의된 것이거나 혹은 덕윤리로 환원된다고 생각한다. 그는 다음과 같이 불평하고 있다.

이것은 수단이 (이 경우에는 덕) 추구하는 공리성을 확보하기

---

6   Keown(1996).
7   Ivanhoe(1991).

위한 유일한 방식이기 때문에 그것은 본질적으로 가치 있는 것이라는 주장에 이르게 된다. 그러나 결과주의에서는 어떠한 수단도 본질적인 가치를 가질 수 없다. 렌치wrench는 그 일을 하게 할 유일한 도구일지 모르지만, 그것은 여전히 하나의 도구에 불과하다. 결과주의에서는 산출된 공리성 외에 다른 어떤 것도 본질적인 가치를 갖지 않는다.[8]

여기서 아이반호는 자신의 견해를 표현하는 데 사려 깊지 못했을 수도 있으며, 키온이 결과주의자에게 없어서는 안 될 수단조차도 단지 도구적 가치만 가질 뿐이라고 한 것은 옳았다. 그러나 성품 결과주의의 핵심적인 관념은 우리가 결과 자체를 평가하기 위해 사용하려고 하는 "공리성"이 얼마나 많은 덕이 세상에 있어야 하는가에 대한 고려를 포함한다는 것이다. 그러므로 덕을 선의 객관적 목록 위에 포함시키는 결과주의자에게 이러한 덕들은 단순한 수단이 아니라 목적 그 자체이다. 그러나 우리는 여전히 꽤 많은 양의 내용을 이러한 이론가는 결과주의자이며, 덕윤리주의자가 아니라는 주장에 추가할 수 있는데, 왜냐하면 그의 이론은 내가 2장에서 논의했던 여러 가지 척도에서 볼 때 결과주의적이라는 것이 드러날 수도 있기 때문이다.

자신의 비판에서 키온은 성품 결과주의의 보편적 형식보다는, 이기주의적 형식에 초점을 맞추고 있다. 그는 심지어 자신의 이기주의

---

8   Keown(1992), p.346.

적 해석이 "다른 존재들에 대한 자비와 관심을 끊임없이 강조하는 불교에 대한 엄청난 왜곡"이라는 점을 인정하면서도 그렇게 하고 있다. 그가 이러한 "왜곡"에 초점을 맞추는 이유는 "그것이 몇몇 권위들에 의해 불교적인 입장을 대변하는 것으로 진지한 대접을 받아 왔기"[9] 때문이다. 비록 불교에 대한 어떤 이기주의적 해석이 과녁을 상당히 빗나간 것은 분명하지만, 키온은 내가 위에서 반복적으로 지적한 바 있듯이, 불교가 보편적인 자비를 강조하는 것은 사실상 불교윤리를 결과주의적인 것으로 이해하는 가장 강력한 이유 가운데 하나라는 사실을 깨닫지 못하고 있다.

불교의 결과주의적 해석에 대한 키온의 비판 가운데 상당수는 내가 보여주었던 것처럼, 놀라울 정도로 부적절한 것이다. 그러나 그는 적어도 옳은 방식으로 전개된다면, 실제적인 힘을 갖는 한 가지 반대를 가지고 있는 것처럼 보인다. 키온은 불교에서 어떤 행위의 옳음이나 그름은 현실적인 결과가 아니라 그 행위의 의도에 더 의존하고 있다고 주장한다. 그러므로 예컨대, 붓다에게 음식을 보시해서 그가 설사병에 걸려 죽게 만들었던 찬나는 불교 경전에 따르면, 옳은 행동을 한 것인데, 왜냐하면 그는 그 음식이 오염되었다는 것을 몰랐기 때문이다. 키온에 따르면 공리주의자들은 행위의 동기가 아니라, 그것의 현실적 결과에 대해서만 고려한다.[10] 따라서 불교윤리는 공리주의적일 수 없다.

---

9   Keown(1992), p.344 n.13.
10   Keown(1992), p.178.

키온은 옳지만, 오직 객관적 공리주의에 대해서만 그렇다. 그래서 객관적인 공리주의자는 붓다의 죽음을 가져온 행위에 대해 찬나를 비난할 것이다. 그러나 주관적인 공리주의자는 찬나가 한 행위가 옳았다고 칭찬할 수 있을 것이다. 왜냐하면 그는 자신의 행위가 붓다의 생명을 지탱시키고 자기 자신에게도 공덕을 쌓는 좋은 결과를 가져올 것이라고 생각했기 때문이다. 키온의 요점은, 진술되고 있는 것처럼, 불교도들이 오직 객관적인 버전의 공리주의만 거부할 것이라는 사실을 보여준다. 그러나 이들은 보다 더 설득력이 있는 주관적인 버전을 수용할 수도 있을 것이다.

그러나 불교윤리에서 의도의 역할은 찬나와 유사한 사례를 훨씬 뛰어넘어서도 작동하고 있는데, 따라서 그것은 이 역할이 의도가 모든 진정한 결과주의적인 이론에서 기능할 수 있는 것은 아닌 것처럼 보일 수도 있을 것이다. 그러므로 예컨대, 아상가의 『계품』은 우리가 행위를 할 때 가질 수 있는 다양한 동기들이 어떻게 그 행위의 도덕적 지위에 영향을 미칠 수 있는가를 반복해서 다루고 있다. 아상가에 따르면, 어떤 주어진 행위를 악의에서 행하는 것은 "오염된 잘못defiled fault"으로 간주될 수 있는 반면에, 똑같은 행위를 게으름에서 행하는 것은 "오염되지 않은 잘못undefiled fault"일 것이다.[11] 다른 한편, 결과주의 이론에서 행위의 도덕적 무게는 그 행위를 하는 동기가 아니라, 오직 그 행위의 결과 ― 실제적인 것이든 혹은 기대되는 것이든 ―

---

11 예를 들어, Tatz(1986), p.80을 보라. 그러나 이러한 구절들은 그 책 전체에 걸쳐 나타난다.

에만 달려 있을 수 있다. 그렇다면 나는 아상가가 어떤 종류의 결과 주의자라는 것을 어떻게 주장할 수 있는가?

우리는 이 반대에 대해 행위자의 결과주의적 평가는 행위의 결과주의적 평가와는 다를 수 있다는 사실을 주목함으로써 답변하기 시작할 수 있다.[12] 어떤 행위를 악의에서 행하는 것은 어떤 인격의 성품에 들어 있는 심각한 결함을 드러낼 수 있다. 아마도 아상가가 "잘못 āpatti"이란 용어로 언급하고 있는 것은 바로 이러한 결점들인 것 같다. 다른 한편, 그 행동을 게으름에서 행하는 것은 여전히 바람직하지 않은 성품적인 특성을 표현하는 것일 수 있지만, 그것은 그만큼 손해의 원인이 될 것 같은 특징은 거의 아니다. 결과주의자들이 이러한 점들에 주목하거나 논의하지 못하도록 하는 것은 아무것도 없다.

내가 불교도들에게 부여했던 특정한 복지 이론을 전제한다면, 행위 이면의 동기를 논의할 때, 그들은 그것이 당신의 정신에 관해 무엇을 드러내고 있는가 만큼이나 특정한 동기에서 행위하는 것이 당신의 정신에 무슨 일을 하는가에 관심을 가질 수 있을 것이다. 불교도들은 오랫동안의 습관적 행위가 좋거나 나쁜 당신의 성품을 형성할 수 있다는 아리스토텔레스의 입장에 동의할 것이다.[13] 내가 주장해왔듯이, 불교도들은 성품적인 특성을 본질상 도덕적으로 중요한 것으로 고려하기 때문에, 그들은 성품에 미친 영향을 우리들의 많은 행위의 보

---

12 나는 관습적인 진리의 수준에서 말하고 있기 때문에, 당분간 무아론을 무시 하려고 한다.

13 예를 들어, 『Dhammapada』 121-22 참조할 것. Kaviratna(1980), p.51.

다 중요한 결과 속에 들어 있는 것으로 간주하려고 할 것이다. 서로 다른 동기에서 행해진 유사한 행위들이 성격에 다른 영향을 미치는 한, 그것들은 다른 결과를 갖는다.

그리고 이와 관련하여 업의 법칙에 대해 잊어버리지 말자. 붓다가 업을 의도와 동일시했던 것은 유명하다. 만일 동기와 의도가 우리가 행위로부터 받게 되는 어떤 종류의 업을 통제한다면, 그리고 업이 미래의 행복과 괴로움의 강력한 원천이라면, 분명히 불교도들은 그것에 관심을 가져야만 할 것이다. 그러나 도덕적 평가에서 업의 역할은 불교윤리를 비결과주의적인 것으로 만들지 않는다. 오히려 나의 해석에 따르면, 업의 결과는 행위를 평가하는 데 있어서 고려될 필요가 있는 결과들 속에 들어 있다.

이러한 고려들은 나의 불교윤리 해석에 대한 또 다른 가능한 반대들에 답변하기 위해 사용될 수 있다. 윤리학의 저자들은 종종 결과주의 이론이 해악을 저지르는 것과 해악이 일어나는 것을 허용하는 것 사이에 아무런 구별도 하고 있지 않는 것처럼 보인다는 사실에 주목한다. 예를 들면, 그들은 어떤 사람을 죽게 내버려 두는 것을 그를 죽이는 것과 똑같이 심각한 것으로 여기고 있는 것처럼 보인다. 그러나 불교윤리는 죽이는 것과 죽게 내버려 두는 것 사이를 구분하고 있는 것이 분명하다. 그렇다면 불교도들은 어떻게 결과주의자들일 수 있는가?

나의 대답은 행위하는 사람의 전형적인 동기는 허용하는 사람의 그것과는 다르다는 것인데, 따라서 사람들이 해악을 야기할 때, 그렇게 하는 것은 장기간의 복지와 양립하지 않은 상태를 드러내주고 또

조장하는 것이다.[14] 다른 한편, 해악을 허용하는 것은 만일 허용하는 사람이 도덕적인 중요성을 갖는 다른 어떤 것을 행한다면, 좋은 성품과 양립가능한 일이다. 분명한 것은 어떠한 인간 존재도 혼자서는 지구에서 일어나는 모든 해악을 막을 수 없다는 것이다. 결과주의가 요구하는 것은 우리가 모든 곳에서 일어나는 모든 해악을 막아야 한다는 것은 아니다. 결과주의는 심지어 우리가 막을 수 있는 모든 해악을 막아야 한다는 것을 요구하지도 않는다. 왜냐하면 어떤 해악을 막는 것은 다른 더 큰 해악을 막는 것과 양립불가능할 수도 있기 때문이다. 그것이 요구하는 모든 것은 우리가 가능한 한 효과적으로 선을 증진시키는 생활양식을 추구해야만 한다는 것이다.[15]

만일 불교의 기술적 전제들이 참이라면, 많은 사람에게 이러한 생활양식은 현재 집중적인 명상 수행의 하나일 텐데, 이는 훗날 깨달음의 상태에 도달하기 위한 것이다. 그러한 상태에 도달했을 때, 수행자는 그가 지금 할 수 있는 것보다 다른 사람을 돕는 일에 훨씬 더 효과적일 것이다. 이러한 전제들은 거짓일 수도 있다. 그러나 만일 우리가 불교도들이 그것을 믿는다는 것을 고려한다면, 우리는 불교윤리가 사람들에게 해악을 방지하는 일에 매진할 것을 요구해서는 안된다는 사실을 알 수 있다. 만일 그들이 자신들의 깨달음을 추구함으로써 장기적으로 더 많은 선을 행할 수 있다면 말이다. 미국의 한 명

---

14 나는 이 정식에 대해 크리스토퍼 크납(Christopher Knapp)에게 감사한 마음을 가지고 있다.

15 내가 6장에서 보여주었듯이, 이 명제는 다양한 해석에 열려 있으며 또한 복합적인 방식으로 검증될 필요가 있을 것이다.

상센터의 모토가 보여주고 있듯이, "그냥 어떤 것도 하지 마라, 거기에 그냥 앉아 있어."

몇몇 저자들은 테라바다 윤리의 어떤 결과주의적 이해에 대한 또 다른 반대를 제기해왔는데, 만일 적절하다면 그것은 매우 강력한 반대가 될 것이다. 이러한 반대는 많은 불교 경전들에 따르면, 도덕적으로 옳지 않은 행동을 행하는 것은 실제로 나쁜 결과를 가져올 것이라는 사실을 주목하는 것에서 시작한다. 그러나 그 행동의 옳지 않음은 그것의 결과가 나쁘다는 사실을 설명하는 모든 것이라고 주장된다. 이러한 설명의 순서는 나쁜 결과를 그 행위가 옳지 않다는 판단에 대한 근거로 간주하는 결과주의적인 이론들에서 발견되는 것과는 반대이다.[16]

그러나 이러한 반대를 제기하는 저자들은 자신들의 견해를 직접적으로 뒷받침하는 어떤 경전들을 인용하고 있지 않다. 더욱이 나는 설명의 우선성이라는 쟁점을 명시적으로 언급하고 있는 어떤 불교 경전에 대해서도 알고 있지 못한다. 이 쟁점에 대한 우리의 평가는 불교에 대한 결과주의적 해석의 보다 더 폭넓은 장점에 의존해야만 하

---

16 마틴 아담(Martin Adam)은 Adam(2005), p.66에서 이러한 반대를 제기하고 있다. 그는 Harvey(2000), p.49를 인용한다. 하비는 다시 Kewon(1992), p.178을 인용하고 있다. 아담이나 하비 가운데 누구도 해석의 순서에 대한 그의 주장을 지지하는 아무런 증거도 내놓지 않는다. 키온의 증거는 내가 방금 논의했던 주장들로 이루어져 있다. 자신의 관점에서, 아담은 이 반대는 테라바다에 적용될 때는 힘을 갖지만, 중관학파가 내재적인 본성(svabhāva)의 전체 개념을 거부하기 때문에 대승 윤리에 적용될 때는 힘을 발휘하지 못하며, 그가 생각하기에, 이는 행위의 내재적 특성에 핵심적인 윤리적 중요성을 부여하는 것을 배제할 수도 있을 것이다.

는데, 그것 자체는 그와 같은 해석을 거부할 수 없는 것처럼 보인다.

그런데 이러한 반대는 왜 그렇게 자주 그리고 그처럼 확신을 가지고 제기되는가? 우리는 만일 업의 법칙과는 다른 체계를 통해, 어떤 행위로부터 나오는 직접적인 결과를 그것의 업의 결과와 구분한다면 이 쟁점을 보다 더 명확하게 이해할 수 있다. 그 반대자의 명제는, 만일 그것이 업의 결과에 한정된다면, 옳은 것일 수도 있을 것이다. 아마도 우리는 그 행위가 그것이 옳지 않기 때문에 나쁜 업을 산출한다고 말할 수도 있을 것이다. 그 행위는 그것이 나쁜 업을 산출하기 때문에 옳지 않은 것은 아니다. 그러나 설명의 우선성에 대한 이러한 명제는 직접적인 결과에 적용될 때에는 훨씬 설득력이 떨어진다. 아마도 설명의 순서는 다음과 같이 진행될 수도 있을 것이다. 어떤 행동은 그 행위자에게 이용가능한 사실적 정보에 토대를 두고 본다면, 그 행위자와 그 외의 유정적 존재, 혹은 둘 모두에게 나쁜 직접적인 결과를 산출할 것으로 합리적으로 기대될 수 있기 때문에, 그것은 옳지 않은 것이다.[17] 그 행위는 옳지 않기 때문에, 나쁜 업을 낳는다. 그렇다면 이러한 나쁜 결과가 산출될 것이라는 사실은 그 행위를 행하지 않을 부가적인 이유로 기여할 수 있다. 설명의 순서에 대한 이와 같은 해석은 불교윤리에 대한 결과주의적 해석과 완전히 양립가능하다. 또한 이 문제를 언급하고 있는 어떠한 경전적인 증거도 결코

---

17 흥미롭게도, 아담은 바로 이와 같은 구조를 갖는 것으로 밝혀진 어떤 설명을 고려하고 있으며, 나아가 그것을 전적으로 거부하지는 않는다. Adam(2005), p.66과 n.6을 참조할 것.

존재하지 않는 것처럼 보이기 때문에, 면전에서 반대를 제기하는 사람들은 자신들의 해석이 결과주의적인 것보다 더 낫다는 사실을 보여줄 입장에 있지 않다. 나는 설명의 우선성으로부터 나온 이 반대가 결과주의적 해석을 거부할 수 없다는 결론에 이른다.

실질적인 반대들

나의 해석적 명제들에 대한 몇 가지 반대들을 처리한 나는 이제 매우 다른 종류의 반대들로 돌아간다. 서구적 형태의 결과주의에 대해 제기되어 왔거나 혹은 내가 제안한 견해에 대해 제기될 수도 있는 실질적인 반대가 그것이다. 첫째, 나는 공리주의가 어떤 공개적인 야만적 폭력 행위가 관중들의 가학적 쾌락에 의해 정당화되는 것을 허용하는 것처럼 보인다는 주장을 고려할 것이다. 이 문제는 여러 가지 다른 형태로 문헌 속에서 나타났다. 가장 생생하고 직관적으로 설득력 있는 버전 가운데 하나는 고대 로마의 콜로세움에서 벌어졌던 잔혹한 구경거리들이라는 역사적 사례를 고려하는 것을 포함한다.[18] 로마인들은 오만 명 수용 규모의 이 거대한 경기장에서 검투사들의 빈번한 결투와 범죄자들 및 종교적인 반대자들의 처형식을 거행했다. 역사적인 기록들은 관중들이 사자가 기독교인들을 잡아먹는 것과 노예 전사들이 서로의 팔을 칼로 난도질하는 것을 지켜보면서 환호

---

18   이 문제에 대한 나의 설명은 Scarre(1996), pp.156-60에 토대를 두고 있다.

하며 즐겼다는 것을 확인시켜준다. 이제 만일 우리가 고전 공리주의가 전제한 쾌락주의적 가치 이론을 가정한다면, 이 상황에서 중요한 고려사항은 관중이 경험한 쾌락뿐만 아니라 희생자의 고통을 포함한다. 그러나 관중의 숫자가 이벤트에 참가한 사람들보다 그처럼 압도적으로 많다는 사실을 염두에 둔다면, 이러한 이벤트에 의해 고통보다 더 많은 쾌락이 발생한다는 점을 가정하는 것은 그럴듯한 일이다. 그리고 만일 이 계산이 실제적이며 역사적인 콜로세움의 사례에서 이와 같은 방식으로 이루어지지 않는다면, 우리는 단지 더 큰 경기장—혹은 더 나은, 텔레비전으로 중계되는 버전을 상상하는 것만으로도 쾌락의 대차대조표를 플러스(+)로 만들 수 있다. 그러나 고대 로마의 구경거리들은 우리의 현대적 도덕 직관과 매우 어긋난다. 그것들을 승인하는 모든 윤리이론은 명백히 우리가 오늘날 믿는 것을 정당화하는 데 실패한다.

이 사례에 대답하면서 어떤 불교 사상가는 콜로세움에서의 구경거리는 잔혹성을 권장하고 자비심을 약화시킴으로써, 명백히 관중들의 성품에 부정적인 영향을 미친다는 사실을 주목할 것이 분명하다. 성품 결과주의는 그와 같은 변화가 그들의 복지에 유해한 것으로 간주하기 때문에, 그것은 로마인들의 경기가 관중들에게 즐거움을 제공할 때조차도 그들에게 해악을 끼친다는 주장을 승인한다. 그러므로 불교도들은 콜로세움이 도덕적인 괴물이었다는 현대의 직관에 동의할 수 있다.

불교 사상가들이, 설사 그들이 쾌락주의자들이었고 어떤 본질적

404

가치를 성품의 특성에 할당하지 않았다고 하더라도, 콜로세움의 구경거리들을 도덕적으로 옳지 않은 것으로 간주하는 것은 가능한 일일 것이다. 불교도들은 이러한 이벤트에 참가함으로써 발달되고 또한 강화되는 성품의 특성들은 무지를 영속화시키고 개인과 집단의 정체감을 강화시켜주는 경향성을 갖게 되는데, 나아가 그렇게 함으로써 그와 같은 특성들을 가진 사람들을 고통 속에 가두어 두게 된다고 주장한다. 그러므로 불교적 관점에서 볼 때 세계가 작동하는 방식에 대한 일반적이고 매우 근본적인 특징을 가정한다면, 콜로세움은, 비록 그것이 단기적으로는 쾌락과 즐거움을 산출한다고 하더라도, 전체적으로는 괴로움을 증가시킬 것이다.

우리는 고전 공리주의를 다소 극적인 다양한 다른 방식으로 변형시킴으로써 이 문제에 대한 올바른 대답을 얻을 수 있다. 예컨대, 우리는 총합을 버림으로써, 관중들 각자가 경험한 상대적으로 적은 양의 즐거움이 참가자들의 심각한 고통을 능가하는 양에 합산되는 것을 허용하지 않을 수 있을 것이다. 만일 우리가 결과주의의 기본 구조를 유지하고 싶다면, 성품 결과주의를 채택하는 것과는 다른 어떤 방식으로 우리의 가치 이론을 변형함으로써 확실히 그와 같은 결론을 피하는 것이 가능할 것이다. 예를 들어, 제프리 스카Geoffrey Scarre는 가치 있는 삶의 중요한 구성요소로서 자존감에 본질적인 중요성을 허용하는 것을 옹호한다.[19] 그리고 나서 그는 로마인들의 게임이 자

---

19 Scarre(1996), p.159.

신들의 진정한 자존감을 유지하기 위한 관중들의 능력을 훼손한다는 이유로 그것을 거부하고 있다. 그러므로 불교윤리는 콜로세움에 대한 우리들의 직관적인 혐오감을 승인할 수 있는 유일한 버전의 결과주의가 되는 것과는 거리가 멀다. 하지만 그것이 고전 공리주의에 대한 주요 반대들 가운데 하나를 피할 수 있다는 사실은 확실히 고전 공리주의에 유리한 점이다.

나는 내가 불교의 전통에 부여했던 윤리이론인 성품 결과주의가 고전 공리주의와 같은 다른 결과주의 이론들보다 중요한 장점들을 가지고 있다고 주장해왔다. 그것은 콜로세움을 더 잘 다룰 수 있다. 그리고 내가 4장에서 지적했듯이, 성품 결과주의는 평생 동안의 시원한 긁기라는 플라톤의 사례에 대한 직관적으로 보다 더 수용할 만한 답변을 허락해준다. 그러나 특별히 이 이론에 대해 제기될 수 있지만, 다른 결과주의적 관점에는 적용되지 않는 수많은 반대들이 있다. 나는 제기될 수 있는 그와 같은 모든 반대들을 다룰 수는 없지만, 그 가운데 몇 개의 반대는 논의해보려고 한다. 나에게 성품 결과주의는 그와 같은 반대들을 이기고 살아남을 수 있는 것처럼 보인다.

그러한 한 가지 반대는 성품 결과주의의 토대인 선 이론이, 로날드 드워킨Ronald Dworkin의 용어에 의하면, 구성적인 것이 아니라 부가적인 것이라는 사실로부터 나온다. 복지에 대한 부가적인 설명에 따르면, 어떤 개인의 삶은 그 사람이 이러한 구성요소들이 실제로 좋은 것이라는 사실을 믿든 믿지 않든 간에, 그 삶 속에 있는 복지 구성요소들의 존재로 인해 더 좋은 것이 된다. 반면에, 구성적인 설명은 복지 구성요소의 가치는 그것을 가지고 있는 사람 역시 그 구성요소들을 가치 있는 것으로 여긴다는 사실에 달려 있다고 주장한다. 나의 견해에 따르면, 불교윤리는 확실히 부가적인 범주에 속한다. 자비심이나 인내심과 같은, 어떤 성품적인 특성들의 가치는 그것을 가지고 있는 사람들 역시 그것들이 가질 만한 좋은 특성들이라고 믿는가의 여부에 달려 있는 것은 아니다.

그러나 드워킨에 따르면,

> 구성적 관점이 여러 가지 이유 때문에 더 선호할 만하다. 부가적 관점은 좋은 삶이 왜 그의 삶이 가치 있는 사람을 위해 혹은 그 사람에게 특별히 가치 있는가를 설명할 수 없다. 그리고 어떤 사람이 자신의 가장 심오한 윤리적 확신과 평화롭게 지내기보다 그것에 어긋나는 더 좋은 삶을 영위할 수 있다고 생각하는 것은 설득력이 떨어진다.[20]

드워킨의 반대는 중요한 것인데, 어떤 사람들은 그것이 직관적으로 설득력이 있다는 것을 발견할 것이다. 복지에 관한 진리는 실제로 — 그들이 불교를 믿든 그렇지 않든, 혹은 불교에 대해 일찍이 들어봤든 그렇지 않든 간에 — 그 사람들이 독특한 불교적 덕목들을 구현해보여줌으로써 더 잘 산다는 것일 수 있는가? 또한 드워킨은 그 안에서 어떤 사람의 도덕적 확신이 실제로 어떤 부가적 이론이 모든 사람에

---

20 Dworkin(2000), p.217.

게 본질적으로 가치 있다고 말하는 성질들을 비난하는 사례에 대해 물음으로써 특히 성가신 형태로 그 문제를 제기한다. 이제 그 안에서 누군가가 자신의 도덕적 신념과 모순되게 살면서도 더 잘 사는 어떤 경우는 하나의 이상한 사례가 될 것이 분명하다. 그러나 이러한 특징을 가지고 있는 것처럼 보이는 특정한 사례들이 존재한다. 그와 같은 어떤 사례는 마크 트웨인Mark Twain의 소설 『허클베리 핀Heckleberry Finn』에서 발견된다.

도덕 철학자들로부터 상당한 관심을 받았던 이 유명한 구절에서, 허크 핀Huck Finn은 그의 친구인 탈주 노예 짐Jim과 미시시피강Mississippi River을 따라 여행하고 있다.21 짐은 그럭저럭 자유의 땅인 일리노이 Illinois주의 카이로Cairo에 가까스로 도착할 것처럼 보인다. 이 상황은 허크를 양심의 고통으로 가득 차게 한다. 허크는 일생 동안 탈주 중인 노예를 돕는 것은 심각한 잘못이라고 배워왔다. 짐이 노예 폐지론자들의 도움을 얻어 그의 가족을 "훔칠 수도" 있다는 생각은 허크의 마음을 더 불편하게 만들 뿐이었다. 또한 허크의 양심의 가책은 그가 짐의 법적 소유자인 왓슨 양Miss Watson에게 끼칠 손해를 생각하자 한층 더 심해졌는데, 그녀는 과거에 허크를 잘 대해주었던 사람이다. 죄책감과 후회에 휩싸인 허크는 짐을 그 지역의 백인들에게 넘기기로 결정한다. 그러나 마지막 순간 짐에 대한 우정의 감정과 동정심은 허크가 자신의 의도를 실행하지 못하도록 만든다. 여전히 짐을 넘기

---

21 Twain(1948), pp.115-20.

는 것이 해야만 할 옳은 일일 것이라고 확신하고 있었지만, 허크는 그 이후로도 계속 도덕의 요구를 무시하기로 결정한다.

드워킨은 어떤 삶의 가치를 하나의 실행으로 간주하는 것이라고 생각하는 것이 도움이 된다는 것을 발견한다. 우리는 허크의 삶이 자비심이 윤리에 대한 자신의 잘못된 견해를 무시하도록 허용했기 때문에 더 나은 실행이었다고 말해서는 안 되는가? 분명히 허크가 자신의 결정을 따르지 않은 것은 짐의 복지에 좋은 결과를 가져온다. 그러나 나에게 허크의 삶 역시 그에게 더 좋은 일이었다고 여겨지는데, 왜냐하면 여기에서 그의 감정은 자신의 기만된 이성적 마음을 극복하게 해주었기 때문이다.

허크 핀의 경우는 특정한 시점에서의 특정한 행위를 포함하고 있다. 드워킨의 반대는 삶 전체에 적용되면 더 강력한 것으로 여겨질 수도 있을 것이다. 어떤 사람이 만일 자신의 전체 삶을 그의 도덕적 확신과 갈등하는 방향으로 산다면 더 잘 살 수 있다는 것인가? 나는 그 대답이 '그렇다'고 생각한다. 우리는 허크 핀의 경우와 유사한 전 생애 동안 지속되는 상상 속의 사례를 구성할 수 있다. 그의 평생을 전체주의 국가에 복무하면서 보낸 죽음의 수용소 경비병에 대해 생각해보자. 비록 이 경비병은 전체주의의 이데올로기를 완전히 수용했지만, 그는 자주 자신의 이성적 능력을 넘어서는 자비심의 본성을 지니고 있었는데, 이는 그로 하여금 수용소의 수감자들에게 종종 도움이 되는 자비심을 보여주도록 이끌었다. 그는 이와 같은 나약한 순간에 대해 죄책감을 느꼈지만, 결코 연민의 감정을 억누를 수 없었다.

나는 이 경비병의 삶은 자신들의 감정이 그들이 실행하라는 명령을 받은 잔혹한 일을 방해하는 것을 결코 허용하지 않았던 동료 경비병들의 삶보다, 심지어 그 자신에게도 덜 나쁜 것이었다고 주장할 것이다. 나는 이것이 만일 그가 다른 경비병들보다 더 많은 행복을 경험하지 못한다고 하더라도 참이라고 주장한다 — 예컨대, 만일 삶에 대한 더 큰 개방성과 자신의 남은 자비심이 창출한 기쁨이 쾌락주의적 척도에서 보면 그가 충분히 느끼고 있다는 것을 아는 죄책감을 사그라지게 함으로써 균형을 이룬다면 말이다. 만일 내가 이 사례에 대해서 옳다면, 어떤 사람의 복지가 그가 생각하기에 악인 덕을 소유하는 것으로 증대되는 것이 가능하다. 그렇다면 드워킨의 반대는 실패하게 될 것이다. 복지는 적절한 의미에서 보면, 자신의 복지가 평가되는 그 사람의 신념과 무관할 수 있다는 점에서 참이다.

성품 결과주의와 덕윤리 둘 모두에 부정적인 또 다른 반대는 덕을 갖춘다는 것이 복지를 구성하는 특징들의 목록에 올라갈 하나의 좋은 후보라는 주장에 도전한다. 이 논증은 브래드 후커Brad Hooker가 제기하고 있는데, 그는 다음과 같이 쓰고 있다.

슬프고 비참한 삶을 산 두 사람을 생각해보자. 이 두 사람 가운데 한 사람은 도덕적으로 유덕하고, 나머지 한 사람은 그렇지 않다고 가정해보자. 도덕적으로 유덕한 사람에게는 "올바름Uplight"이라는 명칭을, 그리고 그렇지 않은 다른 사람에게는 "비양심적임Unscrupulous"이라는 명칭을 사용하자. 우리는 비양심적임에게는 덜 미안하다는 감정을 느낄 것이다. 이것은 우리가 실제로는 도덕적인 덕목이 그 목록 위에서 쾌락, 지식, 성취 및 우정과 동일한 지위를 갖는다고 믿지 않는다는 것을 암시한다. 나는 이 논증을 동정심 부족 논증argument from lack of sympathy이라고 지칭하고자 한다.22

이 논증 이면의 직관은 많은 서구인들에게 수용되겠지만, 불교 저자들은 그것을 공유하지 않는다. 티베트의 불교 스승 잠곤 콩트룰Jamgon Kongtrul은 "다르마를 수행하기 위해 어려움을 견디는 사람에게는 자비심을 가지고, 사악한 사람에게는 자비심을 갖지 않는다는 것은 잘못된 자비심"23이라고 말한다. 다시 말해 우리가 또한 자비심을 나쁜 일을 하는 사람들에게까지 확장하지 않는다는 것을 전제한다면, 좋은 일을 하기 위해 노력하는데도 겉으로 보기에 부당한 괴로움을 겪고 있는 사람들에게만 자비심을 집중시키는 것은 잘못이다. 그러므로 불교적 관점에서 보면, 후커가 호소하고 있는 직관은 자연스러운 것이긴 하지만, 잘못된 것이다. 한편, 테라바다의 저자인 붓다고사는 우리에게서 후커가 우리가 느낀다는 것을 부정하는 동정심을 불러일으키려고 애쓴다.

> 그는 모든 종류의 공포로부터 자유롭지 않다.
> 비록 달성의 쾌락에서는 충분히 자유롭지만.
> 천상의 문은 그에게 단단하게 빗장이 잠겨져 있는 반면,

---

22 Hooker(1996), pp.149-50. 강조는 원저자의 것임.
23 Kongtrul(1987), p.39.

그는 지옥으로 가는 길 위에 완전하게 놓여져 있다.

만일 덕을 결핍한 사람이 아니라면 어느 누가

자비의 대상이 되기에 더 적합하단 말인가?[24]

이 인용문과 불교 문헌에서 볼 수 있는 이와 유사한 다른 많은 구절들은, 불교도들이 후커의 동정심 부족 논증을 받아들이지 않을 것이라는 점을 보여준다. 그러나 그들은 불교도들이 덕에 내재적인 가치를 부여한다는 적극적인 증거를 제공하지 않는다. 우리는 대신 이런 구절들이 비양심적임의 조건은 그것이 내재적으로 가치 있는 덕을 결여하고 있기 때문이 아니라 악이 야기할 미래의 괴로움에 대한 예상 때문에 동정할 만한 것이라고 말하고 있다고 해석할 수도 있을 것이다. 그럼에도 불구하고 불교도들은 후커의 반대의 저변에 있는 직관들을 공유하지 않는다는 것은 확실하다.

성품 결과주의에 대한 그 다음의 반대는 매우 중요한데, 왜냐하면 그것을 주의깊게 고려하는 것은 그와 같은 견해의 정확한 본질을 밝히는 데 도움을 줄 수 있기 때문이다. 내가 언급한 바 있듯이 고대 그리스의 어떤 철학자들은 덕의 가치에 대해 면밀하게 고안된 견해를 가지고 있었다. 실제로 성품 결과주의와 플라톤의 복지 이론에 대한 특정한 해석 사이에는 실질적인 유사성이 존재한다. 그러나 아리스토텔레스는 이러한 종류의 관점을 너무 소박한 것이라고 비판한다. 아리스토텔레스는 덕이 복지에 매우 중요하다는 것에는 동의하지만,

---

24 Buddhaghosa(1956), 57.

덕 그 자체가 복지라는 데에는 동의하지 않는다. 그 이유는 다음과
같다.

> 그리고 아마도 우리는 [덕이] 명예라기보다는 정치적 삶의 목적
> 이라고도 가정할 수 있을 것이다. 그러나 이것조차도 약간은 불완
> 전한 것처럼 보인다. 왜냐하면 덕을 소유한다는 것은 현실적으로
> 잠이 드는 것과 혹은 평생 동안의 비활동 및 더 나아가 가장 큰 괴
> 로움과 불행들과도 양립가능하다고 보이기 때문이다. 그러나 그렇
> 게 살고 있는 사람이 모든 댓가를 감수하고서라도 하나의 명제를 유
> 지하고 있지 않다면, 아무도 그를 행복하다고 부르지 않을 것이다.[25]

이 인용문 안에는 두 가지 반대가 있다. 하나는 플라톤과 스토아
학파 및 모든 형태의 불교가 공통으로 가지고 있는 견해를 공격한다.
어떤 사람은 고문을 당하면서도, 혹은 그 외의 매우 불리한 환경 아
래에서 괴로움을 당하면서도 행복할 수 있다. 확실히 불교도들은 그
들이 계속 깨달음 상태의 무한한 중요성을 믿는 한, 이러한 관점을
유지하려고 할 것이다. 또 다른 반대에 어떻게 대답할 것인가를 아는
것은 훨씬 더 어려운 일이다. 성품 결과주의자들은 잠들어 있는 어떤
사람이 덕을 소유하고 있을 때조차도 그것을 내재적인 선이라고 간
주해야만 하는가? 아니면 그들은 유덕한 행위를 그것을 발생시키는
성품의 특징보다 더 근본적인 선이라고 간주하는 아리스토텔레스를

---

25 *Nicomachean Ethics* 1095b30-1096a1. Mckeon(2001), p.938에서 인용함.

따라야 하는가?

만일 그들이 첫 번째 선택을 수용한다면, 불교도들은 공리주의 전통에서 가장 중요한 사상가 중의 한 사람인 헨리 시즈윅이 제기한 또다른 심각한 반대에 여전히 노출될 것이다. 그는 이렇게 쓰고 있다.

> 나는 이로부터 성품과 그것의 요소들 — 능력, 습관 혹은 어떤 종류의 성향들 — 이 궁극적인 선Ultimate Good의 구성요소들이라고 추론할 수 없다. 나에게는 그 반대가 능력이나 성향이라는 바로 그 개념 안에 포함되어 있는 것처럼 보인다. 그것은 오직 특정한 조건 아래에서 특정한 방향으로 행위하거나 느끼는 경향성으로서만 정의될 수 있다. 그리고 그와 같은 경향성은 나에게 그 자체가 아니라 그 속에서 그것이 영향을 미치는 행위와 감정들 혹은 이러한 것들의 숨은 결과 때문에 가치 있는 것으로 보인다 — 이러한 결과들은 다시 그것들이 단지 능력, 성향, 기타 등등의 변형으로 생각되는 한, 궁극적인 선으로 간주될 수 없다.[26]

비록 시즈윅은 여기에서 하나의 논증을 제기하기보다는 단순히 자신의 직관을 서술하고 있지만, 그럼에도 불구하고 그는 매우 중요한 요점을 가지고 있다. 불교 성품 결과주의자들은 하나의 심각한 딜레마에 직면하고 있는 것처럼 보인다. 경향성은 그 자체로서 가치 있는 것일 수 있다는 것은 매우 설득력이 없는데, 만일 그것이 발현되

---

26   Sidgwick(1981), p.393.

지 않는데도 내재적으로 가치 있다는 것은 더 설득력이 없으며, 나아가 만일 그것이 발현되지 않을 것 같은데도 그렇다는 것은 훨씬 더 설득력이 없는 것 같다. 다른 한편, 만일 그 대신 그들이 유덕한 행위를 내재적인 선으로 규정하려고 한다면, 그들은 그와 같은 행위를 정의하는 특징은 그것이 유정적 존재에게 이익이 된다는 사실에 동의해야만 할 것이다. 그렇다면 가치의 실질적 원천은 유정적 존재의 복지를 증진시키는 것이라는 결론에 저항하는 것은 극도로 어려울 것이다. 그리고 무한한 소급의 고통에서 보면, 이러한 복지는 더 이상 덕에 부분적으로라도 본질이 있는 것으로 간주될 수 없을 것이다. 불교도들은 시즈윅에 동참해서 고전 공리주의를 채택하는 것 외에 다른 어떤 선택도 하지 않을 것이다.

다행스럽게도 이 반대에 대한 대답을 찾기 위해 덕을 갖는 것의 본질이 무엇인가에 대한 불교적 해석을 이해하는 것으로 충분하다. 만일 우리가 덕에 대한 논의를 붓다고사의 『청정도론』과 바수반두의 『아비달마구사론』과 같은 논서에서 찾는다면, 우리가 "유덕한 것"빨.kusala, 산.kuśala, 티.dge ba[27]으로 번역하고 싶은 전문용어는 무엇보다도 현재의 마음 상태에 적용된다는 사실이 즉각적으로 분명해진다. 불교전통에서 사람들은 연속적인 마음의 과거와 현재 및 미래의 역사 안에서 자비의 감정이 자주 일어난다면, 그리고 그렇기만 하다면 자비롭다고 기술되는 것이 타당하다. 인내와 관대함 및 자신감 등과

---

27 앞 장들에서, 나는 종종 이 단어를 번역하는 데 "능숙한"이라는 단어를 사용했다.

같은 다른 덕들도 그러한 마음 상태를 지니기 위한 성향의 관점이 아니라 적절한 종류의 마음 상태가 실제로 일어나는 것에 본질이 있는 것으로 정의되어야 할 것이다. 물론 의도산/빨.cetanā는 어떤 사람의 도덕적 지위를 결정하는 데 가장 중요한 마음 상태에 포함되겠지만, 그러나 다른 사람들이 행복해지기를 바라는 마음이나 일시적으로 자비로운 생각 혹은 부정적인 측면에서 주의 깊게 숨긴 질투나 증오처럼 직접적으로 행위를 도출하지 않는 다른 마음 상태도 계산되어야 할 것이다. 일단 우리가 불교전통이 덕의 본질을 어디에 있는 것으로 간주하는가를 이해한다면, 우리는 그 주석가들이 도덕적 관점에서 계산될 수 있는 유일한 것은 바람직한 의식이라는 시즈윅의 핵심적인 주장들 가운데 하나와 구두로 동의하고 있다는 것을 알게 된다. 그러나 이들은 어떤 종류의 의식이 내재적으로 바람직한 것인가에 대해 비쾌락주의적인 관점을 가지고 있다.

이러한 설명은 아리스토텔레스의 딜레마를 해결하는 데 충분하다. 불교도들은 그 어느 쪽도 채택하지 않는다. 그들에게 있어서 인간의 번영은 덕의 물리적 실천에도 전적으로 잠재적인 어떤 것에도 그 본질이 있는 것이 아니다. 그러나 공교롭게도 시즈윅은 고려할 만한 가치가 많은 또 다른 반대를 갖고 있다. 그는 성품 결과주의자들은 고전 공리주의자들과 달리 어떤 특성이 덕이며 왜 그런가에 대한 선결문제와 무관한 설명을 아무것도 제공할 수 없다고 주장하는데 ─ 왜냐하면 상식에 의해 인식된 서로 다른 덕들의 행위 영역에 대한 정확한 제한과 경계는 오직 전체 복지에 토대를 둔 고려를 함으로써

만 합리적인 방식으로 구체화될 수 있기 때문이다.[28] 그러나 공리주의자들은 무엇이 성품을 유덕한 것으로 만드는가에 대한 일관된 설명을 제공할 탁월한 위치에 있다. 그것들은 유정적 존재의 행복에 도움이 된다. 시즈윅이 주장하고 있듯이,

> 아무도 최소한 만일 목록이 직접적으로나 간접적으로 우리 자신 혹은 다른 사람들에게 쾌락을 산출하지 않는 성품과 행동의 성질들에 대해 작성된다면, 그것은 공통적으로 덕이라고 알려진 모든 것을 포함할 것이라고 확신하지 않고는 흄의 『도덕의 제1원리에 대한 탐구Inquiry into the First Principle of Morals』를 읽을 수 없다.[29]

내가 알 수 있는 한 불교도는 이러한 흄의 주장을 부정할 입장에 있지도 않고 부정하는 데 어떠한 관심도 갖지 않을 것이다.

그렇다면 불교도들은 시즈윅의 반대에 어떻게 대응할 수 있는가? 나의 대답은 다소 사변적일 것이 틀림없는데, 왜냐하면 역사적 불교 전통은 결코 이러한 성질의 반대에 직면하지 않았기 때문이다. 그러나 나는 어떤 대답을 구성할 자료를 발견하는 것이 어렵지 않다고 생각한다. 그것은 아마도 다음 두 가지 정식 가운데 하나와 같은 어떤 것을 채택해야 할 것이다.

---

28 Sidgwick(1981), p.392.
29 Sidgwick(1981), p.424.

V1. 덕은 완벽하게 깨달은 모든 붓다들이 공통으로 가지고 있는 정신적 특징들이다.

V2. 덕은 완벽하게 깨달은 모든 붓다들이 공통으로 가지고 있는 도덕과 관련된 정신적 특징들이다.

이 정식들은 둘 다 장단점을 가지고 있다. V1은 우리에게 어떤 특징들이 도덕적으로 관련되는 것인지에 대한 사전 이해를 가지라고 요구하지 않는다. 이것은 장점인데, 왜냐하면 시즈윅은 우리에게 우리가 어디에서 그와 같은 이해를 얻을 것인가에 대해 압박할 수 있기 때문이다. 또한 V1은 붓다의 지식을 그의 덕목, 즉 적어도 일부의 불교 문헌들(예를 들어, 5장에서 쫑카파를 인용한 것)과 잘 조화되는 하나의 특징으로 간주한다. 다른 한편, V2는 V1처럼, 당신이 옷장 서랍에 몇 켤레의 양말을 가지고 있는가에 대한 붓다의 지식을 하나의 덕목으로 간주하지는 않는다. 이러한 사실에 대한 지식이 당신의 덕들 가운데 하나라고 주장하는 것에 설득력이 없다는 점은 확실하다.

하지만 각각의 정식은 우리에게 최소한 직관적으로 옳은 것과 가깝고 또한 명백히 동기부여되는 것 양자 모두여야만 하는 비덕非德을 덕과 구분하는 방법을 제공할 것이다. V1과 V2에 따르면 덕을 추구할 때 우리는 우리의 마음을 붓다의 마음과 같이 만들려고 노력하고 있다. 이러한 열망은 불교전통에서 너무나 중요한 것이어서 그 전통이 열망의 부분적인 혹은 완전한 달성에 내재적인 가치를 부여하고 있다고 해석하는 것은 설득력이 있다.

나는 불교윤리에 대한 성품 결과주의적 해석이 키온의 해석상의 반대를 물리친다고 주장해왔다. 그것은 고전 공리주의보다 적어도 하나의 사례, 즉 콜로세움을 더 잘 다룬다. 또한 성품 결과주의는 드워킨, 후커, 아리스토텔레스 및 시즈윅과 같은 철학자들이 제기했거나 혹은 제기할 수 있는 수많은 강력한 반대들도 물리친다. 이러한 관점은 불교의 종교적 전통의 도덕적 핵심을 충실하게 대표하고 있을 뿐만 아니라 그 자체로 현대 윤리학자들에 의해 신중한 검토를 받을 만한 가치가 있는, 경쟁력 있고 옹호가능한 도덕 이론이 될 잠재성을 가지고 있다.

11

칸트에 대한
불교의 답변

11

칸트에 대한
불교의 답변

칸트의 인간성 정식 논증

나는 다양한 형태의 불교윤리들이 특정한 버전의 결과주의로 이해되어야 한다고 주장해왔다. 나는 또한 불교적 견해는 덕을 중심에 품는 가치 이론에 의존하고 있다는 입장을 유지했다. 만일 나의 주장이 옳다면, 불교윤리와 다양한 형태의 서구적 결과주의 및 덕론 사이의 건설적인 대화에 대한 전망은 밝을 것처럼 보이는데, 여기에서 실질적인 영역의 합의에 대한 승인은 각자의 입장이 상대방으로부터 배우는 하나의 토대가 될 수 있을 것이다. 그러나 내가 해석하고 있는 불교윤리는 칸트의 의무론적 윤리와는 매우 뚜렷하게 대립된다. 이 두 가지 관점들은 어떤 설득력 있는 두 가지 도덕 이론들과 마찬가지로, 특정한 많은 행위들에 대해 동의하지만, 그것은 이론적 구조와 기본적인 가정에서 극적으로 다르다. 그러나 칸트는 자신의 입장에 유리한 몇 가지 심오하고도 흥미로운 논증을 제공했다. 알렌 우드와 크리스틴 코스가어드Christine Korsgaard와 같은 가장 통찰력 있는 현대의 칸트 해석가들에 의해, 이러한 논증들은 모두 칸트의 이론이 도덕적 의무에 대한 유일하게 만족스러운 설명을 제공한다는 주장의 강력한 사례로 받아들여지고 있다. 만일 불교윤리가 오늘날의 철학 무대에서 신뢰할 만한 경쟁자가 되려면, 불교 철학자들은 칸트의 견해가 유일하게 지지받을 수 있는 윤리이론이라는 것을 보여주려고 하는 논증들에 대해 답변하는 것이 중요하다.

과거에 칸트의 많은 해석가들과 비판자들은 칸트의 정언적 명령의 제1정식, 즉 보편적 법칙의 정식에 주목했다. 그러나 현재 이 정식이 그른 행위로부터 옳은 행위를 구분하는 믿을 만한 척도를 제공한다는 주장은 단호하게 거부되고 있는 것 같다.[1] 그러므로 나는 인간성 정식으로 알려진 칸트 도덕 원리의 제2정식에 초점을 맞출 것이다. 제1정식과 달리 이 원리는 논의할 만한 가치가 충분한 것으로 여겨질 만한 광범위한 영역의 실질적인 도덕적 결론을 산출할 수 있다. 더욱이 칸트는 인간성 정식이 우리들의 도덕적 의무가 무엇인가를 정확하게 말해주고 있다는 관점을 지지하는 두 개의 서로 다른 강력

---

[1] 그와 같은 점을 인정하고 있는 Wood(1999), pp.97-106을 보라. 우드에 따르면, 보편적 법칙의 정식과 그것의 변형인 자연법의 정식은 "단지 잠정적이고 불완전한 도덕성 원리의 정식에 불과하며, 이는 언제나 그것이 적용되기 위해서는 또 다른 독립적인 합리적 원리들에 의존한다." Wood(1999), p.91.

한 논증을 가지고 있는 것으로 보인다. 이 가운데 첫 번째 것은 인간성이 이 세상에서 무조건적이고, 절대적인 가치를 갖는 유일한 것임을 입증하려고 하는 것인 반면, 두 번째 것은 자율성, 도덕적 의무, 법의 존중 및 인간성의 존중에 관한 상호 관련된 복합적인 일련의 고려들에 의존하고 있다. 나는 첫 번째 논증을 목적으로서 인간성으로의 회귀, 그리고 두 번째 논증을 자율성 논증이라고 지칭하고자 한다.

목적으로서 인간성으로의 회귀는 다음과 같이 진행된다. 첫째, 우리가 우연히 욕구하는 여러 가지 대상들, 예컨대 물질적인 것들은 오직 우리가 어쩌다가 그것을 욕구하게 되는 한에서만 가치 있다는 사실을 주목한다. 만일 내가 할리퀸 로맨스 소설들Harlequin romance novels을 읽기 원한다면, 이런 소설들은 나에게 가치를 갖게 된다. 그러나 만일 내가 그와 같은 욕구가 없다면, 그것들은 나에게 가치 없는 것으로 받아들여질 것이다. 할리퀸 로맨스 소설의 가치는 무조건적이거나 절대적인 것이 아니라 조건적인 것이 분명하다. 또한 나 자신의 경향성이나 욕구들은 그 자체로서 무조건적인 가치를 갖는 것은 아니다. 그 가운데 일부는 나를 확실히 불편하게 만들 수 있다. 많은 경우에 나는 그 가운데 몇 개가 더 이상 없는 것 혹은 어쩌면 전혀 아무것도 없는 것이 더 좋은 일일 것이다. 여기까지는 불교도들이 칸트의 주장을 열렬히 지지할 것이다.

이제 칸트는 훨씬 더 어려운 과제에 직면한다. 그는 행복 자체가 절대적이거나 무조건적으로 가치 있는 것은 아니라고 주장해야만 한다. 칸트는 이 주장에 대해 두 가지 논증을 한다. 하나는 어떤 사람의 행복의 가치는 그가 행복한 것이 가치 있다고 생각하는가에 따라 조건적이다. 칸트는 사악한 사람들이 잘 살고 또한 자신들이 저지른 그릇된 행위들의 과실을 향유하는 것은 본질적으로 나쁜 것이라고 말한다. 두 번째 논증은 행복 자체가 우리들의 도덕적 성품을 타락시킬 수 있다는 경험적 주장에 의존한다.[2] 만일 우연히 자신의 이웃들보다 더 많은 행운을 얻게 된 사람이 자신은 행운을 누릴 만한 자격이 있다고 결론 내린다면, 이러한 잘못된 신념은 도덕적 법칙과 반대되는 오만과 여러 가지 감정들 및 심지어 행위로 이어질 수도 있다.

만일 행복이 구성할 우연한 경향성의 대상들 혹은 우리의 경향성 자체나, 심지어 이러한 경향성들의 완전한 충족조차도 결코 본질적인 선이 아니라면, 우리에게 본질적인 선함의 후보에는 무엇이 남는가? 칸트에 따르면, 유일하게 남는 가능성은 어떤 경향성을 따를 것인지 그리고 언제 그것을 따를 것인지를 선택할 우리의 이성적 능력 — 즉 우리의 인간성이다. 나 자신에게 있어서든 혹은 다른 사람에게 있어서든, 인간성은 내가 존중하기를 명령하고 또한 내가 결코 위반하거나 단순한 수단으로 사용할 수 없는 종류의 내재적 존엄성을 갖는다. 이 회귀 논증을 통해 칸트는 본질적 가치에 대한 유일하게 옹호할 만한 설명은 직접적으로 인간성 정식, 즉 그의 도덕 이론의 중심 원리에 도달하는 것을 입증했다고 생각한다.

불교윤리학자들은 이 회귀에 어떻게 답변할 수 있겠는가? 만일 앞

---

2   이것은 Wood(1999), p.21에 보이는 우드의 해석이다.

서 한 내 주장들이 옳다면, 그들은 칸트가 행복의 본질적이고 무조건
적인 가치를 부정하는 단계에서 그 회귀를 막고 싶을 것이다. 실제로
불교도들은 칸트가 이러한 부정을 지지하기 위해 제안하는 두 가지
논증들을 거부할 좋은 입장에 있다.

내가 8장과 9장에서 광범위하게 보여주었듯이, 불교도들은 사악
한 사람들이 행복한 것은 나쁘며 그들이 괴로움을 겪는 것은 좋다는
칸트의 전제를 받아들이려고 하지 않을 것이다. 그들은 진정한 대자
비심이란 그것을 갖춘 사람들이 유덕한 사람과 사악한 사람들 모두
의 고통은 덜어주고, 나아가 행복을 증진하도록 동기부여시킨다는
관념에 관심을 갖는다.

불교도들은 단지, 업에 관한 그들의 관점에 바탕을 두고, 이미 사
악한 사람들은 자연법칙에 의해 충분히 처벌받을 것이라고 생각하
기 때문에, 대자비심의 이러한 관점을 받아들이는 것을 반대할 수도
있을 것이다. 사악한 사람들은 응보로 고통을 받을 것이 확실하기 때
문에, 그들에게 자비심을 베풀 필요는 전혀 없다. 이러한 반대는 잘
못이다. 초기 불교의 한 중요한 이야기에서, 대량 살인범인 앙굴리말
라Aṅgulimāla는 불교에 귀의해서 절대적인 비폭력을 실천하기 시작하
고, 높은 수준의 명상 단계에 도달하게 되며, 그렇게 됨으로써 자신
의 거의 모든 부정적인 업을 없애고, 마침내 아라한이 된다. 사실 한
때 그는 자신들의 가족구성원이 그에게 살해당한 마을사람들로부터
심한 매질을 당했다. 이것은 그가 자신의 명상 수행으로 연소시키지
못했던 부정적인 업의 찌꺼기가 남은 결과였다. 그러나 한 차례 매질

을 당한 것은 만일 그가 정신적 수행자가 되지 않았다면 겪었을지도 모르는 지옥에서의 영겁의 시간과 비교하면 그다지 중요한 것이 아니다. 불교도들은 분명히 앙굴리말라의 귀의는 좋은 일이었다고 생각한다. 그가 자신의 폭력적 행위에 대해 상응하는 처벌로 고통을 받지 않은 것은 더 좋은 일이었다는 결론에 이른다.

물론 앙굴리말라는 그의 이전 행위들에 대해 후회했다. 어쩌면 사악한 사람이 행복한 것은 좋은 일이 아니라는 칸트의 원리는 후회한 사람들에 대해서는 예외를 두어야 할 것이다. 그러나 『입보리행론』의 10장에서 산티데바는 그 자신의 공덕이 끔찍한 고문으로 가득찬 지옥이 아름다운 천상을 닮은 정원으로 바뀌는 원인이 되고, 마침내 지옥에 있는 존재들이 그들의 괴로움으로부터 벗어나 행복해지기를 바라는 마음을 환기시켜주고 있다. 10장의 어느 부분에서도 이러한 이익들이 이전의 죄악들을 참회하는 지옥 존재들에게만 국한되지 않는다. 불교도들은 분명히 해악적인 행위를 저지른 사람들은 전형적으로 그 결과로서 고통을 받을 것이라고 생각하는데, 이러한 견해는 많은 규범적 문제들에 대한 그들의 태도를 특징짓는다. 그러나 불교도들의 바람과 기도는 사악한 사람들이 그들의 사악한 행위 이전과 하는 동안 또 그 이후에도, 만일 그와 같은 행복이 그들에게 가능하다면 그리고 가능한 정도까지, 행복하기를 바라는 것이다.

불교도들은 인간이 구성되어 있는 방식으로 말미암아 행복은 종종 자신들의 도덕적 성품에 나쁠 수 있다는 두 번째 논증에 어떻게 답변할 것인가? 빠르고도 단호한 답변이 있을 것 같다. 어떤 무엇이 우연히 불리한 환경 아래에서 나쁜 결과를 산출할 수 있다는 사실은 그것이 본질적이며 무조건적으로 선이라는 주장을 거부할 수 없다. 만일 그와 같은 거부가 가능하다면, 우리는 선의지가 본질적이며 무조건적으로 선이라는 주장을 거부할 수 있을 것이다. 전적인 어리석음과 결합된 채, 도우려는 진실한 바람은 종종 어리석음과 무관심의 결합보다 훨씬 더 큰 손해를 산출할 수 있다. 더욱이 낯선 사람과 캔자스주에서 온 조와 같은 사례에서, 칸트의 선의지 버전은 냉소주의와 무정함보다 훨씬 더 나쁜 결과를 가져올 수 있을 것이다. 만일 그가 원한다면, 칸트는 이런 부정적인 결과들이 선의지에 귀속되어서는 안 된다고 규정하려고 할 수 있다. 그러나 그와 같은 조치가 정당하다면, 불교도들도 똑같이 행복의 타락한 결과들은 행복 그 자체가 아니라 이런 결과를 산출하는 데 결합된 여러 가지 다른 원인들에 귀속되어야 한다고 규정할 수 있다. 행복의 본질적 가치에 반대하는 칸트의 두 번째 논증은 본질적이며 무조건적인 가치에 대한 그 자신의 이론에 똑같이 제대로 — 실제로는 똑같이 엉성하게 — 반대하고 있는 셈이다.

칸트의 목적 그 자체인 인간성으로의 회귀는 불교도들에게는 설득력이 없을 것처럼 보인다. 그러나 칸트는 자신의 윤리이론의 핵심 원리에 대한 또 다른, 독자적인 정당화를 제안하고 있다. 인간성 정식을 지지하는 그의 두 번째 논증의 방침은 더욱 심오하며 보다 더 섬세하다. 나는 이 정당화의 힘과 호소력이 칸트의 의무론이 현대의 철학자들로부터 얻었던 계속적인 관심과 지지에 대해 많은 것을 설명해준다고 믿는다.

칸트가 이러한 노선의 추론에서 호소하는 핵심적인 고려들은 도덕적 의무와 관계가 있다. 칸트는 의지가 어떻게 도덕 법칙을 따라야만 하는지를 묻는다. 우리가 도덕 법칙에 복종해야 할 의무의 원천은 우리가 우연히 갖게 되는 어떤 욕구나 감정 혹은 경향성일 수 없다. 만일 그렇다면 욕구나 감정 혹은 경향성이 부족한 사람은 도덕 법칙에 복종하는 것으로부터 면제될 것이다. 더욱이 이러한 본성을 갖는 의무의 원천은 의지 외부의 그 무언가일 것이다. 그와 같은 의지의 원천을 따르는 데 요구되는 것은 일종의 부자유이거나 의지의 속박일 것이다.

칸트는 이러한 난점을 피하는 유일한 방법은 의지를 그것이 스스로에게 부과하고 있는 법칙에 복종하는 것으로 보는 것인데, 이는 그것의 원천인 도덕 법칙과 객관적 가치에 대한 존중으로부터 나온다고 주장한다. 이러한 객관적 가치는 어떤 경향성에도 의존하고 있지 않기 때문에, 그것은 경향성의 대상일 수 없다. 실제로 그것은 결코 나 혹은 다른 어떤 사람의 인간성 그 자체 이외의 또다른 어떤 것일 수 없다. 칸트에 따르면 인간성의 존중은 의지가 도덕 법칙을 따르게 자유롭고도 자율적으로 일하는 것을 가능하게 만들 수 있는 유일한 동기이다. 알렌 우드는 칸트의 추론을 다음과 같이 요약하고 있다.

이 법칙의 다른 모든 원천은 경우에 따라 그 법칙의 가치와는 다른 하나의 가치에 근거를 둔 어떤 다른 의욕에 의해 이성적 의지를 그것에 귀속시켜야만 할 것이다. 행복에 토대를 둔 법칙은 행복해

430

지려는 우리의 의지에 호소하지 않으면 안 될 것이다. … 이와 같은 또 다른 의욕들은 정언적 법칙의 요구를 단지 법을 그것의 토대인 어떤 다른 의욕을 언급함으로써 가언적 요구로 바꾸는 것에 불과할 것이다. 이러한 노선의 사고는 칸트에게 자율성의 원리는 의무의 수수께끼에 대한 유일하게 가능한 해결책이며, 따라서 원리들은 그 것을 해결하지 못할 것이 틀림없다는 점을 확신시키는데, 왜냐하면 의무의 다른 모든 원리들은 의지의 타율성에 토대를 두어야만 할 것이기 때문이다.[3]

이 논증을 통해 칸트는 결과주의와 나아가 실제로 그 자신의 것 이외의 모든 도덕적 이론들에 대한 강력한, 메타윤리적 비판을 제공할 수 있게 된다. 그것들은 특정한 사례에서 문제가 있는 함의를 가지기 때문이 아니라 법칙을 따라야 할 우리의 의무의 본성을 설명하는 데 실패하므로 거부된다.

불교적 관점에서 보면, 칸트가 하고 있는 것은 다음과 같은 것이다. 그는 이성적 의지와 동일시하고 있으며, 이를 그의 자아로 간주한다. 그렇다면 이성적 의지와 다른 어떤 것으로부터 나오는 욕구 및 경향성과 같은 모든 동기는 부자유의 원천인 외적 억제로 인식된다. 일단 칸트가 이와 같은 태도를 취한다면, 그는 도덕적이어야만 하는 동기에 만족할 것이며, 이는 오직 이성적 의지 그 자체 내에서만 나온다. 그는 이를 인간성의 객관적 가치를 목적 그 자체로 인식하는

———
3   Wood(1999), p.159.

것으로부터 발생하는 도덕 법칙에 대한 존중으로 본다.

이러한 역학은 분명히 덕이나 완전성에 대한 존중에 바탕을 둔 윤리를 거부하는 칸트의 토대에 대한 우드의 해석 안에서 작동하고 있다.

> 왜 칸트는 의무의 근거를 객관적인 완전성이나 선함이 아니라 이성적 의지의 존중으로 보는 것이 훨씬 더 명료하다고 생각하는가? … 칸트의 대답은 법칙을 정언적으로 구속하는 것으로 인식하는 것은 입법의 원천에 대한 무조건적이며 비교불가능한 가치를 전제하고 있다는 것인데, 이는 실천적 이성과 관련하여 완전성이나 신성이 아니라 오직 이성적 자기 입법으로 간주되어야 마땅하다. 왜냐하면 오직 이것만이 명령하는 바를 진정으로 정언적인 것으로 만드는 이성적 의지에 대해 파생적인 것이 아니라 본래적인 것으로서의 가치를 갖기 때문이다.[4]

"파생적인 것이 아니라 본래적인 것"은 무엇을 의미하는가? 나는 이 애매모호한 명제는 오직 우리가 그것을 외부 및 따라서 외적인 제재로부터 이성적 의지에 부과되는 것과 의지 그 자체 및 따라서 자율적인 것으로부터 나오는 것 사이의 직관적 구분을 언급하고 있는 것으로 볼 때에만 우리에게 설득력이 있을 것이라고 주장한다.

이성적 정신을 당신의 자아로 간주하는 것의 한 가지 난점은 우리가 경험할 수 있거나 증거를 가지고 있는 "이성적 정신"과 밀접하게

---

4   Wood(1999), p.162.

관련된 많은 것들 가운데, 그 어떤 것 — 우리의 이성적 사고 가운데 하나 혹은 어떤 특정한 때 우리의 (그 당시의 그리고 성향적인) 이성적 신념의 모든 집합, 또는 이성적 사고를 하는 우리들의 능력 중 어떤 것 — 도 우리가 자아라고 편안한 마음으로 인정할 수 있는 것이 아니다. 개별적으로 간주되는 혹은 집합적으로 간주되든, 사고는 영원한 것이 아니며 끊임없이 변화하고 있다. 그것들은 너무 덧없어서 하나의 자아가 될 수 없다. 그것 자체로 간주된, 이성적 사고를 하는 능력은 한 인격의 정체성을 다른 인격과 대비되는 것으로 정의할 충분한 구체성을 갖지 않는다. 만일 당신이 그것 자체로 간주된, 이성적 사고를 형성할 능력은 당신이 죽고 난 다음에도 존속할 것이라는 말을 듣는다면, 당신은 위로가 될 것인가? 이 명제는 분명히 당신이 계속 존재하지 않는다는 말과 양립가능한데, 왜냐하면 그 능력은 어떤 다른 사람에게서도 존속할 것이기 때문이다. 만일 당신이 이성적 사고를 형성할 당신 자신의 능력이 존속한다는 입장을 고수하려고 한다면, 그 능력을 당신의 것으로 만드는 것은 무엇인가? 정확하게 상응하는 언급들은 우리 개인의 이성적 결정, 우리의 의도들의 집합, 특정한 때의 계획이나 정책 및 이성적 결정을 할 우리들의 능력에도 적용된다.

칸트는 이들 가운데 어떤 것도 전혀 자아에 대한 적합한 후보가 아니라는 것을 잘 알고 있다. 따라서 그는 본체론적 자아를 모든 가능한 경험의 외부, 즉 거기에 우리가 결코 접근하지 못하고 그것에 대해 우리가 아무런 지식도 가질 수 없는 사물 그 자체의 영역 안에 둔다. 비록 우리가 이 본체론적 자아가 존재한다는 것을 알 수 없다고 하더라도, 그것이 존재한다는 신념독.Glaube을 형성하는 것은 가능한 일이다. 칸트에게 있어서 우리가 이성적 결정을 할 능력 그리고 특히, 도덕 법칙을 따를 우리의 능력을 이해하기 위해 우리는 이 신념을 형성하지 않으면 안 된다. 이것은 칸트에 따르면, 우리의 실천적 자유는 오직 이와 같은 비공간적이며 시간을 초월한 본체론적 자아의 표상으로서만 이해될 수 있다는 사실로부터 나온다.

칸트의 입장이 직관적 설득력을 가지려면 그의 독자들이 이 본체론적 자아와 일체감을 느껴야 하는 것이 필수적이다. 그 이유를 알기 위해, 초월적으로 자유로운 자아를 갖는다는 것과 당신의 몸을 자기 마음대로 조종하는 영혼이나 악마의 지배를 받는 것의 차이를 고려해 보자. 유일한 차이점은 당신이 당신의 몸을 통제하는 이 본체와 동일시하는가의 여부에 있다.

그러나 물론 이 본체론적 자아는 동일시하는 것이 쉽지 않다. 시공간 밖에 존재하고, 나아가 내가 나 자신이라고 여기는 모든 (남과) 구분되는 특성들로부터 자유로운 어떤 것이 어떻게 실제로 존재하는 내가 될 수 있는가? 더욱이 자아를 우리가 인식론적 접근을 하지 못하는 본체의 영역으로 밀어넣는 것은 칸트가 단지 자기 자신과 그의 추종자로부터 자아가 결코 존재하지 않는다는 놀랍고도 혼란스러운 사실을 숨기기 위한 한 가지 방식에 불과하다는 의심을 피하기 어려울 것이다.

본체론적 자아에 대한 믿음과 결합되어 있는 난점들을 알고 있는 현대의 많은 칸트주의자들은 보편적 법칙의 정식과 어떤 종류의 실천적 자유에 대한 신념을 유지하고 싶을 것이다. 그러나 그들은 자연적 인과성의 흐름 밖에 있는 어떤 것을 전제하지 않으면서 그렇게 하고 싶을 것이다. 그러나 양립주의적 칸트 해석가는 모두 칸트가 충분히 알고 있는 앞서 검토된 난점, 즉 경험적으로 우리에게 주어진 어떤 것 ―과학이나 경험적 연구에 의해 그럴듯하게 발견될 수 있는 어떤 것 ― 도 자아가 되기에는 전혀 적합하지 않다는 데 직면할 것이 틀림없다.

어느 불교도가 내가 고려하고 있는 이 논증에서 그처럼 중요한 역할을 수행하고 있는 질문을 받았다고 가정해보자. "도덕 법칙을 따르게 하는 의지를 구속하는 것은 무엇인가?" 그 불교도의 대답은 명백히 이 질문의 전제들에 도전하는 것을 포함하지 않으면 안 된다. 시작하는 방법은 칸트가 인식하고 있는 의지가, 단지 존재하지 않는다는 사실을 지적하는 것이다. 어떠한 의지도 존재하지 않는다. 대신 깨닫지 못한 존재들에게는, 의도와 결정들을 형성하는 매우 복잡하고, 흔히 잠재의식의 심리적 과정이 존재한다. 이 과정은 욕망에 의해 충동되고 자아에 대한 잘못된 믿음으로 가득하다.

칸트의 관점을 옹호하는 사람들은 욕망 그 자체가 우리에게 행위할 동기를 부여할 수 있다는 관념에 저항하고 싶을 것이다. 그들은 대신 욕망은 내가 그것을 하나의 준칙으로 받아들이고, 그런 다음 자유롭게 그 준칙을 나의 의지를 안내하는 하나의 원리로 선택할 때에만 나에게 동기를 부여할 수 있다고 주장하려고 할 것이다. 이런 주장은 이차 문헌에서 통합테제로 알려져 있다. 칸트주의자들은 더 나아가 통합테제는 선택의 현상학the phenomenology of choice에 의해 지지받는다고 주장할 수 있을 것이다. 무엇보다도 나는 단지 서로 다른 욕망을 저울질한 다음 그 가운데 가장 강한 것은 무엇이든 받아들이는 것을 나 자신으로 보지는 않는다.

현상학은 당연히 욕망의 양적 강도의 단순한 비교가 계속 진행되고 있는 것의 전부는 아니라는 주장을 지지할 것이다. 그러나 실제로 일어나고 있는 보다 더 복잡한 심리적 과정은 그것이 무엇이든, 원인과 조건(어쩌면 그 속에 던져진 약간의 양자 무작위성)에 따라 작동한다. 현상학은 시간을 초월한 본체론적 자아가 나의 모든 결정을 만든다는 관점을 지지하지 않는 것이 명백하다. 원리상 본체론적 자아는 가능한 경험의 대상이 아니기 때문에, 이렇게 할 수 없을 것이다.

어떤 사람이 비교하거나 통합하려는 욕망을 가지고 있는 한, 그 사람은 깨닫지 못한 것으로 간주된다. 불교적 관점에서 보면 깨닫지 못했다는 것은 이기적 욕망과 고통스러운 감정들에 의해 휘둘려지고, 길들여지며, 지배당하고 있는 것이다. 이것은 매우 고귀하지 않은 상태의 부자유이다. 칸트는 이를 알고 있다. 그는 자신의 관점에 따라 우리 모두가 가지고 있는 본체론적 자아에 호소함으로써만 동등한 인간적 존엄성이라는 이상을 유지할 수 있다. 칸트가 자유라고 생각하는 것은 불교적 관점에서 보면, 당신의 특정한 부분의 인격성 ─ 당신의 지적인 정신 ─ 에 휘둘려진 상태에 불과한데, 이는 그것이 우연히 "이성적"이라는 말로 위엄을 부여하게 된 모든 욕망들과 결합되어 있다. 지성을 자아로 보는 것은—특히 철학자들에게!—매우 유혹적일 수 있다. 그러나 만일 좀 더 자세히 살펴본다면, 우리는 지적인 사고가 몸, 뇌 혹은 말하자면, 평범한 침실 가구세트처럼 분명히 자아가 아니라는 것을 알게 될 것이다. 그러나 이렇게 보지 않고 지성이나, 다른 어떤 실체 혹은 과정이 자아이거나 자아에 속한다고 그릇되게 믿는 사람은 여러 가지 종류의 갈망에 통제되고 길들여질 것이다.

우리가 이와 같은 불행하고, 깨닫지 못한 상태에 있는 동안, 우리는 왜 도덕적이어야 하며, 또한 우리는 우리에게 옳은 일을 하라고 이끌 수 있는 어떤 종류의 동기를 산출할 수 있는가? 앞 장들에서 이런 질문들에 대한 답변을 제시했다. 우리는 다른 사람들에게 불행을 야기할 때마다 엄격한 업의 법칙이 다시 우리에게 불행을 가져다줄 것이라는 인식에서 시작할 수 있다. 만일 이러한 주장을 믿고, 나아가 괴로움을 경험하고 싶어 하지 않는다면, 우리는 괴로움의 원인으로 보게 된 그릇된 행동들을 피하려는 동기를 갖게 될 것이다. 따라서 오계와 같은 계śila의 서원에 의해 구속되기를 선택하는 것은 우리에게 이익이 될 것이다. 이러한 서원들은 도덕 규칙을 준수해야만 한다는 심리적 감정을 불러일으킨다. 그것은 또한 약속을 지키는 것의 좋은 업과 약속을 어기는 것의 나쁜 업을 도덕적으로 중요한 사례에서 신중한 계산의 척도에 추가한다. 우리가 우연히 발휘할 수 있게 된 진정한 일체의 자비심과 결합된 이러한 요소들은 경험적으로 대부분의 사람들에게 많은 실제적 사례들에서 옳은 일을 하도록 동기

부여하기에 충분히 강력한 것으로 보인다.

그러나 물론, 이런 이유들 때문에 도덕적으로 행위하는 것은 심히 불만족스럽다. 칸트가 말했듯이, 그것은 많은 측면에서 타율적이다. 자기 이익 때문에 옳은 일을 한다는 것은 저급하다. 그와 같은 동기는 특정한 사실적 조건이나 의문의 여지가 있는 형이상학적 전제들, 혹은 그 둘 모두에 의존하고 있다. 문제의 이 동기는 이기심, 탐욕 및 두려움과 같은 인간 심리의 좋지 못한 측면들에 의존하고 있다. 그것은 광범위한 제약과 부자유를 포함한다. 도덕적이 되는 이러한 방식의 보다 높은 형태는 정서적인 연민에 의존하고 있다. 그러나 어떤 경우에 이러한 감정들은 나타날 수도 나타나지 않을 수도 있을 것이다. 또한 그것들은 때때로 순수하지 않고, 자주 편파적이며, 항상 지혜와 결합되어 있는 것은 아니기 때문에 정서적 연민의 감정은 종종 서툴고, 근시안적이거나, 심지어 파괴적인 행위를 초래할 수도 있다. 왜 우리가 옳은 일을 해야만 하는가라는 질문에 대한 그처럼 피상적인 대답에 불만족을 느끼는 것은 이해할 만하다.

실제로 이러한 대답은 불교 이야기의 목적이 아니다. 불교 경전들은 깨달은 존재의 심리가 일반적인 사람들의 그것과는 매우 다르다고 주장한다. 내가 6장에서 주장했듯이, 진정으로 깨달은 사람들은 도덕적이게 될 유인이나 이유가 필요하지 않다. 사실상 그들은 청정하고, 자연스러운 자비심에서 옳은 일을 한다. 당신은 자신이 의지를 가지고 있다고 잘못 생각하는 한, 의지를 구속할 유인이 필요하며, 그리고 불교는 그 가운데 많은 것을 제공할 수 있다. 그러나 깨달은 사람의 관점에서 보면, 어떠한 도덕적 의무도 존재하지 않는다. 더욱이 당신의 자비심과 갈등할 이기적 욕망이 전혀 없다면, 도덕적 의무의 필요성은 결코 존재하지 않는다. 일단 당신이 깨닫고 나면, 당신은 왜라고 물을 필요도 없이 옳은 일을 하게 될 것이다.

물론 철학자들이 그와 같은 순수하고, 자연적인 자비심이 현실적으로 존재한다는 것을 의심할 여지는 있다. 그러나 내재적인 대자비심에 대해 무슨 말로 반대하든, 적어도 그것은 칸트의 인식불가능한 자율적 의지보다 문제가 더 많은 것은 아니다. 실제로 그것은 훨씬 더 문제가 적은데, 왜냐하면 그것은 가능한 경험의 대상이기 때문이다. 진심 어린 관대함, 동정심이나 사랑의 충동을 느낄 때마다 당신은 대자비심을 인식하게 되지만 ─ 그것은 마치 더러운 창문을 통해 보는 것처럼 분명하지 않다. 영적으로 심오한 경험을 하는 동안, 당신은 단지 잠깐 동안만이라고 하더라도, 그것을 명확하게 볼 수 있다. 깨달은 사람은 대자비심과 결코 분리되지 않는다.

사실 깨닫지 못한 사람들 또한 그것과 결코 분리되지 않는다. 자기 자신이 진실로 행복해지고자 하는 진지한 바람으로 정의된 이기심과 "우리들"이 진실로 행복해지고자 하는 진지한 바람으로 정의된 편파성은 대자비심이 자아에 대한 그릇된 믿음과 자아에 속하는 모든 것에 의해 왜곡될 때 취하는 형태들이다. 칸트의 본체론적 자아와 같은, 인격에 관한 철학적 이론들은 우리들의 자유를 방해하는 고통스러운 왜곡들을 은밀하게 강화시켜주는 이러한 믿음을 지탱시켜주고 있다. 그러나 이러한 이론들이 철저하게 부서질 때, 그리고 자아에 집착하고 자아를 소중하게 여기는 것과 같은 커다란 빙산들이 지혜의 햇빛에 의해 녹을 때, 자비의 물결이 세상 전체로 거침없이 흘러들 것이며, 나무와 풀들은 스스로의 힘으로 자라게 될 것이다.

이러한 상태에서 어리석음의 방해를 받지 않는 대자비심은 행복과 괴로움 및 그것들의 원인들을 보고, 유연하고도 자연스럽게 반응한다. 이렇게 하기 위해 그것을 구속할 필요는 전혀 없다. 이것이야말로 대자비심이 존재하는 방식이다. 몸에서 고통을 느낄 때, 당신은 자연스럽게 자세를 바꾸어 그 고통을 제거한다. 깨달은 존재들의 해탈적인 행동들은 이와 같다.

그렇다면 중요한 의미에서 깨닫는다는 것은 자유로워지는 것이다. 이기적 욕망들로부터, 심리적 갈등들로부터, 방해물들로부터, 장애물들로부터, 제약들로부터 자유로워지는 것이다. 그러나 깨달음은 자유로운 의지가 아니다. 어떠한 의지도 존재하지 않을 뿐만 아니라 어떠한 자아도 그리고 어떠한 자유로운 자아도 존재하지 않는다. 단지 자유롭게 전개되는 과정만 존재할 뿐이다. 만일 우리가 자율적이며, 초월적으로 자유로운 자아를 갈망한다면, 불교는 우리에게 그와 같은 것을 제공할 수 없다. 그러나 만일 우리가 바다로 부드럽게 흘러가는 강처럼, 혹은 맑은 밤하늘에서 아무런 방해도 받지 않고 빛나는 달처럼, 장애물이 없는 상태를 염원한다면, 우리는 자아와 그것의 처절한 갈망을 초월한, 평화로운 상태를 발견할 수 있다.

어떤 관점에서 보면, 내가 방금 표현했던 불교적 시각은 칸트의 윤리와 유사한 구조를 갖는다. 인격성의 한 측면은 어떤 사람의 피상적인 욕망보다 더 심오하며, 나아가 윤리적 행위의 원천이라는 것이 밝혀진다. 이와 같은 정신의 근본적인 측면에 대한 방해받지 않는 표현은 자유와 도덕적 완전성으로 여겨진다. 그러나 불교도들은 자연적인 내면적 자비심과 동일시하지 않는다. 불교도들은 대자비심을 다음과 같은 것 가운데, 하나 혹은 그 이상을 주장함으로써 자아라고 받아들이는 것에 저항할 수 있을 것이다. 그것은 순간적이다, 내 것은 숫자상 당신의 것과 구분되지 않는다, 그것은 본질상 공이다. 더욱이 대자비심은 경험의 대상이기 때문에 본체론적 자아보다 문제가 더 적다. 그러므로 이러한 이론적 구조에 대한 불교적인 표현은 칸트의 그것보다 더 옹호받을 만하다.

내가 기술한 관점은 결과주의자들이 칸트의 홈그라운드에서 싸워 이기도록 할 수 있는 유일한 전략을 대표할 수 있을 것이다. 결과주의자들은 윤리학의 근본적 문제들을 바라보는 칸트의 방식이 전혀 설득력이 없다는 것을 발견할 수 있을 따름이다. 그러나 만일 그들이 자신들의 견해가 타율적이라는 칸트의 반대로 인해 흔들린다면, 혹은 그것이 어떻게 도덕적 법칙이 의지를 구속할 수 있는가에 대해 설명할 수 없다면, 그들은 불교도가 되거나 불교적 세계관의 측면들을 빌림으로써, 대답할 수 있으며 또 대답해야만 할 것이다.

이른바 자유 관념의 실천적 요청

아마도 칸트의 옹호론자들은 본체론적 자아의 존재나 의지의 자유를 위한 이론적 논증을 제안할 필요도 없고, 나아가 제안하려고 해서도 안 될 것이다. 칸트 자신은 이러한 문제들을 이론적으로 인식할 수 없다고 주장했는데, 그러나 일단 우리가 작인作因과 숙고에 대해 실천적 관점을 취한다면, 우리는 실천적 이성의 본성에 따라 자율적 자아를 전제할 수밖에 없게 된다. 이러한 실천적 관점은 만일 우리가 어떤 것을 달성하거나 더욱이 살아남으려고 한다면, 우리에게 선택이 아니라 하나의 요청이 되므로, 우리는 필연적으로 자유롭고 이성적인 의지의 존재를 인정하게 된다. 나는 이 논증을 해명하고 옹호하기 위해 최근에 알렌 우드와 크리스틴 코스가어드가 제안한 매우 다른 두 가지 시도를 검토할 것이다. 나는 이 논증의 우드 버전은 실패했다는 것을 보여주려고 한다. 그리고 만일 우리가 6장에서 제시되었던 깨달은 존재들의 행동과 동기에 대한 설명을 받아들인다면, 우리는 코스가어드의 정식 또한 수용할 필요가 없다.

우드의 논증 방식은 그 단순성에서는 인상적이나 그 포부에서는 아슬아슬하다. 우드에 따르면 우리 자신들이 자유 의지를 갖게 되는 것에 대한 칸트의 실천적 정당화는, 칸트의 저서에서 다른 많은 핵심적인 방법들과 마찬가지로, 하나의 초월적 논증이다. 이러한 형태의 논증은 우리 자신들이 참여하게 되는 가능한 어떤 활동의 조건을 검토하는 것을 포함하고 있다. 이 경우 우드는 규범을 따르는 능력과 우리 자신들이 그것을 따르는 것으로 이해하려는 능력의 가능성에 대한 조건들에 우리의 주의를 환기시킨다. 우드에 따르면 우리는 불가피하게 우리 자신들이 실천적 의사결정의 맥락에서 보면, 여러 가지 규범과 원리들을 따를 수 있거나 혹은 따르는 데 실패한 것으로 간주한다. 그는 대체로 이를 수용하는 것은 우리 자신들이 자유 의지를 가지고 있는 것이며, 따라서 우리가 만일 칸트의 논증을 이해한다면, 도덕 법칙의 구속을 받고 있는 것으로 보는 것이라고 주장한다. 실제로 우드는 이론적인 이유에서도 우리는 우리 자신들이 논리학의 법칙과 같은, 규범들을 따를 수 있는 것으로 간주한다고 말한다. 그러므로 그의 관점에 따르면, 이론가로서 우리들의 자기 이해는 충분히 우리가 자유 의지와 도덕 법칙을 따르려는 우리의 의무에 전념하도록 할 것이다.

우드의 관점에 따르면, 자유 의지를 수용하는 것에 대한 유일한 대안은 "숙명론"인데, 이는 이론적인 영역과 실천적인 영역 양자 모두에서 완전히 무력화되고 있다는 입장이다. 우드가 이 용어를 정의하고 있듯이,

숙명론자를 실천적 자유(이 자유는 칸트의 방식에서는, 규범에 일치하는 인과성으로 이해된다)를 부정하는 어떤 사람이라고 하자. 그러므로 숙명론자는 ~F [즉 자유 의지는 결코 존재하지 않는다고 주장한다. 그는 그 자신의 행위 판단을 오직 자연법의 필연적 결과로서만 간주해야 하는데, 이는 그것들이 이성이나 추론의 규범적 규칙(긍정 논법modus tollens과 같은 것)을 참조함으로써 제대로 설명될 수 있다는 사실을 부정한다.5

---

5   Wood(1999), p.177.

실제로 대담하게 그와 같은 입장을 고수하는 사람은 절망적인 상황에 빠지게 되는 것처럼 보인다. 우드는 칸트를 다음과 같이 주장하고 있는 것으로 해석한다.

> 우리는 또한 우리가 심지어 바로 그와 같은 의심들을 품을지 여부를 판단할 우리의 능력을 포함하여, 합리적으로 판단할 우리의 능력을 의심할 때에만 자유의 실체를 의심할 수 있다. 숙명론자는 여전히 숙명론을 단언하며 심지어 그것에 대한 찬성 논증을 제시할 수도 있을 것이다. 그러나 그는 이와 같은 논증들의 토대 위에서 그 자신이나 혹은 그가 그들에게 숙명론은 이성적이라고 주장하는 논증을 제공했던 사람들을 대표할 수 없을 것이다.[6]

우리 철학자들은 — 최소한 — 필연적인 실천적 요청하에서 우리 자신들을 자유 의지를 가지고 있는 것으로 여기는 것처럼 보이거나 혹은 또 다른 작업 방식을 찾는다. 우드가 자신의 입장을 요약하고 있듯이, "나 자신이 판단할 수 있다고 이해하는 것을 나는 정확하게" 자유 의지는 도덕 법칙을 따라야 하며, 또한 따를 수 있다는 칸트의 논증에서 "뜻하고 있는 의미에서 자유롭다는 것을 가정하는 것이다."[7]

그러나 문제가 그처럼 강하게 진술될 때, 어떤 것이 잘못되었는지를 알기가 어렵지 않을 것이다. 우드에게 있어서 만일 내가 다른 사

---

6 Wood(1999), p.177.
7 Wood(1999), p.176.

람들이 칸트 윤리학에서 요구되는 종류의 자유 의지를 갖는다는 것을 부정한다면, 나는 그들이 규범을 따르거나 혹은 심지어 규범을 따르는 데 실패한 것으로 볼 수 없다. 이 진술의 대척점은 만일 내가 다른 사람이 규범을 따를 수 있다고 간주한다면, 나는 그들이 확실히 자유 의지를 가지고 있다고 간주한다는 언명이다. 후자의 언명이 갖는 직접적인 난점은 나의 시각에서 보면, 내가 데닛Dennett이 "설계적 태도design stance"라고 부르는 것으로 여기는 것들조차도 규범을 따를 수 있거나 따르는 데 실패한다는 것이다. 에어컨은 잘 작동하거나 제대로 작동하지 않을 수 있다. 미로 속을 뛰어다니는 생쥐는 실수할 수 있다.

당신 자신이 체스 게임을 하는 것 외에는 전혀 아무 일도 하지 못하는 전용 컴퓨터를 사용하고 있다고 상상해보자. 당신이 컴퓨터의 수에 지지 않으려고 필사적으로 노력할 때, 컴퓨터의 대응수가 (1)체스의 규칙을 따르는 것으로, 그리고 (2)게임에 이기기 위한 전략의 일환으로 보는 것은 실천적으로도 필요하고 또한 심리적으로도 불가항력적인 것이 될 것이다. 이것들은 두 개의 규범적 개념인데, (2)는 매우 확고하게 규범적이다. 전략은 잘 수행되거나 제대로 수행되지 못할 수 있으며, 그것을 수행하는 동안 실수도 할 수 있다, 등등. 그러나 그 컴퓨터를 이런 방식으로 봄으로써, 당신은 어느 정도 이 컴퓨터가 도덕 법칙을 따를 수밖에 없거나 혹은 심지어 그렇게 할 수도 있다고 생각하는 것에 빠져 있다고 주장하는 것은 전적으로 불합리한 일일 것이다.

물론 컴퓨터는 자신의 수를 규범을 따르거나 규범을 따르는 데 실패하는 것으로 볼 수 없다. 아마도 우드는 어쨌든 본질적인 것이 아닐 수 있는, 다른 사람들에 대한 나의 견해에 관한 자신의 주장을 취소하고 나아가 나 자신을 규범을 따를 수 있는 것으로 보는 것은 나 자신을 자유롭다고 보는 것이라고 단언해야 할 것이다. 대답으로 나는 당신에게 단 두 가지 능력, 즉 체스 게임을 하는 것과 자신의 시도를 규범에 일치하는 행위로 보는 것만 가진 컴퓨터를 상상해보라고 요구할 수 있을 것이다. 그러나 당신은 그 컴퓨터가 이 두 번째 능력을 그것 자체만으로는 전혀 가질 수 없을 것이라고 — 매우 공정하게 — 항의할지도 모르겠다. 그것은 많은 다른 능력들도 갖지 않으면 안 될 것이다. 그렇다면 다음과 같은 문제에 직면한다. 어떤 능력이 이 새 컴퓨터를 도덕 법칙 — 규범적 개념을 사용해 그 자신을 기술하는 두 번째 능력, 혹은 필연적으로 그와 같은 능력을 수반하는 어떤 것의 일부 — 의 지배를 받게 될 적절한 후보로 만들까?

이런 언급들에 비추어 우드에게서 나온 다음과 같은 두 가지 인용을 고려해보자.

칸트는 자유가 일종의 인과율이며, 또한 "인과율"이 자유의 경우 무엇을 의미해야만 하는가에 대한 분석의 일종이라는 토대 위에서 F→M [자유롭다는 것은 도덕 법칙을 따르지 않으면 안 된다는 것을 수반한다는 주장]에 찬성한다. 그것은 무조건적이자 스스로 부여한 규범 법칙의 지배를 받는다는 것을 의미하지 않으면 안 된다.[8]

---

8   Wood(1999), p.174.

칸트는 우리가 우리의 판단을 규범에 따라 수행하는 행동으로 간주해야만 한다는 의미에서 우리 자신들은 우리가 모든 이성적 판단을 할 때 자유롭다고 생각하지 않으면 안 된다고 주장한다.[9]

이 두 인용문은 같은 것을 다루고 있는데, 그것들은 "자유"라는 단어에 대한 똑같은 의미를 포함하고 있다는 주장은 도대체 어떤 설득력을 갖는가? 그러나 만일 그렇지 않다면, 우드의 논증은 실패하고 말 것이다.

우드는 이 두 가지 인용문이 같은 주제를 다루고 있다는 것을 어떻게 생각할 수 있었는가? 아마도 그는 다음과 같은 두 가지 주장을 분명하게 구분하고 있지 않는 것 같다.

WA. 나의 행위들은 모두 규범 L을 따르거나 혹은 따르지 않는 것이라고 평가될 수 있다.
WB. 나의 모든 행위들에서, 나는 규범 L을 따를 수 있다.

가장 자연스럽게 읽히는 WB는 내가 자유 의지를 가지고 있다는 것을 함축한다. WA는 확실히 그렇지 않다. 실제로 WA는 다음에 이어지는 모든 것과 양립가능하다. 나는 때때로 규범 L을 따를 수 없다, 나의 모든 행위들은 원인과 조건에 의해 결정된다, 내가 내일 오후 4시 23분에 규범 L을 어길 것이라는 것은 지금으로서는 법칙적으로

9 Wood(1999), p.175.

필연적인 하나의 진리이다, 그리고 심지어 나는 규범 L을 결코 들어본 적이 없으며 또한 전혀 그것을 의식하지도 않는다, 등등.

나는 감히 칸트가 그와 같은 혼동에 대한 책임이 있을 수 있다고 주장하지는 않을 것이다. 실제로 칸트는 자유 의지에 필수적인 것에 대해 우드보다 훨씬 더 확고한 개념을 가지고 있다. 적당한 대가로 도덕에 중요한 종류의 자유 의지를 얻을 기회를 제안받은, 현대의 칸트주의자들은 그것이 엄청나게 매력적인 거래라는 것을 발견할 수 있을지도 모르겠다. 아마도 우드는 그가 이를 칸트주의자들에게 제안할 수 있다고 생각하는 것으로 보인다. 왜냐하면 그는 규범에 일치하거나 규범에 일치하는 데 실패한 것으로 해석될 수 있는 방식으로 행위하는 능력, 즉 소유하기 매우 쉬운 능력과 얼핏 보아도, 야심만만한 형이상학적 하부구조를 요구하는 것이 분명하며, 보다 더 심오한 통찰과 더욱 명백한 비전으로 비춰지는 칸트의 강력한 도덕적 사유 간의 간격은 불합리하고, 일관적이지 않으며, 가능하지도 않다는 것을 보지 못하기 때문이다.

이 주제를 떠나기 전에 나는 그가 칸트로부터 직접 물려받은 우드 입장의 중요한 특징에 대해 몇 가지 언급을 제시하려고 한다. 이는 우리의 판단이 우리가 수행하는 행위라는 견해인데, 그것은 앞에 나온 인용에서 명확하게 진술되고 있으며 또한 많은 철학자들이 받아들이고 있다. 30분 동안의 불교 명상은 어떤 사람에게서 일생 동안의 망상을 치유해줄 수 있다. 당신이 자리에 앉아 당신 자신의 호흡의 흐름에 집중하고 있다고 가정해보자. 이 수행의 일부로, 당신은 당신 자신에게 당신의 생각이 연상이나 추론의 사슬을 따라 진행하는 것을 허용하지 않겠다고 약속한다. 당신이 명상 전문가가 아니라면, 이약속을 지키는 데 실패할 것이다. 당신은 당신 자신이 계속해서 복잡한 논증을 포함한 (만일 당신이 이를 읽을 만큼 충분히 지적이라면) 인식의 내용으로 채워진 생각들을 경험하고 있다는 것을 발견할 텐데, 이것은 처음부터 받아들였으며 빈번하게 되풀이되었던, 그와 같은 생각을 형성하지 않겠다는 당신의 의도에도 불구하고 나타나게된다. 이러한 훈련이 30분만이라도 진지하게 이루어진다면, 당신은 "생각하는 자아"의 모델이 당신의 사고를 야기하는 복잡하고, 주로잠재의식의 심리적 과정에, 얼마나 무력하게 부합하지 않는지를 알기 시작할 것이다. 당신이 이 모델의 부적합성을 더 많이 보면 볼수록 이론적이거나 실천적인 이성적 사고를 당신의 진정한 자아로 인정하려는 경향 ― 내가 칸트 윤리학의 호소력에 핵심적이라고 주장했던 경향을 버리기가 더 쉬워질 것이다.

나는 의지의 자유를 지지하는 칸트의 실천적 논증에 대한 우드의정식은 얼핏 보면 강력하고 호소력 있는 것처럼 보일지 모르지만, 매우 심각한 결점이 있다고 주장해왔다. 크리스틴 코스가어드의 매우다른 정식은 보다 복잡하고, 통찰적이며, 흥미롭다. 그가 영향력 있는 한 논문에서 제시하는 버전은 데릭 파핏에 대한 답변 형식을 취하고 있다.[10] 내가 5장에서 보여주었듯이, 보편적 결과주의를 옹호하기

---

10 그의 "인격적 정체성과 작인의 통합성: 파핏에 대한 칸트의 답변(Personal Identity and the Unity of Agency: A Kantian Response to Parfit)"이라는 논문에서

위한 산티데바의 전략은 파핏의 논증과 매우 유사하다. 따라서 결과주의를 지지하기 위한 파핏의 형이상학적 논증에 대한 코스가어드의 반대는 또한 산티데바에 대해서도 마찬가지이다. 이러한 반대를 성찰하는 것은 불교적 무아론의 본질과 철학적 중요성에 대한 이해를 발전시키는 데 도움을 줄 것이다.

코스가어드는 파핏의 형이상학적 테제들을 직접적으로 비판하지 않는다.[11] 그러나 그는 파핏이 제안하는, 인격적 정체성에 대한 환원주의적 비판은 파핏이 그것이 가지고 있다고 생각하는 규범적 함축들을 지니고 있지 않다고 주장한다. 비록 이러한 비판은 이론적 관점에서 보면 옳을지 모르지만, 우리에게 우리 자신들을 오랜 기간에 걸쳐 결합된 단일한 행위자로 생각하기를 요구하는 또 다른 관점, 즉 실천적 관점이 존재한다. 이러한 실천적 관점은 거기에서 우리가 윤리적 결정을 하는 것이기 때문에 우리의 윤리적 시각은, 그것이 형이상학적으로 정당화되든 그렇지 않든 간에, 그와 같은 관점에서 이해되는 고려들에 의존해야만 할 것이다. 코스가어드가 쓰고 있듯이, "나에게 혼자 힘으로 정체성을 구성하라고 요구하는 것은 실천적 이성이다. 형이상학이 나를 이쪽으로 안내하는지 혹은 그렇지 않은지의 여부는 하나의 열려 있는 문제이다."[12]

발견된다. Korsgaard(1996), pp.363-87.

11 실제로 그는 대체로 그것들과 의견이 일치하는 것처럼 보인다. 예컨대, 그는 "파핏과 내가 모두 동의하는 심오한 개인적 차별성에 반대하는 고려들"을 언급하고 있다. Korsgaard(1996), p.383.

12 Korsgaard(1996), p.371.

실천적 관점의 수많은 측면들은 나에게 정체성을 구성하라고 요구하는 것처럼 보인다. 한 예로, 나는 오직 단 하나의 육체만 가지고 있을 뿐이다. 만일 내가 어떤 주어진 시간에 단 하나의 행위 방법을 선택하지 않고 다수의 양립불가능한 것들을 한 번에 하려고 한다면, 나는 어떤 것도 성취할 수 없을 것이다.[13] 그러므로 나는 어떤 주어진 시간에 기능적으로 통합될 필요가 있다. 더욱이 코스가어드가 적고 있듯이, "우리가 하는 일의 일부는 장기간에 걸쳐 진행되는 계획의 맥락에서만 인식가능하다."[14] 결과적으로 나는 나 자신을 어떻게든 시간을 통해 존속하는 것으로 생각할 필요가 있다. 훨씬 더 근본적으로는, 만일 내가 무엇을 할 것인가를 결정하는 일부로 서로 다른 고려들을 판단하려고 한다면, 나는 그렇게 하기 위한 이성적 원리를 필요로 할 것이다. 코스가어드에 따르면,

이것은 당신이 당신 자신을 표현하는 것으로 간주하고, 나아가 당신의 욕망 가운데에서 당신의 선택을 규제하는 이유를 제공하는 어떤 원리나 선택 방식이 존재한다는 것을 의미한다. 그와 같은 원리나 선택 방식과 일치하는 것은 "당신 자신에 대한 법칙"이어야 하며, 나아가 그 자체로 통합되어야 한다는 것이다.[15]

---

13 Korsgaard(1996), p.370.

14 Korsgaard(1996), p.371.

15 Korsgaard(1996), p.370.

이러한 고려들은 우리가 말할 수 있듯이, 만일 이 자아가 존재하지 않는다면, 그것을 발명하는 것이 필연적인 일이 될 것이라는 것을 보여주고 있는 것 같다.

코스가어드는 실천적 관점으로부터, 우리의 행위들과 일치가 될 수 있다는 것의 중요성을 거듭 강조하고 있다. 그는 우리의 행동들이 단순히 우리들에게 우연히 일어나는 것만은 아니라고 주장한다.

> 그러나 실천적 관점에서 보면, 행위와 선택은 행위자와 선택자를 갖는 것으로 간주되어야만 한다. 이는 그것들을, 우리의 눈에는, 우리에게 일어나는 사건들보다 우리 자신의 행위와 선택으로 만드는 모든 것이다. … 실천적 관점에서 보면 우리의 행위와 선택에 대한 우리의 관계는 본질적으로 작자(作者)의 것이다. 거기로부터 우리는 그것들을 우리 자신의 것으로 본다.[16]

이러한 실천적 관점의 특징은 숙고의 현상학에 의해 강화된다. 코스가어드가 주목하고 있듯이 "당신이 숙고할 때, 그것은 마치 당신의 모든 욕망을 넘어서는 어떤 것, 당신인 어떤 것, 그리고 그것에 따라 행위하는 것을 선택하는 어떤 것이 존재하고 있는 것과 마찬가지다."[17] 코스가어드에게, 이러한 측면의 실천적 관점은 무엇을 할 것인가에 대한 이론을 구성할 때 고려되어야만 한다. 바로 그런 이유로 이런

---

16 Korsgaard(1996), p.378.
17 Korsgaard(1996), p.370.

것을 무시하는 도덕 이론은 불충분한 것이다.

불교전통 안의 철학자들은 이런 비판에 어떻게 대답할 수 있는가? 그들은 내가 6장에서 제안한 것과 같은 깨달은 마음에 대한 설명에 호소할 수 있을 것이다. 불교도들에 따르면, 코스가어드가 기술하고 있는 완전한 실천적 관점은 유일하게 가능한 삶의 방식이 아니다. 실제로 이러한 관점은 우리의 혼동과 불행을 지속시키는 조건들의 집합 가운데 하나의 중요한 부분이다. 실천적 관점의 대안은 깨달은 상태인데, 여기에서는 어떠한 결정도 존재하지 않는다. 이 상태에서 사물이 어떻게 존재하는가를 분명하게 보는 이론적 인식, 즉 아마도 비개념적인 직관적 통찰력이 존재한다. 이러한 통찰력과 결합된, 타고난 대자비심은 다른 존재들의 행복을 가져오고 그들의 괴로움을 덜어주는 신체적인 움직임과 언어적 움직임을 자동적으로 낳는다.

확실히 깨달은 존재들이 실재할 수 있는지의 여부를 물을 여지가 있다. 만일 독자들이 논의의 목적상 방금 설명한 의미에서 깨닫는 것이 가능하다는 것을 인정한다면, 그와 같은 상태는 결과주의적 관점에서 보면, 코스가어드가 기술한 평범한 사람의 상태보다 더 진정한, 명확하게 확인할 수 있는 장점을 갖는다는 사실이 밝혀질 것이다. 특히 평범한 사람의 상태는 만일 내가 어떤 특정한 결정 규칙을 나 자신을 표현하는 것으로 간주한다면, 나는 그 규칙을 굳이 폐기하고 싶어 하지 않을 것이며, 심지어 결정 규칙을 바꾸는 것이 훨씬 더 좋은 결과를 가져올 때조차도 다른 규칙에 따라 결정을 하고 싶어 하지 않을 것이라는 불리한 점을 갖게 된다. 만일 당신이 이러한 종류의 경우를 감내할 수 있다면, 엄청나게 힘이 세고, 마음을 읽을 수 있는 외계인이, 만일 내가 다가올 24시간 동안 나의 통상적 규칙을 사용하여 숙고함으로써 어떤 결정을 한다면, 그는 유럽 대륙을 날려버릴 것이라고 나를 위협한다고 상상해보자. 그렇다면 나의 규칙이 어떤 장점을 가질 수 있든지 간에, 다가올 24시간 동안 그것을 적용하는 것은 유럽과 그곳의 전체 인구의 소멸을 보상할 만큼 충분히 좋은 결과를 산출할 기회를 갖지 못한다. 만일 내가 할 수 있다면 ― 심지어, 즉 더욱 특별히, 만일 나의 현재 규칙이 결과주의적인 것이라면, 나는 다른 규칙으로 바꾸어야 할 것이다. 그러나 만일 당신이 이러한 유형의 사례를 수용하지 않는다면 요점을 분명히 하기 위해, 파핏이 당신 자신을 비이성적으로 만드는 것이 이성적일 수 있다는 것을 보여주기 위해 사용했던, 무장 강도에 대한 쉘링Schelling의 대답과 같은 보다더 현실적인 사례들이 존재한다.[18] 설사 내가 대부분의 사례에서 특정한 결정 규칙을 사용한다고 하더라도, 그와 같은 규칙에 집착해서는 안 될 것이다. 때때로 그것을 사용하는 것은 나쁠 것이다. 그러나 만일 내가 이 결정 규칙을 나 자신의 표현으로 여긴다면 나는 그것에 집착할 것이며, 따라서 심지어 내가 그렇게 해야 할 때조차도 그것을 폐기하려고 하지 않을 것이다.

코스가어드에게 나를 시간 속의 한 행위자로 통합하는 것 가운데 주요한 부분은 내가 나 자신의 장기간 프로젝트와 동일시한다는 점

---

18   Parfit(1984), pp.12-13을 보라.

이다. 이러한 동일시는 순간순간을 하나의 새로운 기회로 보고 나아가 나의 프로젝트에서 일어난 과거의 진전을 단지 그 상황에 관련된 특징들로만 보려는 태도와 대조된다. 후자의 태도는 더 좋은 결과를 산출할 태도일 가능성이 있다. 확실히 내가 매 순간마다 나의 모든 프로젝트를 재평가해야 한다는 것은 현실적으로 심각한 문제가 될 것이다. 그러나 관련된 새로운 정보가 들어올 때마다 나는 그 정보를 바탕으로 프로젝트의 가치를 다시 고려할 준비가 되어 있어야 할 것이다. 만일 내가 이렇게 하는 것을 꺼리고 있다면, 나는 프로젝트를 희생하는 것이 다른 사람들에게 훨씬 더 많은 이익을 가져다줄 때조차도 나의 프로젝트에 집착하려고 할 것이다. 그리고 나의 프로젝트와 동일시한다는 것, 곧 그것을 어떤 의미에서는 나의 정체성을 구성하는 데 도움을 주는 것으로 간주하는 것은 실제로 나로 하여금 결과주의가 나에게 해야만 한다고 말하는 것, 즉 만일 나의 프로젝트가 할 수 있는 것보다 모든 유정적 존재들에게 더 많은 선을 산출할 기회가 생긴다면 나의 모든 프로젝트를 30초 안에 포기하라는 것을 말할 마음이 들지 않도록 만들 것이다.

다른 한편, 만일 내가 매우 높은 수준의 수행자라면, 나는 어떤 종류의 자아를 구성하는 것이 불가피할 것이다. 만일 내가 어떤 의미의 자아를 갖는 것이 필연적이라면, 그와 같은 의미의 자아가 미혹된 세속적 가치 대신, 혹은 그것에 더해 불교적 가치를 포함할 때 더 좋은 결과가 산출될 것이다. 따라서 내가 나 자신을 보살로 생각하고, 어떤 형태의 불교윤리로부터 도출된 의사결정 절차를 받아들여 승인한 다음, 깨달음에 이르는 길을 따라서 불성을 성취하려는 장기간의 프로젝트와 동일시하는 것은 대단히 큰 의미를 가질 수 있을 것이다. 그러나 내가 6장에서 논의했던 수보리에 관한 인용과 관련하여 보여 주었듯이, 일단 우리의 수행이 충분히 높은 수준에 도달한다면, 우리는 이와 같은 자아 개념의 모든 측면을 버리고, 우리의 진정한 비존재성을 바라보며, 자유 의지의 환상을 포기하고, 나아가 진정한 자유 안에서 살 필요가 있을 것이다.

의사결정 절차들 중의 어느 하나에 집착하지 않으면서도, 그와 같은 절차를 사용할 수 있다는 것은 통상적인 실천적 관점보다 더 자유롭고 덜 미혹된 상태이다. 만일 우리가 여전히 이와 같은 관점을 갖는 것에 대해 매우 혼란스럽다면, 우리가 그것의 불교적 버전 가운데 하나를 갖는 것은 좋은 일이다. 내가 제공했던 설명에 따르면 충분히 깨달은 마음에서는, 어떤 의사결정도 일어나지 않으며, 따라서 비록 우리가 결과주의적 의사결정 절차에 의해 그 과정을 모방할 수 있다고 하더라도, 어떤 의사결정 절차도 사용되지 않는다. 그 대신 대자비심은 방해받지 않은 채 자연스럽게 그 자신을 드러내고 있다.

깨달은 존재는 의도와 의사결정을 형성하지 않음으로써 어떤 중요한 것을 놓치고 있는가? 평범한 사람에게 의도와 의사결정의 유용한 기능은 과거의 실천적 추론에 대한 정보를 축적하는 것이다. 깨달은 존재들은 실천적 이성을 가지고 있지 않기 때문에 이러한 정보를 축적할 필요가 없다. 그러나 확실히 그들은 "5분 전에, 여기에서 법칙적으로 가능한 육체의 움직임들 가운데, 존재들의 복지를 향상시키는 데 가장 효과적인 것은 X일 것이라는 깨달음이 일어났다."라는 형식에 대한 생각들을 가질 수 있다. (아마도 깨달은 존재는 이를 정확하게 바로 그와 같은 것이라고는 말하지 않을 것이다!) 이와 같은 생각의 이용가능성은 깨달은 사람이 어떻게 장기간의 계획들을 수행할 뿐만 아니라, 만일 존재들에게 이익을 가져다줄 더 좋은 기회가 생긴다면, 30초 안에 그와 같은 계획을 버릴 수 있는가를 설명하는 데 도움을 줄 수 있을 것이다.

따라서 코스가어드가 보기에 영속하는 자아를 구성하는 것을 돕는 심리적 과정을 거부하고 포기하는 것은 단지 불교의 요구만은 아닐 것이다. 어떤 조건하에서 그것은 결과주의 자체의 요구일 수도 있을 것이다. 코스가어드가 필연적이며 불가피한 것으로 간주하는 것과 같은 종류의 동일시는 종종 사람들이 유정적 존재들에게 이익이 되는 방식으로 반응하지 못하도록 할 것이다. 만일 내가 이것에 대해 옳다면, 불교윤리는 결과주의의 논리적 함축으로부터 나오는 가장 충실한 활동을 대표할 상응하는 권리를 갖는다.

그리고 내가 옹호하고 있는 관점에서 보면, 코스가어드의 노선을 취하는 사람은 강박적으로 손을 씻는 사람과 비교될 수 있을 것이다. 이 한심한 친구가 "나는 세상이 형이상학적으로 존재하는 방식에서는 나에게 5분마다 손을 씻으라고 요구하는 것은 아무것도 없다는 것을 알고 있다. 그러나 내가 존재하는 방식을 전제해볼 때 나에게는 내가 그렇게 행위하라고 하는 엄청나게 중요한 요구가 존재하고 있는 것처럼 보인다는 것을 발견한다. 나는 내가 세상에 관계하는 방식의 핵심적인 특징들을 버리지 않는다면 그와 같은 요구의 존재를 믿는 것을 멈출 수 없다. 또한 심지어 그와 같은 포기가 가능하다고 생각할 아무런 이유를 갖지 못한다."라고 말한다고 상상해보자.

나는 이런 비교가 인격적 모욕으로 간주되지 않기를 바란다. 나를 포함한 거의 모든 사람들은 코스가어드의 설명이 가치를 규정한 미혹된 유형들을 보여주고 있다. 그러나 우리는 그와 같은 유형들의 가치를 규정할 필요가 없다. 우리는 이를 우리로 하여금 깨닫지 못하게 만드는 것들의 측면들로 볼 수 있다. 그러나 우리가 이러한 사고 유형들을 미혹된 것으로 간주할 때조차도 대부분의 우리들에게 그것들을 즉시 제거하려고 노력하는 것은 의미 없는 일일 것이다. 자기 자신을 초발심 보살로 여기는 수행자는 모든 존재들의 이익을 위한 깨달음에 이르는 장기간의 프로젝트 및 그와 이 프로젝트로부터 파생하는 선과의 관계라는 개념을 가질 것이다. 그가 이 프로젝트와 거기에서 기인하는 자아의 개념을 포기하는 것은 그가 정신적 수행자가 되는 것을 중단하는 것이 될 텐데, 이는 건설적인 일이 아닐 것이다. 대승불교는 모든 사람에게 일체의 규칙과 목적 및 프로젝트들을 포기하라고 말하지 않는다. 그렇게 하는 것은 매우 수준 높은 소수의 수행자들이 기꺼이 그렇게 할 준비가 되어 있을 때에만 떠맡는 하나의 과제이다.

일단 준비되었다면, 우리는 코스가어드가 기술한 생각의 유형들과 그 유형들이 발생시키는 자아의 개념을 버릴 수 있으며, 또한 버려야만 한다. 불교도들은 이러한 자아 개념을 극복하는 것이 가능하다는 확신을 갖고 있다. 그러나 그렇게 하기 위해 우리는 우리가 의사결정을 하고, 우리 자신들에 대해 생각하며, 우리 삶 속의 매 순간 동안의 세계와 관련시키는, 그 방식의 중요한 측면들을 폐기하지 않으면 안 된다. 우리는 하나의 의미에서 — 그러나 오직 하나의 의미에서만 — 윤리를 초월해야 한다. 우리는 오직 자아를 초월함으로써만 그렇게 할 수 있다.

결론

이 책에서 나는 윤리학에 대한 인도와 티베트 불교적 관점들의 이론적 구조 및 실천적 함축들의 몇 가지 측면들을 명확하게 하려고 노력했다. 나는 모든 결론을 확실하게 정립했다고 주장하지는 않는다. 불교윤리학에 대한 그 이상의 연구를 위한 여지가 많이 남아 있다. 그러나 내가 논의해왔던 쟁점들에 관해 옳든 그르든 간에 내가 앞 장들에서 검토하지 못했던 절실한 문제들이 더 있다. 나는 여기에서 이러한 쟁점들을 제기하기를 원하지만, 그것을 해결하려고 시도하지는 않는다.

이러한 쟁점들은 불교윤리와 정치 이론 사이의 관계에 관심을 갖는다. 이 주제는 전근대시기의 아시아 불교도들에게 핵심적인 쟁점은 아니었다. 조엘 쿠퍼먼Joel Kupperman이 썼듯이 "대체로 불교도들은, 특히 고전적 시기의 불교 철학에서는, 세상의 문제들을 위한 사회적 및 정치적 개선책에는 관심을 기울이지 않았다."[1] 그러나 오늘날 서구의 불교도들은 자신들의 신념과 가치를 공공의 영역에 적용하고, 정부 정책에 영향을 미치며, 또한 동료 시민들을 설득해서 변화를 가

---

1   Kupperman(1999), p.155.

져오는 데 도움이 되기를 원한다. 그들이 이러한 목적들을 가지고 있는 한, 불교 활동가들은 자유주의에 대해 어떤 태도를 취할 것이며, 나아가 서로 다른 선 개념들 사이의 정부 중립성에 관한 중요한 자유주의적 교의에 대해 어떤 태도를 취할 것인지를 결정하지 않으면 안 된다.

이러한 주제를 다루는 데 있어서 우리는 불교윤리가 그 중심에 덕과 인간의 삶을 행복하게 만드는 것에 대한 특별한 개념을 포함하고 있다는 사실을 고려해야만 한다. 이 책을 통해 나는 불교—특히 대승불교—의 윤리적 관점과 고전 공리주의 사이의 많은 유사성을 지적한 바 있다. 그러나 현재의 맥락은 이러한 입장들이 전혀 다른 한 가지 측면을 두드러지게 만든다. 고전 공리주의의 대다수 지지자들에게 이를 위한 동기의 결정적인 부분은 그것은 좀 더 높은 의미에서 추구, 프로젝트 혹은 목적들이 채택할 만한 가치가 있는가에 대해 어떤 입장도 취하지 않는다는 사실이다. 그들 자신의 관점에서 보면, 사람들을 행복하게 만드는 모든 것은 가치 있는 것이다. 그러므로 고전 공리주의는 사람들에게 그들에게 좋은 것이 무엇인지를 말하려는 온정적 간섭주의의 시도를 포함하고 있지 않다. 그것은 사람들 자신의 욕망을 존중하고, 그들에게 그들 자신의 목적을 성취하게 하며, 나아가 그들 자신의 행복을 실현하는 것을 허용하는 것은 무엇이든 제공하려고 노력한다.

고전 공리주의의 이러한 구조적 특징은 그것을 상이한 선의 개념들을 가진 사람들 사이에서 가능한 합의의 토대로 만들 수 있다. 삶을 살 만한 가치가 있는 것으로 만드는 것에 대해 어떠한 합의도 존재하지 않고 종교적 다양성이 날로 증대되는 것처럼 보이는 현대의 미국과 같은 사회에서, 그와 같은 합의의 전망은 확실히 매력적이다.[2] 대조적으로 불교윤리는 덕의 본질과 좋은 삶의 구성요소들에 대한 확고한 견해를 포함하고 있다. 어떠한 합리적인 비불교도도 불교윤리를 다원주의 사회에서 정책 결정을 하기 위한 1차적 토대로 받아들일 것이라고 기대할 수 없다. 설사 특정한 국가에서 불교도들이 다수를 구성하고 있다고 하더라도, 그들이 자신들의 투표력을 이용해서 자기 자신들의 선 개념에 토대를 둔 법을 그것을 수용하지 않는 다른 사람들에게 강요하는 것은 심각한 문제가 될 것이다.

불교전통은 대부분 종교적 관용의 원칙을 존중함으로써 자신들을 차별화했다. 그러나 불교의 영향을 받은 전근대의 아시아 정치는 선 개념들 사이의 정부 중립성이라는 관념을 발전시키지 못했다. 우리는 단지 이러한 종류의 중립성에 대한 불교적인 찬반 논증이 어떤 모습일지를 모르고 있을 뿐이다. 그러나 오늘날 많은 서구 국가들에서 불교도들은 다소 불완전하긴 하지만 어떤 개념의 중립성을 구체

---

2   이 쟁점에 대한 브라이언 배리(Brian Barry)의 도움이 될 만한 논의의 일부는 다음과 같다. "공정성으로서의 정의가 공리주의와 어떤 공통점을 가지고 있는가를 묻는 것으로 논의를 시작해보자. … 이로부터 그 외의 다른 유사성들이 도출되는, 공통성의 근본적인 지점은 두 이론이 동일한 문제를 언급하고 있다는 것이다. 그것은 선의 실질적 개념의 환원불가능한 복수성을 인정하는 것으로부터 출발한다. 따라서 그것은, 선에 대한 각자의 실질적 개념이 무엇이든 간에, 원칙적으로 그 사회의 개별 구성원들에게 호소력을 가질 수 있는 사회의 제도와 공공 정책에 대한 근거를 찾는 프로젝트를 공유한다." Barry (1995), p.139.

화하고 있는 합법적 정권 아래에서 살며, 또한 그것으로부터 이익을 얻고 있다. 불교적 정치 철학의 출발점 가운데 하나는 만일 그것이 등장하려면, 이런 쟁점과의 싸움이 될 것이다.

이와 밀접하게 관련되어 있고, 또한 학자들로부터 상당한 관심을 받기 시작한 문제는 불교도들이 권리라는 용어를 정치적 목적을 옹호하기 위한 하나의 적절한 형식으로 받아들여야 하는지 여부에 관심을 갖는다. 내가 보여주었듯이 중국 철학과 인도 철학에서도 필적할 만한 것이 있는 보편적이고, 공평무사한 자비의 개념과는 달리 — 보편적 인권의 개념은 윤리학에 대한 서구의 뚜렷한 공헌이다. 다만 전근대의 불교윤리학은 어떠한 권리 개념도 가지고 있지 않을 뿐이다. 그러나 권리의 관념과 연결지어 자주 논의되고 있는 윤리적 관심사의 영역에 대해서는 말할 것이 상당히 많다. 일부의 불교학자들에 따르면, 불교윤리는 권리 개념을 수용하고 불교를 그것의 관점에서 다시 생각함으로써, 풍부해지고 또한 현대적 쟁점들과 더 많은 관련성을 가질 수 있을 것이다. 또 다른 사람들은 불교적 관점과 권리에 바탕을 둔 이론들 사이의 차이는 단지 언어적인 것에 불과하며, 더 나아가 불교적 가치는 실질적인 변화 없이도 권리의 용어로 표현될 수 있다고 주장한다. 여전히 다른 사람들은 완성된 권리 이론이 실제로 불교와 양립가능한지 그리고 무아론과 같은, 윤리적 참여를 뒷받침하는 핵심 가르침들과도 양립가능한지에 대해 의문을 표시한다.[3]

---

3   이런 문제들에 대한 더 확장된 논의에 대해서는 Keown, Prebish, and Husted (1998) 및 특히 Keown and Ihara를 참고할 것.

21세기의 불교 철학자들은 또한 불교윤리가 전통적인 형이상학적 믿음과 분리될 수 있을 정도의 절박한 쟁점들과 직면하지 않으면 안 된다. 이 책에서 나는 종종 불교윤리학을 강력한 논증으로 옹호될 수 있는 철학적 관점으로부터 도출되는 것으로 진술해왔다. 그러나 불교의 특정한 규범적 책임들은 우리가 업과 재생과 같은 가르침의 진리를 전제할 때에만 정당화될 수 있는 것처럼 보일 것이다. 환생의 존재가 아직 어떤 종류의 과학적 증거로 입증되지 않았다는 점에서, 누군가는 그것에 바탕을 둔 윤리 체계가 우리의 미래 행로를 안내하는 데 의지가 될 수 있는가에 의문을 표시할 수 있을 것이다. 따라서 불교전통의 어떠한 윤리적 입장이, 그것의 정당화를 위해 환생과 같은 전통적 믿음의 진리를 가정하는 것에 의존하고 있는가를 분명히 밝히는 것이 시급한 문제인데, 이러한 신념들은 그것을 거부하는 사람들을 설득할 수 있는 논증을 통해 정당화될 수 있다.

이런 모든 문제들과 그 외의 것들은 불교윤리학을 윤리학에 관한 현대적 논의의 맥락 속으로 불러 들이려는 어떤 시도와 관련되어 일어난다. 그러나 내가 보여주려고 했듯이, 불교전통은 그와 같은 논의에 기여할 것이 많다. 우리의 시대는 엄청난 경제적, 기술적 및 의학적 진보의 시대지만, 그것은 또한 전쟁, 종교적 증오, 서식지의 파괴 및 종들의 소멸로 인해 저주받고 있는 것처럼 보인다. 아마도 온화하고, 관대하며 자비로운 불교 정신은 세상을 보다 더 긍정적인 방향으로 이끌도록 하는 데 상당한 역할을 할 수 있을 것이다.

464

참고문헌

Abbott, Evelyn, ed. 1880. *Hellenica*. London: Longmans, Green, and Co.

Adam, Martin T. 2005. "Groundwork for a Metaphysic of Buddhist Morals: A New Analysis of *puñña* and *kusala*, in light of *sukka*." *Journal of Buddhist Ethics* 12, pp.62-85.

Ananda Maitreya, trans. 1995. *The Dhammapada: The Path of Truth*. Berkeley: Parallax Press.

Anderson, Elizabeth. 1999. "What is the Point of Equality?" Ethics 109, pp.287-337.

Aristotle. 1941. Richard McKeon, ed. *The Basic Works of Aristotle*. New York: Modern Library.

_____. 1999. *Nicomachean Ethics*. Terence Irwin, trans. Indianapolis: Hackett.

Barry, Brian. 1995. *Justice as Impartiality*. Oxford: Clarendon Press.

Berns, Walter. 2008. "Religion and the Death Penalty." *Weekly Standard*, February 4, 20.

Bohm, Robert M. 1987. "American Death Penalty Attitudes: A Critical Examination of Recent Evidence." *Criminal Justice and Behavior* 14:3, 380-96.

Bradley, A. C. 1991. "Aristotle's Conception of the State." In David Keyt and Fred D. Miller, Jr., eds., *A Companion to Aristotle's Politics*. Oxford: Blackwell, pp.13-56. Originally appeared in Evelyn Abbott, ed., *Hellenica*. London: Longmans, Green, and Co., 1880, pp.181-243.

Broad, C. D. 1952. "Determinism, Indeterminism and Libertarianism," p. 169. In Broad, *Ethics and the History of Philosophy*. London: Routledge and Kegan Paul, pp.195-217. Reprinted in Gerald Dworkin, ed., *Determinism, Free Will and Moral Responsibility*. Englewood Cliffs, N.J.: Prentiss Hall, 1970, pp.149-71.

Buddhaghosa. 1956. *The Path of Purification*. Bhikkhu Ñānamoli, trans. Colombo, Sri Lanka: R. Semage.

Byrom, Thomas, trans. 1976. *Dhammapada: The Sayings of the Buddha*. New York: Bell Tower.

Chang, Garma C. C., ed. 1983. *A Treasury of Mahayana Sutras: Selections from the Mahāratnakūṭa Sutra*. University Park: Pennsylvania State University Press.

Chodron, Pema. 1994. *Start Where You Are*. Reprinted in Pema Chodron, *The Pema Chödrön Collection*. New York: One Spirit, 2003, pp.3-148.

_____. 2003. *The Pema Chodron Collection*. New York: One Spirit.

Clayton, Barbra. 2006. *Moral Theory in Śāntideva's Śikṣāsamuccaya: Cultivating the Fruits of Virtue*. New York: Routledge.

Collins, Steven. 1993. "The Discourse on What Is Primary (Aggañña-Sutta): An Annotated Translation." *Journal of Indian Philosophy* 21, pp.303-93.

_____. 1996. "The Lion's Roar on the Wheel-Turning King: A Response to Andrew Huxley's 'The Buddha and the Social Contract.'" *Journal of Indian Philosophy* 24, pp.421-46.

_____. 1998. *Nirvana and Other Buddhist Felicitics: Utopias of the Pali Imaginaire*. New York: Cambridge University Press.

Conze, Edward. 1959. "Buddhism: The Mahāyāna." In R. C. Zaehner, ed., *The Concise Encyclopedia of Living Faiths*. New York: Hawthorn Books, pp.296-320.

Crawford, Cromwell. 1991. "The Buddhist Response to Health and Disease." In Fu and Wawrytko 1991, pp.185-93.

Crisp, Roger, ed. 1996. *How Should One Live? Essays on the Virtues*. New York: Oxford University Press.

Davidson, Ronald M. 2002. *Indian Esoteric Buddhism: A Social History of the Tantric Movement*. New York: Columbia University Press.

De Bary, William T., ed. *Sources of Indian Tradition*. New York: Columbia University Press, 1958.

Dorje, Gyurme, trans. 2006. *The Tibetan Book of the Dead*. Graham Coleman and Thupten Jinpa, eds., New York: Viking.

Dowman, Keith. 1985. *Masters of Mahamudra: Songs and Histories of the Eighty-Four*

Buddhist Siddhas. Albany: State University of New York Press.

Dreyfus, Georges B. J., and Sara L. McClintock, eds., 2003. *The Svātantrika-Prāsaṅgika Distinction: What Difference Does a Difference Make?* Boston: Wisdom.

Duerlinger, James. 2003. *Indian Buddhist Theories of Persons: Vasubandhu's "Refutation of the Theory of a Self."* London: RoutledgeCurzon.

Dutt, Nalinaksha, ed. 1966. *Boddhisattvabhūmi: Being the Fifteenth Section of Asaṅgapada's Yogācārabhūmi*. Patna: K. P. Jayaswal Research Institute.

Dworkin, Gerald, ed. 1970. *Determinism, Free Will and Moral Responsibility*. Englewood Cliffs, N.J.: Prentiss Hall.

Dworkin, Ronald. 2000. *Sovereign Virtue: The Theory and Practice of Equality*. Cambridge, Mass.: Harvard University Press.

Eckel, Malcolm David. 2003. "The Satisfaction of No Analysis: On Tsong Kha Pa's Approach to Svātantrika-Mādhyamika." In Georges B. J. Dreyfus and Sara L. McClintock, eds., 2003. *The Svātantrika-Prāsaṅgika Distinction: What Difference does a Difference Make?* Boston: Wisdom, pp.173-203.

Emmerick, R. E. 1970. *The Sutra of Golden Light*. London: Luzac.

Fletcher, Joseph. *Situation Ethics*. London: SCM Press, 1966.

Fu, Charles Wei-hsun, and Sandra Wawrytko. 1991. *Buddhist Ethics end Modern Society: An International Symposium*. New York: Greenwood Press.

Fuchs, Rosemarie, trans. 2000. Buddha Nature: The Mahayana Uttaratantra Shastra with Commentary. Attributed to Arya Maitreya and Arya Asanga. With commentaries by Jamgon Kongtrul Lodro Thaye and Khenpo Tsultrim Gyamtso Rinpoche. Ithaca, NY: Snow Lion.

Gampopa [sGam po pa]. 1998. *The Jewel Ornament of Liberation: The Wish-fulfilling Gem of the Noble Teachings*. Khenpo Konchog Gyaltsen Rinpoche, trans. Ani K. Trinlay Chodron, ed. Ithaca, N.Y.: Snow Lion.

Garfield, Jay. 1995. *The Fundamental Wisdom of the Middle day: Nāgārjuna's Mūlamadhyamakakārikā*. Oxford: Oxford University Press.

Garfield, Jay. 2002. *Empty Words: Buddhist Philosophy and Cross-Cultural*

467

Interpretation. Oxford: Oxford University Press.

Gómez, Luis. 1973. "Emptiness and Moral Perfection." *Philosophy East and West* 23:3. pp.361-72.

Gómez, Luis, trans. N.d. "Menander, the Greek King, Asks about the Self and Personal Identity." Manuscript on file with the translator.

Goodman, Charles. 2002. "Resentment and Reality: Buddhism on Moral Responsibility." *American Philosophical Quarterly* 39:4, pp.359-72.

——————. 2004. "The *Treasury of Metaphysics* and the Physical World." *Philosophical Quarterly* 54:216, pp.389-401.

——————. 2005. "Vaibhāṣika Metaphoricalism." *Philosophy East and West* 55:3, pp.377-93.

——————. 2008. "Consequentialism, Agent-Neutrality, and Mahayana Ethics" *Philosophy East and West* 58:1 pp.17-35

Griffiths, Paul J. 1982. "Notes toward a Critique of Buddhist Karmic Theory." *Religious Studies* 18, pp.277-91.

Harer, Miles D. 1994. "Recidivism among Federal Prisoners Released in 1987." Washington, D.C.: Federal Bureau of Prisons Office of Research and Evaluation.

Harrison, Paige M., and Jennifer C. Karberg. 2003. "Prison and Jail Inmates at Midyear 2002." *Bureau of Justice Statistics Bulletin.* www.ojp.usdoj.gov/bjs/pub/pdf/pjim02.pdf.

Harvey, Peter. 2000. *An Introduction to Buddhist Ethics.* Cambridge: Cambridge University Press.

Heim, Maria. 2003. "The Aesthetics of Excess." Journal of the American Academy of Religion 71:3, pp.531-54.

Honderich, Ted. 1969. *Punishment: The Supposed Justifications.* London: Hutchinson.

Hooker, Brad. 1996. "Does Moral Virtue Constitute a Benefit to the Agent?" In Roger Crisp, ed., *How Should One Live? Essays on the Virtues.* New York: Oxford University Press, pp.141-55.

Hopkins, Jeffrey. 1998. *Buddhist Advice for Living and Liberation: Nāgārjuna's*

"Precious Garland." Ithaca, N.Y.: Snow Lion.

Huntington, C. W. 1989. *The Emptiness of Emptiness: An Introduction to Early Indian Mādhyamika.* Honolulu: University of Hawai'i Press.

Hurka, Thomas. 1992. "Consequentialism and Content." *American Philosophical Quarterly* 29:1, pp.71-78.

Huxley, Andrew. 1996. "The Buddha and the Social Contract." *Journal of Indian Philosophy* 24, pp.407-20.

Ihara, Craig K. 1998. "Why There Are No Rights in Buddhism: A Reply to Damien Keown." In Keown, Prebish, and Husted 1998, pp.43-51.

Ivanhoe, Philip J. 1991. "Character Consequentialism: An Early Confucian Contribution to Contemporary Ethical Theory." *Journal of Religious Ethics* 19:1, pp.55-70.

_____. 1997. "Response to Keown." *Journal of Reliegious Ethics* 25:2, pp.394-400.

Jha, Ganganatha, trans. 1986. *The Tattvasaṅgraha of Śāntarakṣita.* Delhi: Motilal Banarsidass.

Jones, J. J. 1949. *The Mahāvastu.* Vol. 1. London: Luzac.

Kalupahana, David. 1986. *Nāgārjuna: The Philosophy of the Middle Way.* Albany: State University of New York Press.

Kapstein, Matthew. 2001. *Reason's Traces: Identity and Interpretation in Indian and Tibetan Buddhist Thought.* Boston: Wisdom.

Katz, Nathan. 1982. *Buddhist Images of Human Perfection.* Delhi: Motilal Banarsidass.

Kaviratna, Harischandra. 1980. *Dhammapada: Wisdom of the Buddha.* Pasadena, Calif.: Theosophical University Press.

Keenan, John P., trans. 2000. *The Scripture on the Explication of Underlying Meaning.* Berkeley, Calif.: Numata Center for Buddhist Translation and Research.

Keown, Damien. 1996. "Karma, Character, and Consequentialism." *Journal of Religious Ethics* 24:2, pp.329-50.

_____. 2001. *The Nature of Buddhist Ethics*. London: Macmillan.

Keown, Damien, Charles Prebish, and Wayne Husted. 1998. *Buddhism and Human Rights*. Richmond, Surrey, England: Curzon Press.

Keown, Damien V. 1998. "Are There Human Rights in Buddhism?" In Keown, Prebish, and Husted 1998, pp.15-41.

Keyt, David, and Fred D. Miller, Jr., eds., 1991. *A Companion to Aristotle's Politics*. Oxford: Blackwell.

Khenpo Tsultrim Gyatso Rinpoche, trans. 2000. Asaṅga; Ārya Maitreya; Jamgön Kongtrul Lodrö Thayé, *Buddha Nature: The Mahayana Uttaratantra Shastra with Commentary*. Ithaca, N.Y.: Snow Lion.

King, Winston L. 1964. *In the Hopes of Nibbana: An Essey on Theravada Buddhist Ethics*. La Salle, Ill.: Open Court.

Kongtrul, Jamgon. 1987. *The Great Path of Awakening: An Easily Accessible Introduction for Ordinary People*. Ken McLeod, trans. Boston: Shambhala.

Korsgaard, Christine. 1996. *Creating the Kingdom of Ends*. Cambridge: Cambridge University Press.

Kunsang, Eric Pema, trans. 1993. *The Lotus-Born: The Life Story of Padmasambhava*. Boston: Shambhala.

Kupperman, Joel. 1999. *Learning from Asian Philosophy*. Oxford: Oxford University Press.

Lang, Karen. 2003. *Four Illusions: Candrakīrti's Advice for Travelers on the Bodhisattva Path*. Oxford: Oxford University Press.

Levinson, Sanford, ed. 2004. Torture: A Collection. New York: Oxford University Press.

Lewis, David. 1993. "Many, but Almost One." Reprinted in Lewis, *Papers in Metaphysics and Epistemology*. Cambridge: Cambridge University Press, pp.164-82.

_____. 1999. *Papers in Metaphysics and Epistemology*. Cambridge: Cambridge University Press.

McKeon, Richard, ed. 2001. *The Basic Works of Aristotle*. New York: Modern

470

Library.

Mill, John Stuart. 1978. *On Liberty*. Elizabeth Rapaport, ed. Indianapolis: Hackett.

Miller, Arthur G., Anne K. Gordon, and Amy M. Buddie. 1999. "Accounting for Evil and Cruelty: Is to Explain to Condone?" *Personality and Social Psychology Review* 3:3, pp.254-68.

Murphy, Jeffrie. 1973. "Marxism and Retribution." *Philosophy and Public Affairs* 2:3. Reprinted in A. John Simmons, Marshall Cohen, Joshua Cohen, and Charles R. Beitz, eds., *Punishment: A Philosophy and Public Affairs Reader*. Princeton, N.J.: Princeton University Press, pp.3-29.

Nāgārjuna, 1998. *Buddhist Advice for Living and Liberation: Nāgārjuna's Precioius Garland*. Jeffrey Hopkins, trans. Ithaca, N.Y.: Snow Lion.

Ñānamoli, trans. 1956. Buddhaghosa, *The Path of Purification*. Colombo, Sri Lanka: R. Semage.

Ñānamoli and Bodhi, trans. 1995. *The Middle Length Discourses of the Buddha*, Boston: Wisdom.

Nattier, Jan. 2003. *A Few Good Men: The Bodhisattva Path According to "The Inquiry of Ugra"* (Ugraparipṛcchā). Honolulu: University of Hawai'i Press.

Nozick, Robert. 1989. *The Examined Life*. New York: Touchstone.

Nussbaum, Martha. 2001. *Upheavals of Thought: The Intelligence of Emotions*. New York: Cambridge University Press.

Oetke, Claus. 1991. "Remarks on the Interpretation of Nāgārjuna's Philosophy." *Journal of Indian Philosophy* 19, pp.315-23

Ohnuma, Reiko. 2000. "Internal and External Opposition to the Bodhisattva's Gift of his Body." *Journal of Indian Philosophy* 28:1, pp.43-75.

Parfit, Derek. 1984. *Reasons and Persons*. New York: Oxford University Press.

Patrul Rinpoche. 1994. *The Words of My Perfect Teacher*. Padmakara Translation Group, trans. San Francisco: HarperCollins.

Pereboom, Derk. 2001. *Living without Free Will*. New York: Cambridge University Press.

Perera, L. P. N. 1991. *Buddhism and Human Rights*. Colombo, Sri Lanka: Karunaratne.

Plato. 1997. *Complete Works*. John M. Cooper, ed. Indianapolis: Hackett.

Pojman, Louis P., and Owen McLeod, eds., 1999. *What Do We Deserve? A Reader on Justice and Desert*. Oxford: Oxford University Press.

Premasiri, P. D. 1975 "Moral Evaluation in Early Buddhism." *Sri Lanka Journal of the Humanities* 2, pp.63-74.

——————. 1976. "Interpretation of Two Principal Ethical Terms in Early Buddhism." *Sri Lanka Journal of Humanities* 2:2, pp.63-74.

Price, A. F., and Wong Mou-Lam, trans. 1969. *The Diamond Sutra and the Sutra of Hui Neng*. Berkeley, Calif.: Shambhala.

Railton, Peter. 1984. "Alienation, Consequentialism, and the Demands of Morality." *Philosophy and Public Affairs* 13, pp.134-71.

Rājavaramuni, Phra. 1990. "Foundations of Buddhist Social Ethics." In Russell Sizemore and Donald Swearer, eds., *Ethics, Wealth, and Salvation: A Study in Buddhist Social Ethics*. Columbia: University of South Carolina Press, pp.29-53.

Rawls, John. 1993. *Political Liberalism*. New York: Columbia University Press.

Rorty, Richard. 1984. "The Historiography of Philosophy: Four Genres." In Richard Rorty, J. B. Schneewind, and Quentin Skinner, *Philosophy in History*. Cambridge: Cambridge University Press, pp.49-75.

Rorty, Richard, J. B. Schneewind, and Quentin Skinner. 1984. *Philosophy in History*. Cambridge: Cambridge University Press.

Sakyapa Sonam Gyaltsen. 1996. *The Clear Mirror: A Traditional Account of Tibet's Golden Age*. Ithaca, N.Y.: Snow Lion.

Śāntideva. 1961. *Śikṣā-samuccaya*. P. L. Vaidya, ed. Darbhanga, India: Mithila Institute.

——————. 1971. *Śikṣā-samuccaya: A Compendium of Buddhist Doctrine*. Cecil Bendall and W. H. D. Rouse, trans. Delhi: Motilal Banarsidass.

——————. 1988. *Bodhicaryāvatāra of Ācārya Śāntideva with the Commentary Pañjikā of Shri Prajñākaramati*. Swami Dwarika Das Shastri, ed. Varanasi: Bauddha Bharati..

_____. 1995. *The Bodhicaryāvatāra*. Kate Crosby and Andrew Skilton, trans. New York: Oxford University Press.

Scarre, Geoffrey. 1996. *Utilitarianism*. New York: Routledge.

Schneewind, J. B. 1998. *The Invention of Autonomy*. New York: Cambridge University Press.

Schopen, Gregory. 1979. "Mahāyāna in Indian Inscriptions." *Indo-Iranian Journal* 21, pp.1-19. Reprinted in Gregory Schopen, *Figments and Fragments of Mayahana Buddhism in India: More Collected Papers*. Honolulu: University of Hawai'i Press, pp.223-46.

_____. 1997. *Bones, Stones, and Buddhist Monks*. Honolulu: University of Hawai'i Press.

_____. 2005. *Figments and Fragments of Mahāyāna Buddhism in India: More Collected Papers*. Honolulu: University of Hawai'i Press.

Shih, Heng-ching, Bhikṣuṇī, trans. 1994. *Sutra on Upāsaka Precepts(Upāsaka-śīla-sutra)*. Berkeley, Calif.: Numata Center for Buddhist Translation and Research.

Siderits, Mark. 1987. "Beyond Compatibilism: A Buddhist Approach to Freedom and Determinism." *American Philosophical Quarterly* 24:2, pp.149-59.

_____. 1997. "Buddhist Reductionism." *Philosophy East and West* 47:4, pp.455-78.

_____. 2000a. "The Reality of Altruism: Reconstructing Santideva." Review of *Altruism and Reality: Studies in the Philosophy of the Bodhicaryavatara*, by Paul Williams. *Philosophy East and West* 50:3, pp.412-24.

_____. 2000b. "Reply to Paul Williams." *Philosophy East and West* 50:3, pp.453-59.

_____. 2003. *Personal Identity and Buddhist Philosophy: Empty Persons*. Burlington, Vt.: Ashgate.

Sidgwick, Henry. 1981. *The Methods of Ethics*. Indianapolis: Hackett.

Simmons, A. John, Marshall Cohen, Joshua Cohen, and Charles R. Beitz, eds., 1995. *Punishment: A Philosophy and Public Affairs Reader*. Princeton, N.J.: Princeton University Press.

Singer, Peter. 1972. "Famine, Affluence, and Morality." *Philosophy end Public Affairs* 1:3, pp.229-43.

Sivaraksa, Sulak. 1991. "Buddhist Ethics and Modern Politics: A Theravāda Viewpoint." In Fu and Wawrytko 1991, pp.159-66.

Sizemore, Russell, and Donald Swearer, eds., 1990. *Ethics, Wealth, and Salvation: A Study in Buddhist Social Ethics*. Columbia: University of South Carolina Press.

Smart, J. J. C., and Bernard Williams. 1973. *Utilitarianism For and Against*. Cambridge: Cambridge University Press.

Stephen, James Fitzjames. 1874. *Liberty, Equality, Fraternity*. London.

Strawson, Galen. 1986. *Freedom and Belief*. New York: Oxford University Press.

Strawson, P. F. 1973. "Freedom and Resentment." In *Freedom and Resentment and Other Essays*. London: Methuen, pp.1-25.

Sunstein, Cass, and Adrian Vermeule. 2005. *Is Capital Punishment Morally Required? The Relevance of Life-Life Tradeoffs.*: Washington, D.C.: AEI-Brookings Joint Center, working paper 05-06.

Swanton, Christine. 2003. *Virtue Ethics: A Pluralistic View*. New York: Oxford University Press.

Tatz, Mark, trans. 1986. *Asaṅga's Chapter on Ethics with the Commentary of Tsong-Kha-Pa, The Basic Path to Awakening, The Complete Bodhisattva*. Lewiston, N.Y.: Edwin Mellen Press.

Taylor, Charles. 1989. *Sources of the Self: The Making of the Modern Identity*. Cambridge, Mass.: Harvard University Press.

Thrangu Rinpoche. 2005. *Blo sbyong*. Kathmandu: Thrangu Dharma Kara.

Thurman, Robert, trans. 2000. *The Holy Teaching of Vimalakīrti*. University Park: Pennsylvania State University Press.

Tsong kha pa. 2004. *The Great Treatise on the Stages of the Path to Enlightenment.* Vol. 2. Lamrim Chenmo Translation Committee, trans. Ithaca, N.Y.: Snow Lion.

Twain, Mark. 1948. *Huckleberry Finn.* New York: Grosset and Dunlap.

Unger, Peter. 1980. "The Problem of the Many." *Midwest Studies in Philosophy* 5, pp.411-67,

van Inwagen, Peter. 1983. *An Essay on Free Will.* Oxford: Clarendon Press.

Varela, Francisco J. 1999. *Ethical Know-How: Action, Wisdom, end Cognition.* Stanford, Calif.: Stanford University Press.

Vasubandhu. 1970. *Abhidharmakośa and Bhāṣya.* Swarmi Dwarikadas Shastri, ed. Varanasi: Bauddha Bharati.

Velez de Cea, Abraham. 2004. "The Criteria of Goodness in the Pāli Nikāyas and the Nature of Buddhist Ethics." *Journal of Buddhist Ethics* 11, pp.123-42.

Vlastos, Gregory. 1991. "Happiness and Virtue in Socrates' Moral Theory." In *Socrates: Ironist and Moral Philosopher*, pp.200-32. Ithaca, N.Y.: Cornell University Press.

Walshe, Maurice. 1995. *The Long Discourses of the Buddha: A Translation of the Dīgha Nikāya.* Boston: Wisdom.

Walser, Joseph. 2005. *Nāgārjuna in Context: Mahāyāna Buddhism and Early Indian Culture.* New York: Columbia University Press.

Walzer, Michael. "Political Action: The Problem of Dirty Hands." In Sanford Levinson, ed., *Torture: A Collection.* New York: Oxford University Press, pp.61-75.

Wang, Sally A. 1975. "Can Man Go beyond Ethics? The System of Padmasambhava." *Journal of Religious Ethics* 3:1, pp.141-55.

Williams, Paul. 1998. *Altruism and Reality: Studies in the Philosophy of the Bodhicaryāvatāra.* Richmond, Surrey, England: Curzon Press.

_____. 2000. "A Response to Mark Siderits." *Philosophy East and West* 50:3, pp.424-53.

Williamson, Timothy. 1994. *Vagueness.* London: Routledge.

475

Wink, André. 1997. *Al-Hind: The Making of the Indo-Islamic World, volume 2: The Slave Kings and the Islamic Conquest, 11th-13th Centuries.* Leiden: Brill.

Wolf, Susan. 1982. "Moral Saints." *Journal of Philosophy* 79:8, pp.419-39.

Wood, Allen. 1999. *Kant's Ethical Thought.* Cambridge: Cambridge University Press.

Wood, Thomas. 1994. *Nāgārjunian Disputations: A Philosophical Journey through an Indian Looking-Glass.* Honolulu: University of Hawai'i Press.

Zaehner, R. C., 1959. *The Concise Encyclopedia of Living Faiths.* New York: Hawthorn Books.

찾아보기

저자 및 역자 소개

저자   **찰스 굿맨** Charles Goodman

미국 뉴욕주립 빙햄턴 대학교 철학과 및 아시아 - 미국학과 교수
AAAS(미국과학진흥협회) 회원
하버드대학 물리학 학사
미시간대학 철학박사
연구분야는 아시아철학 / 윤리이론 / 응용윤리학 / 형이상학 등이며,
Chancellor's Award for Excellence in Teaching를 수상하기도 함

[저서]   Consequences of Compassion: An Interpretation and Defense of Buddhist Ethics (2009).
A co-author of Moonpaths: Ethics and Emptiness (2016).
The Training Anthology of Śāntideva (2016).
그 외에도 대승불교철학자들인 산티데바, 바바비베카, 나가르주나, 다르마키르티 및 바스반두에 대한 많은 연구논문이 있음

역자   **담준(김근배)**

중앙승가대학교 졸업, 동국대학교 철학박사
조계종 교육 아사리, 광주 선덕사 주지, 전 중앙승가대학교 비구수행관장

김진선

동국대학교 철학박사, 춘천교육대학교·한국교통대학교 강사
이기주의와 공리주의 및 작은윤리의 실천 방법을 모색하고 있음

허남결

동국대학교 불교학부 교수
불교윤리와 공리주의의 접점 및 실천가능성을 연구하고 있음

자비 결과주의
불교윤리의 해석과 옹호

초 판 인 쇄 2021년 3월 2일
초 판 발 행 2021년 3월 9일

저   자 찰스 굿맨(Charles Goodman)
역   자 담준(김근배), 김진선, 허남결
펴 낸 이 김성배
펴 낸 곳 도서출판 씨아이알

편 집 장 홍민정
책 임 편 집 김동희
디 자 인 쿠담디자인, 윤미경
제 작 책 임 김문갑

등 록 번 호 제2-3285호
등 록 일 2001년 3월 19일
주   소 (04626) 서울특별시 중구 필동로8길 43(예장동 1-151)
전 화 번 호 02-2275-8603(대표)
팩 스 번 호 02-2265-9394
홈 페 이 지 www.circom.co.kr

I S B N 979-11-5610-945-7 93220
정   가 26,000원